中华传世藏书

【图文珍藏版】

孟 子

[战国] 孟子 ⊙ 原著

马博 ⊙ 主编

线装书局

图书在版编目（CIP）数据

孟子：全6册 / (战国) 孟子原著；马博主编. --北京：
线装书局, 2014.6
ISBN 978-7-5120-1375-9

Ⅰ. ①孟… Ⅱ. ①孟… ②马… Ⅲ. ①儒家 Ⅳ.
①B222.51

中国版本图书馆CIP数据核字(2014)第088028号

孟　子

原　　著：［战国］孟　子
主　　编：马　博
责任编辑：杜　语　高晓彬
装帧设计：博雅圣轩藏书馆 Boyashengxuan Cangshuguan
出版发行：线装书局
　　　　　　地　址：北京市西城区鼓楼西大街41号（100009）
　　　　　　电　话：010-64045283　64041012
　　　　　　网　址：www.xzhbc.com
经　　销：新华书店
印　　制：北京彩虹伟业印刷有限公司
开　　本：787mm×1092mm　1/16
印　　张：168
彩　　插：8
字　　数：2040千字
版　　次：2014年6月第1版第1次印刷
印　　数：0001－3000套

定　　价：1580.00元（全六册）

"亚圣先师" 孟子

　　孟子（约公元前372年～公元前289年），名轲，字子舆，战国中期鲁国邹人（今山东邹县东南部人），距离孔子的故乡曲阜不远。是著名的思想家、政治家、教育家，孔子学说的继承者，儒家的重要代表人物。相传孟子是鲁国贵族孟孙氏的后裔，幼年丧父，家庭贫困，曾受业于子思的学生。学成以后，以士的身份游说诸侯，企图推行自己的政治主张，到过梁（魏）国、齐国、宋国、滕国、鲁国。当时几个大国都致力于富国强兵，争取通过暴力的手段实现统一，因此不被当时各国所接受，退隐与弟子共同著《孟子》一书，该书属语录体散文集，是一部记录了孟子的语言、政治观点和政治行动的儒家经典著作。而他继承了孔子"仁"的思想并将其发展成为"仁政"思想，被称为"亚圣"。

孟母三迁

　　孟母三迁，即孟轲的母亲为选择良好的环境教育孩子，多次迁居。《三字经》里说："昔孟母，择邻处。"孟母三迁便出自于此。词语解释信息为孟子的母亲为了使孩子拥有一个真正好的教育环境，煞费苦心，曾两迁三地，现在有时用来指父母用心良苦，竭尽全力培养孩子。

孟母断织

　　孟子小时候，由于贪玩，荒废学业。母亲知道后，非常生气，毅然割断了织布机上的棉纱，用织布来比喻学习，用断织来比喻废学，以此教育孟子，使他懂得学习必须不怕困难，持之以恒，才能不断进步。孟子后来成为一个闻名天下的大儒，同他母亲的教育是分不开的。

孟母教子

  孟子的母亲克勤克俭，含辛茹苦坚守志节，抚育儿子，从慎始、励志、敦品、勉学以至于约礼、成金，数十年如一日，丝丝入扣，毫不放松，既成就了孟子，更为后世的母亲留下一套完整的教子方案，她本人也成为名垂千秋万世的模范母亲，属于典型的中国良母。

孟子重孝

  孟子继承和发扬孔子的孝道理论。他认为，天下事，"孝亲为大"，并把"孝亲"推演为"老吾老以及人之老"的社会敬老观念。母亲死后，孟子以隆重的礼仪殡葬，有人批评他葬母规格不应超过父亲。他说：当年没有条件依礼葬父，今天依礼葬母是对母亲和父亲的怀念与尊敬。

孟子周游列国

　　孟子44岁的时候怀着自己的政治理想带领弟子周游列国，游历宋、滕、魏、齐、梁诸国。先后与宋偃王、滕文公、梁惠王等论政，齐宣王时稷下学宫复盛，七十多岁的孟子又回到齐国，多次与齐宣王论述自己的政治主张，孟子为此设计了一套缓和地主阶级与农民阶级矛盾的方案。

孟子刻像殉母

　　亚圣孟子事母至孝，55岁在齐国任客卿时，回故里迎接母亲到齐国共享荣华富贵。晨昏问安，母亲生病他亲自侍候汤药。次年母亲病死于齐国，他抚柩归葬于老家。母亲去世后，孟子悲痛万分，因辅佐齐襄王行王道，不能以身殉母，就自刻石像为母亲殉葬，在乡守墓一年返齐。

孟子父亲启圣邾国公的殿堂　———— **康熙御碑亭** ————

———— **孟 庙** ————

　　孟庙又称亚圣庙，在山东省邹城市城南，为历代祭祀孟子之所。孟庙呈长方形，院落五进，殿宇64间，占地60余亩。现存建筑为清康熙年间地震倾圮后重建，双层飞檐，歇山式，绿琉璃瓦覆顶，庙内共有碑碣石刻350余块，庙内古树苍郁，葱笼茂密，堪称奇观。

孟母墓

　　孟母墓在孟母村的东南方向，位于村北的石花山和村南山的中轴线上，祠堂前是滔滔的沭河。以前，祠堂正前的沭河里有一个渊子，叫墨水潭，即便是天大旱，其他地方断流的时候，墨水潭从没干枯过。祠堂被砸的第二年，墨水潭自然消失了。现在，孟母墓被一片果园覆盖。

孟母林

　　孟母林是孟子父母的合葬地，位于曲阜城南13公里的凫村，占地38公顷，外围石墙，内有树木约1万3千株，元明清历代石碑数通。后人以为孟子成名，在很大程度上归于孟母三迁教子之功，故林地称"孟母林"，孟子死后，其后世子孙亦结冢葬于此地。

前　言

　　《孟子》是中国儒家思想最重要的经典之一,记述了孟轲一生的主要言行,语言生动,比喻深刻,论证有力,文章气势雄伟,在我国历史上具有重大影响。孟子名轲,是中国战国时期的思想家、教育家,儒家的主要代表之一。相传孟子远祖是鲁国贵族孟孙氏,后家道衰微,从鲁国迁居邹国,曾受业于子思的学生。孟子继承并发扬了孔子的思想,有"亚圣"之称,与孔子并称为"孔孟"。孔子所创的儒家学说,在他去世一百多年后,由于孟子的继承和发展而变得更丰富,更系统了,在中国传统文化的苑囿里,终于长成了一棵根深叶茂的大树。

　　孟子继承了孔子"仁"的学说而又有较大发展。他的"仁"主要体现在政治上,主张通过施行"仁政"去统一天下。孟子认为"仁政"的核心是"保民",只有施行"仁政"才能无敌于天下。这种主张在当时未能施行,但却为后世有为的统治者提供了治国的基本方略,因此具有超越时代的价值。孟子提出"民为贵,社稷次之,君为轻",要统治者多为人民的生存条件着想,对残害百姓的君王,他痛加指斥,认为可废可弑。这旷古未有的议论,更鲜明地反映了他的民本思想,是闪现于中国社会思想史上的一道强光。孟子不但讲"仁",也强调"义"。"义"的本意是行为合理适宜。孟子把"义"作为人的行为选择的最高标准。利义相比,应轻利取义;生死关头,也要舍生取义。"义"的内涵各时代当然有所不同,但义利选择问题,永远存在。因此孟子的义利观影响深远,对我们民族价值观念的形成具有重大作用。

　　"性善""性恶"论,是中国哲学史上的重要命题。孟子是"性善"论者。他说:"人性之善也,人皆有之;人无有不善,水无有不下。"他把"性善"具体阐述为恻隐、羞恶、恭敬、是非这"四心",认为对应这"四心"的仁义礼智不是外加的,而是"我固有之"

的,但他又说"求则得之,舍则失之",即要自觉地向自身内心去追求,才能得到。这就是"反求者已",是宋明心性之学的先导。其实,人之初无所谓性善性恶,由于环境和教育的影响作用,才有了向善向恶的变化。性善虽是孟子的理论预设,但他在分析人的实际道德状况时也很重视环境对人的影响。

孟子的"人格"论影响深远。他所推崇的理想人格是"富贵不能淫,贫贱不能移,威武不能屈"。他认为人格的重要远远高于财富、权力、地位。主张做人要做有"浩然之气"的"大丈夫"。怎样蓄积"浩然之气"?那就是:一要持志养气,坚持崇高的志向追求,二要"动心忍性",有意识地在逆境中磨砺意志;三要"存心养性",就是要清心寡欲。孟子的这些主张和理论是对中国传统文化的重要贡献。做有浩然之气的"大丈夫",自古以来激励了无数的仁人志士,诚如冯友兰先生所说:"懂得了这个词汇,才可以懂得中国文化和中华民族的精神。"

从以上对孟子及其主要思想和影响的论述中,我们可以深切地感受到孟子在中国传统文化中重要的历史地位。当然,作为传统文化的一部分,孟子学说不可能是毫无缺陷的。其人性善的观点及建立在此观点基础上的许多立论,总的说来都是理想化的,有些在任何社会都难以实现。但是孟子毕竟是第一个高扬了人的特殊本质善性的人,所以他的人学主张具有永恒的价值,无论过去现在,还是将来,对人类继续探索人自身,都具有启发意义,对促进人的全面发展和社会的和谐进步具有重要借鉴意义。

对于《孟子》的解读,历来就具有鲜明的时代特征,为读者所处时代的社会需要服务。在实现中华民族伟大复兴的"中国梦"的今天,我们更需要学习了解传统文化;而要了解传统文化,必须了解儒家思想,了解孟子的思想。为此,我们精心编著了本套丛书,力求以全新的解读方式和通俗易懂的语言去接近《孟子》,感受《孟子》,使孟子的思想精神与现实生活相结合,从而让每个读者都能沐浴到两千多年前圣贤先哲的深邃智慧。

目　录

第一章　仰望孟子 ………………………………………………（1）

　　一、圣人出世 …………………………………………………（1）

　　二、孟母三迁 …………………………………………………（4）

　　三、幼年受教 …………………………………………………（7）

　　四、受业子思 …………………………………………………（19）

　　五、返邹开坛 …………………………………………………（23）

　　六、初度适齐 …………………………………………………（41）

　　七、厚葬慈母 …………………………………………………（58）

　　八、漂泊宋滕 …………………………………………………（62）

　　九、游说魏王 …………………………………………………（80）

　　十、二次归齐 …………………………………………………（93）

　　十一、流离宋邹 ………………………………………………（98）

　　十二、弃鲁至滕 ………………………………………………（108）

　　十三、孟子见梁惠王 …………………………………………（116）

　　十四、三游齐国 ………………………………………………（127）

　　十五、归里著书 ………………………………………………（146）

　　十六、流芳百世 ………………………………………………（152）

　　十七、孟子与中国传统文化 …………………………………（154）

第二章　孟子的精神世界 ………………………………………（165）

　　一、仁政学说 …………………………………………………（166）

　　二、性善论 ……………………………………………………（173）

　　三、浩然之气 …………………………………………………（184）

四、炽热的心灵 ………………………………………………（189）

五、理想的追寻 ………………………………………………（191）

六、孟子的霸气 ………………………………………………（202）

七、孟子的傲气 ………………………………………………（204）

八、孟子的骨气 ………………………………………………（206）

九、孟子的孝顺之道 …………………………………………（208）

十、孟子的齐家之道 …………………………………………（225）

十一、孟子的养生之道 ………………………………………（234）

十二、孟子的教育之道 ………………………………………（248）

第三章　孟子考论 ………………………………………………（263）

第四章　《孟子》原典解读 ……………………………………（274）

卷一　梁惠王上 …………………………………………（274）

卷二　梁惠王下 …………………………………………（323）

卷三　公孙丑上 …………………………………………（380）

卷四　公孙丑下 …………………………………………（429）

卷五　滕文公上 …………………………………………（483）

卷六　滕文公下 …………………………………………（519）

卷七　离娄上 ……………………………………………（562）

卷八　离娄下 ……………………………………………（623）

卷九　万章上 ……………………………………………（677）

卷十　万章下 ……………………………………………（718）

卷十一　告子上 …………………………………………（758）

卷十二　告子下 …………………………………………（810）

卷十三　尽心上 …………………………………………（859）

卷十四　尽心下 …………………………………………（923）

第五章　朱熹注评《孟子》 ……………………………………（988）

卷第一 ……………………………………………………（991）

卷第二 ……………………………………………………（1004）

卷第三 ……………………………………………………（1020）

卷第四 …………………………………………………………………… （1036）

卷第五 …………………………………………………………………… （1048）

卷第六 …………………………………………………………………… （1062）

卷第七 …………………………………………………………………… （1074）

卷第八 …………………………………………………………………… （1093）

卷第九 …………………………………………………………………… （1111）

卷第十 …………………………………………………………………… （1124）

卷第十一 ………………………………………………………………… （1136）

卷第十二 ………………………………………………………………… （1152）

卷第十三 ………………………………………………………………… （1166）

卷第十四 ………………………………………………………………… （1190）

第六章　张居正注评《孟子》………………………………………（1211）

孟子卷一 ………………………………………………………………… （1211）

孟子卷二 ………………………………………………………………… （1240）

孟子卷三 ………………………………………………………………… （1276）

孟子卷四 ………………………………………………………………… （1315）

孟子卷五 ………………………………………………………………… （1347）

孟子卷六 ………………………………………………………………… （1380）

孟子卷七 ………………………………………………………………… （1411）

孟子卷八 ………………………………………………………………… （1456）

孟子卷九 ………………………………………………………………… （1500）

孟子卷十 ………………………………………………………………… （1536）

孟子卷十一 ……………………………………………………………… （1570）

孟子卷十二 ……………………………………………………………… （1608）

孟子卷十三 ……………………………………………………………… （1647）

孟子卷十四 ……………………………………………………………… （1700）

第七章　《孟子》故事详解…………………………………………（1739）

何必一定要谈利 ………………………………………………………… （1739）

与民同乐 ………………………………………………………………… （1740）

仁者无敌 …………………………………… （1741）

望之不似人君 ……………………………… （1742）

见牛未见羊 ………………………………… （1743）

不为与不能 ………………………………… （1744）

独乐乐不如众乐乐 ………………………… （1746）

大勇与小勇 ………………………………… （1747）

胡服骑射 …………………………………… （1748）

流连忘返 …………………………………… （1749）

鳏寡孤独 …………………………………… （1750）

如何识才 …………………………………… （1751）

何谓一夫 …………………………………… （1752）

孟子婉拒齐王 ……………………………… （1753）

齐人伐燕 …………………………………… （1754）

终生奉母教 ………………………………… （1756）

邹鲁内讧 …………………………………… （1757）

从者如归市 ………………………………… （1758）

臧仓小人 …………………………………… （1759）

事半功倍 …………………………………… （1760）

四十不动心 ………………………………… （1762）

何谓圣人 …………………………………… （1763）

心悦诚服 …………………………………… （1764）

未雨绸缪 …………………………………… （1765）

天吏无敌 …………………………………… （1765）

恻隐之心 …………………………………… （1767）

反求诸己 …………………………………… （1768）

孟子装病 …………………………………… （1768）

该要的为何不要 …………………………… （1770）

孔距心知罪 ………………………………… （1771）

绰绰有余 …………………………………… （1771）

孟子吊丧 ……………………………………… （1772）

孟子葬母 ……………………………………… （1773）

沈同问伐燕 …………………………………… （1774）

宣王愧对孟子 ………………………………… （1775）

孟子辞官 ……………………………………… （1776）

告别齐国之路 ………………………………… （1777）

此一时彼一时 ………………………………… （1778）

滕文公问丧仪 ………………………………… （1779）

滕文公问政 …………………………………… （1780）

孟子舌战陈相 ………………………………… （1781）

墨家治丧辩 …………………………………… （1783）

枉己者怎能直人 ……………………………… （1784）

什么是大丈夫 ………………………………… （1785）

父母之命，媒妁之言 …………………………… （1786）

食志与食功 …………………………………… （1787）

商汤复仇 ……………………………………… （1788）

难道是我好辩吗？ …………………………… （1789）

陈仲子的廉洁 ………………………………… （1790）

没有规矩，不能成方圆 ………………………… （1791）

反躬自问 ……………………………………… （1793）

以道救天下 …………………………………… （1794）

事亲如曾子 …………………………………… （1794）

乐正子见孟子 ………………………………… （1795）

小惠不足以治国 ……………………………… （1796）

君臣如何相待 ………………………………… （1797）

公行子长子之吊 ……………………………… （1798）

匡章不孝 ……………………………………… （1798）

曾子与寇 ……………………………………… （1799）

终生之忧与一朝之患 ………………………… （1800）

大孝终生慕父母 …………………………………………（1801）

舜以德报"象"怨 …………………………………………（1802）

民意为天 …………………………………………………（1803）

致君为尧舜 ………………………………………………（1804）

好事者为之 ………………………………………………（1805）

集大成者 …………………………………………………（1806）

却之不恭 …………………………………………………（1808）

君子的人格 ………………………………………………（1809）

人性与善 …………………………………………………（1810）

君子与小人 ………………………………………………（1811）

礼义与食色 ………………………………………………（1812）

人人都可成尧舜 …………………………………………（1813）

石丘遇宋牼 ………………………………………………（1814）

什么是良臣 ………………………………………………（1815）

孟子批评白圭 ……………………………………………（1816）

乐正子执政 ………………………………………………（1817）

生于忧患，死于安乐 ……………………………………（1818）

独善其身 …………………………………………………（1819）

君子有三乐 ………………………………………………（1820）

乡愿之人 …………………………………………………（1821）

五十步笑百步 ……………………………………………（1822）

缘木求鱼 …………………………………………………（1823）

王顾左右而言他 …………………………………………（1824）

拔苗助长 …………………………………………………（1825）

天时地利不如人和 ………………………………………（1825）

一傅众咻 …………………………………………………（1826）

为何等到明年 ……………………………………………（1827）

三年之艾 …………………………………………………（1827）

逢蒙学射 …………………………………………………（1828）

齐人娇妻 …………………………………………………………… (1829)

得其所哉 …………………………………………………………… (1830)

牛山之木 …………………………………………………………… (1831)

一曝十寒 …………………………………………………………… (1832)

鱼与熊掌 …………………………………………………………… (1833)

茅草塞心 …………………………………………………………… (1834)

再作冯妇 …………………………………………………………… (1835)

第八章 《孟子》典故释义 ……………………………………… (1836)

一、自知之明 ……………………………………………………… (1836)

二、尊老爱幼 ……………………………………………………… (1837)

三、与众乐乐 ……………………………………………………… (1838)

四、缘木求鱼 ……………………………………………………… (1840)

五、再作冯妇 ……………………………………………………… (1841)

六、凿池筑城 ……………………………………………………… (1842)

七、专心致志 ……………………………………………………… (1843)

八、濯缨濯足 ……………………………………………………… (1844)

九、以羊易牛 ……………………………………………………… (1845)

十、义理悦心 ……………………………………………………… (1847)

十一、以邻为壑 …………………………………………………… (1848)

十二、一毛不拔 …………………………………………………… (1849)

十三、易如反掌 …………………………………………………… (1850)

十四、一曝十寒 …………………………………………………… (1851)

十五、揠苗助长 …………………………………………………… (1851)

十六、夜以继日 …………………………………………………… (1853)

十七、因小失大 …………………………………………………… (1854)

十八、引而不发 …………………………………………………… (1855)

十九、与民偕乐 …………………………………………………… (1856)

二十、心官则思 …………………………………………………… (1857)

二十一、性善如水 ………………………………………………… (1858)

二十二、胁肩谄笑 …………………………………………………………（1859）

二十三、无规矩不成方圆 …………………………………………………（1860）

二十四、五十步笑百步 ……………………………………………………（1861）

二十五、文过饰非 …………………………………………………………（1862）

二十六、为渊驱鱼 …………………………………………………………（1863）

二十七、同流合污 …………………………………………………………（1864）

二十八、为富不仁 …………………………………………………………（1866）

二十九、始作俑者 …………………………………………………………（1866）

三十、事半功倍 ……………………………………………………………（1867）

三十一、舍生取义 …………………………………………………………（1868）

三十二、舍我其谁 …………………………………………………………（1869）

三十三、人皆可以为尧舜 …………………………………………………（1871）

三十四、仁者无敌 …………………………………………………………（1872）

三十五、与人为善 …………………………………………………………（1873）

三十六、齐傅楚咻 …………………………………………………………（1874）

三十七、明察秋毫 …………………………………………………………（1875）

三十八、明堂之诧 …………………………………………………………（1876）

三十九、谋取私利 …………………………………………………………（1878）

四十、茅塞顿开 ……………………………………………………………（1879）

四十一、藐视大人 …………………………………………………………（1880）

四十二、民贵君轻 …………………………………………………………（1881）

四十三、君子之忧 …………………………………………………………（1882）

四十四、君子志道 …………………………………………………………（1883）

四十五、劳心者 ……………………………………………………………（1884）

四十六、乐以天下，忧以天下 ……………………………………………（1886）

四十七、君臣相悦之乐 ……………………………………………………（1887）

四十八、尽信书，则不如无书 ……………………………………………（1888）

四十九、拒人千里 …………………………………………………………（1889）

五十、掘井之譬 ……………………………………………………………（1890）

五十一、教以人伦 ……………………………………（1890）

五十二、济世救民 ……………………………………（1891）

五十三、坚甲利兵 ……………………………………（1892）

五十四、见一善行 ……………………………………（1893）

五十五、集大成者 ……………………………………（1894）

五十六、何必曰利 ……………………………………（1895）

五十七、何待来年 ……………………………………（1896）

五十八、祸福自求 ……………………………………（1897）

五十九、贵在树人 ……………………………………（1898）

六十、旱苗得雨 ………………………………………（1899）

六十一、浩然之气 ……………………………………（1900）

六十二、墦间乞食 ……………………………………（1901）

六十三、顾左右而言他 ………………………………（1902）

六十四、贵在仁爱 ……………………………………（1903）

六十五、二者居一 ……………………………………（1904）

六十六、独善其身 ……………………………………（1905）

六十七、独夫民贼 ……………………………………（1906）

六十八、绰绰有余 ……………………………………（1907）

六十九、大旱云霓 ……………………………………（1908）

七十、大有作为 ………………………………………（1909）

七十一、地利人和 ……………………………………（1911）

七十二、动心忍性 ……………………………………（1912）

七十三、出类拔萃 ……………………………………（1913）

七十四、杯水车薪 ……………………………………（1914）

七十五、不违农时 ……………………………………（1915）

七十六、恻隐之心 ……………………………………（1916）

七十七、出尔反尔 ……………………………………（1917）

七十八、按功付酬 ……………………………………（1918）

第九章　《孟子》名言名句 …………………………（1920）

孟子

目录

一、治学观名言名句……………………………………（1920）

二、修养观名言名句……………………………………（1964）

三、观人观名言名句……………………………………（2072）

四、处世观名言名句……………………………………（2087）

五、政治观名言名句……………………………………（2143）

六、天人观名言名句……………………………………（2161）

第十章　《孟子》人生大智慧……………………………（2283）

一、孟子修身智慧………………………………………（2283）

二、孟子养性智慧………………………………………（2388）

三、孟子处世智慧………………………………………（2430）

四、孟子为政智慧………………………………………（2480）

五、孟子教育智慧………………………………………（2559）

六、孟子成事智慧………………………………………（2613）

第一章　仰望孟子

一、圣人出世

（一）鲁国后裔

孟子，名字叫作孟轲，字子舆。生活在公元前 372 年至前 289 年，是战国时期邹国（今山东邹城）人。

周武王克商，封颛顼后裔曹挟于邹地，建立邾国。建国后即以"蛛"为国名，后改作"邾"字。邾国国君春秋时进子爵，附属于鲁国。

邾国故城俗称纪王城，位于邹城中部丘陵地区，是我国东周时期著名古城之一。到邾穆公时（公元前 480 年左右），将"邾"改为古时通用的"驺"字，即现在我们所说的"邹"。邾（邹）国传二十九世，至战国末叶楚顷襄王十八年（公元前 281 年）为楚所灭。

据清同治四年乙丑（1865 年）纂修的《孟子世家谱》记载："孟子，邹人也，系出于鲁。鲁之先始自周公，周公之先溯自后稷。后稷出自黄帝。帝前之史已详，勿庸叙列。自周公封于鲁，鲁公传至隐公。隐公弟为桓公子为庄公。庄公有异母亲三人，即共仲、叔牙、季友，谓之'三桓'。其长曰共仲，字庆父。初称仲孙，后更称孟孙。《春秋》经书曰仲孙，《左传》则称孟孙。故仲孙、孟孙并称。叔牙之后称叔孙，季友之后称季孙。共仲生穆伯敖，敖生文伯毂，毂生献子蔑，蔑生庄子速，速生孝伯羁，羁生僖子攫，攫生懿子何忌，何忌生武伯彘，彘生敬子捷，为鲁大夫。捷生庐墓，墓生敏，敏生激（激为孟子父亲）。孟子名轲，缘孟子之先系出于鲁孟孙氏也。而孟孙为世卿之后，惟世职方称孟孙，其他庶支则只称孟。传记所载：孟献子、孟庆子、孟僖子、孟懿子之称，是以姓为氏之源也。"可见孟姓来源于鲁国公族孟孙氏。

周公

孟孙氏后代有一支由鲁国迁往邹国马鞍山下，到孟子的父亲孟孙激已沦落为平民，孟孙激去世时孟子才三岁，孟子靠母亲仉氏抚养教育成人。

（二）生于乱世

孟子母亲仉氏本也是望族人家的女儿，她的父亲是魏国贵族之后。仉氏一族因避韩、赵、魏三国战乱，从山西并州迁徙鲁国，成为当地名门。但是家道中落，嫁给孟子父亲之时也就是普通人家的女儿了。据清末民初史学家谈迁《枣林杂俎》记载，孟母古宅在山西榆次县古城西南隅。"盖孟子邹人，其母并（州）人也。其地有三徙乡。"并州是太原的别称，古时候也称为"晋"。

在孟子一生漫长的游说生涯中经常提到"晋国"，尤其是在他与梁惠王的对话中经常引用晋国的历史和一些传说故事。有关专家推测可能是由于从小母亲对他口耳相授的缘故。孟母仉氏因家学渊博，曾经受过良好的教育。西汉韩婴的《韩诗外传》曾经记载过她的一段话："吾怀妊是子，席不正不坐，割不正不食，胎教之也。"由此可见，在怀孕的时候，孟母就立志要把孟子教育成为一个正派的君子。据说孟母仉氏还曾经赴沂河观澜，在明月中静沐，为的就是让胎儿感受到大自然的灵气熏陶。

孟子约生于周烈王四年己酉（公元前 372 年）。关于孟子的出生，在他的家乡有一段美丽的神话传说。

传说孟子是在半夜降生的。当时孟母仉氏正在熟睡，她做了一个十分奇怪的梦。梦境中出现了一位高大威武的神人，他通体发出耀眼的光芒，精致的流云一团一团将他包围，若隐若现。矫健蜿蜒的游龙在云雾中翻滚腾飞，围绕在他的四周，傲然的彩凤也不住地翩翩起舞，唱出悦耳的和鸣。他器宇轩昂，乘着五彩祥云而来，流转的云驾此刻被当作他的车辇，吉祥的龙凤也被他昂然驾驭。他自泰山东来，绰绰约约，而后渐渐清晰。到了孟母所处的位置，他停下了脚步，久久地凝视着孟母，眼神里流露出一丝笑意。突然，仉氏看见一朵祥云仿佛神助，迅速坠落到自己跟前，再定睛一看，神人已经了无痕迹。这时候她已经惊醒，警觉腹部疼痛，接着就产下了孟子。

据说生孟子时，整个巷子都看到五色祥云出现在孟仉氏家的屋顶上，宝光乍现，流光溢彩，黑夜照得如同白昼一般，让人不禁望而生敬。

仉氏不但知书识礼，聪明贤惠，而且心灵手巧。生下孟子之后，她对孟子倾注了无微不至的关怀，但同时也十分严格地管束孟子。尤其孟子三岁时父亲去世之后，孟家并无积蓄，仉氏只好依靠自己绩麻织布来养活孟子，度日非常艰难。虽然孟母整日起早摸黑，不但要在织布机前辛勤劳动维持生计，还要照顾幼小儿子的生活起居，但是在学习方面和品德方面，她丝毫没有放松对孟子的教导。西汉韩婴的《韩诗外传》记载的她的"买东家豚肉""孟母断织"以及"不敢去妇"等故事，西汉刘向的《列女传》中记载的"孟母三迁"和"劝孟子去齐"等故事，成为千古美谈。这是后世母亲教育孩子的典范，直到现在还广为流传。后人因她教子有方，把仉氏与岳飞的母亲和欧阳修的母亲列为母亲的典范，史称"贤良三母"。

二、孟母三迁

孟子本为"鲁国三桓"的后裔，其远祖是鲁桓公的庶子庆父。说起庆父，此人在历史上非常有名。据《左传》载，鲁庄公在位时，庆父非常专横，一直蓄谋争夺君位。鲁庄公去世后，立宠姬的儿子太子般继位。庆父便唆使别人杀死太子般，另立鲁闵公。后来又指使人杀了闵公，想自立为鲁君，但遭到季友等大夫的反对。大夫季友趁乱带着鲁庄公的另一个儿子姬申逃到邾国，声讨庆父，要求国人杀死庆父，立姬申为君。国人纷纷响应，庆父吓得逃到了莒国。姬申继位，即鲁僖公，用贿赂手段要求莒国把庆父押送回国，庆父在回国途中自缢而死。成语"庆父不死，鲁难未已"就出自这个典故。

庆父的儿子公孙敖曾另立一族，为孟孙氏，或称仲孙氏、孟氏。齐宣公四十八年（前408年），齐国攻破孟孙氏的食邑郕城，孟孙氏的子孙于是分散开来。孟子的祖先就从鲁国迁居到邹国，但是，当孟子出生时，他的家族已趋没落，再以后，诸事维艰，到孟子幼年时，全家只得"租屋而居"了。

相传，孟子的父亲名叫孟孙激，是个典型的文弱书生，为人善良怯懦，虽然诗书满腹，却难入仕途，只好在一个富商家做账房先生，挣些钱勉强养家。孟子的母亲姓仉，是魏公子启的女儿。传说，孟子降生在一辆马车中，因此父母就给他取名叫轲，字子舆（轲、舆都是车的意思），希望他长大后像车子那样既能载物，又可乘人，能够肩负社会大任。

孟轲3岁的时候，父亲就去世了。孟母是一个知书达理、贤惠能干的女子，丈夫死后，她没有改嫁，靠耕地、纺纱来糊口，一个人把孟轲辛辛苦苦地拉扯大。尽管生活非常艰难，但孟母从未放弃对孟轲进行严加管教和培养。

孟母非常注重对孟轲的教育，教他背诗、唱歌，还把自己读到的诗文和故事讲给孟轲听，比如伏羲演八卦、女娲炼石补天、黄帝造舟车、神农尝百草、后羿射九日、嫦娥奔月、尧舜禅让、大禹治水、武王伐纣、孔子作《春秋》等故事，孟轲每每都出神地瞪着大眼睛，听得津津有味，他有时微笑，有时皱眉，有时怒容满面，有时激动得跳起来，整个屋子里洋溢着孟轲天真的笑声。

黄帝

孟母还有计划地给孟轲讲《诗》《论语》、《春秋》，由浅入深，由易到难，讲解之后，让孟轲背诵。对孟轲来说，无论母亲讲的知识多深，他总不觉得难，不管母亲布置的作业有多少，他总能应付自如。

因为孟轲头脑聪明、点子多，当他和小伙伴们一起玩耍时，就成了他们的领袖，小伙伴们常在他的指挥下做各种各样的游戏，就连那些比他大三四岁的孩子有时也心甘情愿服从他的指挥，心悦诚服地接受他的领导。他们有时玩捉老鼠，有时玩老鹰捉小鸡，有时玩偷瓜看瓜，有时玩打仗的游戏，有时玩成亲办喜事，更多的时候他们玩埋葬死人的游戏。

孟轲家住在邹城北马鞍山西麓的凫村，附近有一大片墓地，出殡、送葬的都从他家门口经过。送葬时，死者的家属披麻戴孝，哭哭啼啼，吹鼓手在旁边吹吹打打，颇为热闹。孟轲看到这个情景，感到很新奇，就和邻居的小孩一起玩起办理丧事的游戏，也学着他们的样子，一会儿假装孝子贤孙，一边跪拜一边哭嚎，一会儿把手合在嘴边，假装成吹鼓手。他看到人们掘土刨坑，把棺木放下去，就和左邻右舍的孩子模仿起来，挖一个小坑，然后放进一把草，当作死人，再把泥沙堆成一个土堆，当成坟地。有时，孟轲和小伙伴们还抢人家的供果吃。

孟母看见儿子常常这副怪模样，而且玩得津津有味，就皱着眉头想："不行！

这不是我安顿儿子的地方，我不能让孩子住在这里了！"她觉得如果教育不好孩子，就会愧对列祖列宗，越发感觉应该换一个环境，让孩子健康成长。她把孟轲叫到身边，开导他说："我们家的祖先本来是鲁国有钱有地位的人，后来家境不好，没法子才搬到邹国来的。你父亲是读书人，他勤奋好学，想得到一官半职，可惜短命死了。现在我们家境困难，才住到这荒郊野外。你不好好儿在家读书，却跑出去学送葬、埋死人，太没出息了！"孟轲低着头，似乎领会了母亲为了这个家庭艰难的付出。

可是对孤儿寡母来说，想搬家又谈何容易。后来，在一位好心乡人的帮助下，母子俩从凫村搬到了邹城西北的庙户营。这里是一个比较大的集镇，镇上铺子、作坊、茶馆、饭店、赌场临街而设。孟轲家所在的街坊，有卖布的，有卖杂货的，还有做陶器的、榨油的。对门是打铁的，东邻是杀猪的，因此整日打铁声和杀猪声不绝于耳。每逢赶大集的日子，邻乡的百姓潮水般从四面八方涌来，行商坐贾，吆三喝四，讲买讲卖，很是热闹。

在这样热闹的环境里，孟轲在家里读书，哪里能够专心致志？于是他常常趁母亲不备溜出门去，和邻居的小孩在前街跑，到后街串，模仿店家们的叫卖声，并学着买卖人的样子讨价还价，时常逗得人们大笑。孟轲还用泥巴捏成小猪，模仿邻居屠夫的样子，用竹片把它杀掉，然后沿街叫卖。

孟母看到儿子这个样子，心中忐忑不安，就又皱着眉头想："这也不是我安顿儿子的地方。"孟母有了再一次迁居的想法，她决定找个好的邻居，找个有利于孟轲学习的环境。于是，她带着孟轲又搬家了。

这一次，他们把家搬到了县城南关的一所学宫附近。孟轲的新家离学宫很近，每天早上，他都站在门口，望着成群结队的孩子走向学宫。从此，孟轲每天聚精会神地听着学宫里传来的琅琅读书声，像是在欣赏美妙动听的音乐，他也开始静下心来读书，不再去模仿杀猪叫卖和埋葬死人了。当时，学宫里除传授知识之外，还注重礼仪的训练。身处这种环境，耳濡目染，孟轲渐渐对礼产生了兴趣，平时常常在桌上放些礼仪用品，做各种祭祀的游戏，并且摹仿揖让进退的礼节，举止非常符合规范。孟母见了，满意地点头说："这才是我儿子应该住的地方呀！"于是，他们就在那里住了下来。

孟母不仅重视客观环境对少年孟轲的影响，而且十分注重言传身教，她以自己的一言一行、一举一动来启发教育孟轲。"买肉啖子"的典故讲的就是孟母以自己的言行对孟轲施以诚实不欺品德教育的故事。

一次，东家杀猪，猪嗷嗷直叫，闹得孟轲无法静下心来读书。他对东家在不过节也不过年时杀猪感到奇怪，就不解地问母亲："娘，东家杀猪做什么？"

孟母当时正忙，便随口应道："煮肉给你吃！"孟轲十分高兴，一心等着晚上吃肉。

可是话刚一出口，孟母就自觉失言，心中一阵不安。她深知做人要诚实，所谓"言必信，行必果"，而且她深知身教重于言传。于是，她耐心地给孟轲讲了东家为什么要在今天杀猪。为了不失信于儿子，尽管家中十分困难，孟母还是买了一块猪肉煮给孟轲吃。

三、幼年受教

（一）断机喻学

自从小孟轲进入学宫学习后，他在孟母的谆谆教诲和先生的悉心辅导下，再加上他天资聪颖，又善于动脑筋，总是能够举一反三，所以没过多久他的学业就有了很大的进步。虽然，他一进入学宫就被编排在二年级，可是夫子讲的知识总是满足不了他的求知欲望。课堂上，他总是第一个理解夫子讲的内容，又总是第一个背熟夫子布置的诗文。不仅如此，他还经常向夫子提出许多稀奇古怪的问题，比如，为什么女人不长胡子，母骡子为什么不会生驹，富人为什么那么富，穷人为什么那么穷，天上有些什么，为什么人不会飞等等，这些问题常常使夫子不知所措，甚至有时弄得夫子很难堪。渐渐地他成了学宫里小伙伴们羡慕的对象，成了夫子们心目中的高才生。孟母看到儿子有如此长进，心中自然是欣喜万分。

然而，随着溢美之词的与日俱增，小孟轲不禁沾沾自喜起来，说话、做事难免流露出一种目中无人的情绪，这一切都被孟母看在眼里。再加上教学跟不上小孟轲的求知欲，他总觉得无事可做，上课也不再专心听讲。不仅如此，他还经常逃课，和宫外的小伙伴们一起出去玩，他们爬到树上掏鸟蛋，下到河里去摸鱼虾。孟母对儿子的学习十分关注，经常向学宫里的夫子打听儿子的学习情况。久而久之，小孟轲逃课的这些事情就传到了孟母的耳朵里。听到儿子在学校里的表现，孟母心里真是悲喜交集。喜的是儿子聪明机智，肯动脑筋，学习优异，悲的是儿子顽皮淘气，已经到了逃学的地步。如果照此发展下去，自己对儿子的一片苦心不就前功尽弃了吗？

一般父母在管教孩子时，要么拳脚相加，不给孩子申辩的机会，这样孩子对父母就会十分畏惧；要么就是唠唠叨叨，渐渐地说得孩子耳朵都生出茧子了，所以他们对父母的话往往是左耳朵进，右耳朵出，这些教育方式都起不到良好的教育效果。孟母教育孩子有自己的一套方法，她不轻易说孩子，一说就会起作用。她不是动则打骂，而是用具体的事例让儿子觉察到自己错了，从而让儿子心服口服。这样的觉悟往往发自内心，影响也是旷日持久的。回忆过去，孟母想到他们已经换了几个地方居住，虽然迁居很辛苦，但也是十分必要的。要不是搬到学宫旁边住下，小孟轲也不会有今天的成长和进步。但是，直到今天孟母才意识到，客观环境固然重要，但更重要的莫过于个人的内在因素。儿子不好好读书，难道是受环境的影响吗？学宫这么好的环境也没让他好好学习，看来这还是他自己的原因。那么，要想让儿子觉悟，该怎么办呢？棒打不行，唠叨也不起作用，唯有动之以情，晓之以理，循循善诱。孟母发现，以往对儿子的教育，说的道理倒是挺多的，这些儿子也都能听得进去，并且每次教育后儿子也都能表示悔改，但过一段时间小孟轲又会旧病复发。她考虑到可能是每次教育都没能触动儿子的心灵，所以，她就决定换一种教育方法。

一天中午，小孟轲高高兴兴地从外面回来，孟母问道："轲儿，今天在学校学得怎么样啊？""母亲，那还用说啊，夫子还没讲完，我就背得滚瓜烂熟了。夫子说，谁先背完谁就先回家，我最先背完就最先回家了。"小孟轲得意扬扬地回答着母亲的问话。孟母听了，也没说什么。过了一段时间，孟母发现儿子这几天回来得都很晚，而且衣服也弄得很脏。对于这些，孟母记在了心里，但并没责骂儿子。又过了几天，孟母又问儿子的学习怎么样，小孟轲满不在乎地说："还是那样，不好不坏呗。"第二天吃完早饭后，小孟轲像往常一样出门了。孟母没有织布，而是悄悄地跟在小孟轲的后面。原来，他没有去上学，而是和小伙伴们拿着自制的工具到林中捕蝉，忙得不亦乐乎。这些都被孟母看在眼里，她压抑着内心的怒火，没有直接冲上去逮个正着，而是拖着沉重的步子回家了。整个上午，她都是心不在焉的，手虽然在织布，可心里一直在想着儿子。中午，小孟轲像往常一样高兴地回到家里，孟母把他叫到织机旁，又问他同样的问题："轲儿，今天在学宫里学得怎么样啊？"小孟轲已经觉察到了母亲今天问话有点不对劲，连脸色都变了，可他不知道其中的缘故。于是，他怯生生地说："还是那样，不好不坏。""既然这样，那今天先生都讲了些什么？你能背给母亲听一听吗？"孟母的语气加重了，小孟轲一听，心想：这下可坏事了，母亲肯定知道我没去学宫上课。"呃……这个……我忘记了。"小孟轲一时语塞，不知道该怎么说。

孟母不等儿子说完，二话不说，猛地站起来，离开织机，第一次向儿子扬起了巴掌，声音颤抖地说："你上午根本没有去学宫学习，而是和小伙伴们到林中捕蝉去了！"这时的小孟轲，从未见过母亲发这么大的脾气，简直吓呆了。他已经做好了挨打的准备，可孟母并没把这一巴掌打下去，而是转身拿起一把剪子，只听"嚓……嚓……"的声音，原来孟母把几个月来辛辛苦苦织的布剪断了，纱和布顺着织机滑落了下来。就这样，孟母几个月的心血算是白费了。此情此景，让心虚的小孟轲目瞪口呆，他吓得不禁"哇哇"大哭起来。孟母并没理会儿子，反而厉声地让小孟轲去把剪断的丝线一根根接起来，小孟轲哪敢不从，急忙跑到织机旁接线，边接边哭，可是接了好长时间都没接好。

过了会儿，孟母的心情稍微平静了些，口气也比先前缓和了许多，她对还在抽泣的儿子说："轲儿，算了吧，断了的线是接不回去的。织布是这样，读书也是如此。你父亲在你三岁的时候就去世了，抛下我们孤儿寡母相依为命。母亲没有别的心愿，只想把你抚养长大，希望你将来做个对社会有用的人。我们搬来搬去，好不容易在此定居下来，就是为了让你有一个好的成长环境。你很聪明，也很努力，学习成绩也是名列前茅。但学无止境，你若不继续努力学习，半途而废，那就像这断了的线一样，将永远织不成一匹完整的布。"说到动情处，孟母也哭了起来。"母亲，您别生气了，是轲儿不好，轲儿以后一定努力学习，不让母亲操心。"说着，小孟轲一下子扑到了母亲的怀里。孟母紧紧地搂住他，母子二人哭作一团。

接着，孟母苦口婆心地向儿子讲述了孟氏家族的历史。他的祖先是孟孙氏的后裔，孟孙氏和季孙氏、叔孙氏都是鲁国的贵族，并称为"三桓"。季孙氏的势力最大，世袭宰相之职；孟孙氏世袭司空之职，掌管全国的土地和工程建设；叔孙氏世袭司寇之职。孟孙氏家族有一个很有名的人叫孟僖子，有一次，孟僖子陪鲁昭公出使楚国，途中经过郑国，郑国君主热情招待鲁昭公，然而昭公君臣面面相觑，因不知如何施礼而不知所措。孟僖子觉得这件事让他很难堪。到了楚国，楚王在郊外举行盛大的郊迎之礼，昭公君臣还是茫然无措。在这样事关国家形象的公众场合，他

孟母断机喻学

们却不懂礼，孟僖子深以为耻。经过这件事情以后，他遍访名师，只为习得礼仪一雪前耻。他曾经登柴门问礼于孔子，被孔子渊博的知识、不凡的气度深深地折服。临终前他将大儿子孟懿子和二儿子南宫适叫到跟前，强调了礼的重要性，又告诉他们孔子的学识有多么渊博。孟僖子死后，孟懿子便拜师于孔子，后来成为著名的"七十二贤"之一。听了这些，小孟轲的心灵被深深地震撼了，自己的祖先都是那么有才华、有修养、有道德的贤士，自己怎么能给祖宗蒙羞呢？他含着眼泪，默默地倾听着母亲的教诲，在心里暗下决心，一定要成为像孔老夫子那样学识渊博的圣人。

（二）孟轲观猎

除了教儿子读书之外，孟母还经常给孟轲讲述他们的家族历史，讲述祖辈的故事。季孙氏、孟孙氏和叔孙氏是鲁国的三大贵族，时称"三桓"，多年来一直掌握鲁国的大权。季孙氏权力最大，世袭相国职位，叔孙氏世袭司寇一职，孟孙氏世袭司空一职。孟孙氏的后代有个孟僖子，在鲁国的政治地位很高。鲁昭公七年（前

535 年），孟僖子随从鲁昭公出访楚国，途经郑国时，郑庄公慰劳昭公，昭公君臣面面相觑，竟不知相宜的礼节，无以应对，孟僖子羞得无地自容。到了楚国，楚王在郊外举行盛大的郊迎之礼，昭公君臣又是懵懵懂懂，不知所措。在事关国体的外交场合，孟僖子深以为羞。回国后，孟僖子视此次失礼为平生的奇耻大辱，从此他遍访名士，虚心求教。他曾登门向孔子问礼，两人促膝畅谈，孔子有问必答。孔子渊博的知识、精湛的见解，使孟僖子甚为折服。孟僖子临终前，将两个儿子——长子仲孙何忌（即孟懿子）、次子南宫敬

郑庄公

叔叫到床前，给他们讲了自己的教训，讲了礼的重要性，又讲了孔子渊博的学识。孟僖子死后，孟懿子兄弟俩安葬了父亲，便向孔子拜师求学。

孟母对儿子讲这些家族历史，是想告诉儿子，一个人必须努力读书，才能掌握渊博的知识和安邦定国的本领，否则即使高官显爵、权重势大，也难免辱国没家，贻笑天下。

孟母有一位表叔，名叫公孙玺，当年在鲁国为将，现在告老还乡，闲居在家。公孙将军虽已年逾花甲，但身体仍很健壮，且颇好打猎，常常带着鹰犬，奔波于沟壑山林之中。

金秋的一天，孟轲放学回到家，孟母兴致勃勃地问他："轲儿，你喜欢打猎吗？"孟轲被母亲问蒙了，不解其意地问道："怎么不喜欢呢？喜欢又怎么样？难道母亲会允许孩儿去打猎吗？"

"是呀，明天娘要带你去看公孙外公打猎。"孟母将这一安排告诉了儿子，并将打猎的壮观场面、妙趣横生的狩猎故事，绘声绘色地讲述给儿子听。孟轲听了喜出望外。

第二天一大早，孟母带着孟轲赶到公孙玺家。日上三竿，一队车马先行出庄，直奔四基山，孟轲与母亲及公孙玺同乘一辆车随后赶到。

公孙玺早已部署好，进入山林后，他让从四周进入山林的家丁、卫士将野兽驱赶到自己这边来。过了半个时辰，渐渐有野兽窜出来。公孙玺并不着急，他沉着地弯弓搭箭，只听"嗖"的一声，箭矢像流星一般飞向一只狐狸，那只狐狸应声倒毙。接着，他箭无虚发，兔、鹿、獐等猎物无一逃脱。孟轲得呆了，心中羡慕不已。

中午，大家在林中野餐，孟轲围在外公的身边转来转去，不停地问这问那。孟母对他说："这不算什么，你公孙外公还能百步穿杨呢！"

"什么叫百步穿杨？"孟轲不解其意。

孟母解释说："百步穿杨嘛，就是在百步以外有一株杨树，随便指树上的哪一片叶子，你公孙外公都能够将它射穿。"

孟轲怀疑地转向公孙外公，问道："这是真的吗？"

"怎么，我的外孙还不相信吗？"公孙玺笑着用右手的食指轻轻点了一下孟轲的小鼻尖。

"外公何不试试看呢？"孟轲仰脸看着公孙玺。

"好，为了证实你母亲所说并非谎言，我就试一下。"

公孙玺说着站起身来，接弓在手。一个家丁走到百步以外，选了一株杨树，用长竿一指树上的一片叶子，公孙玺弯弓搭箭，"嗖"的一声，长竿所指的叶子被射中。

这一下孟轲大开眼界，他扑过去搂住公孙玺的脖子，恳求他教自己学射箭，并且问道："外公为什么能射得这样准呢？"

公孙玺哈哈大笑道："熟练而已，常言道'熟能生巧'嘛。"

"天下还有比外公更高明的射手吗？"孟轲问。

"有，多得很。"公孙玺说，"其实，天下三百六十行，行行都能出状元。学无止境，只要每天坚持，勤学苦练，总会有成就的……"

孟轲通过耳闻目睹，悟出了"学无止境""精益求精"的道理，从此专心读书，在先生的教导下，学业逐日长进。孟母看在眼里，喜在心头，脸上时常挂着欣慰的笑容。

（三）闻名乡里

随着年龄的增长、阅历的丰富、学识的增多，孟轲在很多问题上都有了自己独特的见解。这表现在课堂上与先生的辩论，课下处理邻居的一些事情上。

有一天，先生在课堂上讲解《论语·学而》，其中一章的原文如下：

子曰："父在，观其志；父没，观其行；三年无改于父之道，可谓孝矣。"

对此，先生解释道："孔子说：当一个人的父亲活着的时候，要观察他的志向；父亲死了以后，要考察他的行为；如果他对父亲的观点、主张和做法长期不加改变，就可以说他孝顺了。"先生解释之后便谈起"孝"的重要性。

这时，孟轲提出了异议，他说："天下做父亲的，他们的观点、主张和做法怎么能全都正确无误？如果是正确的，就坚持他们的观点和做法，而无须改正；如果父亲的观点和做法是错误的，也要坚持不改，照这样做下去，岂不要祸国殃民，贻害无穷吗？"

孟轲接着说："上古的时候，洪水泛滥，鲧奉尧帝之命去治水。鲧逆洪水之性，修堤筑坝以为屏障，结果因方法不当，且又迷信息壤，不但没消除水患，反倒使洪水为害更大，众多百姓遭殃。禹奉命继承父任治水，他习水性，不与水争势，将其导入大海，奔波13年，终于治平了九州水患，使百姓得以安居乐业。倘若禹'不改变父亲治水的方法'，那么天下人就都成为鱼鳖，哪里还会有今日的苍生黎民，大千世界……"

先生听了一时语塞，其他学童都屏息凝神，课堂上安静极了。正当大家面面相觑的时候，孟轲说了声"请先生批评"，就坐下了。先生这才醒悟过来，对全体学童说："孟轲说的有一定道理，你们以后要像孟轲一样勤于思考。"

还有一次，先生讲解《论语·公冶长》，讲到受孔子高度评价的子产。子产是春秋时郑国的贤相，知识渊博，却很谦逊，每决定一件国家大事，都要征求大臣们的意见，请教熟悉情况的人。爱护百姓是子产的最大特点，冬季里，他能用自己乘坐的马车送百姓渡过溱水和洧川。有时百姓们聚集于乡校，议论朝政，批评子产。有人认为这有害国家，因此建议拆毁乡校。子产没有接受，他认为这正是听取民众意见的好机会。

听了先生的这些讲解，孟轲对子产的政绩没说什么，却对他用自己的马车帮百姓渡河这件事不赞赏。孟轲评论说："这是用小恩惠收买人心的举动，如果修成行人的桥，建成过车的桥，百姓哪还用再为渡河发愁？身为一国之相，只要将政治搞好，出外鸣锣开道就行了，怎么能够一个个地救济百姓呢？为政之人，如果讨天下人人欢心，时间就不够用了。"

子产

在学宫里，孟轲的行为虽然常常使先生难堪，但先生爱惜人才，不但不生气，反而感到欣慰，为自己有这样的学生而骄傲，并常与他交谈，交流读书心得。渐渐地，孟轲成了学宫里的宠儿、先生们的骄傲。学宫考虑到孟家孤儿寡母，生活艰难，就免收孟轲的学习费用；因为孟轲的学业超群，学宫每年还给予他一些奖励。

孟轲因天赋极高，加之勤学善思，好学不倦，到十五六岁时，已经闻名乡里了。那时人们都崇尚知识，谁有知识，人们就尊敬谁。因此，同学们经常向他请教问题，附近乡邻经常有人慕名而来，请他帮忙分忧解难。孟轲非常热心，总是有问必答，有求必应。

村里有一个姓朱的青年，与一伙人成天游荡，经常干坏事，其父多次教诲劝阻，他不仅不听，反而与父亲顶嘴。眼睁睁看着儿子误入歧途，父亲心急如焚。一天，父子俩又发生口角，孟轲刚好在场，听了朱氏父子的一番吵闹之后，说道："造箭的人难道比造铠甲的人本性更残忍吗？如果不是这样，为什么造箭的人生怕他的箭不能伤害人，而造铠甲的人却生怕他的铠甲不能抵御刀箭呢？巫医和木匠也是如此，巫医唯恐自己的法术不灵，不能治愈病人；木匠唯恐病人好了，棺材卖不出去。由此可见，一个人选择谋生之术不可以不谨慎。孔子说：'与仁共处是好的。由自己选择，却不与仁共处，这怎么能说是聪明呢？'仁是上天最尊贵的爵位，是人最安逸的住宅。没有人来阻挡你，你却不仁，这是愚蠢。不仁、不智、无礼、无义，这种人只能做别人的仆役。本应该是仆役，却自以为耻，正好比造弓的人以造弓为耻，造箭的人以造箭为耻一样。如果真以为耻，不如好好儿地去行仁。行仁的人好比射箭的人一样：射箭的人先端正自己的姿势，然后开弓射箭。如果没有射中，不要埋怨那些胜过自己的人，而应反躬自问才对。"

朱姓青年被孟轲的这番话说得哑口无言，心里惭愧极了。

孟轲有一位老师名叫曾玄，对于有这样一个好学生，他比别人更高兴，整天乐得合不拢嘴，逢人就说："老朽不才，天赐孟轲，得遂平生之愿也！"

一天，他摸着胡须把学生们看了一遍，然后盯着孟轲问道："孟轲，今人所说的'六艺'指的是什么？"

孟轲答道："有两个'六艺'，一个是低层次的'六艺'，一个是高层次的'六艺'。低层次的'六艺'指6种技能，也就是礼、乐、射、御、书、数；高层次的'六艺'则指的是6本书。"

曾玄问："哪6本书？"

孟轲说："就是《诗》《书》《礼》《易》《乐》《春秋》。"

曾玄满意地点了点头，眯起眼睛又问："你对这'六艺'了解多少？"

孟轲沉思了片刻，谦逊地答道："这'六艺'极为深奥，孟轲终生学习，也未必能够学好，如今不过刚刚入门而已。"

"嗯。"曾玄显然非常满意孟轲的回答，他站起来，慢慢踱着方步，说："你把《礼》的精髓讲给我听听！"

孟轲说："《礼》是孔子及其弟子们整理的一部书，是考证古代社会、儒家发展渊源和文物制度最可靠的资料。尤其是《礼运》一篇提出了'大道之行，天下为公'的思想。值得后人重视的是，书中还提出了实现'天下为公'的途径，即首先要实现小康之治。"

"太好了！"曾玄高兴得眉开眼笑。接着，他又问了一些问题，孟轲都对答如流。曾玄高兴地赞叹道："孟轲，你可以为师了！"

学生们都向孟轲投去敬佩和羡慕的目光。

曾玄把话题一转，又问道："自春秋以来，诸侯割据，各霸一方，你争我夺，互相倾轧，你对春秋之战有怎样的看法？"

孟轲果断地说："春秋无义战。"

曾玄一怔："那你仔细讲来听听！"

孟轲说："周武王当年分封诸侯的目的，是为了让各诸侯国治理好自己的国家，以求得周朝繁荣昌盛，黎民安康。殊不料诸侯之中，贪得无厌者大有人在，他们相互征战，攻城掠地，抢粮伤民。然而事情往往适得其反，越是想通过征讨别国使自己国家强盛的，越容易成为众矢之的，最后必将惨遭失败。"

曾玄问："春秋时期那么多国家，就没有一个好国君吗？"

孟轲说："好与不好，只能比较而言。这一国的国君比那一国的国君好一些，或者那一国的国君比这一国的国君好一些，这是有的。不过，既然同为周天子的诸侯国，彼此之间就应该以礼相待，共图富强，而不应该相互征伐。有人说：'我善于布阵，我善于作战。'其实，这是一种大罪恶。"

曾玄忍不住问道："为什么？"

孟轲说："一国的国君若是喜欢仁德，能够以仁政和礼教治国，黎民百姓就会心悦诚服，争相效力，国家就会富强。只要国家富强了，天下便没有敌人了。古代的圣明帝王都以仁义为本，求仁取义，所以既能得到天下，也能得到人心。如今则不然。有许多人正路不走偏走邪路，失去了良心也不知道找回来，岂不可悲可叹！有的人更可悲，丢失了鸡狗，他知道；丢失了良心，他居然不知道。"

曾玄品味着孟轲的话，不时地点头。

孟轲接着说道："稻、黍、稷、豆、麻是众多庄稼中的好品种。然而，假如不能成熟，还不如稗子。所谓仁，就在于使五谷成熟罢了。仁之胜不仁，犹如水胜火。仁多，就是水足，自然能胜火。现在的人则不是这样，用一杯水去扑灭一车着火的干柴，扑不灭火，不去埋怨自己，反而说水不能灭火。在弟子看来，这种人久而久之，不但不能成为仁人，反而会将自己已经得到的那一点仁全部丧失掉。仁与义，犹如喜、怒、哀、乐、怨一样容易发现，有的人却视而不见。仁与不仁、义与不义，像酸、甜、苦、辣、咸一样容易辨别，有的人却分辨不清楚。"

当时的诸侯国君，有的称王，有的称公，大臣则分为上卿、亚卿和下卿三个等级。邹国当时的国君是邹穆公，所以曾玄问孟轲："假如国王能够重用你，并任命你为上卿，那么你将做些什么事情呢？"

孟轲信心十足地说："若国王能采纳我的意见，我将全力向他荐贤举能。"接着，孟轲谈了自己的一番见解。

曾玄听后，叹道："孟轲，你是栋梁之材啊！国王若能重用你，邹国便可强盛了。我此生得到你这样一个弟子，也不枉人生一场了。"

孟轲说："弟子的点滴知识都是从老师那里学来的。"

曾玄说："师傅领进门，修行在个人。你的学问已经很深了，该寻找时机去从政治国了。”

四、受业子思

（一）去鲁寻师

孟子渐渐成长为一位翩翩少年，同所有年轻人一样，他有着旺盛的求知欲。在母亲和学宫老师的教导下，他阅读典籍，在其中瞻仰古人的崇高品德，拜学先贤的治世之方。天长日久的知识积累使得年纪轻轻的孟子在政治问题上也颇有见地。

有一年夏季，邹国遭遇旱灾，田地龟裂，农民颗粒无收，但是到了秋天，国家的粮食税却没有相应减少。有一姓陈的官员受命下乡到因利渠畔来征收粮食税。这位姓陈的官吏虽然心怀戚戚，对歉收的农民很同情，但是他本身是一个对工作很负责任的人。到了因利渠畔，他经过实地考察，发现农民自己都面带菜色，妇女出入没有一件像样的衣服遮蔽，甚至连小婴儿都饿得嗷嗷待哺。见此情况，他心中十分怜悯，不忍催逼百姓。矛盾的是，上头的差遣，自己的使命就是来征税，如果完不成，自己岂不是要丢掉官职？虽然百姓苦苦哀求减少粮食税，他还是很为难。

这时孟子在场，他不顾犯上的危险，义正词严地说：“只有赤子之心的人，才是真正的高尚之人。这种人的德行并不一定体现在说的每句话都能够办到，不管情况怎么样都秉承一样的原则去做事情。而是他的行为只要与义同在，按照‘义’的标准而行，便是有德君子。”

话音未落，百姓无不拍手称快，那个姓陈的官员听到这位少年有如此见地，羞愧得无地自容，决心返回县衙，为民请命，多行仁义。

经过此事之后，孟子的名声开始在本乡传颂了。孟母担心儿子年少，不知深浅，对自己的小有成绩沾沾自喜，容易被区区虚名所累，因此萌发了让孟子去鲁国见识的想法。

孟子首先到了鲁国较小的峄山游览，然后到了雄伟险峻的泰山观日出。他沿着自己一直敬仰的孔夫子的足迹攀登、前进。这一行十分有收获。

归来之后，孟母问道："孩子，大圣人孔子登泰山有什么收获？"

孟子不假思索地回答说："孔子站在东山上就觉得鲁国实在是太小了，一眼就看尽了；但是在攀登到雄伟的泰山顶上之后才发现，整个天下都小的很呢。由此可知只有见识过大海的广阔才知道江河湖泊的渺小；只有到圣人门下去学习，才可以学到真知灼见呢。圣人之道，何其博大，但愿我有这个幸运可以拜圣人为师。"

孟母听了之后，微笑着点点头。她知道，孟子已经领悟了"山外有山，人外有人"这个深刻的人生哲理。

这次登山游鲁之后，孟子萌生了赴鲁游学的念头，他迫切地想要到孔子的故乡鲁国去向孔子的嫡系弟子求教，学习正宗的儒家思想。同样，他也想去到更加自由更加广阔的天空中去尽情翱翔，到远方风风雨雨中去闯荡，增长见识，积累经验。本来孔夫子就是一位游学天下的先行者，为了能够亲身到自己所崇拜的思想家的家乡感受厚重的文化熏陶，追求真知卓识，孟子坚定了自己向孔夫子的家乡出发，接受圣人之道的信念。

（二）子思门人

周显王十二年，梁惠王十三年甲子，即公元前357年的时候，孟子在学宫已经把基本的典籍都熟读精解了。在孟子约十五岁时，他来到了曲阜，准备拜师。

曲阜是鲁国的首都，东西长七里，南北宽五里多。城中规模宏大，气势壮阔，是鲁国的政治、经济、文化中心。

古往今来，能者贤人无人不知"周礼尽在鲁矣"。鲁国不但繁华，而且是儒家的发祥地，那里还一直保存着孔子的遗风，孔子学派依然有一支在鲁国广收门徒，勤于讲学。

孔子的一个重要学生是被称为"传道"之儒的曾子，他在孔子去世后仍留在鲁国，继续孔子的讲学事业。曾子把他的思想学问传给了孔子的嫡孙孔伋。孔伋字子思，相传曾作《中庸》。此派是儒家思想最重要的一支。孟子在经过多方考证之后发现很多孔子门人发展到最后良莠不齐，相比之下，同是孔子嫡传，惟子思一派为儒家的正宗。因此孟子就拜入此派门下。

最早记载孟子师从与谁人的是《史记·孟子荀卿列传第十四》，在此篇中司马迁并没有作很详细的说明，只是说孟子"受业于子思门人"。

子思，姓孔，名伋，是孔子的孙子。《史记·孔子世家》记子思年六十二，但是他的生卒年月却不为人所知。《孔子世家》又说，子思曾困于宋，"子思作《中庸》"。《汉书·艺文志》有"子思二十三篇"本注云："名伋。孔子孙，为鲁穆公师"。子思二十三篇失传已经很久了，只有《中庸》为《礼记》所收，流传于世。《中庸》，司马迁称其为子思作，但不一定是子思一人之作。但是可以认定至少是子思一派学者所作。《中庸》作者认为，人的贫富穷通、国家的治乱兴衰，都有天命来决定。人的本性能对天命做出正确的反应，表现为行为的准则，这就是道。道是不可须臾离开的，如能修养得好，可以与天地相参。《中庸》作者特别说到孔子，说"仲尼祖述尧舜，宪章文武，上律天时，下袭水土。譬如天地之无不持载，无不覆。譬如四时之错行，如日月之代明，万物并育而不相害，道并行而不相悖。小德川流，大德敦化，此天地之所以为大也。"孔子虽没有文武之位，但他在德性上的成就，可以配天地、育万物。由此可见《中庸》作者对于孔子的推崇达到神化的程度。《中庸》的作者又认为，一切成就都是人本性中事，都是人性所固有，问题在于能不能"寻求本性"。他极力宣扬"追根究底寻求本真"的重大意义，因此，《中庸》作者子思或者子思一派是人性论的创始人，是孟子性善论的先行者。

自古以来，孟子"受业于子思门人"的说法之所以被人接受，很大原因就是许多学者认为孟子的学说和子思的学说有明显的继承关系，并且还形成了一个所谓的"思孟学派"。春秋战国时期百家争鸣，诸子中明确把子思和孟子的思想看作一个学派的是战国时代的荀子。荀子在《非十二子》中把子思和孟子的思想前后连接起来，认为二者有明显的传承关系。他认为，子思孟子学派是儒家的一个重要流派。孟子子思都曾以儒者的身份论述五行学说。荀子作为儒家学说的另外一个分支，对子思孟子学派很有异议。荀子批评他们说："略法先王而不知其统，犹然而材剧志大，闻见杂博，案往旧造说，谓之五行。甚辟违而无类，幽隐而无说，闭约而无解。案饰其辞而祇敬之，曰此真先君子之言也。子思唱之，孟轲和之。世俗之沟犹瞀儒，嚾嚾然不知其非也，遂受而传之，以为仲尼子游为兹厚于后世。"意思是说子思和孟子在学说上犯了相同的错误。这段关于五行的具体论述，今已不可见，但荀子的话可以说明孟子和子思的思想学派是一脉相承的，并且具有相当的名气，"五行"的说法，在当时有相当大的影响。

除此之外，子思"辟耳目之欲，远蚊虻之声"，孟子"恶败而出妻"，他们都是在追求"仁"。从子思自我警惕的观点，孟子自强的观点，可以看出他们观点中对自己的严格要求。不过荀子也从自己的角度指出，他们这样做，只能达到"浊明外景"，是一般的精神境界，都没有达到圣的"清明内景"的至高至精微的境界，因此不算是"治心之道"。这是说"思孟学派"等人对"道"的认识比较肤浅的缘故。可见，在荀子眼中，对于道的认识，孟子跟子思一样，认识的方向是对的，但是深度不够。

孟子具体是师从于哪位贤人，大概他的老师不是有名望的人，所以孟子没有讲他的姓名，却是说："予未得为孔子徒也，予私淑诸人也。"他在《公孙丑上》也说："自生民以来，未有盛于孔子也"，"乃所愿，则学孔子也"，意思就是说自有历史以来，孔子的德行应该是天下第一人了，孟子的愿望就是能够向孔子学习。但是他没有能够成为孔子的门徒，只是私下向别的贤人学习孔子的思想。可见孟子对孔子尊崇备至。

拜子思门人为师以后，孟子在老师的指导下，阅读》《《五典》《八索》《九丘》《梼杌》《时》《《卜》《令》《故志》《训典》《数》《乾坤》《图》《法》《夏书》《商书》《周书》《乘》等各种上古文献。至于孔子的著作，更是非常详尽。不但有圣人弟子对他的言行记录，还有圣人的手稿。孟子有这么好的机会，更加孜孜不倦，昼夜不分，且夕勤学二十多年，不但熟读精通这些著作，还向老师悉心讨论于儒学之道，一心研究孔子的思想，并对孔子的儒家思想做了一番小小的改动，可以说是批判地继承了孔子的思想。同时孟子也熟习了同时代各位不同流派学者的思想，比如道家，法家，墨家，阴阳家，农家等等学说，博取所长。他的知识积累日益增多，见闻日广，逐渐成为邹鲁一带名家大儒。

五、返邹开坛

（一）初谈理想

孟轲在鲁国学成后，决定返回家乡——邹国。拜别司徒夫子后，孟轲没有马上回邹国，而是去雄健南将军府上辞行。这些年，雄健南将军给了他很多帮助，没有将军的帮助，他在鲁国不可能一切都这么顺利，这些他都铭记于心。此次一别，不知道什么时候才能再次相见。所以他希望听下这个长辈的教诲，看他有没有什么要嘱咐的。再者，孟轲想回乡办学，广育天下贤才，而将军见多识广，孟轲也想借此向他请教一下办学应该注意的一些问题。

雄健南将军听说孟轲前来拜访，十分高兴，急忙传进来相见。孟轲见到雄健南将军，深深地施了个礼，说道："小侄孟轲见过将军，多年来承蒙将军相助，孟轲才得以完成学业，今日离鲁返乡，特意前来向将军辞行。"

雄健南将军一听，哈哈大笑，说："贤侄何须客气，你有今日之成就，全靠恩师教导有方，加上你自己勤奋好学。如今返乡，不知有何打算？"

孟轲毫不犹豫地答道："不瞒您说，小侄想兴办私塾，教书育人，正想听听您的建议呢。"

听了孟轲的回答，雄健南将军颇有兴趣。不禁问道："不知道贤侄为何要选这条道路，能将其中的道理跟我说说吗？"

"后稷教导百姓种庄稼，栽培谷物。谷物成熟了，便可以养育百姓。人们吃饱了，穿暖了，住得安逸了，但如果没有教育，和禽兽也就没什么差别。圣人为此十分担心，于是委派契做了司徒的官，主管教育，用关于人与人之间关系方面的大道理为准则来教育百姓，让他们知道父子之间有骨肉之情，君臣之间有礼义之道，夫妻之间有内外之别，老少之间有尊卑之别，朋友之间有诚信之德。"

孟轲接着又说："在小侄看来，天下之大，没有人能胜过孔子，古代的圣贤尧与舜恐怕也稍逊一筹。所以，小侄毕生的愿望就是做个像孔夫子那样的人，向他学习，继承他的事业。孔子办学的目的，就是为了发扬他的儒家学说，培养能够继承儒学思想的贤才，使君臣父子各安其位，使百姓安居乐业，天下太平。侄儿想发扬孔夫子的思想，重点强调'明人伦'之教。"孟轲在雄健南将军面前，激情洋溢地谈着自己的理想，异常兴奋。

将军边听边点头，时而又追问："什么是'明人伦'？为什么要'明人伦'呢？"孟轲解释说："所谓'明人伦'就是指君臣有义，父子有亲，夫妇有别，长幼有序，朋友有信。人伦是社会中人与人之间关系的道德准则，如果诸侯、卿相、士大夫等，他们每个人都明白人与人之间的必然关系，以及各种行为活动的准则，那么百姓自然就会团结一致。要是他们不明白或者违背了人与人之间的必然关系和各种行为活动的准则，那么百姓也会效仿，进而百姓之间就不会团结。"雄健南将军看着孟轲侃侃而谈，心里十分高兴。很显然，孟子认为办教育的目的就是培养人才。

有了想法固然是好，不过光有口号不行，还得涉及实际的操作问题。所以，在谈到具体怎样招生时，孟轲告诉将军，他会借鉴孔子"有教无类"的办学理念。他认为无论是贩夫走卒，还是公侯将相，抑或是乞丐流氓，每个人都有受教育的机会。而且他坚信任何人都可以通过学习教育，找回失去的仁、义、礼、智，因而每一个人都应该享有均等的受教育权利和机会。所以，在他那里，无论贵贱、贫穷、老幼，只要想学，他都可以教。雄健南将军没想到孟轲小小年纪竟有如此智慧和胸襟，深感欣慰，并表示以后办学若有什么困难，尽管来找他，让他也为教育出份力。孟轲感激万分，保证一定不会辜负将军的期望。

（二）子思书院

离开了将军府，孟轲一路心急如焚地赶往邹国，想到马上就要回到阔别已久的家乡了，心中无限感慨：时间过得真快，不知不觉自己离开故乡已经三年了，在这一千多个日日夜夜里，母亲可还安好吗？

终于回到家了，母子久别相聚，分外激动，孟轲连礼节都不顾了，跑上去就和母亲相拥而泣。孟轲发现母亲额头和眼角多添了几条皱纹，头发也已花白，双眼已有些许混浊。孟母见儿子又长高了许多，成熟了许多，不禁老泪纵横，但看得出她心里更多的是欢喜。让她欢喜的不仅是儿子回来了，更重要的是儿子学有所成。孟轲回来后的几天，都在家里陪伴母亲。乡里人和以前的同学知道他学成归来，纷纷前来祝贺。他们不是向孟轲询问鲁国的风土人情，就是向他讨教学问。往日门庭冷落的孟家，因孟轲的归来一下子变得热闹起来。

但孟轲并没有忘记临走时对恩师所说的豪言壮语，在家休息了两天后，孟轲就带着礼物去拜访公孙外公和乡人颜崇义：一来感谢他们对自己游学的帮助，以及自己不在家时他们对母亲的照顾；二来想听听他们两位德高望重之人，对自己要办学有什么看法。

孟轲首先来到公孙外公家，公孙将军望着曾经一脸稚气的外孙如今已是风度翩翩，不禁泪流满面，不得不感叹自己已经老了。孟轲向外公讲述了自己在司徒牛那里的学习情况，公孙将军甚为满意。在交谈中，孟轲渊博的学识和独特的见解，更是让公孙将军赞不绝口。公孙玺以前在鲁国当过将军，回归故里后不知道有多少年没有去过鲁国了，听着孟轲对鲁国风土人情的描述，公孙将军仿佛又回到了当年自己意气风发、驰骋沙场的场面，心中感慨万千。直到天黑，孟轲不得不告辞了，二人仍然觉得意犹未尽。

第二天，孟轲又去拜访了颜崇义。说起他的大恩，孟轲觉得真是无以为报。在他还是幼年之时，由于三岁丧父，家里异常贫困。颜崇义并没有因此看不起他们家，反而在他们最困难的时候施以援手，两次搬迁都是他帮的忙，就连孟轲游学鲁国也是他资助的。看见孟轲学成归来，他也是欣喜万分。可他毕竟是个商人，对于孟轲讲的天下大事并不十分感兴趣，不过他对孟轲的成长以及他办学的设想都很肯定，并表示一定鼎力相助。

孟轲生活的时代与孔子的那个时代不同，此时"学在民间"的现象已经十分普遍。而在孔子的时代，主要是官府创办教育，学生也主要是贵族，平民是不可能受教育的。孔子首办私学，开始前来学习的人很少，后来他的名气越来越大，并提出了"有教无类"的观点，学生人数便慢慢地多了起来。可以说，孔子的"有教无类"思想是对以往"学在官府"的否定。随着后世的发展，到了孟轲时，私学十分繁荣。无论是荣归故里的人，还是饱读诗书而不愿做官的人，抑或是因官场失意而流落异地的人，他们都办起了私学。作为晚辈，孟轲想去拜访一下他们，一方面是为了争取他们的支持，表明自己并不是有意与他们争抢生源，只是想多为社会培养一些人才，希望他们谅解；另一方面也希望能够向这些前辈讨教一下办学的经验。

做好一切的准备工作后，学堂终于开始动工了。孟轲将学堂的地址选在因利渠畔，那里依山傍水，风景秀丽，河水常年流动不息，不失为一个文人雅士读书治学的好地方。竣工这天，公孙将军举行了盛宴，来参加这次宴会的，不仅有乡里的名人志士，还有邹、鲁两国的文武臣僚，一时高朋满座，孟轲自然喜不自胜。就连雄健南将军也远道而来，庆贺孟轲开办学堂，希望他能广育英才。正是在这次宴会上孟轲确立了学院的名字为"子思学堂"，取名于司徒牛的恩师子思，表明孟轲创办的这个学堂秉承的是儒家思想，今后所教的也是儒家学说。

子思学堂与一般的学堂不同，主要表现在以下几个方面：第一，招生的范围不限于某个地方，而是面向整个社会；第二，继承孔子"有教无类"的教学理念，无论王公贵族，还是凡夫俗子，都可来上学；第三，不是对一般儿童进行启蒙教育，而是对具有一定基础的青年进行启发式教育。

开学伊始，孟轲就列出了几十个题目，让学生们挑选自己感兴趣的去思考、讨论，然后总结出一些具有哲理性的条文，作为他们共同遵守的标准。

在自律方面的条文有："仁义的人就像射箭一样：射箭的人先摆正姿态，而后放箭，发而不中，也不能怨恨胜了自己的人，而要反问自己"；"自己不正派没有能使别人正派的"。

在守身方面的条文有："君子的操守，应该是先修养自身，再影响他人，从而使天下太平"；"自身不依道而行，就很难行于妻子，更不必说他人了；不用道教化人，妻子也不会听他的命令，更不必说使唤他人了"。

在立志方面的条文有："等待文王出世了才奋发努力的人，只能是一般的群众；豪杰之士，即使没有文王，也能奋发有为"；"每个人都可以成为尧舜，只要穿上尧的衣服，诵读尧的文章，实践尧的行为，就可以成为尧了"。

在涵养方面的条文有："倘若有人对我蛮横无理，君子一定要反躬自问：我一定是不施行仁义，我一定是无礼，不然他为什么会这样对我呢？反躬自问，结果不是自己不仁不义，而那人依旧蛮横，君子要说：'这个人一定是个狂妄之徒，狂妄之人与禽兽没有什么区别，那我为什么要对禽兽求全责备呢？'因此，君子是终生忧虑的，但没有一点隐患"。

这些条文经孟子的修正后，逐步成了子思学堂所有弟子们的行为准则。在孟轲的引导下，子思学院的名气越来越大，呈现一派繁华的景象，大家都称他为"孟夫子"或"孟子"。渐渐地，有不少外地的青年才俊因仰慕孟轲，千里迢迢前来，就是想拜他为师。

孟轲忙于办学的同时，孟母也在为他张罗他的终身大事。眼看着儿子已经长大成人，按照古人早婚的习俗，孟轲也到了适婚年龄，孟母于是给孟轲娶了妻。谨守礼仪的孟轲并没有因为成家而放松自己的要求，在他大约二十岁时，发生了一个小插曲。

一天午饭后，孟轲的妻子一个人独居于卧室，袒露着身体斜卧在床上。这时，孟轲突然推门走进卧室，见妻子衣衫不整，很不高兴，还没进门就出去了。事后，孟轲向母亲说明妻子不守礼仪的情况，请求母亲准许他休掉妻子。妻子田氏心里觉得十分惭愧，便请求孟母允许她离开孟家，说道："我听说夫妇之道，不行于卧室之中。今天我在卧室内，衣衫不整，我丈夫见到了很不高兴，这是把我当客人。依妇人之道，女子不能以客人的身份住在人家，因此请允许我回娘家去。"孟母听完儿媳的话后，终于弄清楚事情的来龙去脉，于是对孟轲说道："《礼经》上不是说了吗，进门前必须先问清谁在屋子里，以表示对对方的尊敬；将要走进厅堂的时候，要高声传扬一下，好让里面的人有个准备；刚走进卧室，目光要向下，以避免见到别人的过失。你的妻子闲居卧室，你不打招呼，突然就闯进卧室，让她措手不及，这明明是你不知礼节，反倒说别人无礼，你这不是离礼更远了吗？"

　　孟轲听了母亲的教诲，认识到了自己的过错，并请求妻子原谅。可见，孟轲在修身与齐家方面始终坚持着十分严格的践行标准，他在办学中提出的各种理念早已深刻贯彻到他的日常生活中。同时，他那以母为师、以礼为师的作风也昭示着他将成为一代儒学大师。

（三）峄山之游

　　孟子办学继承的是孔子"有教无类"的教学理念，孟子在选择弟子时并不看重他们的出身，以及父母的背景。所以无论贫富还是贵贱，只要有一定的基础都可以前来上学。这样，弟子的层次就参差不齐。例如像徐薛、季孙子、孙书疑等贵族出身的子弟，虽然不远千里来求学，但却不是为了好好学习来增长知识，而是想借此谋个虚名，以扬名于世。所以，在他们心中唯有金钱和地位是最重要的，其他的就如浮云。在这种思想的引导下，他们整日酗酒、赌博、嫖娼，仗着自家富贵，把谁都不放在眼里，整日趾高气扬，飞扬跋扈。而一些平民出身的子弟，总是自我菲薄，没有自信，看到富贵子弟整日穿金戴银，心中自惭形秽。消极悲观的情绪时刻笼罩着他们，有的甚至有仇富心理。这样，同学之间难免会出现矛盾。而学堂是教书育人的地方，夫子不仅要教授书本上的知识，也要教会学生做人的道理。孟子是一位负责任的夫子，所以针对弟子们良莠不齐的情况，他也有过思考，也实施过一些手段，可是成效甚微。孟子想到自己小时候，学宫里的夫子经常带他们出去参加社会实践，让他们亲身体验施礼的整个过程，从而让他们切实感受到礼的重要性。孟子认为这种教学方式很具有启发性，所以这次，他决定带着弟子们去游峄山。峄山是孟子小时候经常去的地方，它虽不如泰山那样高大庄严，却也有自己的玲珑之态，秀丽婀娜别有一番风味。孟子之所以要带弟子们游峄山，是为了教会他们将书本知识与实践结合起来，"读万卷书，不如行万里路"。游览峄山，一来可以让弟子们感受一下大自然的气息，陶冶他们的性情；二来可以让弟子们了解社会现实，进而培养他们的社会责任感，从而更加勤奋学习。

春天的峄山显得异常清秀，尽显其婀娜多姿之态。山上怪石堆垒，孔窍幽邃，泉涌相间，古木苍郁，杂花若锦，登临凭眺，移步异景，引人入胜。一日，风和日丽，孟子带着一众弟子，悠然地来到了峄山脚下。

不知不觉，他们走到了钟石的下面，只见它高悬在盘龙洞的上面，好像正在摆动着自己的身体，时而发出轰隆隆的声音，这声音振聋发聩，犹如洪钟，仿佛在警醒人们什么似的。弟子们正在认真地观看这钟石，孟子说道："在这山上，是这钟石敲响警钟，而在我们的社会生活中，又是什么能够唤起人们觉醒的洪钟呢？"孟子顿了顿，看着弟子们的反应，继续说道："我想，应该是知识和学问，它们能时刻给我们以警醒。"

接着，他们又来到金龟望海石旁。金龟望海石是峄山的奇观之一，看这只金龟居高临下，头朝着大海望向远处，天空是那么高远，大海是那么辽阔，但万事万物都在它的视野下变得如此渺小。金龟在以前的时候，总是自以为是，爬到这山顶才知道自己的目光是多么短浅。读书也是这样，只有登得高，才能望得远。井底之蛙永远也不知道外面的天空有多大，也永远不会看到大海有多么广阔。然而在现实生活中，偏偏有人总以为自己聪明绝顶，到中途的时候又因各种原因而放弃，不能有始有终。其实，这些人比金龟以前还要笨得多。

读懂了金龟的自以为是之后，有弟子向孟子请教何为"自暴自弃"，孟子解释说："自己残害自己的人，不可能和他一起谈论出有价值的言论；自己放弃自己的人，不可能和他一起做出有价值的事情。说话损害礼义，这便叫作自己残害自己；自己认为不能将仁放在心里，不能根据义来做事，这便叫作自己放弃自己。仁是人类最安适的住宅，义是人类最正确的道路。放着最安适的住宅不去住，舍弃最正确的道路，这真是可悲啊！"弟子们认真听着夫子讲的道理，默默地点头。

再走下去就是大通岩了。大通岩是一种石壁，它宽阔高大，听说这里是孔子讲学的南杏坛，孔子曾经在这里讲授诗书礼乐。孟子将弟子们召集在石壁下，自己登上了石壁。原来他是要效仿孔子当年杏坛讲学，给弟子们讲修养的道理。在孟子看来，每一个人的修养，不仅是个人的事情，而且关系到国家、天下和整个人类的命运。修养十分重要，而其中一个重要的方面就是反身以诚，具体的情况是：如果有一个人，他喜欢别人，别人却不喜欢他，那他就要反身自问："别人为什么对我如此冷淡，大概是我的仁爱还不够吧？"假设这个人想去管理别人，结果没有管理好，那他就要反身自问："是不是自己的学识和智慧还不够呢？"假设这个人礼貌地对待别人，而得不到相应的回答，那他就要反身自问："大概是自己的恭敬还不够吧？"所以，孟子认为无论做什么事情，如果得不到预期的效果，就要从自身入手，检讨自己还有什么做得不够的。

而修养的最高境界就是仁人君子，孟子说："不仁的人难道可以同他商议吗？他们眼见别人处于危险之中，却无动于衷地利用别人的灾难来获利，追求荒淫暴虐这些足以导致国家灭亡的灾祸。如果可以和不同的人一起商议，那又怎么会发生败家亡国的事情呢？从前有个小孩唱道：'沧浪的水清啊，可以洗濯我的帽缨；沧浪的水浊啊，可以洗我的泥脚。'孔子听了这个小孩子的歌声，很受启发，于是对弟子说：'你们听着！水清就拿来洗帽缨，水浊就拿来洗泥脚，这是由水的本性所决定的。'所以，人必定先有自取侮辱的行为，别人才侮辱他；家必定先有自取毁灭的因素，别人才毁灭它；国家必定先有自取讨伐的原因，别人才讨伐它。《尚书·甲篇》说过：'天造的孽，犹可逃避，自己造的孽，逃也逃不掉。'说的正是这个道理。"

接着，他们沿着石级慢慢往上走，那石级十分陡峭，犹如天梯般，似乎有冲向青天之势。若不是稍有毅力者，恐怕是不敢继续攀登的。学习也是如此，越到上层，越有"高处不胜寒"的感觉，这时就要看个人是否能够坚持。若能坚持不懈，相信登上顶峰看到的风景一定不同凡响。不久，他们就来到了祖龙洞旁，那是通向山顶的唯一道路。要登上山顶，完成最后的旅程，就必须从这个洞匍匐进去。因为这个洞特别的窄，只能爬着进去。所以，任凭你是达官贵人，还是诸侯卿相，抑或是平常百姓，无论面对谁，祖龙洞都一样以一种高傲的姿态凝视着来人，似乎在对人们说："要想上山顶，非得像狗一样爬着穿过我。"所以，人们走到这里的时候难免会犹豫一下是否要爬过去。若肯放下身段匍匐进去，就能到达山顶。

望着这祖龙洞，弟子们一时没了主意，不知道该不该继续前行。若爬进去，自己多没面子。若不爬进去，就到不了山顶，也就看不到山顶的景色。大家都看着孟子，只见孟子不慌不忙地撩起衣服，慢慢地趴在地上，缓缓穿过祖龙洞。弟子们看到夫子都趴下了，他们也就毫不犹豫地跟了上去。终于爬出了洞，到达了山顶。可这一路爬上来，弄得弟子们各个狼狈不堪，有人不禁抱怨起来。孟子笑了笑，也没责怪他们，而是让大家体会一下这"一览众山小"的感觉，然后师徒一行围坐于地，他开始讲起了艰苦环境磨炼人的道理。事实上，古往今来成大事的人，没有经过一番艰苦卓绝的努力，是不可能轻易获得成功的。舜从田间劳作中成长起来，傅说从筑墙的工作中被选拔出来，胶鬲被选拔于鱼盐的买卖之中，管仲在囚犯的位置上被提拔，孙叔敖从海边被发现，百里奚从市场上被选拔。所以，上天将要把重大使命落到某个人身上，一定会先使他的心志得到磨炼，使他的筋骨受到劳累，使他的身体忍饥挨饿，使他备受穷困之苦，使他做事总是不顺利。这样来震动他的心志，坚韧他的性情，增强他的才干。人总是难免会犯错误，然后才能改正错误。心气郁结，殚精竭虑，然后才能奋发而为；显露在脸上，表达在声音中，然后才能被人了解。那些不被重用的孤独之臣，那些受歧视被虐待的庶孽之子，整日如临深渊，如履薄冰，战战兢兢，时刻都在提高警惕，办事总是谨小慎微，唯恐灾难临头。正因为如此，他们方得以平安无事地生活下去。一个国家，如果国内没有守法的大臣和辅佐的贤士，国外没有敌对国家的忧患，往往容易亡国。所以，小至一个人，大至一个国，乃至整个天下，都生于忧患，死于安乐。

所以，对人的一生来说，逆境和忧患不一定是坏事，生命就是一种体验，它包含着无数的酸甜苦辣，逆境和忧患都是人生的一笔宝贵的财富。这样的人生，要比那种一帆风顺，没有经历什么磨难的，没有什么特别体验的人生要丰富得多，有价值得多。

孟子

孟子对于弟子的教育总是发人深省，他往往于细微处入手，然后慢慢延伸到自己所要讲的主题上。对于弟子的缺点，他不是直接尖锐地批评，而是通过一物或者一件事来启发，让弟子自己觉察到自己的错误。经过这次的峄山之游后，弟子们的精神面貌有了极大的提高，同学们之间的感情也得到了增强。他们开始思考人生的问题，似乎峄山的气概让他们的灵魂得到了洗礼。

（四）体察民情

有一年夏天，邹鲁一带一连几天都下着特大暴雨，一时间各处水流汇集江河，江河溢满，雨水席卷了村庄、稻田。于是，泥石流、滑坡等灾害接踵而来。牲畜被卷走了，庄稼被淹没了，房屋也被冲垮了。到了秋收的时候，庄稼颗粒无收，穷苦百姓只得挖野菜充饥，野菜吃完了就刨树根。国君见百姓各个饥肠辘辘，决定开仓赈粮，帮助百姓渡过危机。

孟子知道这件事后，马上和当地的官府联系，表示愿意帮助官府承担一些开仓前的调查工作。孟子当时在邹国已经小有名气，大家都十分敬重他。所以，对他个人的人品是毫不怀疑的，也相信他能实事求是地进行调查。所以，对于孟子的自动请缨，官府自然是十分欢迎的。最后官府分配给孟子及其弟子一些工作，主要是考察几个村的受灾情况。这是项非常艰巨的任务，必须走家串户，一个一个地调查，并准确记录情况，不能弄虚作假。可是，洪涝灾害阻断了各处的交通道路，而且房屋也被摧毁了，到哪里去寻找每家每户的主人呢？试想一下，饥肠辘辘的灾民看到孟子和他的弟子，会不会上前抢劫，这都是无法预料的事情。然而，这次调查关系到千万百姓的性命，如果前期的调查工作没做好，不知多少人会丧失生命。所以，即使再难也要坚持下去把工作做好。而孟子本人也希望通过这次的调查，让弟子们走出平时的书斋，体验真正的社会生活，让他们多了解一下当时的民情，进而激发他们的社会责任感。

孟子和弟子们在接到任务后，就马上出发了。一路上，满目疮痍。昔日肥沃的田野被雨水无情地冲刷后，几乎什么都没留下，只残留着泥沙的气息。往日，邹鲁大地上那庆祝丰收的欢歌笑语消失了，取而代之的是那因亲人离世而发出的阵阵哀号声。路上行人各个面黄肌瘦，步履蹒跚，老幼相扶而行，他们三五一群，一路拾荒。孟子和弟子们边走边看，只见路旁、田边、树林、河滩，目光所到之处，饿殍遍野，怎么不让他们心惊胆寒呢？接着，他们慢慢进入了村庄，那景象更是惨不忍睹。本已倾斜的房屋在暴雨袭击后，完全瘫痪在地；而完好的屋舍在暴风雨的摧残后，也是压弯了腰。断壁残垣的情景确实让人不由得心生悲悯。进入茅舍，只见老人呻吟于病榻之上，婴儿在母亲的怀里嗷嗷待哺，灶上无米，锅下无柴，不知道生活对他们意味着什么，也不知道等待他们的将是什么。孟子和弟子们进去后，连个坐的地方都没有，他们向老人施礼，并询问洪水过后的家庭情况。老人告诉他们，洪水冲走了自己的儿子，现在只留下他和儿媳以及小孙子，自己瘫痪在床，孙子正处在哺乳期，可是他们已经两天没进食了，儿媳没有奶水，只得不停地喝水充饥。说着说着，老人泪流满面，为今后的日子担忧。孟子急忙上前安慰，告诉他国君已经准备开仓救济，这次他们前来就是为了调查受灾的情况。听了孟子的话，老人对他们感激涕零，心想这下孙子可有救了。孟子离开这家后，又接着挨家挨户地慰问，家家如此，户户如此。

最后，他们又相继走访了几家富户，他们的生活不同于外面的灾民。尽管外面闹饥荒，他们家里却好像什么都没发生过一样，依然莺歌燕舞，一派欢乐的景象。猪马牛羊养在圈里，珍馐美味吃在嘴里，绫罗绸缎穿在身上，艳妻美妾抱在怀里，好不逍遥自在。他们不关心外面百姓的生死也就算了，竟然趁机囤积粮食，大发国难财。听说大名鼎鼎的孟子前来拜访，富户们纷纷设宴邀请孟子前来做客。孟子对这些人很是鄙视，又怎么会接受他们的邀请呢？他来此地是为了考察百姓受灾的情况，如今灾民们正处于水深火热之中，一向主张施行仁政的孟子早已是食不知味。

就这样，他们挨家挨户地走访，经过一番艰苦跋涉，他们终于不负众望，顺利完成了考察任务，并及时向官府反馈了灾情。对于这次调查，弟子们的感触颇大。那些纨绔子弟在这次考察后，似乎有所警醒，他们也了解到了贫苦百姓的生活以及他们每天所要背负的责任，自此以后，一改平时骄纵的行为。而那些贫寒家庭出生的子弟，对像他们那样贫穷的百姓有了更深刻的认识，他们立志要去改变这种现状，让百姓们过上衣食无忧的日子，而不是在学堂里跟富家子弟比吃比喝，整天自怨自艾。人生的意义不在于吃喝，更不在于享受，而在于是否能够做出一番有功于社会、有利于人民的事业。而作为一个有抱负、有理想的读书人，不仅要努力学习提升自己，更要时刻提醒自己，要以天下苍生为己任。

（五）精心育人

经过上次的峄山之游和社会考察后，弟子们似乎一下子成长了许多。他们不仅比以前更加认真学习，还经常在一起互相交流，切磋学问。作为夫子的孟子，看到自己的弟子们能够如此用功学习，并且能够和睦相处，心里感到十分欣慰。可是他天生是个劳心的人，在他的心里装的是天下的和平，百姓的安宁和自己的理想。他虽然学富五车，但依然勤奋学习，从不懈怠。吃过晚饭后，在那清风徐徐的傍晚，他常常会到因利河畔散步，那缓缓的流水牵引着他的思绪，不知不觉流到了远方。

返回房间，则是另外一种心境，弹琴、击筑、唱歌、朗诵，那种自由自在的感觉让他十分惬意。

可是有一天，书院里发生了一件不愉快的事情。一个泼皮无赖在茶馆里说了孟子的坏话，纯属造谣。正好公孙丑和同学也在这个茶馆里喝茶，听到有人恶意中伤孟子，如何不气。于是，公孙丑上前与之理论，结果双方发生口角。那个泼皮无赖仗着自己人多势众，又看公孙丑他们都是书院的儒生，认定他们必然是弱不禁风，所以不仅出言不逊，还拳脚相向。结果不仅没占到便宜，反而被公孙丑一行人打得落花流水，只得灰溜溜地逃走了。

那个泼皮无赖很是不服，为了报复他们，便纠集了一伙人气势汹汹地来到子思书院。一到那里，就开始砸窗户、砸门，还把两个较年幼的弟子给打了。公孙丑知道一定是上午那个泼皮无赖，非常气愤，说着就要纠集学院里会武功的人去找他算账。孟子听说此事，马上制止了他，批评公孙丑不应该在茶馆里闹事，损坏了书院的名声。他严厉地说道："人们说我又有什么关系呢？人生在世，难免会受人议论。不仅现在的人议论，以后的人也会议论。我们能做的就是修养好自己的品德，审慎行事，不要落下什么闲话。你既然知道那人是个泼皮无赖，为什么要和他一般见识呢？无赖和禽兽有什么区别呢？我们在驴市上，不小心被驴子踢了一脚，难道就要杀了它加以报复吗？"公孙丑听了夫子的批评，心里很不是滋味。毕竟自己是为了夫子的名声和书院的利益，而夫子不但不表扬他，反而当众批评他。公孙丑是个有什么情绪就表现在脸上的人，有什么说什么，他怎么受得了这个气，结果师徒二人不欢而散。

晚上，公孙丑躺在床上辗转反侧，夜不能寐。既然睡不着，还不如出去走走。于是，他穿好衣服，想出去散散心。不知怎么的就来到了夫子的房门口，没想到夫子房间里的灯还亮着。是啊，夫子白天要忙于书院的杂务，晚上还要熬夜读书，真的很辛苦。而自己不仅不能帮夫子解忧，反而给夫子惹麻烦。想到这里，公孙丑心里的气一下子消了大半儿。于是他进门拜见孟子，并惭愧地对孟子说："今天的事，是弟子不对，不应该跟那人逞一时之气，还请夫子原谅弟子的莽撞。"孟子并没有责怪他，而是心平气和地对他说："你觉得世上最广阔的是什么呢？"公孙丑不解夫子是何意，想了想说道："是天空，天空最广阔。"孟子摇摇头，让他继续说。"是海洋吗？"孟子还是摇摇头，急得公孙丑抓耳挠腮。孟子看弟子说不出来，笑道："天空、海洋都是很广阔的，但为师觉得世界上最广阔的莫过于人的心胸，只要你愿意，你的心胸会比天空、海洋还要广阔。弟子犯了错，师父就生气，心胸怎么能算得上广阔呢？"接着，他不慌不忙地给公孙丑讲了个故事。

邻村有个叫张坤的，不幸被一伙强盗给打死了，只留下孤儿寡母在村里受人欺负。当他的儿子张永年长到十二三岁的时候，他的母亲便托城里人给他找了个习武的师傅。这个师傅很同情他们母子俩，便想教他一点真武艺。但是这个师傅既没有教永年舞刀，也没有教他弄棒，只是教他烧火做饭。第一年，师傅让永年用谷秸烧火，烧的时候必须用手将谷秸捏成粉末才能放入灶内；第二年，师傅又让他用高粱秸烧火，烧的时候必须用手将高粱秸捏成细末，才能放入灶内；第三年，师傅再让他用竹竿烧火，烧的时候必须用手将竹竿捏成竹絮，才能放入灶内。就这样，永年在师傅那里学习了三年的烧火，觉得简直是在浪费时间。渐渐地，永年就对烧火做饭产生了厌倦情绪，对师傅也是满肚子怨气。一次，师傅见他不再认真烧火，就严厉地批评了他。永年气不过，就收拾包袱回家了。回到村里，有的村民见到他，就问："永年，你这几年在外面都学了什么啊？"也有人问："听说你在外面学武，学得怎么样啊？"有的硬是要他露两手给大伙儿瞧瞧。可是，无论别人怎么问，他总是说："这三年什么也没学到，师傅让我烧了三年的火。"每次想到这儿，永年的气就不打一处来，可村里的人压根儿就不信，觉得他是故意不想展示给他们看。

正好有一天，永年三爷家的驴跑了，老人急急忙忙地追，追了一会儿就上气不接下气。这时，他正好看到永年向这边走过来，于是大声叫道："永年，你快去把那驴拦住，不然就跑远了。"听到三爷吩咐，永年二话没说，就去追那头驴，跑到驴跟前，他这么顺手一抓，没想到把驴头捏了个粉碎。他自己都被吓着了，不知道是怎么回事，等缓过神儿来才恍然大悟，师傅交给他的真功夫原来就是这个啊。意识到是自己错怪了师傅，永年心里很惭愧。第二天，他来到师傅家里，向师傅诚恳地承认了自己的错误，希望师傅能原谅他。师傅看弟子诚心悔过，就原谅了他。最后，那位师傅将自己的毕生所学都传授给了永年。一年后，永年就成了远近闻名的武术大师。

讲完这个故事，孟子略微停顿了一下，然后问公孙丑："你觉得这个故事说明了一个什么道理呢？"公孙丑听夫子提问，一时间不知怎么回答。因为他知道自己做事莽撞，又容易冲动，常常信口开河。为此，他经常受到孟子的批评。所以，这次他不敢马上说出来，怕夫子责罚，想了想才说道："这个故事说明习武不能急于求成，要一步一个脚印。""光是习武是如此吗？"公孙丑一时语塞，不知道怎么回答。孟子并没有为难他，缓缓说道："世事其实都是这样的，我们要想做成一件事，就要持之以恒，不能半途而废。就比如挖井，挖了数尺还没有出水，如果有人就这样停止不挖了，那不仅这口井是一口废井，而且人还白白浪费了力气。五谷是庄稼中的好品种，假若不能成熟，反而不及其他的庄稼。学习和走山路一样，山坡上的小路只有一点点宽，经常去走便成了一条路。但只要有一段时间不去走它，又会被茅草堵塞。读书也是一样，如果半途而废，就永远找不到读书的真谛。"

其实孟子讲这个故事还有一个更深刻的含义，那就是告诫人们无论做什么事情都不可急于求成，要循序渐进，一步一个脚印。就好比是修建房屋，首先要打好地基，地基打稳固了才能继续去做别的事情。而公孙丑之所以写不好文章，处理不好人际关系，就在于他性格毛躁，遇事不冷静，老喜欢急于求成。这样的话，连基础都没打好，又哪里谈得上有所建树呢。公孙丑听了孟子的话，连连点头。

孟子在四十岁以前，主要的活动是从事讲学。他将收徒讲学、传授知识看成是人生的三大乐趣之一。孟子十分重视对人才的培养，注意因材施教，采用启发式的教学方法，主张学习要专心致志、持之以恒、循序渐进。

（六）答疑解惑

孟子在邹国讲学，名声在外。但是学术是自由的，难免有人会对孟子的思想产生怀疑。故而，经常有人会就孟子思想中不完善的地方，与他讨论。

孟子有个弟子叫屋庐子，有一次，屋庐子到了任国，有个任国人故意问他："礼与食孰重？"屋庐子回答说："当然是礼重了。"那人又问道："娶妻与礼孰重？"屋庐子说："礼重。"那人反问说："如果依照礼节去获取食物，那么便会饥饿而死；如果不依照礼节去获取食物，那么就会得到食物而不至于死去，难道一定要按照礼节求得食物去等死吗？如果行迎亲的礼节，就得不到妻子；如果不行迎亲的礼节，就会得到妻子然后生孩子，难道一定要行迎亲之礼而断子绝孙吗？"屋庐子被问倒了，一时不知如何回答。

于是，他专门跑回邹国，向老师孟子请教。孟子听后，让屋庐子这样回答那个人，他说："折断兄弟的手臂才能得到食物，不去折断兄弟的手臂就得不到食物，难道真的要折断兄弟的手臂吗？翻过邻居家的围墙去搂抱女子，就可以得到妻子；不去翻邻居家的围墙搂抱女子，就得不到妻子，难道真的要翻过围墙去搂抱女子吗？"屋庐子一听，马上明白过来了。

有个叫季任的，是任国国君的弟弟，他经常听说孟子的贤德，便托屋庐子给孟子带来了礼物，并邀请孟子若有时间，一定要到任国游玩，孟子接受了季任的礼物。过了些日子，孟子想到这些年一直忙于书院的教学工作，还没有到处走走。正好此次季任邀请他去任国游玩，而且还带来了这么重的礼物，正所谓"来而不往非礼也"，自己也应该回礼才是。所以，孟子不久便来到了任国，季任热情地招待了他。二人彻夜长谈，把酒言欢，他们谈理想，谈仁政，季任从孟子那里真是获益匪浅，他对孟子的学识更是佩服得五体投地。

但是通过一段时间的接触后，对于一些问题，季任也有了自己的想法。但他并不想当面和孟子针锋相对，于是只好把自己的疑问向孟子的弟子公都子说明。季任问道："为什么说义是内在之物呢？"公都子回答说："恭敬之心从内心发出，所以说是内在之物。"季任打了个比方，问道："有个本乡人，他比你的兄长大一岁，那么你会尊敬谁呢？""尊敬我的兄长。"公都子脱口而出。"倘若大家一起饮酒，那么你会先给谁敬酒呢？""先为本乡的长者敬酒。""看来，你内心是尊敬兄长的，然而你却先给本乡年长的人敬酒，可见义毕竟是外在之物，而非由内心发出。"公都子反问道："夫子是尊敬叔父，还是尊敬弟弟呢？"季任毫不犹豫地回答说："当然是尊敬叔父啊。""弟弟要是做了受祭之尸，那么你会尊敬谁呢？""那倒是尊敬弟弟呢。""为何又变成尊敬弟弟呢？"公都子问道。"因为他处于受尊敬的位置上啊。"见季任如此回答，公都子回到刚开始的那个问题上来，他说："因为本乡的长者处于应该先斟酒的位置，平常是尊敬兄长，在临时发生的一些特殊情况下，则尊敬本乡的长者。"季任得意地笑了笑，说道："如此看来，所尊敬的对象毕竟外在于人，而并非发自内心啊。"公都子也不甘示弱，急忙反问季任："冬天喝热水，夏天喝冷水，难道饮食不是人的本性吗，难道饮食是外在的吗？"结果二人谁都没说服谁，不过季任想孟子的学生都如此厉害，那孟子的学问更是了不得，心里对孟子的敬重不觉又增加了几分。

孟子渊博的知识，非凡的气度，高尚的情怀，不仅本国人为之钦佩，就连别国的人也不远千里前来拜访，一睹孟子的风采。当时曹国国君有个弟弟名叫曹交，他特别欣赏孟子的学识，特地从曹国来邹国拜访孟子，二人就"人皆可为尧舜"展开了讨论。

曹交恭恭敬敬地问孟子："夫子，是您说过'人皆可为尧舜'吗？"孟子回答说："是啊，我说过这样的话。"曹交不远千里来拜访孟子，当然是有备而来，他接着问孟子："听说文王身高十尺，商汤身高九尺，我现在已经有九尺四寸高了，却只会吃饭，敢问夫子，怎样才能成为尧舜那样的人呢？"孟子笑了笑，说："能不能成为尧舜，与个子的大小是无关的。尧舜之道，在于孝悌。你只要加强自身修养，做事不离孝悌，就可以成为尧舜。如果你穿夏桀的衣服，说夏桀说过的话，做夏桀做过的事，你就会变成夏桀。"对于什么是孝悌，孟子认为，孝敬父母为孝，尊敬兄长为悌。孝和悌是仁义的基础，只要每个人都孝敬自己的双亲，尊敬自己的兄长，那天下就可以太平了。曹交听完孟子的言论，对他很是钦佩，便想拜孟子为师。孟子婉言拒绝了，并对他说："道就像大路一样，并不难了解，只是怕有的人不去寻求而已。"

其实孟子所说的孝悌是儒家思想中维护宗法血缘关系的纽带，是礼的核心，也是仁的根本。孝悌的观念推及至国家的层面，便是忠君爱国。曹交走后，弟子们不解地问："夫子，我们要行孝悌，只要刻苦学习，尽心修养就行了，为什么要学习尧舜呢？"孟子解释说："尺子和圆规都是画圆的工具，六律是五音的标准。我们做人也应该有一定的标准。尧和舜在当国君的时候，能够恪守君王之道，做人臣的时候，能够尽臣子之道，他们就是别人做人的标准。我们现在以他们为榜样难道不好吗？"

六、初度适齐

（一）泱泱大国

在十几年的教学生涯里，孟子潜心培养了大批英才。他在教育的这块土地上默默地耕耘着，用知识的雨露滋润着一个个求知若渴的学子，使他们不断成长，树立为国效力的远大志向，以为百姓谋福祉为己任。儒家学说在孟子精心的传承和完善下，取得了长足的进步。

与此同时，天下大势也发生了巨大的变化。秦国启用商鞅实施变法，以此富国强兵；楚国、魏国重用吴起，战胜强敌；齐国任用孙膑、田忌等人，使诸侯一时间为齐国马首是瞻；苏秦、张仪或主合纵，或主连横，巧舌如簧，天下无不以攻伐为贤。孟子生活的时代，是个竞争激烈、战乱频发的年代。掌握各国政权的君主，为了谋求本国的富强，也为了获得更多的人口和领土，在兼并战争中取得胜利，迫切需要各方面的人才为其效力。在这种背景下，各国君主不但十分敬重有一技之长，能够为国君出谋划策的能人志士，而且对他们委以重任，赐以高官厚禄，笼络他们，使他们能够在政治上充分施展自己的才能。因此，各学派在政治舞台上表现得十分活跃。他们游走于各诸侯国之间，企图劝说君主按照他们的思想制定本国的内政和外交政策。四处游说，成为各派主要的活动形式之一。

为了招揽天下的能人志士到齐国讲学，齐国国君在临淄稷下专门设立了学宫。早在齐桓公时，齐都临淄的城西稷门外就设立了一座学堂，就叫"稷下学宫"。这座学宫带有学术研究的性质，不同于一般的学校，在学宫里不仅可以传授知识，而且可以自由地进行学术交流。一时间，那里集中了很多文人学士，专门讲学。学堂里的学生少则数百人，多达上千人。到了威王时，规模扩大了很多。而齐国也成为当时众多诸侯国中，思想最活跃的一个国家。稷下学宫名义上是个讲学的地方，实际上相当于齐国的一个智囊团，专门帮助齐国国君出谋划策，以便富国强兵，称霸天下。

作为儒家学说的传承者和发扬者，孟子极力反对各国君主用武力征服天下，他认为他们这样做是一种争权夺利、见利忘义的行为，是"以力服人"的"霸道"，终究无法使人心服。对于诸侯间无休无止地征伐，孟子深感忧虑，他认为要实现天下安定，统治者必须施行仁政，这样人民才能安居乐业。而他也清楚地知道，要实现自己的理想，就必须出仕为官，只有掌握一定的权力，才能施展自己的抱负。孟子并非现在才意识到掌握权力的重要性，只是一直苦于没有机会。

孟子的学识和名声引起了齐威王的注意，齐威王特地派遣使者来邹国，邀请孟子到稷下学宫讲学。这个消息马上在书院里传开了，弟子们一时议论纷纷。大家都觉得这是个好消息，夫子在家办学多年，一直是教书育人，却无缘一展治国平天下的大抱负，这次的机会实在难得。孟子心情也很激动，虽然在本国得不到邹穆公的支持，但说不定自己的理想可以在其他国家得以实现。而且，孟子对齐威王的名声也早有耳闻。在他的心中，齐威王算得上是一位有为的君主，这样有作为的君主，必定赏识有学问的人，也能认真听取他人的主张。

怀着济世救民的理想，揣着对于仁政的热烈追求，孟子虽然已过而立之年，却依然壮心不已。周显王四十年（公元前 329 年），即齐威王二十八年，孟子带领弟子们走上了周游列国的旅途，浩浩荡荡地向齐都临淄进发。齐国是东方第一大国，东有琅琊，南有泰山，西有清河，北有渤海，被称为四塞之国。此地幅员辽阔、物产丰富、人口众多，沿海绵长的海岸线为齐国的渔业发展提供了极大的便利。他们一路上跋山涉水，披荆斩棘，终于来到一个名为平陆的小地方。平陆为古厥国，是齐国的边境邑名。孟子一行人一路上舟车劳顿，于是决定暂居此地休整一番，顺便考察一下当地的民风民情，以作为将来和齐威王论政的根据。

在这期间，齐国的卿相储子听闻大名鼎鼎的孟子已经到达平陆，有心要与他结交，于是派遣心腹驾着马车携重礼远道来访。孟子接受了储子的礼物，但并没有回谢。

平陆的邑宰孔距心听闻鼎鼎大名的孟子前来拜访，便热情地接待了他。连日的相处让孟子感觉到此人虽然和善，但有时不免懦弱。孟子向来就是对事不对人，虽然他和孔距心素昧平生，但是当孔距心向他询问工作意见时，孟子还是坦率地说出了对他的一些不满。孟子问孔距心："如果你的战士一天有三次失职，你会将他们开除吗？"孔距心是个是非分明的人，对于此种渎职现象，他当然不能容忍，他果断地回答道："不必等到三次，就会把他开除。"孟子继续问道："既然如此，邑宰失职，又该如何呢？风调雨顺的日子，老百姓们尚且得不到温饱，一遇到灾荒之年，你的百姓中年老体弱的便抛尸荒野，年轻力壮的便背井离乡，四处逃散，苟且偷生……"还没等孟子说完，孔距心早已羞得面红耳赤，感到无地自容，他很无奈地对孟子说："这并非我一个人的力量能做到的。"其实，孔距心确实说的是实话，照当时的形势来看，天下战争不断，哪个人能够幸免呢？仅凭个人的力量怎么能够改变现状？孟子并非不知道，但他向来对己对人要求严格，大有一种"众人皆醉我独醒"的气魄。所以，面对孔距心的无奈之语，孟子还是严厉地说道："今有一人，接受他人的牛羊帮忙放牧，那么他一定是千方百计地为牛羊寻找牧场，寻找饲料。如果牧场和饲料都找不到，他应该如何处理呢？是将牛羊退给原主，还是眼睁睁地看着他们活生生地饿死呢？"孟子的几句话说得孔距心更加惭愧不已，只好承认是自己的过错。

在辞别了孔距心之后，孟子一行人继续朝齐都出发。一路上，孟子依旧处处留心，每经过一个都邑都要进行考察。以他以往交游的广阔和雄辩的才能，他认识的都邑长官并不少。遗憾的是，虽然各都邑的百姓生活困苦程度大同小异，但是当孟子指出百姓得不到温饱的时候，他们都不肯承认自己的失职之罪。

孟子和弟子们来到齐都临淄后，只见街道宽阔，店铺林立，店内商品琳琅满目，令人目不暇接。大街上的人们摩肩接踵，车水马龙，叫卖声不绝于耳，好一派繁华的景象。

终于，孟子得以朝见齐威王。一见面，孟子并没有过多的寒暄和客套，也没有任何阿谀奉承的谄媚言辞，而是直截了当地说："大王的都邑长官中，我认识五个人。明白自己的罪过的，只有孔距心一人。"接着，孟子为齐威王讲述了自己考察都邑民情以及与孔距心谈话的经过。齐威王听了孟子的话，若有所悟，说："这么说是寡人的罪过了。"

其实齐威王刚执掌政权的时候，还算不上是个有为君主。他整日不思进取，沉迷于酒色声乐，因此荒废了朝政，其他国家也趁机侵扰，内忧外患不断。当时，诸侯并伐。齐威王元年（公元前356年），三晋伐灵丘；威王六年（公元前351年），鲁国伐齐，入阳前，晋伐齐，至博陵；威王七年（公元前350年），卫伐齐，取薛陵；威王九年（公元前348年），赵伐齐，取甄。战争的警钟并没有使齐威王从纸醉金迷中幡然悔悟。直到邹忌和淳于髡的出现他才开始发愤图强，选贤任能，励精图治。

有一次，齐威王正在听音乐，忽然有臣子进来禀报说外面有人求见。此人自称姓邹名忌，善于弹琴，听说齐威王喜欢音乐，特地前来拜见。齐威王召见了邹忌，赐给他一个座位，让手下将案几搬到他面前，意思是让邹忌弹奏一曲。可是，邹忌抚琴却不弹。齐威王惊奇地问："听说夫子善于弹琴，寡人希望听一听您的玄妙之音。如今您抚琴而不谈，莫非是这琴不好？或者说是寡人怠慢了您？"邹忌放下琴，严肃地说道："臣所知道的是琴理，若说弹奏音乐，那是乐工之事，不值得大王听取。"齐威王好奇地问："什么是琴理，可以告诉寡人吗？"

邹忌抚琴答道："琴者，禁也；以之禁止淫邪，使归于正。昔伏羲做琴，长三尺六寸六分，象三百六十六日；广六寸，象六合；前宽后窄，象尊卑；上圆下方，法天地；五弦，象五行。"

齐威王听着邹忌的话，微微点头，并示意他继续讲下去。邹忌接着说："大弦为君，小弦为臣。其声以缓急为清浊，浊者宽而不弛，君道也；清者廉而不乱，臣道也。五弦依次为宫、商、角、徵、羽。文王、武王各加一弦，文弦谓少宫，武弦谓少商，以合君臣之恩。君臣相得，政令和谐。治国之道，莫过如此。"

齐威王对邹忌的高论很是满意，于是更加迫不及待地想要邹忌弹奏一曲。邹忌没有理会，继续说道："臣以琴为事，则审于为琴，大王以国为事，难道不审于为国吗？今大王抚国而不治，何异于臣之抚琴而不弹呢？臣抚琴而不弹，只难悦大王之心；大王抚国而不治，却难畅万民之意！"听了邹忌的话，齐威王猛然意识到，原来邹忌是在以琴理讽谏自己，于是将他留下来热情款待了一番。第二天，齐威王又召见邹忌，与他谈论国事。而邹忌劝谏威王远离声色，辨别忠奸，教民耕作，以图大业。威王听后，十分高兴，认为邹忌是个人才，于是拜邹忌为卿相。齐威王处事精明，乐于听取别人的意见，面对一个陌生人的讽谏，不仅不追究那人的欺君冒犯之罪，反而给以高官厚禄，委以重任，这种作风实在令人钦佩。

淳于髡，东夷七尺，莱子国（今山东龙口境内）人，他的身高不高，可以说是其貌不扬，但他博闻强识，善于说隐语。淳于髡根据威王喜欢听隐语的爱好，经常对威王进行劝谏。有一次，齐威王大宴群臣，淳于髡借机讽谏。宴席上，齐威王问他："爱卿的酒量如何啊？"淳于髡答道："在威严的王公大臣面前饮酒，臣时刻都不敢忘记法度，每次喝一杯就醉了。在长辈面前，需要讲究礼节，最多不过两杯。如果是好朋友久别相逢的话，五六杯下肚也毫无醉意。如果在女色面前，就算是十杯八杯也无关紧要。"说着说着，淳于髡话锋一转，说："凡事都要有分寸，酒喝多了就会出乱子，出乱子就会引发悲剧，什么事情都是这样。"齐威王听了淳于髡的话，这才明白过来，从此停止了长夜之饮。

觉醒后的齐威王十分珍惜人才，他把有才能的人看作国家的珍宝。有一次，齐威王和魏惠王一起出去打猎，魏惠王想借此羞辱齐威王，便问齐国有什么珍宝，齐威王直截了当地说"没有"。魏惠王听了十分高兴，得意扬扬地说："像我这样的国家还有十颗直径一寸左右的珍珠，它们的光华足够照亮前后十二辆车。而像齐国这样的泱泱大国，怎么可能什么都没有呢？"魏惠王表面上虽是在反问，实际上却是在嘲讽齐国无珍宝。

齐威王当时并没有马上就生气，而是笑了笑，说："我国确实没有你说的那种珍宝，但我有自己的珍宝。"魏惠王不解，威王也不跟他卖关子了，说道："我派檀子守卫南城（今山东费县西南），楚国畏惧而不敢来犯我国，泗上十二诸侯也纷纷前来朝拜齐国；我派黔夫镇守徐州（今山东济水以东），他为官清廉，爱护百姓，燕国和赵国有七千多家百姓因此迁到此地居住；我派盼子守卫高唐，赵国人就不敢去那捕鱼。我有这些珍宝，足以照耀千里，岂是像你所说的只是照亮前后十二辆车。"魏惠王听了，自觉没趣，哑口无言。可见，齐威王对人才是很重视的。

所以，齐威王当时以勇于改过和善于纳谏闻名于诸侯，他任用邹忌、淳于髡等一帮贤臣，帮助他处理朝政。他还任用军事家孙膑，大量招兵买马，加强军队训练。他不仅知人善任，而且赏罚分明。比如，治理即墨的大夫上任后，威王几乎每天都能听到有臣子说即墨大夫的坏话。但是，他没有听信别人的一面之词，而是派人去调查即墨大人。结果使者到达那里的时候发现，即

周文王

墨大夫任职所在地物产丰美，百姓安居乐业，到处一片和谐安宁的景象。威王明白即墨大夫是个不肯阿谀奉承的好官，不仅没有处罚他，还封他食禄万家。相反，威王经常听到治理阿地的大夫的好话，他派人去了解情况，才知道那里的百姓生活贫困，民怨载道。并且，赵国攻打齐国的甄城时，阿地的大夫也没前去支援；卫国侵犯齐国的薛陵时，他也一无所知。威王听说后，二话没说，立即下令斩杀了阿地大夫。从此以后，齐国的政治风气大为转变，官吏们各个恪尽职守，再也不敢文过饰非，欺上瞒下了。威王还起兵袭击赵、卫，打败魏国，收复了失去的领土。这些事情，孟子都是有所耳闻的。所以，孟子认为像齐威王这样能够知人善用、爱惜人才，又不偏听偏信，又能自觉改正错误的君主，在他所生活的这样一个时代，是不多见的。而且，自己不是一直都在等待一个这样的机会出现吗？

伯夷避开纣王，居住在北海边上，听说文王兴起来了，便说："何不到西伯那

里去呢？我听说他是一个善于养老的人。"姜太公也避开纣王，居住在东海边上，听说文王兴起来了，便说："何不到西伯那里去呢？我听说他是一个善于养老的人。"伯夷和姜太公，是当时天下最有声望的两个老人，他们都到西伯那里去了，这就等于说天下的父亲都到西伯那里去了。天下的父亲都去了，那么他们的儿子还有哪里可去呢？所以，如果天下的诸侯中有施行文王那样的政治的，顶多七年，就一定能够掌握天下的政权了。这就是孟子的想法，他认为现在齐国的威王具有高尚的品德，又有招贤的意愿和具体措施，自己现在不去，又待何时？于是，当威王邀请他去齐国讲学时，他便欣然答应了。

（二）稷下讲学

当时，为招揽天下贤士到齐国讲学，齐国国君在都城临淄设立稷下学宫。这是战国时期办学时间最长的一所学府，从创办到结束，经桓公、威王、宣王、襄王、齐王建等六代，历时 150 年左右，几乎与齐国政权相始终。尤其是齐宣王一向好士，他在位时，邹衍、慎到、田骈、环渊等人都被封为上大夫，参与政事，最盛时整个稷下学宫几乎会聚了上千人。稷下学宫名为公学，但其实是以各家私学为基础构成的一个教育、学术机构，也是一个智囊团，为齐国出谋划策，以便富国强兵，称霸诸侯，一统天下。

齐宣王

孟轲素来以孔子嫡传自居，经过这十多年的教学实践活动，自信不仅精通儒家学说，而且有所建树和发展。孟轲清醒地认识到，为了实现自己的理想，必须出仕做官。手中无权，怎么能够推行仁政呢？

机会终于来了。齐威王十年，齐国派人来请孟子去齐国讲学。

在孟子的心目中，齐威王是个有为之君，他刚开始执政时不理国政，而当时内忧外患交相侵扰，丧权辱国的形势使他猛然醒悟，于是开始振作精神，选拔贤才，励精图治。

公元前 347 年秋，孟子带领他的弟子们踏上了周游列国的旅途，首先来到齐都临淄。齐国南有泰山，东有琅琊，西有清河，北有渤海，被称为四塞之国。齐国是东方第一大国，幅员辽阔，人口众多，物产丰富，绵长的海岸线为其提供了渔盐之利，可谓得天独厚。齐都临淄街道宽阔整齐，店铺林立，店内陈列琳琅满目，叫买叫卖声此起彼伏。

孟子师徒一行数十人住在稷下学宫。这是一个藏龙卧虎之地，聚集在这里的多是各国著名的学者，他们都像孟子一样，来这里不是为谋食求生，而是为行道治世。

孟轲初到齐国的一段时间里，几乎天天向齐威王进谏，陈述关于仁政的思想和施行的具体措施。齐威王对孟子的学说早就有所了解，他认为儒家思想确实很有道理，作为一种学说、一门学问进行研究很有必要，但却不能用它来治国，因为不实用。像尊重孔子一样，齐威王十分尊重孟子，敬重他学识渊博，颇有贤名。因此，齐威王对孟子的态度既热情又恭敬，但对他的主张并不热衷。

那时，秦国用商鞅进行改革变法，富国强兵，日渐成为诸侯不敢与之对抗的强国；楚、魏任用吴起，连胜强敌，国势日盛；齐用孙膑、田忌，强兵屯粮，自立于诸侯；苏秦、张仪凭三寸不烂之舌，游说六国，搬弄是非，天下战事接连不断……

孟子注重民生，反对兼并战争，而这时的齐威王正在厉兵秣马，一心要称霸诸侯。孟子主张使民有恒产，从而富民、教民，但齐威王认为齐

吴起

国的土地有限，多给了农民，地主和贵族怎么办？正因为如此，尽管孟轲思维敏捷，口才极好，以能言善辩著称，阐述合情合理，但始终未能改变齐威王的观点。相反，齐威王却在想方设法改变孟轲的观点和主张，以使其成为自己称霸天下的谋臣。于是，齐威王想到了一向口若悬河的淳于髡，或许他可以让孟轲的思想观点有所改变。齐威王召来淳于髡，派他去劝说孟轲。

见淳于髡来访，孟轲热情地接待。宾主二人寒暄之后，淳于髡开门见山地说："男女之间，不亲手递接东西，这是礼制吗？"

孟子答道："是礼制。"

淳于髡说："那么，假如嫂嫂掉到水里，小叔子见了，用手去拉她吗？"

孟子立即回答道："见嫂嫂掉到水里，不去拉她，这简直是豺狼。男女之间不亲手递接，这是正常的礼制；嫂嫂掉到水里，小叔子用手去拉她，这是变通的办法。"

淳于髡紧接着孟子的话问道："现在天下的人都掉到水里了，您不去救援，又是什么缘故呢？"

对于刚才淳于髡猝不及防的问话，孟子这才明白他的真实意图，只见孟子不慌不忙地说："天下的人都掉到水里了，要用'道'去救援；嫂嫂掉到水里了，用手去救她——你难道让我用手去救援天下的人吗？"淳于髡张口结舌，无言以对。

孟子在齐国除了授业讲学、上朝议政之外，也广泛结交各界人士，不失时机地宣传其仁政思想。因此，许多齐国有志青年，慕名而来拜他为师，学习儒家之学。

齐国有一个叫匡章的青年，是将门之后，武艺高强，有万夫不挡之勇。匡章曾因与父亲争吵，被父亲逐出家门，并因此背上"不孝"的恶名，从此遭邻里白眼，许多好友也都纷纷疏远他，匡章陷于痛苦之中。匡章久闻孟子大名，于是惴惴不安地来到稷下学宫向孟子请教。经过交谈，孟子觉得，匡章有志有勇，是个可委以重任的人才。匡章决定拜孟子为师，孟子于是收下这个弟子。孟子收匡章为弟子的消息传开后，人们马上改变了对匡章的看法，和匡章亲近的人多了起来。

公元前 335 年，秦国任命甘茂为帅，借道韩、魏大举进攻齐国。大敌当前，情况紧急，齐威王采纳孟子的建议，任命匡章为将，率师抗击秦军。匡章大获全胜，凯旋而还，齐国上下无不震动。齐威王重赏了匡章，并拜慧眼识将、有举荐之功的孟子为齐国客卿。从此，孟子改变了在齐国不被重用的处境，齐威王愈加重视他的建议和主张。

（三）交于匡章

孟子虽然在齐国没有固定的官职，但这并不影响他与别人交游的热情。他的交友范围异常广阔，择友标准也十分特别，有时候甚至到了连自己的弟子也不能理解的地步。比如孟子的好友匡章在齐国就是个臭名昭著的不孝子，为齐国人所不齿。

匡章本名田章，他武艺高强，有勇有谋，年纪轻轻就得到了齐威王的赏识，成为齐威王的近臣。他出身于齐国的将军世家，从他父亲往上，数代都有功于齐国。他父亲田鲔也以此为傲，曾经教育儿子为人臣子之道，说："想要有利于自身，就得先有利于你的君主；想要自家致富。就得先让你的国家致富。"又说："君主贩卖自己的官职和爵位，臣民贩卖自己的智慧和力量，所以说人人都是靠自己，而不是靠别人的。"后来匡章给自己的父亲提建议，父亲不但不听从，反而因此对他充满嫌恶，并将他赶出了家门。匡章有家归不得，心想这辈子无法再报答父亲的养育之恩了，既然不能侍奉父亲终老，自己又有什么资格享有身为人父的天伦之乐？何况三人成虎，舆论犹如一把无形的利刃般杀人不见血，自己既然已经注定要背上不孝的骂名，又何必再连累妻儿一同受苦呢？于是他只好忍痛将妻儿赶出了家门，一个人远走他乡，直到父亲临终，也没再与父亲见上一面。从此以后，匡章无论走到哪里，都会被别人指指点点，说他不守孝道，因而落了个众叛亲离的下场。可怜匡章在内无法得到父亲的亲近和妻儿的陪伴，在外又因不孝之名而无法得到君王的重用；这一切既不能向外人说明，也得不到别人的理解，他只能独自承受莫大的痛苦和孤独。

幸运的是，匡章得到了孟子的理解和赏识。对国家命运的深切关怀，以天下为公的高尚情操，以及生不逢时、不得重用的苦闷，将二人深深地吸引到了一起。他们每聚一次，便开怀畅饮、促膝而谈，天下、国家、仁政等，无所不谈。孟子的辩才和学识常常令匡章为之折服。匡章的知识面很广，兴趣广泛，学习能力强，精通六艺。孟子每每与之交流，也感到获益匪浅。

有一次，他们谈论关于廉洁的问题。匡章问孟子："陈仲子难道不是个廉洁的士人吗？他住在於陵的时候，三天没有吃东西。饿得耳朵听不见，眼睛看不着。井上有个李子，已经被金龟子吃了大半，他爬过去，拿来吃下，咽了几口，耳朵才听得见了，眼睛才看得着了。"

孟子不以为然，辩驳道："在齐国的士人中，我一定把陈仲子当作大拇指。尽管这样，他怎么能算作廉洁呢？要推广仲子的所作所为，那只有把人变成蚯蚓之后才能办到。蚯蚓，在地上就吃干土，在地下就饮黄泉，真是廉洁之至，无求于人。仲子还不能和它相比，为什么呢？仲子所住的房屋，是像伯夷那样廉洁的人所建筑的呢？还是像盗跖那样的强盗所建筑的呢？他所吃的谷米，是像伯夷那样廉洁的人所种植的呢？还是像盗跖那样的强盗种植的呢？这个还不知道呢。"

匡章说："这有什么关系呢？那些都是他亲自编织草鞋和他妻子绩麻编麻换来的。"

孟子说："仲子是齐国的宗族大家，享有世代相传的禄田。他哥哥陈戴从盖邑收来的俸禄就有几万石之多。他把他哥哥的俸禄看作不义之物，因而不去吃；把他哥哥的房屋看作不义之产，因而不去住。仲子避开哥哥，离开母亲，住在於陵那个地方。有一天回家，恰巧有个人送给他哥哥一只活鹅，仲子就皱着眉头说：'要这种呃呃叫的东西做什么呢？'过了些日子，仲子的母亲杀了这只鹅，给他吃了。恰巧他的哥哥从外面回来，便说：'这就是那呃呃叫的东西的肉啊。'仲子一听，赶紧跑出门去，把刚才吃的东西吐了出来。母亲的食物不吃，却吃妻子的；哥哥的房屋不住，於陵的房子就住，这还能算是推广廉洁之义而到了顶点吗？像仲子这样的行为如果推广到顶点，只有把人变成蚯蚓之后才能办到。"

匡章听了，对孟子的辩才佩服不已，于是更加亲近孟子。孟子的弟子公都子看到老师和匡章交情甚好，甚至尊称匡章为章子，就迷惑不解地对孟子说道："匡章这个人，全国都说他不孝，先生和他交往，而且对他礼敬有加，请问，这是为什么呢？"

孟子见弟子发问，耐心地解释道："世俗所谓的不孝有五种：四肢懒惰，不管父母的生活，一不孝；喜欢赌博、喝酒，不管父母的生活，二不孝；喜欢钱财，偏爱妻子儿女，不管父母的生活，三不孝；放纵耳目的欲望，使父母因此蒙受耻辱，四不孝；逞勇好斗，危及父母，五不孝。章子可有其中的一种吗？章子呀，不过是父子之间以善相责而不能好好相处。以善相责，是朋友相处的道理。父子之间以善相责，是最伤感情的。章子难道不想有夫妻母子的团聚？因为得罪了父亲，不能和他亲近，所以把妻子儿女赶出门，终身不养育他们。他心想如果不是这样，那罪过就更大了，这就是章子呀！"

由此可见，孟子重视个人意志，轻视世俗观念，这种特立独行的精神面貌在当时是多么可贵啊！

在孟子的熏陶之下，匡章不再陷于流言蜚语的旋涡中难以自拔，而是沉下心来提高自我的修养和能力，待在齐威王身边等待实现抱负的机会。即使后来孟子离开了齐国，他依然没有忘记孟子当年的教诲。功夫不负有心人，最终，匡章的努力没有白费，时隔数年，他终于赢得了齐威王的信任和重用。

齐威王末年（公元前 320 年），秦军要借道韩、魏去攻打齐国，齐威王派章子为将应战。章子与秦军对阵，军使来往频繁，章子把军旗换成秦军军旗的式样，然后派部分将士混入秦军。这时齐国探兵回来报告说章子率齐降秦，齐威王听了之后没什么反应。不一会儿，又一个探兵来报告，说章子已经率齐军降秦，齐威王听了之后仍然没什么反应。又过了一会儿，又一个探兵来报告，说章子确实已经率齐军降秦，可是威王仍然没什么反应。如此经过几次报告，一个朝臣终于听不下去了，就请求威王说："都说章子打了败仗，报告的人虽然不同，可是内容却相同。大王为何不遣将发兵攻打他？"齐威王回答说："章子绝对不会背叛寡人，这是很显然的，为什么要派兵去攻打他呢？"

就在这个时候，前方战线传来捷报，齐军大获全胜，秦军大败溃退，秦惠王只好自称西藩之臣，而派特使向齐国谢罪请和。齐威王的左右侍臣就说："大王怎么知道章子绝对不降秦呢？"齐威王回答说："章子的母亲启，由于得罪他的父亲，就被他的父亲杀死埋在马棚下，当寡人任命章子为将军时，寡人曾勉励他说：'将军的能力很强，过几天率领全部军队回来时，一定要改葬将军的母亲。'当时章子说：'臣并非不能改葬先母，只因臣的先母得罪先父，而臣父不允许臣改葬。假如臣得不到父亲的允许而改葬母亲，岂不是等于背弃亡父的在天之灵。所以臣才不敢为亡母改葬。'由此可见，作为人子尚不敢欺辱死去的父亲，难道他作为人臣还能欺辱活着的君王吗？"

（四）慨然离齐

威王虽然时常向孟子请教为君之道，对他也很礼遇，但就是不采纳孟子的仁政主张。而这些，孟子也是知道的，只是他一直没有放弃。他就像一个斗士，打倒了，爬起来，然后继续战斗。他希望通过自己孜孜不倦地努力打动威王，让威王放弃称霸，施行仁政，让百姓切实享受到幸福安乐的生活。可是现实是残酷的，来齐国这么长时间了，威王却始终没有改变想法。也许孟子的学说只是他生活中的调味品，战争的残酷让威王觉得不堪忍受，希望适时地调节一下他那颗冰封已久的冷漠的心，但他最终还是抛弃调味品，坚持他的本性。随着年龄的增长，随着希望一次次被无情地摧毁，孟子那颗劝说威王的心，也慢慢地冷了下来。特别是接下来的事情，让孟子心灰意冷，更让他觉得在齐威王这里施行仁政无疑是天方夜谭。

在孟子生活的战国中期，诸侯相继称王，这些称王的国家，除了宋和中山两国外，都是万乘大国，他们的势力与周王室相当。这些大国原本是西周王室的诸侯，有的甚至是诸侯国中的卿大夫，比如三家分晋的韩、赵、魏。他们是在不断地吞并小国的基础上，逐渐发展起来的。较强大的国家为了扩张领土，发展势力，逐步吞并一些较小的国家，较小的国家为了自身的生死存亡，就互相联合起来抵抗较大的国家。当时，秦国是当时最大的国家。剩下各国在苏秦的主持下，于洹水（今河南安阳境内）举行会盟，定下了"合纵抗秦"之策。

苏秦和孙膑、庞涓、张仪等人，同为鬼谷子的弟子。庞涓与孙膑结为兄弟，二人一同学习兵法；苏秦与张仪结为兄弟，二人一起学习游说。苏秦从师父那里学满下山后，便游走于赵、燕、齐、楚、魏、韩六国之间，希望六国联合，共同抗秦。盟会上，六国的君主歃血为盟，苏秦担任"纵约长"，掌管六国相印。赵肃侯为约主，齐国是东方的第一大国，所以是二把手。回国后，齐威王大宴群臣，骄傲地讲述着齐国在盟会上的赫赫声威，声明要振兴齐国，恢复桓公时的荣耀。孟子当然也被邀请来参加此次的盛宴。宴会上，威王特意向孟子请教对这件事的看法。

宴会是热闹的，可孟子的心却是彻底凉了。威王本以为孟子会夸赞齐国的荣耀，没想到孟子并没有顺着他的意思，而是毫不客气地说道："五霸是三王的罪人，当今的诸侯是五霸的罪人，当今的大夫是当今诸侯的罪人。天子巡行诸侯国叫巡狩，诸侯国朝见天子叫述职。天子巡狩，春天视察耕种，以此来补救经费的不足；秋天视察丰收的情况，接济那些不能自给自足的人。所到的国家如果开辟土地，精耕细作，养老尊贤，俊杰在位，那么就有赏赐，赏给他们土地。所到的国家，如果土地荒芜，遗老失贤，聚敛之徒在位，那么就要责罚。诸侯述职，如果一次不朝见，就被削去爵位；两次不朝见，就被削去土地；三次不朝见，就发动六师征讨。天子用兵叫讨，诸侯用兵叫伐。五霸挟持部分诸侯征讨另一部分诸侯，所以五霸是三王的罪人。五霸之中，桓公时期是最繁盛的，葵丘会盟，捆绑了牺牲，将盟约放在上面，坚信诸侯不敢违背盟约，没有歃血为盟。盟约一共有五条，一是诛杀或者责罚不孝的人，不得废立太子，不得立妾为妻；二是尊重贤人，广育英才，表彰有德行的人；三是敬老爱幼，不怠慢宾客、旅者；四是士不能世袭官职，不得兼摄官事，录用士子要得当，不得独断专行地杀戮大夫；五是不滥设堤防，不禁邻国的粮食，封赏的事情要告知盟主。盟约最后说，凡是我盟会中的人，既然结盟，就要重归于好。如今的诸侯，都违反了这五条禁令，所以说，如今的诸侯是五霸的罪人。助长君主的恶行，罪名还小；逢迎君主的恶行，并为其找到理论根据，使君主无所忌惮，那么罪行就大了。如今的大夫，都逢迎君主的恶行，所以说，如今的大夫都是诸侯的罪人。"从君主到大夫，孟子都批评了一番，惹得他们很不愉快。他们听了孟子的批评后，有的瞪大双眼，有的面目狰狞，有的咬牙切齿，但是他们都不敢发作，大家的目光全都集中在威王身上，看他如何处置。只见威王微微一笑，笑得那么坦然，他并没有被孟子的话激怒，显示了作为一个大国君主应有的气度，这是很不容易的。

这次陪孟子赴宴的是公孙丑，宴会上夫子抨击时弊的一番言论着实让他为夫子提心吊胆。回到稷下学宫后，公孙丑问夫子为什么会有那么大的胆量，难道不怕威王处置他。孟子笑了笑，说道："向诸侯进谏就要藐视他们，千万不要将他们巍巍然的形象放在心中。当今天下的诸侯，他们的殿堂高数仞，屋檐高数尺，菜肴满桌，妻妾成群，随时饮酒作乐，到处田猎，随从数千人。如果我有一天得志了，绝不像他们那样！他们的所作所为，都是我不会做的；我的所作所为，都符合古代的制度，我为什么要惧怕他们呢？"

这次宴会后，威王并没有因此而怠慢了孟子，他依旧像平常那样时常召孟子进宫，有时请教问题，有时闲谈聊天，有时探讨学问，但对孟子的仁政只字不提。而此时的孟子也已经清醒地认识到威王只是打着仁政的幌子，显示其仁义的一面，而私底下行的却是恶行。抑或是待他当作一本百科全书，遇到什么疑难问题，可以随时提问请教。用不着了，就丢弃了。所以，孟子意识到自己的仁政理想在齐国是实现不了了，内心的希望一下子破灭了，这对孟子来说是个莫大的打击。之后威王召见孟子，孟子便不再极力向他宣传仁政了。他经常一个人在房里抚琴自叹，愁眉不展。

不久，齐国发生了战乱，稷下学宫也因此衰败了，很多夫子纷纷离去，孟子本来就为威王不愿施行仁政，而早想离开，可是当时母亲年迈，只好作罢。现在稷下学宫衰落，他就更没有理由留下了。

魏国此时执政的是魏惠王，他的一生也是波折不断。魏惠王多次对外用兵，可是屡屡战败，国力也因此日渐衰弱。开始他以庞涓为将攻打赵国，赵国向齐国求救，齐国以田忌为大将，用孙膑之计大败魏军于桂陵；后来，魏惠王又派太子申为上将军，庞涓为大将征伐韩国，齐国还是用田忌为大将，孙膑为军师，将魏军围在马陵，庞涓自杀，太子申被俘，此次一战，对魏国来说是个严重的打击；后来，商鞅攻打魏国，设计俘虏了公子卯，魏惠王为躲避秦国的祸患，只好把都城由安邑迁到了大梁，所以魏惠王又叫梁惠王；再后来，秦国再次攻打魏国，俘虏了魏国的大将龙贾，斩杀了魏军八万余人。虽然屡次失败，但魏惠王依然斗志昂扬，他不能忍受强国欺凌之辱。因此，他不惜厚币卑礼招募天下有识之士，原来稷下学宫的不少学者都去了魏国。所以，孟子也决定去魏国。

齐威王听说孟子要离开齐国，感念多年来孟子的教导，便赠送他一百镒（古时一镒为一金，镒为二十两），可是孟子拒绝了。后来，弟子问孟子为何不接受威王馈赠，孟子说："齐国没有什么理由赠送金钱给我，没有理由却要送我一些金钱，这就等于用钱收买我，哪有君子可以被金钱收买的呢？"说着，他和弟子们踏上了新的漂泊之旅。

七、厚葬慈母

（一）母慈子孝

孟子来到齐国之后几年便安顿好了自己，并将母亲和妻子接来齐国居住，组成了一个美满幸福的家庭。知子者莫若母，孟母了解儿子的理想与追求，儿子正朝着自己伟大的事业前进，沿着孔子指引的道路跋涉，她心中感到无限的欣慰。正因为她理解儿子的处境和心迹，所以尽量不给他增加负担：布衣布袍可以防寒取暖就可以了，粗茶淡饭可以吃饱就好了。孟母一生历经坎坷的道路，过惯了艰难的生活，在物质享受上什么也不追求，她含辛茹苦地把孟子抚养长大，只求他能够将平生所学经世致用。如今儿子正在朝这个方向努力，她还有什么要求的呢。

孟子对母亲自然是十二万分的孝顺，这不仅因为他对孔子"孝义"的思想一脉相承，认为"孝道"是天下最基本的道义，也因为他自幼年丧父，只得母教，因此深感母亲的养育教诲恩情如海般博大。孟子也是竭尽所能供养母亲，不管吃穿住用行如何丰盛，孟子一生都不曾悖逆过母亲的意思。孔子说"色难"，无论怎样烦恼痛苦，无论怎样焦虑忧心，在母亲面前，孟子总是和颜悦色，说话从来都是轻声慢语，不敢让她老人家担心。

（二）拥楹而叹

这天，公孙丑陪孟子去赴宴，在宴会上，齐国大小诸臣都在，齐威王更是盛装出席。本来是一片欢乐祥和的气氛。但是孟子性格过于直率，在喜庆的国宴上，竟然非议当今的一切，大扫齐威王与群臣的兴致。他抨击时弊，言论间把从国君到大夫的人都批评了一通，一时间宴会厅里弥漫着剑拔弩张的气氛，那些大臣一个个怒目圆睁，呼吸急促，有的甚至将双拳攥得紧紧，随时都可能造成不可收拾的局面。公孙丑为老师担心，更是提心吊胆，捏一把汗。威王却只是微笑。他是得意的，得意自己霸业有成。他自满于齐国于盟坛之上出人头地的身份和地位。当然，他对孟子的说法根本不屑一顾，轻蔑视之，在他看来，孟子不识时务，迂腐不堪，只能作为闲聊时候的调味。回到稷下学宫，孟子有感于齐威王的态度，隐隐约约觉得自己在齐国很难有发展。

虽然此后的时间，威王依旧常常召孟子进宫，或闲谈聊天，或请教疑难，或切磋知识学问，或讨计问策，但却终不肯行仁政。天长日久，孟子渐渐坚定了自己的想法，认识到齐威王是把他当成了一件稀罕物件。威王虽然与他谈苛政、谈聚敛、谈称霸，谈腻了，似乎也需要谈点仁义之类的东西。犹如大鱼大肉吃厌了，也需要吃点清淡食品换换新鲜。要不就是把他当成了装饰品，用他来装点那尊贤重贤、好仁乐义的门面，以掩人耳目。遇有疑难的时候，就求救于孟子的丰富知识，利用起来解决实际问题；没有事情的时候，就把孟子当作普通人对待，根本没有执行仁政的意愿。

每每想到这里，孟子的心里就浮动着阴影。这阴影，随着时日增加不断弥漫，不断扩大，将他紧紧缠绕包裹，变成了一块心病。孟子心灰意冷，希望破灭了。他逐渐意识到齐国非久留之地，是到了应该离去的时候了。

尤其是回到家中，见过母亲，孟子想到自己有负母亲的重托，未能完成大业，更是心急如焚。但是作为孝子，他不能让母亲担心啊，因此他尽量不露半点声色，在母亲看不到的地方，他却心神不宁，坐立不安，好似热锅上的蚂蚁。"半百之人了，犹如薄山之日，还能有多少残光余热呢？奋斗了几十个春秋，不曾有半点建树造福于苍生黎民，回想起来不禁伤情。"

从此孟子很少出门，每每在室内长吁短叹，母亲问过几次，他总推说身体不适，将实情瞒过。

一日，他误认为母亲外出，家中无人，思前想后，竟抚楹而长叹。母亲闻声，突然出现在他的面前，追问原因，他再也无法掩饰了，只好吐露了真情，说道："母亲，儿子曾经听说过这样的说法：'作为一个有理想的君子，能够实现自己的抱负就接受官职，不能够为了求取一点赏赐就把自己的理想丢到一边去，委曲求全，用自身抱负换取荣华富贵和官爵厚禄。如果国君不接受你的劝谏，就不要做他的大臣；表面接受了你的规劝实际上却不付诸实施，也不要和他共商大事。'现在我的仁政理想在齐国不被接受，实在不愿意委曲求全。若要离开齐国，又担心您老人家的身体，吃不消这舟车劳顿。如此一来很是矛盾，百思不得其解，所以在这里长吁短叹。"

（三）劝孟去齐

孟母深明大义，听到这里，虽然她知道世上的任何一种主张、一种学说、一项伟大的事业，均非一人一世所能够完成和实现，需要无数代人为之奋斗和牺牲，而且清醒地意识到，儿子的仁政主张，颇具理想主义的色彩，在诸侯纷争的战国时代，是难以实现的。但是这种见解她从未向儿子透露过，为的就是不使他泄气，使这项事业能够在儿子手中传递下去。

此时，孟母整了整衣冠，正色对儿子说："我作为一个女子，在礼节德行上也就是忙忙家中的事务。女子自古有三从四德，现在儿子你已经年过半百，我也已经老了。你不但是一家之主，而且你走的是大丈夫应该走的仁义大道，母亲当然肯定你跟随你。即使因为这样使得生活有颠沛流离之苦，也是我应该同你一起承担的。所以你一定不要为了我的原因而迟疑不决，尽管决定去做自己的事情吧。我也会全力支持你离齐而去，寻求更合适的诸侯国实现抱负，千万不要以我年老为由耽误了你的大事。"

话虽这么说，可是孟母年事已高，怎能再随儿子颠沛流离？所以孟子思前想后，慎而又慎，未能轻易离齐。

紧接着，孟母就病倒了，这一下就没有起来了。

在齐大约住了有两年的时间，孟母去世，孟子打算离开齐国归去葬母。

（四）守丧三年

孟母仙逝，结束了艰辛的人生旅途，给中国造就了一位文化伟人。孟子含恨接受母亲离世的事实，悲痛欲绝，肝肠寸断。

孟子哭泣尽哀之后，决定离齐归鲁厚葬母亲。

父亲去世的时候，孟子尚在幼年，家境又清贫如水，只好草草殡葬，给他自己留下了终生的遗恨。如今的情形不同了，自己有了一定的收入，可以按卿大夫之礼安葬慈母。虽说仁政之道尚不能施行于世，但自己毕竟已成为一位有学问的人物，在诸侯各国均有些影响。而这一切，全是母亲给的，母亲不仅给了自己七尺之躯，还给了自己智慧与美德，给自己指出了前进的方向和路径，她自己却在这一过程中衰老，心血耗干。孟子决定，倾其所有，厚葬慈母恩亲，否则便无法报答母亲比大海还深的恩情。他派人到楚地去购置精帛锦绣，为母亲缝制衣衾；购置紫楠红檀，为母亲制作棺椁；由弟子充虞监督葬礼。

孟子特别重视父母的丧事，以前父亲去世得早，他并没有机会尽尽孝道，而母亲在乱世之中艰辛地养育他，不知道吃了多少苦头；更难得的是母亲如此深明大义、知理明道，因此孟子决心用自己能力所及的最大限度来操办母亲的丧事。

"行卿大夫之丧礼，棺厚七寸，椁厚与之相称；祭祀用五鼎——羊一，豕二，肤（切肉）三，鱼四，腊五。以灵车载棺椁行于前，以驷乘载送葬者从于后，浩浩荡荡，凄凄惨惨，归葬于鲁。"

孟子说出了，也做到了，厚葬了母亲。而且孟子在葬母时为了报答母亲养育教诲，自刻了一尊石像为母亲殉葬。可见孟子真正衷心敬爱自己的母亲啊。

埋葬完母亲之后，作为儒家信徒，坚守孝道的孟子坚持为母亲守孝三年。虽然孟子立志要游说诸侯实行仁政救万民于水火之中，三年的时间实在是太长，但是为了挽回连年战争所造成的"礼崩乐坏"的局面，弘扬儒家"孝悌"之深意，孟子还是身体力行，用实际行动为世人做出了"孝"的榜样。

八、漂泊宋滕

（一）游宋论政

孟子在去魏国的路上，听说宋国的君主偃想要实行王道，孟子灵机一动，决定先去宋国看看，说不定自己的仁政学说可以为宋王所接受。再者，从临淄到魏国途中必须经过宋国的都城彭城。如果在宋国不能实现自己的理想，也可以继续去魏国。

孟子临时改变主意，这让弟子们很是惊讶。毕竟，宋国在他们看来。就是个芝麻大点的国家，常常受别国欺凌。即使宋国施行仁政，对于天下大势也没有什么特别大的影响，也不能够改变天下的局势。而且如果在宋国施行仁政，以王道统一天下，以宋国的国力，必将十分困难，甚至会招致别国侵犯。所以，弟子万章在途中将此顾虑告诉孟子，说："宋国是个小小的国家，如果他推行仁政，齐楚两国因此而攻打它，那将会怎么样呢？"孟子回答说："不施行仁政就罢了，如果施行仁政，四海的百姓都会抬头望着他，那么齐、楚两国又有什么好怕的呢？"孟子又接着说："以前，商汤住在亳地时，与葛国为邻。葛国君主放纵无道，不守礼法，也不祭祀鬼神。商汤派人去问：'为什么不祭祀？'葛君回答说：'没有牛羊做牺牲品。'商汤便派人给他送去牛羊。葛君把牛羊吃了，可仍然不祭祀。商汤又派人去问：'为什么不祭祀？'葛君说：'没有五谷做祭祀物。'商汤于是又派遣自己的百姓，带着农具去替他们耕种，并让老弱者给耕种的人送饭。葛君不但不感激，反而带着他的百姓去拦截送饭者的酒肉饭菜，凡是交不出来的，便统统杀掉。有一个十多岁的小孩去送饭，葛君竟然也把他杀掉，抢去了他篮子里的食物。葛君倒行逆施，弄得民怨沸腾，商汤于是起兵伐葛，为这个被杀的小孩报仇。所以，天下人都说：'商汤不是贪图天下财富，而是为百姓报仇。'

"商汤征伐，从一开始到最后，总共征伐了十一次，所到之处，无不民心所向。百姓纷纷说道：'商汤为什么不先打到我们这里呢？'天下的百姓盼望商汤就像盼望久旱的甘霖一样，商汤所到之处，就如天降甘霖一般，百姓们欢腾雀跃。周王伐攸国，遇到的情形也是这样的。他也是杀掉残害百姓的暴君，救民于水火之中，百姓用箪食壶浆迎接周的士卒。因此，施行仁政，天下人都会翘首企盼，拥护他为王。这样的话，即使齐国、楚国再怎么强大，又有什么好怕的呢？"孟子对"仁者无敌"的坚定信念，使他对宋国国君充满了希望。

周显王四十二年（公元前 327 年），孟子和弟子们来到了宋都彭城，只见彭城一派萧条的景象：残破的城墙，狭窄的街道，店铺也很稀少，路上行人衣衫褴褛，面带饥色。弟子们看到如此景象，心中不觉凉了大半儿。可孟子并不这样想，彭城的衰败景象没有浇灭孟子心中的理想。他心中所想的是百姓的疾苦，看到百姓生活如此艰难，孟子心中多有不忍。他对宋偃王多多少少有些了解，据他所知，宋偃王在位十五年，其间一直都存在着内忧外患的问题。但是他依然有奋斗之心，纵观天下大势，要走向富强，无非两条道路，一条是儒家的仁政学说，一条是法家的强权。对于宋国这样一个小国家，民不富裕，国不富强，兵力与大国相比，更是相差甚远。所以，宋偃王决定选择儒家的治国方案。

孟子来到宋国，首先拜访了宋国的大臣戴不胜，了解到宋偃王在年轻时贪酒好色，身边都是些奸邪之人。戴不胜向孟子坦言了宋国目前的情况，并向他介绍了薛居州的情况，薛居州一向看不惯戴盈之的行为，后来一气之下便隐居山林。戴不胜希望孟子能劝说薛居州出山，辅佐宋偃王。倘若薛居州肯出山，那么宋国施行仁政便有了希望。孟子听了之后，并没有急于答应，而是对戴不胜讲了个故事，他说："有一个楚国大夫，想要他的儿子学说齐国话，便请来一位齐国的老师教他。孩子本来生活在楚国，周围全是楚国人，都说楚国话。即使每天鞭打他，逼他说齐国话，也未能如愿。后来，这位楚国大夫将孩子送到齐国都城临淄的闹市里居住了三年，然后再鞭打他，让他再说楚国话，同样也是办不到的。"讲完故事，孟子继续说道："在君主身边的人，如果老的、少的、尊的、卑的都像薛居州那样，那么君主会同谁一起做坏事呢？反之，君主身边的人，如果老的、少的、尊的、卑的都不像薛居州那样，那么国君会同谁一起做好事呢？"孟子马上又说道："如今朝野上下，都是一些结党营私之人，贤臣寥寥无几，只有一个薛居州，又怎么能改变宋国的命运呢？"孟子的意思是靠一两个薛居州那样的仁人志士，不足以影响君主，只有获得多数人的支持，仁政才能实现。

宋偃王知道孟子前来，真是大喜过望。孟子的大名，宋偃王是知道的，像宋国这样一个贫穷的小国家，能吸引孟子前来，宋偃王自然十分欣喜。所以，孟子和弟子们一来到彭城，宋偃王就急忙设宴款待他们。宋偃王迫不及待地向孟子请教为君之道，孟子也耐心地向他讲解，他们秉烛而谈，仍然不觉得劳累，二人都有一种相见恨晚之感。

然而，即便宋偃王再怎么一腔热忱也是无用的，因为宋国的实权掌握在大夫戴盈之的手里，宋偃王只不过是个傀儡。这个戴盈之工于心计，笑里藏刀，在朝廷里培养了一大批心腹，不仅监视宋偃王的日常行程，还左右朝政。朝中的大臣没有一个不畏惧他，就连宋偃王对他也是礼让三分。所以，孟子如果要施行仁政，与其说需要得到宋偃王的首肯，不如说需要得到戴盈之的首肯。戴盈之虽然飞扬跋扈，狐假虎威，但是碍于宋偃王的面子，不敢明目张胆地反对一国之君。所以，他表面上对孟子还是很客气的。在施行仁政的过程中，他也积极响应，上下奔走，从中协助。宋偃王心中虽然有忧虑，但也不得不将此事交给他处理。

一日，戴盈之受宋偃王所托，前来与孟子探讨仁政的相关内容和措施。孟子虽然知道戴盈之是个笑里藏刀的人，但是基于他的性善论，他认为可以将戴盈之失去的善性找回来，所以，对他也就不再求全责备了。在施行仁政的具体措施中，一个重要的内容就是"取民于有制"，降低人民的赋税，减轻人民的负担，进而得到人民的拥护。戴盈之听了，表面上很肯定这种主张，但是转眼间，他就露出了自私的本性，说道："税率十分之一，免除关卡和商品的赋税，以目前宋国的情况看，今年还办不到。可以先减轻一些，明年再这样做行吗？"孟子见他面有难色，坚决地说道："现在有个人每天都偷邻居家一只鸡，有人跟他说：'这是不正派的人干的。'那人却说：'那么减少一点，现在每个月偷一只，等到明年，就不再偷了。'所以说，如果这种行为是不对的，马上停止就行了，何必要等到明年呢？"戴盈之听了，哑口无言，虽然他心里很恼怒，但表面上还是强作欢笑。

这次与戴盈之的交锋过后，孟子知道自己的仁政理想又要破灭了。宋偃王自己不能做主，一切事情都要听戴盈之的。所以，只要有戴盈之这样的人存在，宋国想要施行仁政，那就是一句空话。孟子和弟子不得不离开宋国，继续追求他的仁政梦想。临走时，宋偃王送给孟子七十镒，孟子接受了。

（二）受赠于薛

孟子带着弟子离开宋国向魏国赶去，途中收到邹国国君的来信。原来邹穆公请孟子赶快回国，商量使邹富强的大事。信中言辞恳切，情感真挚。孟子忽然意识到，自己离开故国已经好多年了。想当初自己离开邹国时，邹国是个很弱小的国家，经常受到大国的威胁，时有被兼并的危险，而且国内的君民关系也比较紧张，根本没有精力施行仁政。而且，那时齐国正好广招天下贤人，设立稷下学宫，自己只好应齐国邀请去讲学。可如今多少年过去了，自己依然一事无成，如今故国不弃前来招回，当然没有不回的道理。而且，没有哪一个游子是不思念家乡的，孟子离家多年，也想回去看看。于是，他和弟子们便调转方向，向邹国前进。

其实邹穆公请孟子回国，是因为鲁国多次派兵前来滋扰国力薄弱的邹国。而国中，有的人主张议和，有的人主张应战，邹穆公一时不知道如何是好。一日，突然想起本国著名的孟子来，这才写信请孟子回国，商议对策。

时值春夏之交，孟子和弟子们行到薛地的时候，不料阴雨绵绵，一直下个不停，河水因此上涨。孟子和弟子们无法前行，只好在薛地住了下来，等情况好些了再走。薛地（今山东滕县东南）是齐国孟尝君田文的父亲郭靖君田婴的封邑，田婴是齐威王的儿子，他有一次去齐国时，正好孟子也在临淄，二人交往甚密。田婴宴请天下有识之士，孟子应邀前往，席间田婴向薛地邑宰崇义武介绍了孟子的学问和修养，崇义武对孟子十分敬佩，只是苦于不便，二人并没有什么交谈。如今，孟子不请自来，崇义武很是惊奇，不过更多的是欣喜。他按地主之谊招待了孟子及其弟子，两人一见面，便相谈甚欢。他们一起郊游，一起探讨学问，不知不觉，在此已经住了大半个月了。

一日黄昏，崇义武带领一班武将匆匆赶到孟子师徒下榻的馆舍，告诉孟子一个不好的消息。城外有一队来路不明的武士，正埋伏在隐蔽处，今晚想进城来围攻馆舍，要结果孟子师徒的性命。在这万分危急的时刻，崇义武果断地采取了三项措施：第一，馈赠孟子黄金五十镒，供他们离开薛城后置办兵器，以作戒备；第二，崇义武亲自率领精锐将士护送孟子师徒离开薛地，脱离险境；第三，孟子师徒全都易服改装，将衣冠留下，以便薛地的将士扮成孟子师徒的模样，依然住在馆舍，馆舍外埋伏重兵，待歹徒们闯入馆舍后，聚而歼之。

在崇义武的帮助下，孟子平安地离开了薛地，往邹国行去。到后来，孟子才收到崇义武的消息说歹徒是戴盈之派来的，没想到自己在宋国竟然惹出这么大的麻烦。

在由齐到宋再到薛再至邹的过程中，孟子共有三次接受他人馈赠金钱的经历。第一次是齐威王赠金一百镒，第二次是宋国君主偃赠金七十镒，第三次是崇义武赠金五十镒。第一次，孟子没有接受，后两次都接受了。对于此事，弟子陈臻感到不解，于是对孟子说："如果不接受是正确的，那接受就是错误的；如果接受是正确的，那不接受就是错误的。夫子只能二者选其一。"孟子认为二者都是正确的，所以断然地说道："在宋国的时候，我将要远行，对于将要远行的人，一定要送些盘缠，所以，临走时那人说：'送一点盘缠。'我为什么不接受呢？在薛地的时候，我知道日后途中会有危险，需要戒备一下，因此，临走时那人说：'听说你要戒备一下。'所以是因为戒备危险而赠金给我，我为什么不接受呢？而在齐国就没有这种情况了，没有什么理由赠金给我，就是收买我。哪有君子能被收买的呢？所以不接受。"

（三）困居于邹

公元前 325 年，孟子和弟子们回到了阔别已久的故乡。踏上邹国土地的那一刻，孟子不禁流下了眼泪。那激动的眼泪背后蕴藏着的是一种思念的情怀。看着昔日跟前熟悉的景物如今早已是物是人非，往日的长辈们都已故去，幼小学宫里的伙伴也大都四散他乡。

孟子回来了，而邹鲁之间的战争早已爆发，鲁国大败邹国，邹国因此变得更加贫穷，更加弱小了。有一次，邹穆公对孟子谈到这件事，很气愤地说道："这次两国冲突，官兵死伤很多，老百姓却不出手相助。杀了他们，又杀不了那么多；不杀，可是他们眼看着官兵被杀却不营救，实在是可恨。您说，我该怎么办才好？"孟子听了邹穆公的话，不觉心惊胆寒，冷笑道："堂堂一国之君，竟然不知明辨是非，岂不可笑。"邹穆公感到有些莫名其妙，马上变了脸色，问道："夫子为什么这么说？"孟子回答道："大王的仓库里装满了粮食，府库里装满了金银珠宝，可以说是很富裕的。而你的百姓却上不能赡养父母，下不能顾全妻儿。每到灾荒之年，年老体弱的就被弃尸于山沟荒野，年轻力壮的就抛弃妻子，背井离乡，四处逃荒。而达官贵人们却依然整日花天酒地，挥金如土。他们为什么不向大王报告灾情，以便于开仓赈粮，救民于水火呢？这就是在上位的人不关心老百姓。"孟子实在是气愤极了，喘口气继续说道："曾子曾经说：'提高警惕，提高警惕！你怎么去对待人家，人家就会怎样回报你。'百姓饱受官吏之苦，如今终于有了报复的机会，他们又怎么会舍身相救呢？所以，大王您就别再责怪百姓了，真正顽固、愚蠢的不是他们。如果大王能够施行仁政，你的百姓自然就会拥护他们的上级，情愿为他们的上级赴汤蹈火。"

邹穆公没想到孟子如此直率，竟然当面指责国君的不是。后来，二人又交谈过几次，可每次交谈，孟子总是直截了当地指责邹穆公，批评他的为政之道。虽然我们常说"忠言逆耳利于行"，但并不是每个人都能虚心接受别人的批评，一般人也许都做不到，身为堂堂一国之君的邹穆公就更不能忍受如此难堪了，久而久之，对孟子也就冷淡了。本来想请孟子回来帮助他富强邹国，没想到二人总是话不投机。慢慢地，邹穆公便停止了对孟子师生的馈赠。

其实，孟子回到邹国后一直靠别人馈赠度日，生活很困窘，但孟子并不因生活贫穷而屈身去拜见诸侯，有的弟子认为孟子这是拘泥小节。弟子陈代对孟子说："诸侯不招而不往，固然不屈小节，但不可能有什么成就；诸侯未招而往，虽屈小节，但可以成就大业。如今谒见诸侯，大则可以实行仁政，统一天下，小则可以改革局面，称霸诸侯。而且《志》上说：'所屈折的譬如只有一尺，而所伸直的却有八尺了'，似乎是可以做的了。"

孟子不同意这种功利至上的立身处世之道，于是跟陈代讲了两个故事，说：

"从前，齐景公田猎，用有羽毛装饰的旌旗来召唤猎场的管理员。管理员不去，景公便准备杀他。可是他并不因此而畏惧，因为有识之士不怕弃尸山沟，勇敢的人不怕掉脑袋。孔子对于这一猎场管理员，称许他的哪一点呢？就是称许他不是自己所应该接受的召唤之礼，他硬是不去。假定我竟不等待诸侯的召唤便去，那又是怎样的呢？你说所屈折的只有一尺，所伸直的却有八尺，这完全是从利的角度来考虑的。如果专从利益的角度来考虑，那么所屈折的有八尺，所伸直的却只有一尺，也有利益，也可以做一做。

"晋国赵简子命令王良为他的宠臣奚驾车去打猎，一整天都没射到一只猎物。奚向赵简子说：'王良是个拙劣的车夫。'有人把这话告诉了王良，王良说：'请再来一次。'结果那天，一个早上就打了十几只猎物。奚又对赵简子说：'王良是个高明的车夫。'赵简子再派王良做奚的车夫，王良不肯，说道：'我按照规矩驾车，他一整天都打不到一只猎物；我违规驾车，他一早上便打了十几只。他是一个小人，我不愿为小人驾车，请求辞职。'车夫尚且知道不与违道的射手合作，即使跟他合作，可能会得到堆积如山的猎物。我们枉道去谒见诸侯，岂不是连车夫都不如？"陈代这才知道老师为什么不愿主动谒见诸侯。

针对这种情况，陈臻问孟子是不是君主不请，便不做官呢？孟子回答说："就职的情况有三种，离职的情况也有三种。前两种取决于君主礼贤的态度，后一种则取决于君子自己的生活状况。"至于什么情况属于第三种情况，孟子假设了一种情景：如果一个人早上没吃饭，晚上仍然没吃饭，饿得走不出门。君主知道这件事后，于是送财物给他，这时候就可以接受，因为这样可以避免死亡。所以，孟子认为做官与不做官是要视具体情况而定的。

（四）助滕行仁

孟子离开鲁国后，就直接去了滕国。之所以选择滕国，是因为孟子与滕文公曾有过一段渊源。原来，孟子还在邹国的时候，现在的滕文公还是太子。

公元前326年，滕太子跟老师然友出使楚国，途中经过宋都彭城。然友跟孟子有过交情，听说孟子在宋国，急忙前去拜访，并将滕太子引荐给孟子。滕太子一直对孟子钦佩有加，所以在彭城居住的一段时间，他虚心向孟子请教，孟子给他讲人性本善和尧舜之道，滕太子听后，不觉豁然开朗。一个月后，滕太子师徒从楚国出使回来，再度经过彭城，又来拜访孟子。他向孟子请教了一系列问题：怎样治国、怎样为君、怎样与大国相处等等，孟子都一一作答。滕太子牢牢地记住了孟子的话，由衷地感谢孟子对他的教诲。

公元前324年，滕太子的父亲滕定公去世了，太子不知道该怎么筹办这个丧事，他对师傅然友说："过去在宋国，孟子跟我谈了很多，我心里一直不曾忘记。今日不幸得很，遭了父亲的丧事，我想请你到孟子那里问问礼数，然后再办丧事。"然友便到邹国，去拜访孟子。

孟子说："父母的丧事，本应该自动地竭尽全力。曾子曾经说过：'当父母在世的时候，依礼侍奉他们；当他们去世后，也要依礼安葬，依礼祭祀，这才可以说是尽孝了。'诸侯的礼节，我虽然不知道，但也曾听说过。实行三年的丧礼，穿着粗布缉边的孝服，吃着稀粥，从天子一直到老百姓，夏、商、周三代无不如此。"所谓的三年之丧，就是要求新即位的君主为他刚逝去的父亲守孝三年，在此期间不理朝政，一切政事交给冢宰处理。很明显，这是儒家所推崇的丧礼制度，体现了儒家以孝治天下的思想。

然友回国后，将孟子的意见告诉了已经即位的滕太子滕文公。滕文公也决定听从孟子的建议，实行三年之丧，然而却遭到了滕国官员的反对，他们说滕国的宗主国鲁国从来没有实行过三年之丧，而且他们本国的历代祖先也没有如此实行过，所以说滕文公的做法是不正确的，祖宗所定的丧礼不能在他这一代改变。

滕文公以前从来没有做过什么学问，整日只喜欢舞枪弄棒，哪能说服这群臣子，只有再次派然友去邹国向孟子请教。孟子告诉然友，说："父母的丧事，怎么能求助于他人！孔子说：'君主薨了，太子将一切政务交给冢宰，喝稀粥，面色深黑，来到孝子的位置哭泣，官员们没有敢不哀伤的，都是因为太子亲身带头的缘故。'在上的人有什么喜好，在下的人一定爱好得更厉害。君子的德行好像风，小人的德行好像草，风向哪边吹，草就向哪边倒。所以，此事完全取决于太子。"

然友匆忙回国，将孟子说的话一五一十地告诉了滕文公，滕文公幡然醒悟，便决定实行三年之丧。于是，滕文公居于丧庐中五个月，不曾颁布过任何命令和禁令。官员们和同族们都很赞成，认为他知礼。等到举行丧礼的时候，四方的人都来观礼，滕文公悲惨的容色，哀痛的哭泣，使前来吊丧的人都为之动容。所以，滕文公实行三年之丧在滕国是很有效的。从此以后，他对孟子更加尊敬了。

基于以上种种，孟子对滕文公的印象很好，滕文公也表示十分赞同孟子的学说，所以孟子认为选择滕国是对的。于是，滕定公丧礼过后不久，孟子和弟子们一行来到了滕国。对于孟子的到来，滕文公十分高兴，声名远播的孟子竟然肯辅佐滕国，这是他想都不敢想的。滕文公特意将他们师徒几人安排在滕国最高级的馆舍居住，并设盛宴为他们接风洗尘。

滕文公经常到孟子的馆舍向他请教一些小国如何服侍大国的问题。滕国是个弱小的国家，它北临邹国，南面与齐国南部重镇薛邑接壤，地处齐、楚之间，无时不受到齐国和楚国的威胁。于是，滕文公问道："滕国是个小国家，处在齐国和楚国的中间，是服侍齐国呢？还是服侍楚国呢？"孟子一心只想劝君主独立地实行仁政，对于小国如何服侍大国的问题，并不知道。因为，孟子所说的实行仁政，其前提就是这个国家有自己独立的决断能力，不受制于他国。然而，滕国是个小国家，想要求得生存，必然会遇到服侍大国的问题，既然滕文公问到了，他也只好将自己的真实想法说出来。于是，孟子告诉滕文公："这个问题不是我的能力所能解决的。如果您一定要我谈一谈，那就只有一个主意：把护城河挖深，把城墙筑坚固，同百姓一道来保护它，宁肯献出生命，百姓都不离开，那就有办法了。"

滕文公

滕文公觉得以目前的情况而言，孟子所说的并非万全之策。护城河再深，城墙再坚固，在齐、楚这样的万乘之国面前，滕国的抵抗无异于螳臂当车。而且防范一事如若进行得太过招摇，岂不是对齐楚两个大国的公然挑衅？滕国弱小而不能自立，处于齐、楚之间，只有尽心服侍大国才是目前比较实际而迫切的问题。但是滕国毕竟国小力微，自顾尚且不暇，又何来余力服侍他国呢？即使年年缩减本国财政开支，加收赋税，搜罗珍宝、美女上贡于齐、楚国君，仍难免动辄得咎。况且大国妄图称霸中原的虎狼之心昭然若揭，未必肯为区区蝇头小利而放过夺取滕国领土的机会，如果他们有心要灭除滕国，自己又当如何是好？于是，滕文公又问孟子："滕国是个弱小的国家。尽心竭力地服侍大国，仍然难免祸患，应该怎么办才行？"

孟子回答说："古时候太王居于邠地，狄人来侵犯他。太王用皮裘和丝绸去孝敬他，狄人没有停止侵犯；又用好狗名马去孝敬他，狄人也没有停止侵犯；又用珍珠宝玉去孝敬他，狄人还是没有停止侵犯。太王便召集邠地的长老，向他们宣布：'狄人所要的是我们的土地。然而土地只是养人之物，我听说过：有道德之人不能为养人之物而使人遭到祸害。你们何必害怕没有君主呢？狄人不是也可以做你们的君主吗？我准备离开这儿，免得你们受害。'于是，太王离开邠地，越过梁山，在岐山之下重新建筑一个城邑而定居下来。邠地的百姓说：'这是一位有仁德的人啊，不可以抛弃他。'追随而去的好像赶市集一样踊跃。"孟子依然没有放弃自己的仁政主张，他希望君主有德，爱护百姓，得到民心，然后统一天下。

"也有人这么说：'这是祖宗传下来教我们子孙代代应该保守的基业，不是我本人所能擅自做主而把它舍弃的。宁可献出生命，也不要离开。'"

所以，孟子最后告诉滕文公，说："以上两条路，您可以选取其中的任何一条。"孟子为滕文公摆出了两条路：一条是自己离开，免得让百姓受苦；另一条是坚决抵抗，为保祖宗基业，不惜一切代价。很显然，滕文公优柔寡断，下不了决心，只想求得一时苟安，因而两者都没有选择。

公元前 322 年，滕文公听说齐国正在加强薛地的城池，心里很害怕，于是向孟子请教该怎么办才好。孟子说："从前太王居住在邠地的时候，有狄人前来侵犯。他便避开，搬到岐山脚下定居了下来。这不是太王主动选择而采取的办法，实在是迫不得已啊。要是君主能够施行仁政，即使他本人没有成功，那么他的子孙后代一定会有成为帝王的。有高尚道德的君子创立功业，传给他的子孙，正是为能够一代代地传下去。至于能不能成功，也还得依靠天命。您现在怎么样去对付齐国呢？只有努力实行仁政罢了。"滕文公听孟子这么一说，觉得实行仁政也无法解决眼下的燃眉之急。何况天命变幻莫测，自己这一世尚且不能保证不被灭国，又谈什么将功业传给后代子孙呢？他皱了皱眉，只好换个话题。

有的时候，滕文公也会向孟子请教治国之道，孟子便精心地为滕国制定了三大治国策略。

第一，关心老百姓的生活，这是目前最迫切的任务。《诗经》上说："白天割茅草，晚上绞成绳索，赶紧修缮房屋，按时播种五谷。"百姓的普遍状况是这样的：有一定的产业收入的人，才有一定的道德观念和行为准则；没有一定的产业收入的人，便不会有一定的道德观念和行为准则。如果没有一定的道德观念和行为准则，就会胡作非为、违法乱纪，什么事都做得出来。等到他们犯了罪，然后去加以处罚，这就等于陷害别人。哪有仁爱的人做了朝廷的官，还做出陷害老百姓的事情呢？所以贤明的君主一定要认真办事，节省用度，并且有礼貌地对待臣子和百姓。

第二，使人民有固定产业的一个重要办法，就是在土地上实行井田制。以前的税收制度是这样的，比如说夏朝时，每家五十亩地就实行"贡"法；商朝时，每家七十亩地就实行"助"法；周朝时。每家一百亩地就实行"彻"法。这三种税制虽然不同，但是税率其实都是十分抽一。"彻"就是"通"的意思，因为那是在不同情况的计算下贯彻十分之一的税率。"助"是借助的意思，因为要借助老百姓的劳力来耕种公有的土地。古代的一位贤能的人说过："田税"最好的是"助"法，最不好的是"贡"法，"贡"法是比较若干年的收成得一个定数。无论是丰收和灾荒，都按一个定数来征收。丰收的年成，到处是谷物，多征收一点也不算苛刻，却并不多收；灾荒的年头，每家的收成还不够第二年肥田所要的费用，也非收到那个数不可。一国的君主号称百姓的父母，却使百姓整天地辛苦劳作，而结果连父母都不能养活，还得借高利贷来凑足纳税的数目。最后，一家老小都暴尸荒野，这时作为百姓父母的君主又在哪里呢？做大官的人都有一定的田租收入，继而子孙相传，滕国早就实行这个办法。周朝的一首诗说："雨先下到公田里，然后再落到私田里。"只有实行"助"法，才有公田。从这一点来看，就是周朝也是实行"助"法。

第三，百姓的生活有了着落，便要兴办"庠""序""学""校"来教育他们。"庠"是教养的意思，"序"是陈列的意思，"校"是教导的意思。至于地方学校，夏朝叫"校"，商朝叫"序"。而大学，在夏、商、周三代都叫"学"。它们的目的都是以人与人之间的各种必然关系以及相关的各种行为准则来教导百姓。人与人之间的关系以及行为准则，诸侯以及士大夫都明白了，百姓自然就会亲密地团结在一起。如果有圣王兴起，一定会来学习仿效，这样便做了圣王的老师了。

滕文公对于孟子提出的建议很是满意，为孟子的雄才伟略深深地折服，并表示要马上去实行。最后，滕文公派毕战负责井田制的具体事宜。

一次，滕文公派毕战来向孟子请教有关井田制的具体实施问题，孟子说："你的君主准备实行仁政，你一定要好好干。实行仁政一定要从划分田界开始，田界划分得不正确，井田的大小就不均匀，作为俸禄的田租收入也就不会公平合理。所以，残暴的君王以及贪官污吏一定会打乱正确的田间界限。田间界限正确了，分配给百姓土地，就可以毫不费力地制定官吏的俸禄了。"

毕战又向孟子询问分田的具体方法，孟子提出了自己的建议，他说："虽然滕国的土地狭小，但也得有官吏和劳动人民。没有官吏，便没有人管理劳动人民；没有劳动人民，就没有人养活官吏。所以，我建议：郊野实行九分抽一的'助'法，城市实行十分抽一的'贡'法。公卿以下的官吏一定要有供祭祀的圭田，每家五十亩。如果谁的家里还有剩余的劳动力，便按每一个劳动力再给二十亩的标准算。无论埋葬或者搬家，都不离开本乡本土。公用一块井田的各家，平日出入要互相友爱，共同防御盗贼，互相帮助。一旦谁有疾病，要相互照顾，那么百姓之间便会亲爱和睦了。具体的办法是：每一方里的土地为一个井田，每一井田有九百亩，当中一百亩是公有田，另外八百亩分给八家作私有田，这八家共同来耕种公有田。先把公有田耕种完毕，再来料理私有田的事务，这就是区别官吏与劳动人民的办法。这不过是个大概，至于怎样去修饰调度，那就在于你的国君和你本人了。"

毕战回去向滕文公复命，得到了他的同意。不久，滕文公便大张旗鼓地在全国实行了起来。这些措施传到民间后，百姓们个个欢腾雀跃。奔走相告，对孟子更是万分感激，因为如果孟子的这些主张得到真正的实施，老百姓便可以拥有固定的产业。一旦这些土地归他们自己所有，便可以根据需要种植五谷、桑麻，也就能够安居乐业了，再也不用颠沛流离，担心吃了这顿没下顿了。所以，老百姓都把孟子当作他们的福星。

（五）"农""儒"论战

滕国要运用孟子的学说施行仁政，这个消息在各地都传开了，许多人听说后纷纷前来。当时有一个研究神农氏学说的学者名叫许行。他听说滕文公要施行仁政，便带着几十个弟子，风尘仆仆地从楚国来到了滕国。许行来到滕国后，亲自谒见滕文公，对他说："我听说您要施行仁政所以远道而来，希望得到一个住所，有机会做您的百姓。"滕文公很高兴地为他们提供了一个住所。从此以后，许行和弟子们便穿着粗麻织成的衣服，以种田、打草鞋、织席子为生，在滕国住了下来。

公元前 323 年，大儒家陈良的门徒陈相和他的弟弟陈辛听说滕文公要施行仁政，于是背着农具耒和耜从宋国来到了滕国，也对滕文公说："听说您实行圣人的政治，那么您也是圣人了，我们愿意做圣人的百姓。"滕文公自然很高兴，也拨给了他们房屋。陈相听说许行也在滕国，便前去拜访。许行极力向陈相宣传农家学说，他经常对陈相说："天下的人，无论是王公大臣，还是平民百姓，都应该劳动，自食其力，不应该坐享其成。"陈相认为许行所说的很有道理，二人谈得很投机。久而久之，他就对儒家学说产生了怀疑，慢慢地放弃了儒家学说，而信奉农家学说。

随后，陈相又拜见了孟子，二人交谈中，陈相转述了许行的观点，他认为贤明的君主应该和百姓一起耕种，一起吃饭，并为百姓办实事。滕文公虽然是位贤明的君主，可如今滕国有的是谷仓和存财物的府库，这都是损害百姓而使自己获利，说明滕文公并没有真正认识圣人之道，又怎么能叫贤明呢？陈相大力称赞农家的学说，并由此与孟子展开了辩论。

孟子故意问陈相："许行一定要自己种庄稼然后才吃饭吗？"孟子这是明知故问。陈相说："是自己种地。""许行一定要自己织布才穿衣服吗？"孟子进一步问道。陈相答道："不是的，许行只穿未经纺织的粗麻布衣。"孟子又问："许行戴帽子吗？""当然戴啊。""他戴什么帽子啊？""戴生绢做的帽子。""自己织的帽子吗？""不，是用粮食换来的。"孟子接着问："许行为什么不自己织呢？"陈相说："因为自己织会妨碍种庄稼。""许行也用铁锅瓦甑做饭、用铁制农具耕田吗？""是啊。""是自己制造的吗？""不是的，用粮食换来的。"

"农夫用粮食换取锅甑和农具，不能说是损害了瓦匠、铁匠，那么，瓦匠、铁匠用锅甑和农具来换取粮食，难道说就是损害了农夫吗？而且，许行为什么不亲自烧窑冶铁，做成各种器械，什么东西都储备在家，以便随时取用呢？为什么许行要这样那样一件件地和各种工匠做买卖？许行这样做不怕麻烦吗？"

陈相回答说："各种工匠的工作本来就不是一方面耕种，一方面能同时干得了的。"陈相被孟子说得自己也糊涂了。孟子抓住时机，反问道："那么，管理国家就能一方面耕种，另一方面又能同时干得了吗？"见陈相若有所思，孟子继续说道："官吏有官吏的工作，百姓有百姓的工作。只要是个人，各种工匠的成品对他来说绝对是不可缺少的。如果每件东西都要自己制造出来，才去使用，这是率领天下的人疲于奔命。所以我说，有的人做的是脑力劳动，有的人做的是体力劳动。脑力劳动的人统治人，体力劳动的人被人统治。被统治的人养活别人，统治的人靠别人养活，这是通行天下的共同原则。"孟子其实是在肯定社会分工。

"当尧在位的时候，天下还不安定，大水为灾，四处泛滥，草木密密麻麻地生长，鸟兽成群地繁殖，谷物却没有收成，飞鸟野兽危害人类，到处都是它们的脚印。尧一个人为此忧虑，把舜选拔出来总领治理工作。舜命令伯益掌管火政，益便将山野沼泽地带的草木用烈火烧毁，使鸟兽逃跑隐藏。禹又疏导九河，治理济水、漯水，引流入海；挖掘汝水、汉水，疏通淮水、泗水，引导流入长江，这样才可以耕种。在这个时候，禹在外八年，三次经过自己的家门却都不进去，如果禹总是想亲自种地，可能吗？

"后稷教导百姓种庄稼，栽培谷物。谷物成熟了，便可以养育百姓。生而为人，即使吃饱了，穿暖了，住得安逸了，如果没有教育，也和禽兽差不多。圣人为此忧虑，便委派契做了司徒的官，专门管理教育。他用关于人与人的关系的大道理以及行为准则来教养人民。父子之间有骨肉之亲，君臣之间有礼仪之道，夫妻之间相亲相爱而又有内外之别，老少之间有尊卑之序，朋友之间有诚信之德。尧说：'督促他们，纠正他们，帮助他们，使他们各得其所。然后加以提携和教诲。'圣人能为百姓考虑得如此周到而不知疲倦，还有闲暇的时间去耕种吗?"

孟子侃侃而谈，继续说道："尧把得不到舜这样的人作为自己的忧虑，舜把得不到禹和皋陶这样的人作为自己的忧虑。把自己的田地耕种得不好作为忧虑的，是农夫。把钱财分给别人的叫作作惠，把好的道理教给别人的叫忠，替天下的百姓找到出色人才的叫仁。在我看来，把天下让给别人比较容易，替天下找到出色的人才却困难些。所以，孔子说：'尧做天子真是伟大！只有天最伟大，也只有尧能够效法天。尧的圣德广阔无边，竟然使人民找不到恰当的词语来赞美他！舜也是了不得的天子！那么使人敬服地坐拥了天下，自己却不享受它，占有它！'尧舜治理天下，难道不用心思吗? 只是不用在庄稼上罢了。"今天看来，孟子对于社会分工的看法在当时可谓既深刻又超前。每个人都生活在社会中，既然生活在社会中就要受到社会的影响和制约，我们每个人脱离了社会都不可能生存下去。社会上的各行各业都是我们存在的必需，但我们不能同时制造这些必需，人的社会分工不同，可人的最终价值本质却是一样的。

孟子知道陈相背叛了儒家学说，而信奉农学，心里很瞧不起他，难免多说了几句，他又说："我只听说过用中国的一切来改变落后国家的，没有听说过用落后国家的一切来改变中国的。陈良本是楚国的土著，却喜爱周公孔子的学说，由南而北到中国来学习，北方的读书人还没有谁能够超过他，他真是所谓的豪杰之士啊！你们兄弟向他学习了几十年，他一死，竟完全背叛他！从前，孔子死了，他的门徒都给他守孝三年，三年期满之后，各人收拾各自的行李准备离开。走进子贡住处时，他们作揖道别，相对而哭，泣不成声，然后才离开。过了些时候，子夏、子张、子游认为有若有点像孔子，便想用尊敬孔子之礼来尊敬他，勉强曾子同意。曾子说：'不行，譬如曾经用江汉之水洗濯过，曾经在夏日的太阳里暴晒过，真是洁白得无以复加了。谁能再比得上孔子呢？'如今，许行这南方蛮子，说话阴阳怪气，也来指责我们祖先的圣王之道，你们却背叛你们的老师去跟他学，那和曾子的态度便截然相反了。就好比是鸟，我只听说过飞出深谙山沟迁往高大树木的鸟，没有听说过离开高大树木飞进深谙山沟的鸟。鲁颂说过：'攻击狄戎，痛惩筋舒。'楚国这样的国家，周公还要攻击它，你却跟他学，简直是越变越坏了。"

孟子单刀直入的议论，不仅否定了许行的学说，也批评了陈相。这让陈相一下子张口结舌，好半天才缓过神儿来。

陈相反驳说："如果听从许行的学说，那集市上的物价就会达到一致，人人没有欺诈。即使是叫小孩子去集市，也没有哪个人会欺骗他。布匹丝绸的长短一样，价钱便一样；麻线丝线的轻重一样，价钱便一样；粮食的多少一样，价钱也一样；鞋的大小一样，价钱也一样。"

孟子也不甘示弱，继续说道："各种物品的质量不一样，这是自然的。它们的价格，有的相差一倍五倍。有的相差十倍百倍，有的相差千倍万倍。你要不分精粗优劣，完全使它们一致，只是扰乱天下罢了。如果好鞋和坏鞋是一样的价钱，人们难道会答应吗？听从许行的学说，是率领大家走向虚伪，哪里能够治理好国家呢？"

孟子和陈相的这场论战，是十分激烈的。陈相虽然心里不舒服，但也有自知之明，只得落荒而逃。虽然这次是和陈相当面交锋，但是陈相所说的都是许行的观点，所以孟子其实是在驳斥农学的观点。

此后的一年，孟子在学术上和政治上都取得了出色的战绩，孟子也认为在小国施行仁政，同样可以大有作为。然而，好景不长，因为孟子的主张触犯了滕国上层社会的利益，贵族、官僚、富豪都对他恨之入骨。一旦这些措施真正实行了，他们便不能随意侵占田地，搜刮民脂民膏了，对这些常年暴虐习惯了的人来说，孟子的这些措施无疑是一声惊雷，让他们措手不及。所以，他们想方设法处处跟孟子作对，或者制造舆论毁坏孟子的名声，或者在滕文公面前诽谤孟子，进而阻挠滕文公施行仁政，或者去乡下蛊惑村民，说孟子的措施会让他们长年累月地疲于奔命。所以，孟子在滕国施行仁政，真的是举步维艰，有这些人的存在，孟子的仁政理想要在滕国实现，真的是比登天还难。在滕国，滕文公虽然不像宋偃王一样，朝政被别人把持，但是仁政依然行不通，因为滕国的国力经受不起这样大的变革。孟子的仁政理想再一次破灭，他不得不带着弟子离开滕国，继续寻找他心目中的理想之国和贤明圣君。

九、游说魏王

（一）义利之辨

公元前320年，孟子和弟子们来到了魏国。此时，在魏国当政的是魏惠王，魏惠王是魏文侯的孙子。魏国在魏文侯时期，是战国七雄之一。魏文侯为了使魏国强盛起来，曾经招纳过一批贤才，像子夏、田子方、吴起、李悝、西门豹等。魏文侯任用李悝为相，吴起为将，实行了以奖励耕战为中心的变法运动。这次变法使魏国的经济得到了极大的发展，政治地位也更加巩固，综合国力得到了极大的提升。

到了魏惠王的时候，他继承祖业，继续进行改革。他曾经打败过韩、赵、宋，迫使鲁、卫、宋、郑来朝，魏国的国力因此更加强大。魏国的都城原来在安邑（今山西夏县西北），西面靠近秦，东边又有赵、齐两个强国。魏国时刻感到三国的威胁，于是在公元前361年，魏惠王将都城从安邑迁到大梁（今河南开封附近）。迁都后，魏又称为大梁，魏惠王也叫梁惠王。

在梁惠王执政中期，由于和齐国、楚国、秦国连番作战，节节失利，不仅使魏国丧失大片土地，魏国的国力也极大地被削弱了。其中，齐魏马陵之战，魏太子申被俘，庞涓被杀，魏军全军覆没；魏秦之间的几次战役，魏国节节败北，被迫割让河西和上郡的十几个县；魏楚襄陵之战，魏国又被迫献出大片土地。

经过这几次大的战役，魏国昔日的雄风已不在了。梁惠王深感耻辱，为了重振魏国，虽然年迈，依然"卑礼厚币以招贤者"，企图让魏国恢复以前的辉煌。孟子听说魏国招贤，便和弟子离开滕国，向魏国行去。其实，孟子选择魏国，也是经过深思熟虑的。一来，孟子一直都有这个打算，只是中途几经波折，耽误了行程罢了；二来，孟子认为魏国多少与儒家学说有点渊源，因为梁惠王的祖父魏文侯曾拜孔子的弟子子夏为师；三来，梁惠王主动招贤，广纳人才，原来齐国稷下学宫的淳于髡、邹衍也投其麾下。

但是，有时想到梁惠王曾经对公孙鞅的所作所为，孟子心里不禁顿生寒意。事情是这样的：

公孙鞅，卫国人，复姓公孙，又叫卫鞅，他就是后来大名鼎鼎的商鞅。公孙鞅在家中是庶子，所以很不受重视。他从小就喜欢刑名之学，在本国不得志，得不到重用。长大后，公孙鞅便来到了魏国，做了魏国辅相公孙痤的门人。公孙痤知道公孙鞅很有才能，将来一定大有作为，一直想找机会向梁惠王举荐他。没想到，还没等到合适的机会，公孙痤便病倒了。公孙痤生病期间，有一次，梁惠王亲自前去探望他的病情。梁惠王问公孙痤："如果这次你的病好不了，对于国家大事你有什么要交代的吗？"公孙痤颤颤巍巍地说道："老臣有个门人，叫公孙鞅。此人虽然年轻，却是个奇才，希望您能重用他。"梁惠王若有所思，但没有说什么。公孙痤见惠王犹豫不定，他停了停，继续说道："若您不能重用他，就杀了他，千万别让他离开魏国，否则后患无穷。"

梁惠王离开后，公孙痤又将公孙鞅叫到跟前，对他说："刚才大王前来探病，我把你举荐给了他，让他重用你，但大王没有答应。同时，我也告诉他，如果不重用你，就要把你杀掉。我的立场是先公而私。我先效力于国家，是为国君分忧的正确做法；我再告诉你，是在尽人臣之道后尽力保全你我之间的友谊。我的心无论对公还是对私，都尽到了最大的努力。"公孙鞅听后，当时并没在意。心想，梁惠王即使不重用他，也没理由要杀了他，所以并没有把公孙痤的话放在心上。

梁惠王从公孙痤家回去后，对左右的臣子说："公孙痤真是昏了头，竟然要我重用一个从卫国逃亡而来的小子公孙鞅，简直是荒唐至极。"后来，梁惠王终究没有重用公孙鞅，也没有听公孙痤的劝告将他杀掉。公孙鞅在魏国没有发展前途，只好投奔秦国。秦孝公慧眼识英雄，他任用公孙鞅，实行变法，从而使秦国国富民强。三年之后，公孙鞅劝说秦孝公攻打魏国，这才有了魏国迁都之事。梁惠王知道后，非常生气，这时才后悔莫及，可是已经晚了。秦孝公死后，秦惠王执掌政权，公孙鞅在朝廷里受到排挤，也不再受到重用。他失去依靠，还被诬陷有谋反的嫌疑，无奈之下，就只好逃回魏国，希望梁惠王能够不计前嫌接受他。然而，梁惠王想到上次秦国攻伐，魏国丧失大片领土，又被迫迁都的耻辱，拒不接受他。后来，公孙鞅走投无路，被秦国追捕回去，落得个五马分尸的下场。

想到梁惠王如此对待公孙鞅，孟子不禁为自己此次的魏国之行而担忧。虽然自己的学说与公孙鞅的不同，但又怎么确信梁惠王就会喜欢儒家学说呢？他会不会吸取公孙鞅的教训，不喜欢我的学说就要把我杀掉呢？就这样，孟子怀着种种揣测，心绪不宁地和弟子们来到了魏国。

对于孟子的到来，梁惠王一开始很是冷淡，他不去相迎，也不召见孟子，更别说自己亲自前去拜访了。孟子一心想施行仁政，只要有一点机会，他都不会放过。一心想要实现理想的人，往往是无所顾忌的，孟子也是如此。为了他的仁政理想，为了天下百姓的安居乐业，他可以忍受任何的不平和屈辱。所以，对于魏惠王的冷淡孟子也没介意。后来，他通过各种途径，终于等到了和梁惠王见面的机会。

一天，孟子上朝朝见，梁惠王正在和朝臣有说有笑的，很显然不是在谈什么国家大事。梁惠王见了孟子既不施礼，也不赐座，因为他压根儿没想过要在自己的国家施行仁政，甚至嘲笑孟子的仁政思想是不合时宜的。但是为了显示自己求贤若渴的态度，所以表面上还是想听听孟子的见解。于是，他一见了孟子，开口就问道："夫子不远千里来到魏国，那对我的国家应该会有很大的好处吧？"说完惠王环顾左右，笑而不语。孟子见了梁惠王看似嘲讽的眼神，以及那漫不经心的态度，心里很不舒服。不过，他并没表现得十分在意，他知道梁惠王是想使魏国强大起来，所以才会这么单刀直入地问他问题。可是，想想自己游历诸国以来，似乎还没有哪个君主这么直言不讳、明目张胆地谈论"利"，所以孟子一时没反应过来。孟子也知道，梁惠王对他的学说不怎么感兴趣，要不然早就召见他了。但孟子还对梁惠王抱有一定的希望，至少梁惠王还是接见了他。

正因为如此，孟子从容地说道："大王，您为什么一开口就要说到利益呢？只要讲仁义就行了。当今的世上，上至诸侯国君，下至黎民百姓，无不像苍蝇似的到处谋取个人的一己私利。大王如果说：'怎样才对我的国家有利呢？'大夫也说：'怎样才对我的封地有利呢？'那一般的士子以及老百姓也会说：'怎样才对我本人有利呢？'这样，上上下下互相追逐私利，国家便会发生危险了。在万乘之国里，能杀掉那个国君的，一定是那个拥有一千辆兵车的大夫；在千乘之国里，杀掉那个国君的，一定是那个拥有一百辆兵车的大夫。在万乘之国中，大夫拥有兵车一千辆；在千乘之国中，大夫拥有兵车一百辆，这些大夫的产业不能不说是很多的了。但是，假若人人轻公义，重私利，那大夫要是不把国君的产业夺去，是永远不会满足的。讲'仁'的人遗弃他的父母，讲'义'的人对他的君主怠慢，这是我从来没有听说过的。大王只要讲仁义就行了，为什么一定要讲利益呢？大王如此重利轻义，岂不是自己招致祸患吗？"

孟子的话，字字珠玑，一针见血，指出了富国强兵是小利，实行仁政才是大利。当时的诸侯国灭亡的原因，就在于太急功近利。其实在我们的现实生活中，又有哪里不存在利呢？人类的各种灾难、争执、痛苦，其实都源于人们内心对于利的追求。好利之心，人皆有之，只不过利是为谁所谋的问题。孟子也知道利的存在是普遍的，他并非不讲利，只不过他所说的利是国家之利，是百姓之利罢了。孟子和梁惠王的第一次见面就这样结束了，虽说不太愉快，但梁惠王对孟子的反应之快、雄辩之才还是打心眼儿里欣赏的。

（二）劝谏惠王

孟子在第二次见梁惠王的时候，梁惠王的态度明显缓和了许多。有一次，梁惠王正站在池塘边，时而仰望树梢上栖息的小鸟。时而俯视草地上安静吃草的小鹿。他一边欣赏着美景，一边问孟子："古代的仁人君子和贤德之人，他们也懂得享受这种快乐吗？"梁惠王言语中带着几分轻蔑，几分自得。

孟子看出了梁惠王的心思，他是在向自己炫耀。孟子是见过大世面的人，无论遇到什么场面都能应对自如，他对梁惠王说："只有有道德的人才能够享受这种快乐，没有道德的人纵使有这种快乐也是无法享受的。"梁惠王疑惑了，问道："敢问夫子何出此言呢？"孟子解释道："我举周文王和夏桀的事例来说明吧，《诗经·大雅·灵台》说：'开始筑灵台，经营又经营。大家一起努力，很快便建成了。王说不要急，百姓更加卖力。王到鹿苑中，母鹿正安逸。母鹿高又肥，白鸟羽毛洁。王到灵沼上，满池鱼跳跃。'这一段诗足以证明，周文王虽利用了百姓的力量来建造高台深池，可是百姓非常高兴，把那个台叫'灵台'，把那个池叫'灵池'，还为那里有许多种类的珍禽异兽而感到高兴。这是为什么呢？就因为周文王肯和老百姓一起分享快乐，所以他能得到真正的快乐。至于夏桀，他的行为却完全相反。百姓怨恨他，他却把自己比作太阳，说道，太阳什么时候灭亡，我就什么时候死亡。《汤誓》中便记载了老百姓的怨歌：'太阳啊！你什么时候灭亡呢？我宁肯跟你一道死去！'作为国家的帝王，竟然使老百姓怨恨到不想再活下去的程度，那么他纵然有高台深池，珍禽异兽，难道能够独自享受吗？"孟子说的确实不是什么阿谀奉承的话，他清楚地知道自己的话不能讨梁惠王的欢心，但是他还得说。每次想到百姓流离失所，饱受战乱之苦，孟子就觉得自己有这个义务和责任向国君进谏，无论结果如何。

而在梁惠王这边，也许他也认为孟子说得很有道理，但是在这样一个冷酷的现实环境中，他和其他的君主一样，他们所追求的最基本的就是如何不被其他强国欺辱，所以他才不惜用厚币卑礼来招揽天下贤士，他自己也是逼不得已。梁惠王很直白地将自己的这种非常实际的想法告诉了孟子。

梁惠王十分无奈地对孟子说："魏国的强大，当时天下是没有别的国家能够赶得上的，这一点您自然很清楚。但到了我执掌政权的时候，东边和齐国打了一仗，杀得我大败，就连我的大儿子也牺牲了；西边又败给秦国，丧失河西之地七百里；南边又被楚国抢去了八个城池。我实在觉得这是奇耻大辱，希望能替我国所有的战死者报仇雪恨，您说要怎么办才行呢？"

孟子看到梁惠王如此，其实内心也深表同情，对于他的处境也很理解，依照孟子个人的想法，他还是认为施行仁政，得到民心才是最根本的。他对梁惠王说："只要有纵横各一百里的小国，就可以实行仁政而使天下归附，何况是魏国这样一个大国呢？您如果向百姓实行仁政，减免刑罚，减轻赋税，让老百姓能够精耕细作，勤除杂草，能让年轻人在闲暇时，来学习孝顺父母、敬爱兄长、为人尽心尽力、待人忠诚守信的一些德行，而且将这些德行运用到实际生活中，让他们在家里侍奉父兄，上朝时侍奉上级。这样，即使是造些木棒，也可以抗击拥有坚实盔甲、锐利刀枪的秦、楚军队了。"孟子还是说仁政是战胜一切的根本，施行仁政，让百姓生活安定，得到民心，那么一切困难都将是纸老虎，一切问题都会迎刃而解。

梁惠王不知道其中的奥妙，而且他也有怀疑，不相信仁政会有如此大的威力，于是向孟子询问其中的道理。孟子看到梁惠王对自己的学说来了兴趣，当然很高兴地为他解释，孟子说："那秦国、楚国无时无刻不在征兵招工，占用了百姓的生产时间，使他们不能耕种来养活父母，他们的父母只有受冻挨饿，兄弟妻子也东逃西窜。秦王、楚王使他们的百姓处在痛苦的深渊中，您去讨伐他，是将百姓从水深火热之中解救出来，还会有谁来跟您抵抗呢？所以有句老话说：'仁德的人是无敌于天下的。'您就不要再怀疑了吧。"

"仁者无敌"是孟子一生所坚定的信仰，而梁惠王深受残酷现实的折磨，认为自己对百姓还是不错的，可还是不能解决实际问题。他持着怀疑的目光，对孟子说："我对于国家，真是费尽心力了。河内地方遭遇饥荒，我便把那里的百姓迁移到河东，同时又把河东的一部分粮食运到河内，假如河东遭遇了饥荒也是这样办的。我曾经考察过邻国的政治，没有一个国家能像我这样替百姓打算的。可是，那些国家的百姓并不因此而减少，我的百姓并没因此而增多，这是什么缘故呢？"

孟子答道："王喜欢战争，那就让我用战争来打个比喻吧。战鼓'咚咚'一响，枪尖刀锋一接触，士兵们就抛下盔甲拖着兵器向后逃跑。有的士兵一口气跑了一百步才停下来，有的士兵一口气跑了五十步才停下来。那些跑了五十步停下来的士兵竟来耻笑跑了一百步停下来的士兵，可以吗？"梁惠王马上说道："当然不行，他只不过没有跑到一百步罢了，但这也是逃跑啊。"孟子说道："大王如果懂得这个道理，那就不要再希望您的百姓比邻国多了。"这就是"五十步笑百步"的道理，在孟子眼里，梁惠王和其他君主一样，并没有切实改变老百姓的现状，所以，也就不能指望跟别的国家不同。

孟子说梁惠王好战，不免有挖苦的味道。但是在梁惠王看来，在那个时代，又有哪个君主不好战呢？如果不进行战争，便无法生存。而且他执政为民也确实比邻国更关心百姓的疾苦，可是这都是些局部的措施。不能从根本上解决问题。为此，孟子为梁惠王提供了一个具体的假设方案。

孟子说："如果在农民耕种收获的季节，不去征兵招工，妨碍生产，那粮食便会吃不尽；如果那些细密的渔网，不去大的池沼里捕鱼，那鱼类也会吃不完；如果砍伐树木有一定的时间限制，木材也会用之不尽。粮食和鱼类吃不完，木材用不尽，这样百姓对生养死丧就没有什么不满；百姓对于生养死丧都没有什么不满，这就是王道的开端。"在诸侯不断征伐的战国时代，各国为了增强兵力，不顾农时，随意征用百姓。家中只剩下老弱病残，没有劳动力，田地自然荒芜了。老百姓没有粮食，接着便会发生饥荒，一系列的社会危机也会随之发生。

虽然经营方式和赋税政策有了保证，但是还必须在具体的生产管理方面加以引导，孟子主张不仅要发展种植业，还要发展畜牧业，全面保证农民的生活。他说："如果在五亩大的宅院中，种植桑树，那么，五十岁以上的人都可以穿上丝绸了；鸡狗与猪等家畜家家都有饲料和工夫去饲养，那么，七十岁以上的人都可以有肉吃了；一家人的百亩耕地，不要去妨碍他们的生产，那么，几口人的家庭便可以吃饱了。好好地创办一些学校，用孝顺父母敬爱兄长的大道理反复地去教育他们，那么，每个人都会敬老尊贤，鬓须花白的老人也就不会头顶着、背背着重物，在路上行走了。五十岁以上的人有丝绸穿，七十岁以上的人有肉吃，家家户户的百姓饿不着，冻不着，这样还不能使天下归服的，是从来没有过的事情。"

孟子的理想是美好的，但是当时的社会现实却是残酷的，这些他也都能清楚地意识到。正如孟子自己所说的："富贵人家的猪狗吃掉了百姓的粮食，却不加以制止。道路上有饿死的人，却想不到应该打开仓廪加以拯救。老百姓死了，竟然说道：'这不是我的罪过，而是年成不好的缘故。'这种说法和拿着刀子杀死了人，却说，这不是我杀的，而是兵器杀的，又有什么不同呢？大王如果不把这些事情归罪于年成，而从政治上的根本变革着手，这样，别的国家的老百姓就都会来投奔魏国了。"

通过和孟子的几次交谈，梁惠王对孟子的学说慢慢开始接受了，他对孟子的态度也越来越缓和。他们每交谈一次，梁惠王的态度就好转一次，从刚开始的冷淡，到后来的缓和，再到后来的诚恳。有一次，梁惠王见了孟子，态度诚恳地对孟子说："我很高兴听到您的指教。"孟子问道："用木棒打死人和用刀子杀死人，有什么不同吗？"梁惠王说："没有什么不同。""用刀子杀死人和用政治杀死人，有什么不同吗？"梁惠王还是说："没有。"孟子又问："现在您的厨房里有皮薄膘肥的肉，您的马栏里有健壮的马，可是老百姓却面带饥色，食不果腹，山野里到处躺着饿死的尸体，这等于是在上位的人率领着禽兽来吃人。禽兽自相残杀，人们尚且厌恶它；做百姓父母的，主持政治，却免不了率领禽兽来吃人，那又怎么能做老百姓的父母官呢？孔子说过：'第一个造木偶、土偶来殉葬的人该会绝子绝孙吧！'为什么孔子这样痛恨呢？就是因为木偶、土偶很像人形，却用来殉葬。用像人形的土偶、木偶来殉葬，尚且不可，又怎么可以使老百姓活活地饿死呢？"

孟子从见到梁惠王的第一次开始，便毫不留情地批评梁惠王为政的过失，以及魏国当时的现状。他的话一次比一次严厉，而梁惠王的心却与他靠得越来越近。

（三）三次答疑

魏国有个叫白圭的人，是梁惠王的心腹。他是个善于投机取巧的人，遇到谷物丰收的年份，他就大量收购谷物，卖出的却是丝绸、漆器；遇到天灾连连、谷物歉收的荒年，他就大量收购棉絮之类的东西，卖出的却是粮食，因而白圭成了魏国的大富商，富可敌国。他见梁惠王与孟子交往频繁，生怕孟子得了专宠，并且孟子所提出的施行仁政的主张威胁到他的利益。于是，他想方设法排挤孟子。

孟子主张"薄赋敛"，主张税率按"十分抽一"来算，以此减轻百姓的负担。白圭心想，他孟子主张"十分抽一"，那我就主张"二十分抽一"，这样不是更能减轻百姓的负担吗？所以，白圭将自己的想法告诉了孟子，想故意让孟子下不了台。孟子知道白圭没安什么好心，他也不甘示弱，说道："二十分抽一，那是貉国的方式。"接着，他反问白圭："如果在一个拥有万户人口的国家，其中只有一个人在烧制陶器，你觉得行吗？"白圭不知道孟子为什么要这样问，回答说："那当然不行，因为他一个人制作的陶器不够全国人口使用。"孟子一听，心知白圭果然中了自己的圈套，很是高兴，他微微一笑，继续说道："在貉国无法种植五谷，只有黍可以生长，那里没有城郭、宫室、宗庙、祭祀的礼制，没有诸侯馈赠、宴飨之类的应酬，也没有官吏的各级设置，所以二十分抽一分就够用了。现在居住在中国，如果抛弃了为人应有的伦常，没有各级官吏，这样行得通吗？因为烧制陶器的人少了，尚且无法立国，更何况没有官吏办事，那不更是不能立国了。"最后，孟子又总结说："什一税是尧舜的规矩，如果你想比尧舜的税率还要轻，便是像貉国那样不开化的国家了；如果你想比尧舜的税率还要重，那么便是像夏桀那样的暴君了。"孟子的意思是，税收要适度，不能过高，过高就会危及民生；也不能过低，过低就会降低文明程度，而"十分抽一"正好适用于魏国。

白圭本来想趁机侮辱孟子，没想到不仅没有讨得便宜，反而被孟子借题发挥狠狠教训了一顿，他很不甘心，对孟子说："我治理水比大禹还强。"孟子说："你错了。大禹治理水患，是顺着水的本性来加以疏导，所以使之流注于四海。如今你却引水流到别的国家去。水逆流而行叫作洚水，洚水就是洪水，是仁慈的人所厌恶的。"

战国时期各个国家普遍大规模地建筑堤防，是为了本国的利益。齐国、赵国和魏国以黄河为界，而赵国、魏国的地势较高，齐国地势较低。这样，如果发生洪水，那么齐国遭受的灾难会严重一些。为此，白圭献策让梁惠王在距离黄河二十五公里的地方建筑了一条长长的河堤，来防止黄河泛滥。自此以后，黄河泛滥的水就向赵、魏两国流去。于是，赵、魏两国也学齐国建筑河堤，河水总是流来流去。所以，孟子说白圭是"以邻为壑"，白圭无言以对，最后只得悻悻地离开了。

孟子在魏国一直是以宾客身份与梁惠王交往的，也许现实的残酷让他对做官一事，并不像以前那样热切了。魏国人周霄曾就这事问过孟子，说："古代的君子做官吗？"孟子回答："做官。古代有记载说：'孔子如果有三个月没有被国君任用，就会惶惶不安；离开一个国家，一定会准备和别国君主初次见面的礼物，以求谋得官职。'鲁国的贤人公明仪也说：'古代的人如果三个月没有君主任用，便需要前去安慰他，以此表示同情。'"周霄说："三个月没有被君主任用，就要去安慰他，是不是太着急了？"孟子说："士人失掉官位，就如同诸侯失掉国家一样。《礼记》上说：'诸侯亲自参加耕种，就是用来供给祭品；妻子亲自来养蚕缫丝，就是用来供给祭服。如果牛羊不肥壮，谷物不干净，祭服没有准备好，就不敢用来祭祀。士人如果没有供给祭祀的田地，那也不能祭祀。'因此，牛羊、祭具、祭服没有准备好，就不敢祭祀，也就不能举行宴会，那也不应该去安慰下他吗？"

周霄对孔子出国，必带重礼，不解其意。孟子回答说："贤士做官，就好像农夫耕田。农夫难道会因为出国而抛弃他的农具吗？"

"魏国也是一个有官可做的国家，我却从来没有听说过求取官位是这样急切的。既然做官是读书人的迫切愿望，而君子却又不轻易接受官职，这又是什么道理呢？"周霄不解地问。"男婴诞生，父母必然希望他长大后有个好妻室；女婴诞生，父母必然希望她长大后能嫁个好夫君。父母的这种心思，人人都有。然而，如果不等父母之命，媒妁之言，儿女们便钻洞扒门缝来互相窥望，爬过墙去私会，父母和社会上的人就都会轻贱他们。古代的人没有不想做官的，但又厌恶不经过合乎礼义的道路来找官做。不合礼义地找官做，就好像男女不顾父母之命、媒妁之言而钻洞扒门缝相互窥望，爬过墙去私会一样。"孟子的言外之意是我们无论做什么事情，都要有一定的原则，不能为了达到目的，而不择手段，因此失去做人应有的尊严。

魏国有一个叫景春的纵横家，他十分敬佩魏国的两个纵横家——公孙衍、张仪。有一次，景春问孟子："公孙衍和张仪难道不是真正的大丈夫吗？他们一发脾气，诸侯们就害怕；他们一旦安静下来，天下便太平无事。"孟子知道他们二人都是当时著名的游说之客，又主张合纵连横，现在正是他们得意的时候。但孟子对他们的"功绩"却不屑一顾，冷冷地对景春说道："他们二人怎么能叫作大丈夫呢？

你没有学过礼吗？男子举行加冠礼的时候，父亲给以训导；女子出嫁的时候，母亲给以训导，送她出门，告诫她说：'到了婆家，一定要恭敬，一定要警惕，不要违背丈夫。'以顺从为最大原则，这是妇女之道。至于男子，应该住在天下最宽广的住宅——仁里面，站在天下最正确的位置——礼上面，走着天下最光明的大路——义。得志的时候，偕同百姓循着大道前进；不得志的时候，也能独自坚持自己的原则，富贵不能乱我之心，贫贱不能移我之志，威武不能屈我之节，这样才叫作大丈夫。"

（四）离魏而去

梁惠王在孟子的感召下，似乎真的开始慢慢地接受仁政学说，照这样发展下去，孟子的理想有可能在魏国实现。然而，就在梁惠王还在犹豫要不要施行仁政的时候，年迈的他却怀着富国强兵的梦想去世了。孟子对此惆怅万分，而他念及梁惠王南征北战、野心勃勃的一生，最终发出了这样的感慨："梁惠王真不仁爱啊！仁爱的人将他对待所爱的人的恩惠推及他所不爱的人，不仁爱的人却将他不喜爱的人的祸害推及他所爱的人。"公孙丑不解其意，问孟子："此话何意？"孟子说："梁惠王为了争夺土地，役使那些他不喜欢的民众去作战，让他们暴尸荒野，骨肉糜烂。打败仗后又想再打，可担心不能打胜，又役使他所喜欢的子弟前往作战，这就叫作将他不喜欢的人的祸害推及他所喜欢的人身上。"

公元前318年，梁惠王去世，梁襄王继位，他对孟子的仁政一点儿也不感兴趣。一天，孟子谒见梁襄王，梁襄王见到孟子，既不行礼，也不跟孟子寒暄，直接丢了个没头没脑的问题，他问孟子："天下如何才能安定呢？"孟子回答说："定于一。"其实，孟子所说的"一"是一统的意思，只有天下统一，才能结束诸侯战乱纷争的局面，天下百姓才有休养生息的机会。而梁襄王不请孟子做进一步的解释，就自以为是地认为这个"一"指的是某一个人，进而接着问道："何人能统一天下呢?"孟子见梁襄王这样问,也就顺水推舟地答道:"不好杀人的国君就能统一天下。"梁襄王认为不好杀人的国君不能使人信服,也就没有人来跟随他,又怎么能够统一天下呢?孟子则认为,如果一个国君不好杀人,没有哪个人不跟随他的。接着,他举了个例子加以说明,孟子说:"您懂得禾苗的生长情况吗?当七八月间,若是长期不下雨,禾苗自然会枯萎。假如是一片乌云出现,哗啦啦地落起大雨来,禾苗便又猛然茂盛地生长起来。如果像这样生长,哪有什么东西能够阻挡得住呢?如今各国的君王,没有一个不好杀人的。如果有一个不好杀人的君王,那么,天下的老百姓都会伸长脖子期待他的解救了。真是这样,百姓归附于他,跟随着他,就好像水向下流一样,是自然而然的事,那又有谁能够阻挡得住呢?"梁襄王听了半天也没听出个所以然来,于是打发孟子离开,自顾自地去花园游玩了。

孟子从王宫回来后,用两句话概括了梁襄王,说:"远远望去,不像个国君的样子;走近他,也看不到威严所在。"这两句话已经彻底表明了孟子的态度,梁襄王就是个扶不起来的阿斗。梁惠王对孟子的学说不重视,梁襄王对他的主张更是不屑一顾。既然如此,孟子只好离开魏国。纵观天下之势,秦国自从秦孝公任用商鞅进行变法改革之后,呈现出越来越强大的情势。当然,秦的虎狼之心也更加昭显于诸侯国之间。秦王加紧步伐,招贤揽士,妄图东征西讨,将天下收入囊中。被秦国侵犯的诸侯国无不是生灵涂炭,苦不堪言。这种靠不义之师巧取豪夺的虎狼之国即使国力再强,孟子也不屑于去服侍。而诸侯之中,能与之抗衡的大概就只有新即位的齐宣王了。听闻他勤政好学不亚于威王,且有心上进,一即位就迫不及待地发展文化事业,不惜耗费巨资吸引天下各派文人学士。放眼望去,自己施行仁政的希望似乎还是在齐国,于是孟子决定再次去往齐国。

十、二次归齐

（一）与充虞论葬母

孟子认为，滔滔河水顺流而下，碰到阻挠撞击，便会形成旋涡，漩而不前，乃至倒行逆施。然而水的本性毕竟是向下流的，就算经过回旋蜿蜒，也会滔滔不息奔腾向前的。就如同自己认为那样，孟子经过短时期的苦恼、彷徨之后，又满怀激情地踏上了征程——教授学生、干预朝政、宣传仁政、议论得失功过。他守丧三年之后再一次来到了齐国。

孟子故居

孟子从齐国到鲁国安葬母亲后欲返回齐国，途经嬴县在那里歇脚。

学生充虞请教说："前些日子承蒙老师您不嫌弃我，让我管理做棺椁的事。当时大家都很忙碌，我不敢来请教。现在我想把心里的疑问提出来请教老师：您安葬母亲时用的棺木似乎太好了一点吧，礼节似乎也太隆重了一些！"

孟子回答说："上古对于棺椁用木的尺寸没有规定；中古时规定棺木厚七寸，椁木以与棺木的厚度相称为准。从天子到老百姓，历来讲究棺木的质量并不仅仅是为了美观，而是因为要这样才能尽到孝心。为礼制所限不能用上等木料做棺椁，不能够称心；没有钱不能用上等木料做棺椁，也不能够称心。既为礼制所允许，又有财力，古人都会这么做，我又怎么不可以呢？况且，这样做不过是为了不让泥土沾上死者的尸体，难道连这样一点孝子之心就都不可以满足吗？我听别人也说过：君子不因为天下大事而俭省应该用在父母身上的钱财。"

（二）匡章得势

第一次到齐国的时候结交的朋友匡章在孟子离去的几年已经渐渐得到重用。本来齐国一直重用的是与齐王赛马的大将田忌，匡章一直抑郁不得志，但是后来齐国大臣邹忌嫉妒田忌的功劳，设计陷害田忌。在他的排挤下，田忌不得已只好逃去楚国。齐国无大将之才，一度溃不成军。这时候秦国起用商鞅变法，国家日益富强。秦国一贯飞扬霸道，这时候趁着齐国无人领兵，就借韩国和魏国的地盘，出兵进攻齐国。齐威王想起了匡章是将领之才，因此请匡章出马，拜他为将帅，领兵迎战。匡章不负众望，大获全胜，秦国主动讲和，齐国扬眉吐气。从此匡章成为齐威王晚期和齐宣王时期齐国最重要的军事将领之一。

（三）士尚志

此次孟子归来之后本想借着打了胜仗的匡章的支持，在齐威王那里得到重视，实行仁政匡扶天下，济世救人，但是威王依然没有重视孟子的政治理想，只是把他当作一位渊博的学者，让孟子做做学问而已。

齐王希望自己的儿子能够向孟子学习。齐王子对他很是崇敬，也向他请教问题。

有一天，一位王子，名字叫作垫，来向孟子学习。他问道："所谓士，这一类人的主要任务是做什么呢？"

孟子说："士的任务就是使志行高尚。士人的修养就在于使自己的志向和行为都变得高尚起来。而高尚的标准就是'居仁由义'。"

王子垫于是又问："使志行高尚指的是什么？"

孟子说："这不过是仁和义罢了。杀死一个无罪的人，是不仁；不是自己的东西却去占有，是不义。士人要居住在一个充满仁的氛围的地方，时刻从仁的角度考虑事情；在行为上，要履行义的宗旨就可以了。居于仁而行于义，这样，您作为一位有德行的大人需要的修养才够了，才齐备了。"

王子垫听了深受启发。孟子的这番话影响到后世的读书人，一直把"尚志"作为自己的精神寄托，把"仁""义"作为最基本的道德品质。

（四）辩淳于髡

有一日，孟子与淳于髡遇见了，他们展开了一场十分精彩的辩论。这位淳于髡是齐国著名的辩士，口才十分了得。他人虽矮小，其貌不扬，但太史公司马迁在《史记》里称他"滑稽多群，数使诸侯，未尝屈辱"。他就相当于当时齐国准外交部长级的人物。他还是幽默诙谐的国际名士，曾在齐威王、齐宣王和梁惠王的朝廷做官。

曾经有个宾客向梁惠王推荐淳于髡，于是惠王喝退身边的侍从，单独坐着两次接见他，可是他始终一言不发。惠王感到很奇怪，就责备那个宾客说："你称赞淳于先生，说连管仲、晏婴都赶不上他，等到他见了我，我是一点收获也没得到啊。难道是我不配跟他谈话吗？到底是什么缘故呢？"那个宾客把惠王的话告诉了淳于髡。

淳于髡说："本来么，我前一次见大王时，大王的心思全用在相马上；后一次再见大王，大王的心思却用在了声色上，因此我沉默不语。"

淳于髡

那个宾客把淳于髡的话全部报告了惠王，惠王大为惊讶，说："哎呀，淳于先生真是个圣人啊！前一次淳于先生来的时候，有个人献上一匹好马，我还没来得及相一相，恰巧淳于先生来了。后一次来的时候，又有个人献来歌伎，我还没来得及听一听，也遇到淳于先生来了。我接见淳于先生时虽然喝退了身边侍从，可是心里却想着马和歌伎，是有这么回事。"

后来淳于髡见惠王，两人专注交谈，一连三天三夜毫无倦意。惠王打算封给淳于髡卿相官位，淳于髡客气地推辞不受便离开了。当时，惠王赠给他一辆四匹马驾的精致车子、五匹帛和璧玉以及百镒黄金。

这样一个厉害的角色，这次专门想要为难一下孟子。

淳于髡问道："成年的男人和女人之间不能够亲手递接东西，这是不是为着礼仪的缘故，符合不符合礼貌的规定？"

孟子回答说："是的。"

淳于髡又进一步问："那么，假如发生这样的情况，有一天嫂嫂掉在水里，挣扎呼救，小叔子应该用手去拉她，使她免于溺水吗？"

孟子义正词严地说："如果遇见嫂嫂掉在水里有危险而不去拉扯搭救，简直是没有人性。只有豺狼才会有这样的行为！男女之间不能够亲手递接东西，这是礼数的规定；嫂嫂掉在水里有危险，小叔子用手去搭救她，这是灵活变通，分清楚事情的轻重，权衡过后做出的正确判断，怎么能够因为礼仪的规定僵化掉，不知道通权达变呢。"

淳于髡步步紧逼，说道："现在整个天下都掉在水里了，可谓水深火热，先生却不去救援，这又是为什么呢？"

孟子这时候将近花甲之年了，人生经验十分丰富，他的回答显现出了从容不迫、幽默机智的大家风范。

孟子说："当今整个天下都掉在水里了，就要用'道'去救援，这才是正确的做法；若嫂嫂掉在水里面，用手去拉上来就可以了——您难道也要我用徒手去救援天下吗？"

（五）清风正气

行丧三年后再次返回齐国，毫无疑问，齐威王对孟子的学说早就十分熟悉了。孟子的"仁政""正道"他也很了解了。齐威王认为儒家思想确也很有道理，让人心生向往。如果孟子是一位单单做学问的先生，不问政事，他的思想作为一种学说进行研究，很有必要，但却不能用来治国。因为它不实用，远远解决不了齐国现在的问题，远水难救近火。齐威王十分尊重孟子，因为他学识渊博，有教养，颇有贤名。因此，威王对孟子的态度和接待既热情又恭敬，对他的仁政主张却冷漠，毫不热衷。孟子决定离开齐国。

临行前，齐威王赠金百镒，孟子以"未当处"而拒绝了。

他说："我并没有做出什么成绩来，没有要收下这些金子的理由。因此，收下金子的话就是我做的不恰当了。"孟子拒绝接受，因为他认为君主接受他的思想比赠送他金子更重要。

十一、流离宋邹

（一）离齐往宋

宋君偃称王为周显王四十一年，公元前 328 年后。孟子在齐国时，听说宋偃王欲行仁政。他感到仁政有望，因此风尘仆仆赶往宋国，欲对施行仁政发表自己的看法。他认为施行仁政的关键是靠外部力量对宋君进行感化，而宋偃王身边只有薛居州、戴不胜等少数几个仁人善士，仅靠他们的力量是远远不够的，于是建议在宋君周围大量安排善士，对宋君施加影响，这样仁政才有可能实现。

在孟子一行人刚刚到达宋国的时候，就感到了一丝阴影。

宋都彭城远远没有齐国都城临淄那样繁华。只见到处是低矮的城墙，已经很破旧了，有些地方还残缺不全的。街道狭窄，道路也是弯曲、坑洼不平。整个看上去没有几栋整齐的好房子，到处残垣断壁。店铺或关或闭，开门者亦死气沉沉。市面萧条冷落，行人稀少。街上行人精神萎靡、衣衫褴褛……见此情形，公孙丑等孟子门下弟子不禁暗暗心惊，心想，这样的国家若要实行仁政，怕是十分困难吧。若真是实行下去，又能改变多少呢？想到这里，大家的脸上都露出了一丝犹疑和勉强的神色。孟子只是神色庄重，没有讲话。他细细地考虑着宋国的情况，好制定对策。

宋王偃在位十五年，因为国家太小，经常受外面强邻的侵犯骚扰，饱尝丧权辱国的痛苦；在宋国朝廷，又有一帮奸臣挟持大权，宋国君自己也知道，但做不得声，只能装聋作哑，真是政权旁落，忍辱偷生。他了解自己国家的现状，但是无力改变，眼看百姓吃不饱穿不暖，流离失所，心中像刀绞一般，觉得自己愧对于列祖列宗，没有脸见万民百姓。但是这样感慨也没有用，他想要奋发图强，建设本国，虽然不奢望在诸侯国间称霸，只求得国泰民安，老百姓能够衣食无忧。在纵观天下时势之后，他意识到使国家富强不外乎两条路线，一条是儒家的仁政王道，一条是法家的强权霸道。经过权衡与比较，他选择了前者。

此时孟子师徒远道而来，正是他欲行王道，有所作为的时候。孟子的到来简直是雪中送炭。宋偃王赶紧安排他们于最好的馆舍下榻，设盛宴款待，礼节十分隆重。他迫不及待地向孟子讨教，与他促膝倾谈三天三夜，很是投机。在听了孟子的设想之后，宋偃王对在宋推行仁政信心百倍。他摩拳擦掌，想大施作为。然而，他们全都错了，因为操纵宋国政权者不是宋王偃，而是大夫戴盈之。

（二）偷鸡贼与窃国者

戴盈之身高不过五尺，但却长得肥头大耳，腰宽体阔，颈粗项短，脸胖得不分眉眼，远远望去，简直就是有碍观瞻。他这个人十分虚伪，素来对上级毕恭毕敬，对下级笑容可掬，且经常慷慨解囊，济人危困，因此表面上是个老好人，满朝文武，没有不拥护他的。明里他从不跟人斗，似乎很宽宏，很大度，只是背后心狠手辣，许多人被他害得家破人亡，还在为其歌功颂德；有的人被他卖掉，还在积极为其数钱。凡他表面上积极提倡、热情拥护的一切，背地里无不是其坚决反对、处心积虑地加以扼杀的。他的心腹最能领会他的意图，例如他说某某人很好，要设法保护和营救，心腹们心领神会地点点头，或答应一声"是"，不久这个人便要遭暗算。宋王偃自然完全掌握他的这一特点，但畏于他的权势，无可奈何。朝中老臣，吃其亏者不少，吃一堑长一智，连国王都畏而惧之，臣僚们则更退避三舍，倍加谨慎。这一切使得戴盈之更加得意扬扬，有恃无恐。国君提出欲行王政，戴盈之积极响应，奔走呼号，国君因此更加忧虑。忧虑藏于内心，不能现于表面，表面上要赞扬他的才干与热情，一切委托他来操办。

既然国君视孟子如神仙转世，将之奉为上宾，戴盈之也就百般殷勤，处处讨好孟子，溢美颂扬之辞不绝于耳。孟子经历坎坷，见多识广，他怎么会没有留意到这样一个虚伪阴险的真小人伪君子呢。一向厌恶阿谀奉承的孟子对戴盈之颇感厌恶，并没有什么好态度，常常是当面斥责，毫不留情。

一次，戴盈之受宋王偃的委托，与孟子一起探讨行仁政的具体内容和措施。尽管孟子对戴盈之的印象不佳，但他生性善良，也相信人性本是向善的，希望戴盈之能够通过施行仁政将失去的善性再寻回来，便开诚布公地谈出了自己的一系列主张，其中很重要的一条便是取于民有制，薄税敛，减轻人民的负担，取得人民的拥护。当谈到具体税率时，孟子主张十分抽一，免除关卡和行商税。戴盈之听了，装作很是赞赏这种薄税少敛的主张，给予很高的评价，但接着双手一摊，很难为情地说道："您的建议说税率十分抽一，并且免除关卡费用和市场的征税，这些项目以我们国家的实力今年内还办不到，请让我们先暂时减轻一些，等到明年，再慢慢向您的提议靠拢，最后一切条件成熟，到时候国家富强了，就彻底遵照先生的教诲实行，您看怎么样？"

戴盈之其实不是很愿意立即履行这个建议，于是就想采用拖延的战术来糊弄孟子。他想要用这种改错分步，明明认识到不对，但就是不愿意彻底改正，而以数量减少来遮掩性质的把戏，孟子怎么会不知道呢。

但是孟子没有把情绪表露出来，只是说："现在有一个人每天偷邻居家的一只鸡，有人告诫他说'这不是正派人的行为，你不要再这样做了！'他便说'好的，我同意你的说法。但是我一时积习难改，请让我先减少一些，每月偷一只，等到明年再彻底洗手不干。'——如果知道这种行为不合于道义，就应该赶快停止，为什么要等到明年呢？"

他这样巧妙的说法，虽然没有义正词严，却把戴盈之比做一个偷鸡贼，狠狠地讽刺了一顿。戴盈之听了这话，一时间哑口无言，面色愤愤，心中更是恼火不已。只想把孟子早早赶走，省得妨碍自己作威作福。

（三）与勾践论游说之道

周显王四十三年，即公元前 326 年左右，孟子一边尽力在朝廷推行仁政，一边和宋国的学问家互相交流，试图给仁政推行培养更多的力量。与在齐国时候一样，他也很喜欢与他们展开辩论。

一天，一位名字叫作作勾践的人来和孟子讨论游说的学问。

孟子对他说："你喜欢游说吗？请让我来发表一点意见。我来讲游说应该持有的态度。我向一位国君游说，提出政策意见。如果人家理解我的观点，采纳我的建议，我自然悠然自得并无所求；倘若人家不理解，我也无妨，照样是悠然自得并无所求。"

勾践问道："请问您怎样能做到悠然自得无所求呢？"

孟子说："我一生做人崇尚德行，爱好仁义礼仪，这样能不能被采纳都能悠然自得无所求，因为我的建议都是发自仁义的。因此士人穷困失意的时候不能失掉仁义之心，意气风发的时候不能背离仁义道德。穷困时不失掉义，所以士人能保持自己的操守；得志时不背离道，所以不会使百姓失望。古代的人，得志时，施给人民恩泽，为人民谋幸福；不得志时，修养品德立身在世为自己正品德。穷困时，独自保持自己的善性，得志时还要使天下的人保持善性。这才是君子应该对待游说结果的态度啊。"

勾践听了连声拜谢，很受启发。

（四）孟子与滕国世子

当滕文公为世子的时候，与其老师然友出使楚国，途经彭城。然友与孟子有旧，闻听孟子在宋，急忙前往拜访，并引其与滕世子相见。滕世子身高八尺，举止文雅，谈吐不凡，颇得孟子的赏识。滕世子在彭城短暂逗留期间，曾多次虚心向孟子讨教，孟子给他讲人性本善的理论和尧舜之道，世子闻后颇有豁然开朗之感。一个月后，世子师徒出使归来，重访孟子，向他提出了一系列问题，诸如怎样为君，怎样治国，如何服民，怎样与大国交往，滕是小国，纵行仁政，对天下有何裨益，怎样的人才能统一天下等。孟子逐一予以回答，有理论，有史实，有榜样。世子频频颔首，屡屡发问。孟子有问必答，娓娓而谈。真是十分畅快。

孟子说，政治清明的时候，道德不高的人为道德高尚的人所役使，不太贤能的人为非常贤能的人所役使；政治黑暗的时候，力量小的为力量大的控制，力量弱的为力量强的所役使控制。这两种情形都是由上天决定的，顺天者昌，逆天者亡。齐景公曾经说过："既然不能命令别人，又不接受别人的命令，只有绝路一条。"因此他流着眼泪把女儿嫁到吴国去。如今弱小的国家以强大的国家为师，却以接受命令为耻，这好比弟子以接受老师的命令为耻。如果真以为耻，最好以文王为师。以文王为师，强国五年，弱国七年，必为政于天下。《诗经》上说："商代的子孙，数目何止十万。上帝既已授命于文王，他们便都为周朝的臣下……殷代的臣子也都漂亮聪明，执行灌酒的礼节助祭于周京。"孔子也说过，仁德的力量是不能拿人数的多少来计算的，国君好仁，天下无敌。今天欲无敌于天下而不行仁政，这好比是惧怕酷热的人而不肯洗澡一样。

孟子说："太子不相信我的话吗？道理都是一致的啊。成脱对齐景公说：'他是一个男子汉，我也是一个男子汉，我为什么怕他呢？'颜渊说：'舜是什么人，我是什么人，有作为的人也会像他那样。'公明仪说：'文王是我的老师；周公难道会欺骗我吗？'现在的滕国，假如把疆土截长补短也有将近方圆五十里吧。还是可以治理成一个好国家的。"

孟子分析了世子提出的问题，发现他最大的弱点是缺乏大丈夫的雄心壮志，不太敢改革，便进一步给他讲述了事在人为的道理，最后说道："能不能称王天下，不在国之大小，汤居亳时，占地方圆仅七十里；文王居丰、镐时，所有不过百里之地，但因其能行仁政，终于占有天下。滕国虽小，倘能取长补短，犹可治成一个好国。"当然，像眼前这样不行，要进行大刀阔斧的改革。要行仁政，行尧舜之道，必然触犯上层社会的利益，遭到他们的坚决反对，这将是一场激烈的矛盾与斗争。正如《书经》上所说的："如果药物不能使人吃得头昏脑涨，顽症便不能痊愈。"

滕世子牢牢地记住了孟子的这些话，并衷心地感激他的谆谆教诲，赠以厚礼，再拜而去。

（五）与戴不胜论治国

孟子在宋都彭城住了一段时间，对宋国上上下下的情况都摸透了，他发现宋国君主手下的贤臣很少，而没有德才的人却很多。他感到问题很严重，并不是像宋国国君说的那样乐观，况且实行仁政阻力重重，以戴盈之为首的奸臣总是制造障碍，宋偃王见大权不在自己手里，久而久之，也很疲倦，渐渐地对仁政缺乏诚意，对孟子的许多主张都采纳不了。孟子胸怀大志，不想再被困在这里无所事事，便打算到别国去游历。宋国的忠贞赤诚之臣，忧国忧民之士，纷纷前来挽留。宋国的君主听说孟子要离去，便派大臣戴不胜去挽留，戴不胜苦苦挽留孟子，但是孟子知道宋国王没有实行仁政的实力，政权把持在奸臣手中，因此决心已定，不能感情用事，万万不会留下了。戴不胜只好再向孟子讨教治国方法。

他说："请问先生，真的不能有什么方法让我们宋国的君王实行仁政，变成一位贤明的君主，受万世爱戴？"

孟子回答说："先生要使贵国的君王贤明吗？我可以明白地告诉你，不是你们国君不想变得贤明，而是他力不从心啊。我先讲一件事给你听。以前，楚国有位大夫，想让自己的儿子学会齐国话。据您看，应该请齐国人来教他呢，还是请楚国人来教他？"

戴不胜不假思索地说："当然是请齐国人来教他。"

孟子点点头，说："是的，那位大夫请了一个齐国人，来教儿子齐国话，可是儿子周围有许多楚国人整天在打扰他，同他吵吵嚷嚷。在这样的环境中，就是用鞭子抽他、骂他、逼他，他也学不会齐国话。如果那位大夫不是这样做，而是将儿子带到齐国去，让他在齐国都城临淄的闹市住几年，那么齐国话很快就会学好。即使你不让他说齐国活，甚至用鞭子抽打他，强迫他说楚国话，也办不到。"

戴不胜打断孟子的话说："我们宋国也有薛居州那样的贤士呀！如果他出山辅佐国君是不是会好一些？"

孟子回答说："是的，宋国的薛居州是位清廉的大夫。但是靠他一个人在君王左右是不起什么作用的。如果君王左右的人，无论年老处少、官职尊卑，都能像薛居州一样，那才行呢。君王左右都不是好人，那君王能与谁去做好事呢？"

戴不胜向君王复命后，君王见孟子去意已决，便不再强留，送了他一些钱，让他离开宋国。

（六）当受则受　当辞则辞

在孟子离开宋国的时候，宋王送给孟子七十镒黄金作为盘缠，孟子接受了馈赠，带领随行的弟子陈臻等人离开。他们先经过了一个叫作薛的地方，然后计划先回家乡，再作打算。

一路上，陈臻问道："以前在齐国的时候，齐王送给您好金一百镒，您不接受到宋国的时候，宋王送给您七十镒，您却接受了；在薛地，薛君送给您五十镒，您也接受了。如果以前的不接受是正确的，那后来的接受便是错误的；如果后来的接受是正确的，那以前的不接受便是错误的。老师这是因为什么缘故呢？这样看来，您总有一次做错了吧。"

孟子说："我做的，其实都是正确的，都有一定的道理。具体问题具体分析，不同情况不同对待，这就叫通权达变。"

从孟子的思想方法上来说，就是既坚持原则又通权达变。不仅处理经济问题如此，就是个人的立身处世也是如此。

"当在宋国的时候，我准备远行，对远行的人理应送些盘缠。所以宋王说：'送上一些盘缠，请你收下。'我怎么不接受呢？当在薛地的时候，我听人说路上混战，十分危险，需要戒备。薛君说：'听说您需要戒备，所以送上一点买兵器的钱。'我怎么能不接受呢？至于在齐国，则没有任何理由。齐国没有理由却要送给我一些钱，这等于是用钱来收买我。我自认为是君子。哪里有君子可以拿钱收买的呢？"

（七）邹穆公问战

孟子以及徒弟一行人离开宋国，踏着艰险的路途跋涉，好不容易安全返回了自己原来的住地邹国。

还在薛地的时候，邹国就处于危急时刻了，邹国与鲁国是邻国，鲁强邹弱，因此鲁国屡屡向邹国寻衅，想要挑起事端。面对这个局面，邹穆公的文武臣僚意见不一，有的主战，又怕亡国，一时满朝风雨飘摇。在这举棋不定的情况下，穆公突然想到了在诸侯中颇享盛名的孟子，急忙派人去请，欲求其回来帮助裁决，辅佐自己自强图存。因为乱世行路难，孟子不得已，在薛地的时候逗留了太久，等回到故乡时，邹国和鲁国已经发生了战争，邹国大败。

归国后，孟子深入了解了情况，方与国君讨论利害关系。当谈到这次邹鲁之间的战役时，穆公很是愤慨地说："我的大小官员牺牲了三十三人，百姓却毫发无损。更可气的是他们看着官员被围困竟然没有一个人上来舍身相救，难道不可恨吗？我真想把这些愚民都杀了来解我心头之恨，但是愚民太多，杀也杀不尽，但是不杀实在可气！请问先生，我该如何惩治这些愚顽的刁民？"

听了邹穆公的话，孟子心中起了厌恶之情，他慢条斯理地回答道："堂堂一国之君，竟然黑白不分，岂不可笑？"

邹穆公脸上露出了不悦之色，责问道："先生怎么这么说？"

孟子理直气壮地回答道："大王之仓廪中堆满了五谷，府库中盛满了珠宝，百姓却上不能养父母，下不能蓄妻子，每当荒年饥岁，老弱者弃尸于沟壑，青壮年抛妻别子，背井离乡，逃荒谋生，而达官贵人们却花天酒地，挥金如土。他们为何不向大王报告灾情与民之饥困，以便开仓赈民，救民出水火呢？此乃强君害民之举也！曾子说：'你如何待人，人则怎样报你，戒之戒之！'百姓饱受官吏之苦，如今有了报复之机，岂能够舍身相救！大王请不要责备百姓吧，真正的愚顽之辈并非他们。倘大王能行仁政，官吏能施惠于民，百姓自会为其长上赴汤蹈火而不辞！"

邹穆公望眼欲穿，结果盼来的却是一个与自己的政见针锋相对的孟子。二人交谈过几次，孟子对邹国的政治不是批评，就是指责，总之，如今的邹国，被穆公治理得千疮百孔，体无完肤。同样，孟子的仁政思想，邹穆公同样不能接受，而且视为脱离实际的陈词滥调。这样一来，他们的谈话便总不投机，孟子想，这位国君也不会有什么作为，与其争辩得彼此都不愉快，不如减少接触，相互回避。

（八）孟子在邹

这时候，远在滕国，国君滕定公死了，太子滕文公即将继承王位。但是滕文公年纪尚轻，对主持朝政毕竟不是很有把握，就想到向孟子请教。

他对老师然友说："上次在宋国的时候，孟子和我谈了许多关于天下的大道理，我记在心里久久不能忘怀。今天不幸父亲去世，我非常悲痛，有点乱了方寸，想请您先去请教孟子，然后才办丧事。"

然友便到邹国去向孟子请教。

孟子听了然友的说明，感到欣慰，说："太子能有这个心态实在是好得很啊！对父母的丧事做子女的本来就应该尽心竭力，这才符合孝道。曾子曾经说：'父母活着的时候，子女应该依照礼节侍奉他们恭敬他们；父母去世了，也应该依照礼节安葬他们，依照礼节祭拜他们，这样才可以叫作孝子。'关于安葬诸侯的礼节怎样才符合礼仪，虽然我没有专门学过这类事情，但却也听说过。在三年的丧期之内，人人都要穿着粗布做的孝服，清淡饮食，喝稀粥。上至新任天子一直到老百姓，夏、商、周三代都是这样的。"

然友道谢，马上回国报告了太子，太子便决定实行三年的丧礼。这个命令一经颁布，立刻引起了滕国的父老官吏的不满。

他们说："我们的宗国鲁国的历代君主没有这样实行过，我们自己的历代祖先也没有这样实行过，到了您这一代便改变祖先的做法，这是不应该的。而且《志》上说过：'丧礼的做法和祭祖的规矩一律应该依照祖先的道理。'"还说："我们要遵循祖法，对传统有所继承，这才是符合道理的呀。"

太子对然友说："我过去不曾做过什么学问，只喜欢跑马舞剑。现在父老官吏们都对我实行三年丧礼不满，恐怕我处理不好这件大事，请您再去替我问问孟子吧！"

然友只好再次到邹国请教孟子。

孟子肯定地说："一定要坚持这样做，不可以有任何改变。孔子说过：'君王死了，太子把一切政务都交给大臣代理，自己每天喝稀粥。太子的脸色深黑，悲痛异常，下葬的时候，在孝子的位子上悲切痛哭，大小官吏没有谁敢不悲哀，这是因为太子亲自带头的缘故。'由此可见，在上位的人有什么喜好，下面的人一定就会跟从并且做得更厉害。领导人的良好德行是风，老百姓的德行是草。草受风吹，必然随风倒。所以，这件事完全取决于太子。"

然友回国报告了太子。太子仔细想了想说："是啊，这件事确实取决于我。"

于是太子在丧庐中住了五个月，没有颁布过任何命令和禁令。大小官吏和同族的人都很赞成，认为太子知礼。等到下葬的那一天，四面八方的人都来观看，太子面容的悲伤，哭泣的哀痛，使前来吊丧的人都非常满意。于是滕文公也借此巩固了自己的地位，由此他更加由衷地感激孟子，这也是为什么后来孟子应他邀请去滕国推行仁政的原因之一了。

十二、弃鲁至滕

孟子在邹国休养了一段时间，悉心教导他的弟子。这时候，鲁国的鲁平公即位，想要重用孟子的学生中一位名叫乐正克的人辅佐政治。孟子认为乐正子爱好善言，对自己仁政理想的实现会有帮助。

（一）好善治天下

一天，孟子和公孙丑谈到了这件事情。

孟子说："我听到乐正克受到重用这个消息，欢喜得睡不着觉。"

公孙丑问："乐正子是因为很有能力，才被重用吗？"

孟子说："不是的。"

公孙丑问："有智慧有远见吗？"

孟子说："也不是。"

公孙丑问："那是因为见多识广吗？"

孟子说："都不是最主要的。"

公孙丑问："那您为什么高兴得睡不着觉呢？"

孟子回答说："他为人喜欢听取善言，吸收别人的意见。"

公孙丑问："喜欢听取善言就够了吗？"

孟子说："喜欢听取善言足以治理天下，何况治理鲁国呢？假如喜欢听取善言，四面八方的人从千里之外都会赶来把善言告诉他；假如不喜欢听取善言，那别人就会模仿他说：'呵呵，我都已经知道了！'呵呵的声音和脸色就会把别人拒绝于千里之外。士人在千里之外停止不来，那些进谗言的阿谀奉承之人就会来到。与那些进谗言的阿谀奉承之人住在一起，要想治理好国家，办得到吗？"

乐正子随即动身了，由于时间很紧张，他就先行出发。孟子不愿意作为乐正子老师的身份去鲁国，他更期待在乐正子的建议下，鲁国君能够尊奉贤达，诚意邀请他去推广仁政。

（二）奸人谗言

到了鲁国之后，乐正子大展宏图，升到了鲁国大夫的职位。鲁平公有一次与齐王会面修好，在商谈国际问题时，乐正子趁机极力推荐孟子。当时随行的其他大臣，也都说孟子如何如何好，鲁平公听在心里，想要去看看孟子。

鲁平公身边有一个得宠的近臣，虽然不是什么大臣，但随时跟在他的身边，鞍前马后地伺候着，虽然没有实权，但是在某些事情上，他可以吹吹风，国王听进去了，他就成为重要的人物了——这个人叫臧仓。有一天，他看见鲁平公外出的车辆、卫队等等都准备好了，马上就要出宫了。这时，他问鲁平公说，您以前出去，事先都会通知随从的人们，目的地是到什么地方。可是现在，车辆人员都准备好了，下面的人还不知道您要去哪里，他们又不敢来问，所以我来请示一下，您要去什么地方？

鲁平公说，我要去看看孟子。臧仓一听，马上抓住机会攻击孟子。他对鲁平公说："您为什么要去看他？您尊为一国之君，为什么轻易地亲自去看一个平民呢？您以为他是一个贤人吗？为人处世，能够合乎礼义的才是贤人。换言之，一个贤人所做出来的事情，就一定合乎礼义的。像孟子，他的做法就不是贤人在做法。他父亲死得很早。后来母亲去世，他办理母亲的丧礼，远比以前办父亲丧礼隆重得多。对于自己的父母，办丧礼时，前后都有厚薄的差别，这就是不合礼制的事。这种人，您还去看他吗？"

每个人的心理，具有先天性的缺点，最喜欢听信谗言和小话。尤其作为一个高居上位的人，大道理听多了，就容易厌烦。鲁平公就是这样，他一想，是啊，我身份很高贵，为什么还要主动去看望孟子呢，就算他是贤人，我可是君主啊。他说，我不能去。

于是他就打道回宫了。乐正子得到消息，鲁平公取消了看孟子的主意，就去问鲁平公，您为什么不去看孟子。鲁平公因宠信臧仓，当然就多少对他有所回护，答复乐正子时，就只说，有人告诉我，孟子办他

臧仓阻驾

自己父母的丧事，都有厚薄之不同，像这样的人，道德修养不够，所以我不去看他了。

乐正子说，这话从哪里说起呢？大概听人说，他对母亲的丧礼超过以前他对父亲的丧礼吧！这是因为他父亲死的时候，他还没有能力，只能以自己当时能力做到最好，是以士礼丧祭，行的是鱼、豚、鸡的三鼎祭礼。但是后来他母亲死了，他那个时候有能力，自然就办得隆重一些，行的是羊、豚、鸡、鱼、肤的五鼎祭礼。这是无可厚非的。这并不是他对父母的祭礼有厚薄轻重的不同，而是他的环境、身份、地位不一样了，他还是在依礼行事啊！

鲁平公这时候才明白，但是已经转不过弯来。碍于情面，他不想承认自己糊涂，一时受到小人挑拨才犯下大错。于是说，不是的，我并不是指这一方面，我是说他所买的棺木、寿衣的质料不一样。给他父亲的是便宜料子，而用在他母亲身上的，都是价钱高的好棺木、好衣料、好被服。乐正子说，至于这一点，也不能说是在礼制上有所违越呀！丧祭用品的价格高低，是因为孟子的经济环境不同。他以前作士的时候，收入少，买不起价钱高的。后来在齐国，情况得到改善，薪水高，就

可以花高价钱，买更美的棺停衣衾了。这是孟子前后贫富情况不同，关于礼制方面，则没有不对的地方。

乐正子听到鲁平公这种推诿之词，心中寒凉，作为一个国君，鲁平公完全没有人君的度量，自己错了打死不承认，还要强词夺理。但是又有什么办法呢？君与臣之间是只有遵守服从，所以无法说下去，也就不必再说下去了。当下他礼貌告辞，后来打探到了是臧仓在挑拨离间，也恨鲁平公不争气，知道他只是个爱听小话的人，出于多方面考虑，也就不再多说了。

乐正子还是觉得愧对老师，就在公务之余回过头来探望老师孟子。他心中有气，对老师发牢骚说，我曾经向鲁平公提出报告，关于老师的学问道德都如实禀告。鲁平公听了，原本要来看你，不料身边有一个亲信的小人奸臣臧仓，在鲁平公面前说你的小话，结果他就没能来拜访老师。

孟子对乐正子说，"他来看我，自有促使他来的因素；他如果不来看我，也自有他不来的因素。他的来不来看我，其实不是人力所能决定的，那是天命。你说他受了臧仓的谗言才不来看我。作领袖的人，不应该受到别人左右。现在他会受人左右，这个领导人也就可想而知，没什么可谈的了。臧仓虽然是一个小人，说了我的坏话，但是他怎么有这么大的力量，左右我和鲁平公见面或不见面呢？所以不必要怪臧仓，臧仓只不过投其所好而已。在基本原则上，鲁平公根本就没有诚心想来看我。你不必发他的牢骚了。我的道如果能够行得通，能够实现，那么天下自然就会有人，有力量，使我受到重用，去推行我的理想。如果我的道行不通，那么不需要别人来阻止，我自己也会见势而止的。老实说，我的道行或不行，达则兼济天下，穷则独善其身。得机会，救天下、救国家、救社会；不得机会，个人把自己管好。这所有的一切，不是人事可以安排的，在冥冥之中，自有一个不可知的气数。天下该得太平，我的道自然实行；天下该动乱，也是没有法子的事。所以我与鲁平公不能见面，实在不是人事所可以左右的。你不必去责怪臧仓的挑拨。"

孟子虽然没有能够见到鲁平公，无法发表自己的政治见解，但是他并没有大喜大悲，只是哀叹了一下："我见不到鲁平公，看来是天意呀。"

（三）劳心者治人　劳力者治于人

既然见不到鲁平公，孟子且独善其身，自己修养美德。而此时的滕文公派然友问丧礼的事情之后，对孟子更加信任。他诚意邀请孟子来滕国，推行他"仁政"的治国方略。于是孟子从鲁国出发，到了滕国。滕文公对孟子十分敬重，将他安排在上宫，凡事都要请教于他。滕文公问为国，孟子较系统地阐述了"民事不可缓也""民之为道也，有恒产者有恒心，无恒产者无恒心""是故贤君必恭俭礼下，取于民有制"等仁政理论。

有一个奉行神农氏学说，名叫许行的人，从楚国到滕国进见滕文公说："我这个从远方来的人听说您施行仁政，希望得到一所住处，成为您的百姓。"

滕文公给了他住处。

许行的门徒有几十个人，都穿着粗麻衣服，靠打草鞋织席子谋生。

陈良的门徒陈相和他弟弟陈辛背着农具从宋国来到滕国，也进见滕文公说："听说您施行圣人的政治，那么，您也是圣人了，我们都愿意做圣人的百姓。"

陈相见到许行后非常高兴，完全抛弃了自己以前所学的而改学许行的学说。

陈相有一天去拜访孟子，转述许行的话说"滕君的确是个贤明的君主，不过，他还没有掌握真正的治国之道。贤人治国应该和老百姓一道耕种而食，一道亲自做饭。现在滕国却有储藏粮食的仓库，存放财物的仓库，这是损害老百姓来奉养自己，怎么能够叫作贤明呢？"

孟子说："许先生一定要自己种庄稼才吃饭吗？"

陈相回答说："对。"

"许先生一定要自己织布然后才穿衣吗？"

回答说："不，许先生只穿粗麻衣服。"

"许先生戴帽子吗？"

回答说："戴。"

孟子问："戴什么帽子呢？"

回答说："戴白帽子。"

孟子问："他自己织的吗？"

回答说："不是，是用粮食换来的。"

孟子问："许先生为什么不自己织呢？"

回答说："因为怕误了农活。"

孟子问："许先生用锅和甑子做饭，用铁器耕种吗？"

回答说："是的。"

"他自己做的吗？"

回答说："不是，是用粮食换的。"

孟子于是说："农夫用粮食换取锅、甑和农具，不能说是损害了瓦匠铁匠。那么，瓦匠和铁匠用锅、甑和农具换取粮食，难道就能够说是损害了农夫吗？而且，许先生为什么不自己烧窑冶铁做成锅、甑和各种农具，什么东西都放在家里随时取用呢？为什么要一件一件地去和各种工匠交换呢？为什么许先生这样不怕麻烦呢？"

陈相回答说："各种工匠的事情当然不是可以一边耕种一边同时干得了的。"

"那么治理国家就偏偏可以一边耕种一边治理了吗？官吏有官吏的事，百姓有百姓的事。况且，每一个人所需要的生活资料都要靠各种工匠的产品才能齐备，如果都一定要自己亲手做成才能使用，那就是率领天下的人疲于奔命。所以说：有的人用脑力劳动，有的人用体力劳动；脑力劳动者统治人，体力劳动者被人统治；被统治者养活别人，统治者靠别人养活。这是通行天下的原则。

"在尧那个时代，天下还未太平，洪水成灾，四处泛滥；草木无限制生长，禽兽大量繁殖，谷物没有收成，飞禽走兽危害人类，到处都是它们的踪迹。尧为此而非常担忧，选拔舜出来全面治理。舜派益掌管用火烧，益便用烈火焚烧山野沼泽的草木，飞禽走兽于是四散而逃。大禹疏通九条河道，治理济水、源水，引流入海；挖掘汝水、汉水，疏通淮水、泗水，引流进入长江。这样中国才可以进行农业耕种。当时，禹八年在外，三次经过自己的家门前都不进去，即便他想亲自种地，行吗？

"后稷教老百姓耕种收获，栽培五谷，五谷成熟了才能够养育百姓。人之所以为人，吃饱了，穿暖了，住得安逸了，如果没有教养，那就和禽兽差不多。圣人又为此而担忧，派契做司徒，用人与人之间应有的伦常关系和道理来教育百姓——父子之间有骨肉之亲，君臣之间有礼义之道，夫妻之间有内外之别，老少之间有尊卑之序，朋友之间有诚信之德。尧说道：'慰劳他们，安抚他们，开导他们，纠正他们，辅助他们，保护他们，使他们自得其所，再进一步提高他们的品德。'圣人为老百姓考虑得如此之多，难道还有时间来亲自耕种吗？

"尧把得不到舜这样的人作为自己的忧虑，舜把得不到禹和陶这样的人作为自己的忧虑。那些把耕种不好田地作为自己忧虑的，是农夫。把钱财分给别人叫作惠，把好的道理教给别人叫作忠，为天下发现人才叫作仁。所以把天下让给人容易，为天下发现人才却很难。孔子说：'尧做天子真是伟大！只有天最伟大，只有尧能够效法天，他的圣德无边无际，老百姓找不到恰当的词语来赞美他！舜也是了不得的天子！虽然有了这样广阔的天下，自己却并不占有它！'尧和舜治理天下，难道不用心思吗？只不过没用在耕田种地上罢了。

"我只听说过用中原的一切来改变边远落后地区的，没有听说过用边远落后地区的一切来改变中原的。陈良本来是楚国的人，喜爱周公、孔子的学说，由南而北来到中原学习。北方的学者还没有人能够超过他。他可以称得上是豪杰之士了。你们兄弟跟随他学习几十年，他一死，你们就背叛了他！以前孔子死的时候，门徒们都为他守孝三年，三年以后，大家才收拾行李准备回家。临走的时候，都去向子贡行礼告别，相对而哭，泣不成声，然后才离开。子贡又回到孔子的墓地重新筑屋，独自守墓三年，然后才离开。后来，子夏、子张、子游认为有若有点像孔子，便想用尊敬孔子的礼来尊敬他，他们希望曾子也同意。曾子说：'不可以，就像曾经用江汉的水清洗过，又在夏天的太阳下曝晒过，洁白无瑕。我们的老师是没有谁还能够相比的。'如今这个怪腔怪调的南方蛮子，说话诽谤先王的圣贤之道，你们却背叛自己的老师而向他学习，这和曾子的态度恰恰相反。我只听说过飞鸟从幽暗的山沟飞出来迁往高大的树木的，从没听说过飞鸟从高大的树木飞下来迁往幽暗的山沟的。《鲁颂》说：'攻击北方的戎狄，惩罚南方的荆舒。'周公尚且要攻击楚国这样的南方蛮夷，你们却去向他学习，这简直是越变越坏了啊。"

陈相说："如果听从许先生的学说，市场价格就会统一，人人没有欺诈，就是打发一个小孩子去市场，也不会被欺骗。布匹丝绸的长短一样，价格也就一样；麻线丝绵的轻重一样，价格也就一样；五谷的多少一样，价格也就一样；鞋子的大小一样，价格也就一样。"

孟子说"各种东西的质量和价格不一样，这是很自然的，有的相差一倍五倍，有的相差十倍百倍，有的甚至相差千倍万倍。您想让它们完全一样，只是搞乱天下罢了。一双粗糙的鞋子与一双精致的鞋子价格完全一样，人们难道会同意吗？听从许先生的学说，是率领大家走向虚伪，怎么能够治理好国家呢？"

（四）不答权贵

随着孟子办学的影响越来越大，很多王公贵族也跑来听他讲学。滕国国君的弟弟，一位名字叫作滕更的人也到了学堂来听孟子授道。他有时也问孟子一些问题，但是孟子都没有回答他。一天孟子的学生公都子发现了这个现象，感到很好奇。他了解老师的为人，明白其中定有蹊跷。

他向孟子请教说："老师，滕更慕名来到您的名下求学，以他的高贵身份，按常理来说，似乎更应该得到特殊的礼遇，但是您非但没有特别的礼遇他，反而连问题都不回答，这是为了什么呢？"

孟子回答说："有人向贤德之人求教发问的时候，如果发问的人有下面五种态度，那么君子就可以不用理睬他了。"

是哪五种态度呢？孟子接着说：

"第一是仗着有权有势，不把老师当回事。这样发问，可以不予回答；第二是仗着自己有一点小聪明，恃才傲物地发问，也不要理会；三是倚老卖老，仗着自己年长来提问；第四是仗着已经立下的功勋战绩来发问；五是仗着与人是好友故交，以熟卖熟攀交情，也万万不可理会。滕更依仗国君，有权有势自然眼高于顶，他又恃才傲物，这样的态度，我自然不会回答他的问题。"

作为一个明理开诚的君主，滕文公对孟子是十分尊敬的，也对孟子委以重用。但是作为被君王所信任的臣子，孟子却有些力不从心。他的仁政理想并不符合滕文公的施政国情，也没有具体的措施。当滕文公问孟子"滕，小国也，间于齐楚，事齐乎？事楚乎"时，孟子只是说了些君民上下同心、与国家共存亡之类务虚不务实的话，让滕文公颇感不满。孟子最后在滕的处境很有些尴尬，而滕国国情也使得孟子为实行仁政而付出的努力再次落空。于是，孟子只好离开滕国，来到当时也比较强盛的魏国。

十三、孟子见梁惠王

在孟子生存的这个战国七雄争霸的时代，新兴地主阶级正在崛起，并要取得政治上的统治地位，因而社会矛盾更趋激烈，兼并战争日益频繁。"争地以战，杀人盈野；争城以战，杀人盈城"的战争和"庖有肥肉，厩有肥马，民有饥色，野有饿殍"的阶级对立，正如孟子所说，"民之憔悴于虐政，未有盛于此时者也。"孟子到处宣扬"保民而王""仁义为本"的思想，在当时符合人民的愿望，有一定的积极意义。公元前 320 年左右，梁惠王"厚币卑礼"招贤纳士辅佐国政。孟子从滕国到梁（今开封）谒见梁惠王，向梁惠王游说。在此并见到梁惠王的儿子，也就是后来的梁襄王。

（一）以义治国　何必言利

孟子来到魏都大梁时，在位已五十年的梁惠王已经七十岁左右了。对于孟子的到来，梁惠王寄予了很大的希望。

因此，他一见到孟子就迫不及待地问："老先生，您不远千里而来，一定是有什么对我的国家有利的高见吧？"

孟子十分精辟地分析了大夫、士庶人舍弃仁义而追逐私利的危害性，阐明了"先义后利"的义利观。

他回答说："大王！何必说利益呢？只要说仁义就行了。大王说'怎样使我的国家有利？'大夫说'怎样使我的家庭有利？'一般人士和老百姓说'怎样使我自己有利？'结果是上上下下互相争夺利益，国家就危险了啊！在一个拥有一万辆兵车的国家里，杀害它国君的人，一定是拥有一千辆兵车的大夫；在一个拥有一千辆兵车的国家里，杀害它国君的人，一定是拥有一百辆兵车的大夫。这些大夫在一万辆兵车的国家中就拥有一千辆，在一千辆兵车的国家中就拥有一百辆，他们的拥有不算不多。可是，如果把义放在后而把利摆在前，他们不夺得国君的地位是永远不会满足的。反过来说，从来没有讲'仁'的人却抛弃父母的，从来也没有讲'义'的人却不顾君王的。所以，大王只说仁义就行了，何必说利呢？"

（二）五十步笑百步

战国时代，在中原大地上，有很多大大小小不同的国家。这些王国为了保护自己的地盘，也为了抢夺更多的国土，都采取"合纵连横"的计策，结交离自己比较远的国家，和没有利益冲突诸侯国结成联盟，帮助自己攻打距离较近，有利益冲突的国家。

在这种情况下，国王为了自己的利益，发动战争。战争连年不断，可苦了各国的老百姓。

梁惠王正是一位好战分子。他见孟子不许讲利，就发牢骚说："好！那就讲义吧。我治理国家，也算很讲义的啊！在我的国家，黄河以南发生饥荒（今河南省），就把灾民移于黄河以东（今山西省），怕旱去的人们饿肚子，我还往灾区运送粮食。我这不是义吗？当黄河以东发生饥荒，我也是如此调剂粮食，迁移灾民。我去邻国访问考察的时候，发现他们没有一个能像我这样为老百姓打算的，都不如我用心呢。可是我们国家的人口并没有因此增加，邻国的百姓也没见减少哇。这是什么缘故呢？"

孟子回答道："大王您喜欢战争，那就请允许我用战争打个比方吧。战场上，锣鼓喧天，这边战鼓咚咚地刚响，那些锋利的刀啊枪啊刚刚亮出来，还没有开始打呢，就有怕死的士兵吓得不得了，盔甲都不要，拖着枪就往回跑。有的人跑得快，一口气跑了一百步才敢停下回头看，有个别胆儿大的，跑到五十步就回头了。可是，这跑五十步的竟然嘲笑跑了一百步的人，还说他胆子太小了，大王觉得这样说得通说不通？有这个理吗？"

梁惠王说："不行，只不过他没有跑到一百步而已，但是他也是逃跑，和另外的人有什么区别呢。"

"您这就叫五十步笑百步啊。不要自我感觉良好了，您和您的邻国其实都不怎么样。大王如果懂得这个道理，就不要再希望您的百姓比邻国多了。要从根本上解决这个问题，关键是要有仁政。您不实行仁政，自然百姓不会增多。仁者才能天下无敌啊。"

（三）痛陈现状　憧憬王道

梁惠王听了孟子的批评，没有生气，反而来精神了。

他说："愿听请先生教诲。"

孟子根据自己的仁政学说为魏国设计了一幅使百姓安其居乐其业、老有所养、养有所终的"王道"蓝图。他继续说道：

"咱们国家大部分是农民，如果在农民收获粮食的季节注意一点，不要去征人当兵打仗，不要征人去做苦工，而是让他们在家老老实实地种地收割，这样就不会妨碍粮食生产，粮食生产有了保证，温饱问题就解决了。渔民的话，大江大河里面的鱼，就不允许用那种网眼比较小，连小鱼都很容易抓到的渔网去捕，而是用网眼比较大的渔网捕。这样的话，那些鱼苗就不会被赶尽杀绝，那么来年，小鱼长成大鱼，我们也可以吃到鱼了，这才是年年有鱼啊。这样做，才是符合自然规律的，才是可持续发展啊。靠伐木吃饭的人，也要有仁慈的心才好，要遵守一定的时间。"

禹

孟子此时，心中所想的就是古代的治水明君大禹，曾经立下一条规矩：阳春三月，高山森林等等有树木的地方不允许带斧头进去，这就是为了保护树木，让树木尽情生长。他对风俗文化也有研究，民间流传的儿歌唱的"隆冬斩阳木，盛夏砍阴木"就是时节，节气问题，庄稼人都知道。还有等花草树木都凋零的时候才是砍伐的最好时机。

这些，都是符合自然规律的，也是孟子一生所倡导的："粮食吃不完，鱼肉也有剩余，木材也可以一直建房造车，利用下去。这样老百姓就有安居乐业的条件啦。无论是生活下去需要的粮食鱼肉还是死后需要的棺木，百姓都可以得到满足。百姓有能够安居乐业的条件，安于自己的幸福生活，这就是大王用'道'一统天下的开端啊。"

"但是现在的情况却不是这样啊，"孟子非常痛心地说。"现在的世道，有钱人的猪呀狗呀都可以为所欲为，它们到处搞破坏，吃掉了庄稼人辛辛苦苦种下的粮食，却没有人来管管这些畜生。没人检查，没人制止。道路上到处都是吃不上饭的人，甚至有饿死的人，大王却不知道打开国库用储存的粮食来救灾应急。老百姓死了，不但不加以反省，还振振有词地说'这实在不是我的缘故呀，不是我没有统治好国家而是这年头儿收成不好，老天爷不给面子'。这种说法和拿着刀子把人杀死了，却说这个人不是我杀掉的，是我手中的刀子杀掉的有什么区别呢？如果大王认清根源，不是推脱责任，说年头儿不好风不调雨不顺，而是老老实实从政治改革抓起，从根本上的领导方式做起，就一定可以治理好国家。这样的话，别人才会来投奔咱们国家。"

梁惠王听得入神，一会儿仿佛看到仁政的宏伟蓝图而舒展笑颜，一会儿回到现状不禁眉头深锁。

孟子再问梁惠王："用木棍打死人和用刀子杀死人，有什么不同吗？"

梁惠王回答说："没有什么不同的。"

孟子又问："用刀子杀死人和用政治害死人有什么不同？"

梁惠王说："也没有什么不同。"

孟子接着说："现在大王的厨房里有的是肥肉，马厩里有的是壮马，可老百姓面有饥色，野外躺着饿死的人。这是当权者在带领着野兽来吃人啊！大王想想，野兽相食，尚且使人厌恶，那么当权者带着野兽来吃人，怎么能当好老百姓的父母官呢？孔子很反对古时陪同死人下葬的木偶或土偶，他说发明这种方法的人，简直应该断子绝孙。您看，用人形的土偶来殉葬尚且不可，又怎么可以让老百姓活活地饿死呢？"

梁惠王接着又谈到自己继位以来，被秦国和齐国多次打败的事情。他说："想当年，天下没有比没有我们魏国更强的国家了，这是您老所深知的。而今到了我当政，东边被齐国打败，连我的大儿子也阵亡了；西边又丧失了河西之地七百里，割让给秦国；南边又失掉八座城，因此被楚国所欺侮。我为此感到羞耻，希望能替全体死难者雪耻复仇，您说我该怎么办才好？"

孟子回答道："在任何方圆百里的小国家，都可以在自己的国土推行王道，大王如果肯对百姓施行仁政，减免刑罚，少收赋税，提倡精耕细作，及时锄草，使健壮的青年利用闲暇时间加强孝亲、敬兄、忠诚、守信的道德修养，做到在家能侍奉父兄，外出能尊长敬上，这样，即使是手里拿着木制的棍棒，也可以跟拥有坚实盔甲和锋利武器的秦、楚军队相对抗。因为秦国和楚国侵占了百姓的农时，使他们无法耕种来赡养父母。父母受冻挨饿，兄弟妻子各自逃散，他们坑害得百姓好苦。大王如果兴师前往讨伐它，有谁能跟王较量呢？有道是：'实行仁政者无敌于天下。'请大王不要再犹豫徘徊！"

（四）与周霄论出仕

博大的胸襟与为民请命的抱负使孟子时时提醒自己使命在肩，他不但尽心尽力与君王议政，闲暇的时候，更是与魏国学者畅谈古今，同抒胸臆。

一天，魏国学问家周霄前来拜访他，请教为官之道。

周霄问道："古代的君子做官吗？"

孟子说："做官。古代的记载说：'孔子三个月没有被君主任用，就惶惶不安；

离开这个国家时，必定要带上谒见另一个国家君主的见面礼。公明仪说过：'古代的人如果三个月不被君主任用，那就要去安慰他。'"

周霄听了很不解，说："三个月不被君主任用，就要去安慰，不是求官太迫切了吗？"

孟子回答说："士失掉了官位，就像诸侯失掉了国家。《礼》上说：'诸侯亲自耕种，用来供给祭品；夫人养蚕缫丝，用来供给祭服。如果用作祭祀的牛羊不肥壮，谷米不洁净，礼服不齐备，就不敢用来祭祀。士如果不做官就没有田地俸禄，也就不能祭祀。'如果祭祀用的牲畜、祭器、祭服什么都没有，不敢用来祭祀，也就不敢宴请，就像遇到丧事的人一样，还不该去安慰他吗？"

周霄问道："离开一国时，定要带上谒见别的国君的礼物，为什么呢？"

孟子说："士做官，就像农夫种田；农夫难道会因为离开一个国家就丢弃他的农具吗？"

周霄说："我们魏国也是个有官可做的国家，却不曾听说想做官这样急迫的。想做官是这样急迫，君子却又不轻易去做官，为什么呢？"

孟子说："男孩一出生，就愿给他找妻室，女孩一出生，就愿给她找婆家；父母的这种心情，人人都是有的。但是如果不等父母的同意，媒人的说合，就钻洞扒缝互相偷看，翻过墙头跟人约会，那么父母和社会上的人都会认为这种人下贱。古代的君子不是不想做官，但又厌恶不从正道求官。不从正道求官，是同钻洞扒缝之类行径一样的，会被贤达之士认为是低贱不合礼仪的。"

（五）大丈夫与小女子

有一位纵横学派的名士叫作景春，他虽然与孟子理念不同，但是也慕名而来拜访孟子。

他问孟子说："我们魏国著名的说客公孙衍，秦国纵横家的代表人物张仪，难道不是真正的大丈夫吗？他们如果发起怒来，诸侯们都会害怕；他们能够左右诸侯，挑起国与国之间的战争。相反，他们如果安静下来，天下就会平安无事。真是了不得的男子汉大丈夫。"

孟子很看不起那些靠摇唇鼓舌、曲意顺从诸侯的意思往上爬，没有仁义道德原则的小人，因此说："这个怎么能够叫大丈夫呢？你没有学过礼吗？男子举行加冠礼的时候，父亲给予训导；女子出嫁的时候，母亲给予训导，送她到门口，告诫她说：'到了你丈夫家里，一定要恭敬，一定要谨慎，不要违背你的丈夫！'以顺从为原则的，是妾妇之道。至于大丈夫，则应该住在天下最宽广的住宅里，站在天下最正确的位置上，走着天下最光明的大道。得志的时候，便与老百姓一同前进；不得志的时候，便独自坚持自己的原则。富贵不能使我骄奢淫逸，贫贱不能使我改移节操，威武不能使我屈服意志。这样才叫作大丈夫！"

（六）与民同乐

仁政一日不施，孟子则一日夜不成寐。这天，孟子又向梁惠王上谏。恰逢梁惠王在别宫休憩。他态度闲适，站在一片悠悠的河岸边上，正在欣赏美景。他四周转转，看了一圈，欣赏着在天空低回盘旋的大雁，只见它们的姿势十分优美；还有那些奔跑跳跃的麋鹿，它们轻快活泼的姿态也让人感到自由欢快。

梁惠王毕竟已经老了，他已无雄心，只是沉醉于这别馆宫苑的片刻安闲。此时，也许他想炫耀一下自己晚年的舒适，就洋洋得意地问道："那些很有道德，又非常能干的人也能够享受这种乐趣吗？"

孟子回答说："只有那些道德高尚的人才能够享受到这种乐趣呢！那些没有道德的人即使有这么美好的事情摆在面前，也不会享受这种快乐。"

孟子继续解释说："大王听我来举个例子吧。很久很久以前，中国周朝的周文王和夏朝的桀王，他们也都有这么漂亮的一座花园。在《诗经·大雅·灵台篇》记载说：'开始建美丽的灵台时候，大家想了很多点子，后来同心协力，很快就建起来了。周文王很体贴工人们，让老百姓慢慢地建造灵台，但是工人们感激他，干得更加起劲儿了。工程完工之后，他去视察。这个灵台既是个大型的动物园也是个植物园。周文王就去了一个名字叫鹿苑的园中园。这一看，大王心中十分愉快啊。只见母鹿正三三两两地在园子里面散步，安逸极了。那些母鹿的皮毛看起来十分的光滑顺溜儿，体格也很肥美，在它们旁边飞翔的是一些白色羽毛的鸟儿，在阳光的照耀下显得尤其素净和耀眼，好一幅和平又喜乐的画卷啊。周文王又转到了叫作的小园子里，这个灵沼主要是水景。满眼都是波光闪闪的水面，满池的鱼时不时蹦出来吓人一跳，鳞片闪着银光，在太阳的照耀下，叫人禁不住欢喜。'大王，这一段记载呢，证明了我说的没错，您看周文王虽然让老百姓干活儿来建造他用来享乐的高台深池，但是老百姓十分高兴啊，把那个台叫作'灵台'，把那个深池叫作'灵沼'。"

顿了一下，孟子说道："周文王的园子也是用来享乐的，里面也养了很多奇怪的飞鸟走兽，鱼虾乌龟。老百姓怎么面对这种情况还不生气呢？就因为周文王肯和老百姓一同快乐，与百姓同乐，他也就得到了真正的快乐。至于夏朝的桀王，他只是个当反面教材的料儿啦。他是历史上有名的暴君，特别残忍，老百姓都恨死他了。他却厚脸皮得很，经常自比太阳，说太阳什么时候灭亡他就什么时候灭亡。《汤誓》中记载着老百姓咒他的歌谣：'太阳啊太阳，你什么时候灭亡？要是你灭亡，我情愿让自己和你两败俱伤。'作为一个皇帝，竟然被他的子民怨恨到这个地步，甚至不想活下去了，这样的一个人，即使他有多千姿百态的风景，多稀罕的奇珍异兽，难道他没有了老百姓的爱戴，自己一个人享受，能得到真正的快乐吗？他不是一个真正有道德的人，因此，也就不能得到真正的快乐啊。"

（七）过犹不及

魏国宰相白圭治水有功，他欲在孟子面前表功。一日，与孟子论政的时候，白圭说："我治理水比大禹还强。"

孟子微微一笑，说："你错了。大禹治理水患，是顺着水的本性而疏导，使水流向四海。如今你却使水流到邻近的国家去。水逆流而行叫作洚水——洚水就是洪水——是仁慈的人厌恶的。因此，你的确错了。"

白圭听了孟子的批评，觉得面上无光，只得讪讪离去。

日子渐久，孟子的政见并不为梁惠王所肯定，他的地位也渐渐步入低潮。被孟子评判过的白圭心怀愤恨，故意落井下石，想借机奚落孟子。他知道孟子主张薄赋税，所以故意来问他，定税率为二十抽一怎么样。

白圭说："我想定税率为二十抽一，怎么样？"

孟子说："你的办法是貉国的办法。一个有一万户人的国家，只有一个人做陶器，怎么样？"

白圭说："不可以，因为陶器会不够用。"

孟子说："像貉那样的小国，五谷不能生长，只能长黍子；没有城墙、宫廷、祖庙和祭祖的礼节，没有诸侯之间的往来送礼和宴饮，也没有各种衙署和官吏，所以二十抽一便够了。如今在中原国家，取消社会伦常，不要各种官吏，那怎么能行呢？做陶器的人太少，尚且不够一个国家使用，更何况没有足够的官员呢？想要比尧舜十分抽一的税率更轻的，是貉国之道：想要比尧舜十分抽一的税率更重的，是桀那样的暴君之行。如果我国能十分抽一，那就完全合于尧舜之道了。"

孟子从实际情况出发，奉行的是无过无不及的中庸之道，只有恰到好处，才是儒者的追求。

（八）孟子见梁襄王

梁惠王已经老迈不堪，他希望儿子梁襄王可以跟孟子多多学习一些学问，于是专门请孟子与梁襄王相见。孟子与梁襄王仅此一次接触。

孟子进见梁襄王，出来后，对徒弟说："梁襄王远远看上去一点不像个国君的样子，走近他也看不到有什么使人敬畏的地方。"他对梁襄王的印象并不佳，因而讲话直截了当，毫不婉转曲折。"见了我后，他也不先行礼，就突然问道：'天下要怎样才能安定呢？'我回答说：'天下安定在于统一。'他又问，'谁能统一天下呢？'我只好对他说，'不喜欢杀人的国君能统一天下。'他再问，'谁会归附他呢？'我又回答：'天下没有不归附他的。大王您知道禾苗生长的情况吗？当七八月间一发生干旱，禾苗就要枯槁了。一旦天上乌云密布，下起大雨，那么禾苗就长得茂盛了。如果这样的话，谁能阻止它呢？而现在天下国君，没有一个不嗜好杀人的。如果有不嗜好杀人的（国君），那么普天下的人民都会伸长脖子盼着他来。如果真能这样，人民归顺他，就像水往低处流一样，谁又能够阻止得了呢？'"

梁惠王虽然敬重孟子，也求贤若渴，以期复兴国家，但是他毕竟不同意孟子的"仁政"学说，因此，孟子的大愿并没有得以实施。

孟子叹息说："梁惠王真不仁啊！仁人把给予他所爱的人的恩德推及至他所不爱的人，不仁者把带给他所不爱的人的祸害推及至他所爱的人。"

公孙丑问道："为什么这么说呢？"

孟子说："梁惠王因为土地的缘故，糟蹋百姓的生命驱使他们去打仗，大败后准备再打，担心不能取胜，所以又驱使他所爱的子弟去为他送死，这就叫把带给他所不爱的人的祸害推及至他所爱的人。"

在魏国考察一段时间后，孟子认为梁惠王已经老迈，而纵观魏国文武百官、辅政大臣都是白圭之流，没有一个真心推行仁政的贤者。惠王之子梁襄王也完全没有一点国君应该有的风度和气象，孟子深感失望，在魏国停留一段时间，他思前想后，认为在各诸侯国中，齐国不论是经济条件、政治力量还是人才储备都是独占鳌头的。综合起来，齐国才是具备一切条件，能够一展作为的地方。于是他又重整旗鼓，带着昂扬的斗志，前往齐国去了。

十四、三游齐国

时值齐宣王初立，努力复兴稷下之学，稷下学宫又被重建，许多贤达能者也慕名而来。一时之间，学识的氛围重新笼罩着齐国上下，孟夫子仿佛看到了实行仁政的一线希望。他从魏国出发之后就马不停蹄到了齐国。

齐宣王喜爱文学游说之士，孟子深受礼遇，被聘为客卿。齐宣王想效法春秋时期的齐桓公、晋文公称霸，孟子在齐国的旧事他早有耳闻，于是就称霸一事询问孟子。

孟子则说我是孔子门下的弟子，主张仁德济世，才不说齐桓公、晋文公称霸的事情。并没有回答齐宣王，而是加以推托，然后大讲保护百姓才能一统天下的道理和制民之产的道理，劝宣王实行"王道"仁政。孟子在和齐宣王的多次交谈中，还宣扬了选拔贤才要选用众望所归的人，然后任用的主张。

（一）君有君道　臣有臣节

齐宣王首先向孟子请教了为君之道。孟子说："君臣之道其实是相互的。如果君主把臣下当手足，臣下就会把君主当心腹一般重要；君主把臣下视作狗马一般下贱，臣下就会把君主当不相干的人；君主把臣下当泥土草芥踩在脚下，臣下就会把君主当仇敌。"

齐宣王说："我朝礼制规定，已经离职的臣下也应为过去的君主展服行孝礼。君主要怎样做才能使他们为他服孝呢？"

孟子说："臣下有劝谏，合理的君主就要接受；臣下有建议，正确的君主就要听从，并且要把政治上的恩惠下达到老百姓。臣下有什么原因不得不离去，君主要打发人护送他出国境，并派人先到臣下要去的地方做一番安排布置，如果臣下离开了三年还不回来，君主才收回他的土地和房屋。这就叫作三有礼。这样做了，臣下就会为他服孝。如今做臣下的劝谏，君王不接受；建议，君王不听从。政治上的恩惠也到不了老百姓身上。臣下有什么原因不得不离去，君主把他捆绑起来，还想方设法把他要去的地方弄得穷困破败，臣下离开的当天就收回他的土地和房屋。这种情况就叫仇敌。君臣之间像仇敌一样，还有什么孝可服呢？"

齐宣王再向孟子请教卿大夫如何为人臣子的道理。

孟子说："大王问的是哪一类的卿大夫呢？"

齐宣王感到很奇怪，说："卿大夫还有所不同吗？"

孟子说："是的，当然不同。有与大王同姓同一个宗族，关系十分密切的卿大夫，有不同本家的异姓卿大夫。"

宣王听了，于是说："那我请问我齐氏王室宗族的卿大夫。"

孟子说："如果君王犯了严重的过错，他们便会运用手中的权力，加以劝阻；王室宗族的卿大夫因为与国君有亲缘关系，国君的祖先也就是他的祖先，所以既不能离去，又不能坐视政权覆亡，当国君有重大错误又不听劝谏时，就可以另立新君。"

齐宣王听到这里突然神色大变，脸色十分不悦，暗想孟子你这不是大不敬犯上吗？正待发作，孟子不急不缓地说："大王，请不要怪我这样说。您问我关于王氏宗族的卿大夫，我对您不敢不用老实话来回答。"

听到此言，齐宣王脸色才稍微正常了，然后他又问非王族的异姓卿大夫如何。

孟子熟读圣人经典，他对孔子"所谓大臣者，以道事君，不可则止"的观点了然于胸，因此，胸有成竹地说："对于不同本家的异姓卿大夫，如果君王有严重的过错，他们也是加以劝阻；但是若君王经反复劝阻了还不听从改正，他们没有很大的权力惩罚君王，只好辞去官职离开。"

齐宣王还是心有戚戚，又问道："但是古时候商汤流放夏桀，周武王还是臣子的时候就带兵讨伐商纣，有这些事吗？"

孟子回答道："文献上有这样的记载。"

齐宣王有些紧张，他急急问道："臣子杀他的君主，可以吗？"

孟子不紧不慢地说："败坏仁的人叫贼，败坏义的人叫残；残、贼这样的人叫独夫。我只听说杀了独夫纣罢了，没听说臣杀君啊。"

齐宣王不由悄悄嘘出一口长气，同时心中暗暗佩服，孟子的盛名果然名不虚传啊。不但智慧渊博而且胆识过人，果然是一代鸿儒。如此人才，一定要拜为卿相，为国效劳才好。

就这样，孟子言简意赅，机智应答，巧妙地宣传了自己的仁政内容，弘扬大臣的职责和权力，限制了君主权力无限地膨胀，体现出一定程度的民主政治色彩。

（二）君子远庖厨

齐宣王继续问道：齐桓公、晋文公在春秋时代称霸的事情，您可以讲给我听听吗？"

孟子回答说："孔子的学生没有谈论齐桓公、晋文公称霸之事的，所以没有传到后代来，我也没有听说过。大王如果一定要我说，那我就说说用道德来统一天下的王道吧。"

宣王问："道德怎么样就可以统一天下了呢？"

孟子说："一切为了让老百姓安居乐业。这样去统一天下，就没有谁能够阻挡了。"

宣王说："像我这样的人能够让老百姓安居乐业吗？"

孟子说："能够。"

宣王说："凭什么知道我能够呢？"

孟子说:"我曾经听别人告诉过我一件事,说是大王您有一天坐在大殿上,有人牵着牛从殿下走过,您看到了,便问:'把牛牵到哪里去?'牵牛的人回答:'准备杀了取血祭钟。'您便说:'放了它吧!我不忍心看到它那害怕得发抖的样子,就像毫无罪过却被处死刑一样。'牵牛的人问:'那就不祭钟了吗?'您说:'怎么可以不祭钟呢?用羊来代替牛吧!'——不知道有没有这件事?"

宣王说:"是有这件事。"

孟子说:"凭大王您有这样的仁心就可以统一天下了。老百姓听说这件事后都认为您是吝啬,我却知道您不是吝啬,而是因为不忍心。"

孟子游见齐宣王

宣王说:"是,确实有的老百姓这样认为。不过,我们齐国虽然不大,但我怎么会吝啬到舍不得一头牛的程度呢?我实在是不忍心看到它害怕得发抖的样子,就像毫无罪过却被判处死刑一样,所以用羊来代替它。"

孟子说:"大王也不要责怪老百姓认为您吝啬。他们只看到您用小的羊去代替大的牛,哪里知道其中的深意呢?何况,大王如果可怜它毫无罪过却被宰杀,那牛和羊又有什么区别呢?"

宣王笑着说:"是啊,这一点连我自己也不知道到底是一种什么心理了。我的确不是吝啬钱财才用羊去代替牛的,不过,老百姓这样认为,的确也有他们的道理啊。"

孟子说:"没有关系。大王这种不忍心正是仁慈的表现,只因为您当时亲眼见到了牛而没有见到羊。君子对于飞禽走兽,见到它们活着,便不忍心见到它们死去;听到它们哀叫,便不忍心吃它们的肉。所以,君子总是远离厨房。"

（三）挟泰山而跳北海

听了孟子的说法，齐宣王感到很欣慰。他说"《诗经》说：'别人有什么心思，我能揣测到。'——说的就是先生您这样的人啊。我自己做了一件事，回头再去想它，却想不出是为什么。先生您说的这些，让我的心豁然开朗！但您说我的这种心态与用道德统一天下的王道相合又当如何呢？"

孟子说："假如有人报告大王说：'我的力气足以举起三千斤，却不能够举起一根羽毛；我的眼力足以看清鸟兽秋天新生细毛的末梢，却看不到整车的柴草。'那么，大王您相信吗？"

齐宣王说："当然不相信。"

"如今您的恩德足以推及禽兽，而老百姓却得不到您的功德，却是为什么呢？这样看来，举不起一根羽毛，是不用力气的缘故；看不见整车的柴草，是不用目力的缘故；老百姓没有受到爱护，是不肯布施恩德的缘故。所以，大王您不能以王道统一天下，是不肯干，而不是不能干。"

齐宣王说："不肯干与不能干在表现上怎样区别？"

孟子说："如果让一个人用胳膊挟着泰山去跳过北海，他会告诉别人说：'我做不到。'这确实是做不到。如果让他为长辈做一下按摩松松筋骨，他也告诉别人说：'我做不到。'这是不肯做，而不是不能做。大王所以不能统一天下，不属于用胳膊挟泰山去跳过北海这一类的事；大王不能统一天下，属于对长辈按摩肢体一类的事。尊敬自己的老人，进而推广到尊敬别人家的老人；爱护自己的孩子，进而推广到爱护别人家的孩子。照此理去做，要统一天下如同在手掌上转动东西那么容易了。《诗经》说：'做国君的给自己的妻子和儿女作好榜样，推广到兄弟，进而治理好一家一国。'——说的就是把这样的心意推广到他人身上罢了。所以，推广恩德足以使天下安定，如果不推广恩德连妻子儿女都安抚不了。古代圣人大大超过别人的原因，没别的，善于推广他们的好行为罢了。如今您的恩德足以推广到禽兽身上，老百姓却得不到您的好处，这究竟是什么原因呢？称一称，才能知道轻重；量一量，才能知道长短。事物都是如此，人心更是这样。大王，您请思量一下吧！"

（四）缘木求鱼

孟子继续和齐宣王论政。

他紧接着说："大王，您最大的愿望是什么，可以说给我听听吗？"

齐宣王笑了笑，却没有讲话。

孟子面露疑惑的神色，问道："咦！大王，这是为什么，难道是为了精美的食物，抑或是为了锦绣的衣服？还是为了应接不暇的缤纷色彩呢？"

宣王还是摇了摇头。孟子迟疑了一下，说："那是因为美妙的音乐不够您享用，还是因为身边服侍您的人不够使唤呢？这些事情，您手下办事的都会想尽办法替您办好，难道还真是因为这样吗？"

齐宣王摆摆手，坚决地说："不，绝对不是因为这样。"

孟子装作更加纳闷的样子来，自言自语道："原来并不是这样！"接着他又问宣王："大王调遣全国的兵力，让将士们冒着生命危险去攻打别的国家，难道只有打败了别的国家，您的心里才痛快吗？您就一点都不顾及将士们的安危吗？"齐宣王急忙说："不，不！并不是打败了其他国家我就感到痛快。我之所以这样做，不过是因为想要实现自己的理想罢了。""请问大王您的理想是什么呢？"孟子紧追不舍。宣王又笑了一笑，仍然没有作答。

"我明白了，大王最大的理想就是征服天下，称霸诸侯，成为最大的王者。但是，如果大王用您的方法去实现这个理想，就好像爬到树上抓鱼一样，您觉得这样做您的理想能实现吗？""事情有没有这么严重？"宣王不太相信，问道。"恐怕远远不止这么严重！若爬到树上抓鱼，顶多就是抓不到鱼，被人耻笑一番。如果用武力来满足自己征服天下的愿望，不但达不到目的，而且会适得其反，弄得民心尽失。"紧接着，孟子又列举了很多例子，说明小国不能和大国为敌，弱国不能和强国为敌，齐国当然也不能与整个天下为敌。

他说："如果邹国和楚国打仗，那您认为谁胜呢？"

齐宣王说："楚国会胜。"

孟子说："那么，小国本来不可以与大国为敌，人少的国家本来不可以与人多的国家为敌，弱国本来不可以与强国为敌。纵观当今天下的土地，纵横各一千多里的国家有九个，齐国的土地总算起来也只有其中的一份。以九分之一的力量去使九分之八的力量降服，这与邹国和楚国打仗有什么不同呢？回到根本上来吧。如果您现在发布政令施行仁政，使得天下当官的都想到您的朝廷来做官，种田的都想到您的田野来耕作，做生意的都要把货物存放在大王的集市上，旅行的人都想在大王的道路上出入，各国那些憎恨他们君主的人都想跑来向您申诉。如果像这样，谁还能抵挡您呢？"

齐宣王说："是我一时昏乱糊涂，竟然不能明白这个道理。希望先生您帮助我实现我的志愿，明白地教导我。我虽然不明事理，请让我试着这么做做看。"

（五）仁政之法

齐宣王孜孜以求："怎样从根本上实行仁政呢？"

孟子说："没有长久可以维持生活的产业而常有善心的，只有有志之士才能做到。至于老百姓，没有固定的产业，因而就没有长久不变的心。如果没有长久不变的善心，就会不服从约束、犯上作乱，没有不做的了。等到他们犯了罪，随后用刑法去处罚他们，这样做是陷害人民。哪有仁爱的君主掌权，却可以做这种陷害百姓的事呢？所以英明的君主规定老百姓的产业，一定使他们上能赡养父母，下能养活妻子儿女；年成好时能丰衣足食，年成不好也不至于饿死。然后督促他们做好事。

所以老百姓跟随国君走就容易了。如今，规定人民的产业，上不能赡养父母，下不能养活妻子儿女，好年景也总是生活在困苦之中，坏年景免不了要饿死。这样，只把自己从死亡中救出来，还来不及，哪里还顾得上讲求礼义呢？大王真想施行仁政，为什么不回到根本上来呢？"

孟子继续说："有了温饱就要积极地向小康之路前进。在一个只有五亩地的宅院中种植上桑树麻树，用这些树来养蚕纺织，最后制成衣物，就可以满足那些年纪大的老人家穿衣，让他们可以避寒保暖；鸡鸭鹅等家禽和猪狗等牲畜都好好喂养，等它们长大了也可以满足这家对肉食品的需要了。一个有百亩土地的人家，不要去妨碍他们的生产生活，让他们踏踏实实地劳动，那么，这些人家都可以吃得饱，衣食无忧了。吃饱了肚皮，也要让脑袋充实起来，这个时候就要兴办学校，让大家接受思想教育了。"

孟子还提出了办学校的想法："办学校有很多好处。要重视办学校，反复地教导大家孝顺父母，敬爱哥哥姐姐长辈们等等这些很好的道理。如果大家都这样想的话，人人都会尊敬老人，尊重有智慧的能人了，那么那些老人家就不用头发雪白还去讨生活，活得那么辛苦了。七八十岁的老人家吃得饱穿得暖，基本上还能够吃到肉，补充一下营养，还能穿到料子不错的衣服，一般的人也饿不着冻不着，都能活得好好的。如果可以做到这一点，天下的老百姓一定都争先恐后来这里。如果这样天下都不归顺的话，那是不可能的！"

（六）宣王知错　任贤之问

孟子对齐宣王说："假如大王有个臣子，把妻子儿女托付给朋友照顾，自己到楚国去游历，等他回来时，妻子儿女却在受冻挨饿，对这样的朋友该怎么办？"宣王说："抛弃他！"孟子说："司法官管不好他的下级，那该怎么办？"宣王说："罢免他。"孟子说："一个国家治理不好，那该怎么办？"宣王听到这里，知道孟子是在暗示自己不行仁政，不积福祉，他一阵心虚，只好扭头去看左右的人，把话题扯到别的事情上去了。

孟子见此，接着向齐王讲了一个自己初次到齐国的故事。那时候，孟子经过平陆这个地方，与那个地方的长官孔距心有所交流。孔距心对百姓心怀体恤，当他得知百姓流离失所，不由连连责怪自己失职。孟子认为他是一位有担当的人，故此说给齐宣王听。齐宣王听了感慨万千，终于直面自己的过失，连连说："这是我的过错啊。"

但是怎样任用贤才呢？

孟子趁热打铁，又说："所谓故国，不是说国中要有高大的树木，而是说要有世代（与国家休戚相关）的臣子。现在大王没有亲信的臣子了，过去任用的人，现在不知哪里去了。"宣王说："我怎样识别哪些人没有才干而不任用他们呢？"孟子说："国君进用人才，如果不得已，将会使德行低的超过德行高的，应该亲近的君子反而比奸佞之臣的关系还要疏远，所以对此一定要慎重再慎重。对于一个人，左右侍臣都说他好，还不行；大夫们都说他好，也还不行；全国的人都说他好，这才去考察他，见他确实是好，这才任用他。左右侍臣都说不行，不要听信；大夫们都说不行，不要听信；全国的人都说不行，这才考察他，见他确实不行，这才罢免他。如果一个大臣犯了错，左右侍臣都说可杀，不要听信；大夫们都说可杀，不要听信；全国的人都说可杀，这才考察他，见他确实可杀，这才杀掉他。如此这般，才可以任用贤才为民父母啊。"

（七）引为知己

这时候齐宣王不但把孟子当作先生，更把孟子当作知己来对待。他诚恳地问道："同邻国交往有什么原则吗？"

孟子答道："有。只有仁人能以大国的地位侍奉小国，所以商汤曾侍奉葛国，文王曾侍奉混夷。只有聪明的人能以小国的地位侍奉大国，所以周太王曾侍奉獯鬻，勾践曾侍奉吴国。能以大国地位侍奉小国的，是乐于听从天命的人；能以小国地位侍奉大国的，是畏惧天命的人。乐于听从天命的能安定天下，畏惧天命的能保住他的国家。《诗经》上说：'畏惧上天的威严，才能得到安定。'"

宣王说："讲得太好了！不过我有个毛病，我性格勇武，喜欢打仗，喜欢征服别的国家。"

孟子听了并没有责怪他，只是从自己的角度给他一些建议。

孟子说："大王喜欢勇敢，您就要分辨，勇敢有两种——第一种叫'小勇'，手按剑柄，怒目而视，您怎么敢抵挡我呢？这个跟土流氓一样的，这是小勇。您大王何必像这种老百姓的勇敢呢？第二种叫'大勇'——像周文王，他一生气，天下就安定了。像周武王，他勇敢，天下也平复了。所以，大王您喜欢勇敢没有关系，若是您喜欢大勇，老百姓欢迎都来不及。因为您不是为了个人好勇斗狠，而是为了让天下能够安定，让坏人能够被消除。"

齐宣王又说他喜欢财物，孟子认为喜欢财物那也没有关系，他引用《诗经·大雅·公刘》，说周朝以前的祖先公刘，他就喜欢财物，驻守着家乡的仓库里面囤积的粮食。出去作战或者远行要带着很多干粮，大家都财物充足的话，生活没有困难，这有什么不对呢？不要您一个人发财，让老百姓统统有钱。

齐宣王听了很是欣慰，于是经常会见孟子，向他咨询关于政治的问题。

这天，孟子谒见齐宣王，说道："建筑一所大房子，那一定要派工师去寻找大的木料。工师得到了大木料，王就高兴，认为他能够尽到他的责任。如果木工把那木料砍小了，王就会发怒，认为担负不了他的责任。有些人，从小学习一门专业，长大了便想运用实行。可是王却对他说：'把你所学的暂时放下，听从我的话吧！'这又怎么行呢？假定王有一块未经雕琢的玉石，虽然它价值很高，也一定要请玉匠来雕琢它。可是一说到治理国家，您却（对政治家）说：'把你所学的暂时放下，听从我的话吧!'这跟您要请玉匠按照您的办法雕琢玉石,又有什么两样呢?"

(八)与齐宣王说"巡游"

随着时间的推移,齐宣王对孟子越来越信任,有时候还请孟子去他的行宫做客。一次,齐宣王在别墅雪宫里接见孟子。宣王说:"贤人也有在这样的别墅里居住游玩的快乐吗?"

孟子回答说:"有。人们要是得不到这种快乐,就会埋怨他们的国君。得不到这种快乐就埋怨国君是不对的;可是作为老百姓的领导人而不与民同乐也是不对的。国君以老百姓的忧愁为忧愁,老百姓也会以国君的忧愁为忧愁。以天下人的快乐为快乐,以天下人的忧愁为忧愁,这样还不能够使天下归服,是没有过的。

"从前齐景公问晏子说:'我想到转附、朝舞两座山去观光游览,然后沿着海岸向南行,一直到琅邪。我该怎样做才能够和古代圣贤君王的巡游相比呢?'

"晏子回答说:'问得好呀!天子到诸侯国家去叫作巡狩。巡狩就是巡视各诸侯所守疆土的意思。诸侯去朝见天子叫述职。述职就是报告在他职责内的工作的意思。没有不和工作有关系的。春天里巡视耕种情况,对粮食不够吃的给予补助;秋天里巡视收获情况,对歉收的给予补助。夏朝的谚语说:'我王不出来游历,我怎么能得到休息?我王不出来巡视,我怎么能得到赏赐?一游历一巡视,足以作为诸侯的法度。'现在可不是这样了,国君一出游就兴师动众,索取粮食。饥饿的人得不到粮食补助,劳苦的人得不到休息。大家侧目而视,怨声载道,违法乱纪的事情也就做出来了。这种出游违背天意,虐待百姓,大吃大喝如同流水一样浪费。真是流连荒亡,连诸侯们都为此而忧虑。什么叫流连荒亡呢?从上游向下游的游玩乐而忘返叫作流;从下游向上游的游玩乐而忘返叫作连;打猎不知厌倦叫作荒;嗜酒不加节制叫作亡。古代圣贤君王既无流连的享乐,也无荒亡的行为。至于大王您的行为,只有您自己选择了。'

"齐景公听了晏子的话非常高兴，先在都城内作了充分的准备，然后驻扎在郊外，打开仓库赈济贫困的人。又召集乐官说：'给我创作一些君臣同乐的乐曲！'这就是《徵招》《角招》。其中的歌词说：'畜君有什么不对呢？''畜君'，就是热爱国君的意思。"

（九）独乐乐不如众乐乐

由于孟子和齐宣王志趣相投相见恨晚，因此很多齐国的官员都来拜访孟子，一方面希望他可以传授一些经验和知识，以便能够想宣王所想；另一方面也希望能够从博学的孟子身上学习做人做事的道理。

有一位叫作庄暴的臣子拜见孟子，说："我朝见大王，大王和我谈论喜好音乐的事，我没有话应答。"

接着问道："喜好音乐怎么样啊？"

孟子说："大王如果非常喜好音乐，那齐国恐怕就治理得很不错了！"

几天后，孟子在觐见宣王时问道："大王曾经和庄暴谈论过爱好音乐，有这回事吗？"

宣王脸色一变，不好意思地说："我并不是喜好先王清静典雅的音乐，只不过喜好当下世俗流行的音乐罢了。"

孟子说："大王如果非常喜好音乐，那齐国恐怕就治理得很不错了！在这件事上，现在的俗乐与古代的雅乐差不多。"

宣王说："能让我知道是什么道理吗？"

孟子说："独自一人娱乐，与和他人一起娱乐，哪个更快乐？"

宣王说："不如与他人一起娱乐更快乐。"

孟子说："和少数人一起娱乐，与和多数人一起娱乐，哪个更快乐？"

宣王说："不如与多数人一起娱乐更快乐。"

孟子说："那就让我来为大王讲讲娱乐吧！假如大王在奏乐，百姓们听到大王鸣钟击鼓、吹箫奏笛的声音，都愁眉苦脸地相互诉苦说'我们大王喜好音乐，为什么要使我们这般穷困呢？父亲和儿子不能相见，兄弟和妻儿分离流散。'假如大王在围猎，百姓们听到大王车马的喧嚣，见到旗帜的华丽，都愁眉苦脸地相互诉苦说：'我们大王喜好围猎，为什么要使我们这般穷困呢，父亲和儿子不能相见，兄弟和妻儿分离流散。'这没有别的原因，是由于不和民众一起娱乐的缘故。

"假如大王在奏乐，百姓们听到大王鸣钟击鼓、吹箫奏笛的声音，都眉开眼笑地奔走相告说：'我们大王大概身体安好，没有疾病吧，要不怎么能奏乐呢？'假如大王在围猎，百姓们听到大王车马的喧嚣，见到华丽的旗帜随风招展，都眉开眼笑地相互讨论说：'我们大王大概心情愉悦，没有不好的事情吧，要不怎么能围猎呢？'这没有别的原因，是由于大王能够和民众一起娱乐的缘故。君王若能仁慈无私，那么您所喜欢的音乐必然日渐和雅，如和风细雨滋润子民的心田。礼乐其实是具有天然的性质，它出自心田，发乎于心中真正的希望。子民的快乐即是大王的快乐。天下同乐，大王拥有什么和百姓分享，这就是真正天下大同、仁德治世的王道。倘若大王与百姓一起娱乐，共同分享内心的喜悦，那么一定就会受到天下人的拥戴，得享盛世太平！"

（十）不畏权贵

孟子当之无愧是一个贤臣，但是齐宣王的朝廷上并非人人都是贤臣，也有善于奉承的小人。

王驩，字子敖，是齐宣王时期（公元前 319-前 301 年）的大臣，曾做过盖邑（今山东沂水县西北）大夫，后官至齐国右师（主礼之官）。此人长于溜须拍马，阿谀逢迎，因而颇得齐宣王宠信。孟子在齐国曾与之共事，对他十分厌恶。

孟子第三次来到齐国之后，孟子弟子乐正克跟随王驩来齐国拜访老师，但是遭到孟子的严厉批评。

乐正子来了之后，去见孟子。

孟子说："你这也算是来看我吗？"

乐正子说："先生为什么要说这样的话呢？"

孟子问："你来了几天了？"

乐正子说："前些日子来的，有几天了。"

孟子说："前些日子就来了，那么我说这话不也是应该的吗？"

乐正子说："之所以没有来拜见老师，因为住所没有定下来，还不知道在何处安身，不想老师担心。"

孟子说："你听说过，非要住所定下来了，才去求见长辈的吗？"

乐正子说："是的，我有过错。"

孟子对乐正子说："你跟着王驩来，只是为了混饭吃罢了。我没有想到，你学习古人的道理，竟是用它来混饭吃。"

孟子很少用这种语气指责别人，更何况是乐正克。可见他对乐正克跟随王驩来齐国是非常厌恶的。乐正克是孟子的得意门生，但是王驩品行不佳，谄上欺下，孟子认为自己的学生跟着他会学坏，出于爱护，他才对乐正克如此严厉。

还有一次，齐国大夫公行子的儿子死了，举行葬礼，权倾朝野的右师王驩前去吊唁。他从进门到落座，人们都纷纷上前问候、行礼，唯独孟子例外。

王驩很不高兴，认为孟子怠慢了自己。闻及此事，孟子感慨万千，说："按照礼法的规定，在朝廷上不能越过官位的等级相互交谈，不能越过台阶相互作揖。我是想按礼法办事，子敖却认为我怠慢了他，这难道不是很奇怪吗？"

（十一）浩然之气

一天公孙丑恭敬地问道："请问老师您擅长于哪一方面呢？"

孟子说:"我善于分析别人的言语,我善于培养自己的浩然之气。"

公孙丑又问:"请问什么叫浩然之气呢?"

孟子说:"浩然之气是什么很难用一两句话说清楚。这种气,极端浩大,无边无际。它非常有力量,不是一般的东西,而是充满正义,充满仁义道德的正气、骨气。只有用正直的品格去培养它而不是用卑劣的行为加以损害,才会使它更加壮大,充满天地之间。不过,这种气必须与仁义道德相配,一起修为养成,否则就会缺乏力量。而且,必须要有经常性的仁义道德蓄养才能生成,必须时常向善,时时牢记仁义道德,若靠偶尔的正义行为是不能够获取的。一旦你的行为问心有愧,不符合仁义道德的标准,这种气就会缺乏力量,不成气候了。所以我说,告子这人不懂得义的真谛,因为他把义看成仁义道德以外,心以外的东西。我们一定要不断地通过培养义这种美德来助涨浩然之气,心中不要忘记。但同时要注意的是也不要一厢情愿地用错误激进的方法去帮助它生长。不要像有个宋国人那样:宋国有个农夫总是嫌他种的禾苗长不高,为了帮助庄稼长高,让禾苗看起来更加强壮,于是跑到地里去用手把它们一株一株地拔高,也不管禾苗是要天长日久慢慢生长的,后来累得气喘吁吁地回家,对他家里人说:'今天可真把我累坏啦!不过,我总算让禾苗一下子就长高了!'他还很洋洋得意。可是他的儿子跑到地里去一看,禾苗因为被拔出来,结果已经全部干死了。

"天下的人不犯这种拔苗助长错误的是很少的。那种认为老老实实养护庄稼没有用处而不去管它们,任其自生自灭的人,是只种庄稼不除草的懒汉;而一厢情愿地去帮助庄稼生长却不管庄稼成长需要一个过程的人,就是这种拔苗助长的人——不仅没有益处,反而害死了庄稼。所以就像禾苗的生长一样,浩然正气需要天长日久的培养。只有时时刻刻在心中牢记,并在行为上遵守仁义道德,才可以培养自身的浩然正气。"

公孙丑又请教道:"那怎样才算善于分析别人的言语呢?"

孟子回答说："对人的言语加以分析，如果听到有失偏颇的言语观点，知道它片面在哪里，有什么不全面的地方；对很夸张不实际的言语，知道它过分在什么方面；对很怪僻不合时宜的言语，知道它哪里离奇又哪里不符合实际；如果言语躲闪，心不在焉，要分析知道它理穷在哪里。——如果统治者心里产生这种不恰当的观点，必然会对政治造成危害，没有道理的政策，必然会对国家大事造成危害。因此一定要学会分析别人的观点，不可盲从。如果圣人再世，也一定会同意我的活。"

（十二）孟子出吊滕文公

时间飞逝，不知不觉几年过去了。一日齐宣王听到消息，滕国的滕文公去世了。

以前孟子与滕文公曾有交往，并帮助其推行仁政，故齐国派他作为使者前往吊唁，王驩跟随。孟子在齐国担任卿，担任此次出访的主使，而王驩是作为副使与孟子同行的。但是王驩独断专权，根本不和孟子商量工作。孟子虽然与王驩朝夕相见，但在从齐国到滕国的来回路上，孟子不曾同他谈起出使的事情。

随行的公孙丑说："齐国卿的职位不算小了，齐国与滕国之间，路不算近了，往返途中不曾同他谈起出使的事情，为什么呢？"

孟子说："那个人既然独自包办了，我还说什么呢？"

王驩为人骄横无礼，独断专行；同时也可看出孟子在齐国虽受到齐宣王的礼遇和优待，但有职无权，并不能充分发挥自己的才能。

（十三）齐宣王问孟子伐燕

齐国在齐宣王的治理下日趋富强，这时齐宣王也野心勃勃地想要实现一统天下的愿望。他审时度势之后，决定讨伐燕国。这么重要的战争，关系齐国的命运，因此齐宣王也不敢轻举妄动。在齐伐燕之前，齐国大臣沈同曾私下征求孟子的意见。

他以个人名义问道："燕国可以讨伐吗？"

孟子说："可以。但是子哙不能够私自把燕国让给别人，子之也不能够私自从子哙那里接受燕国，要是比方说，这里有个士人，您喜欢他，就不禀告君王而私自把自己的俸禄、爵位让给他，那个士人也不经君王同意，私自从您那里接受俸禄和爵位，这样行吗？（子哙）让君位的事，同这有什么两样？"

有人问道："（您）鼓励齐国攻打燕国，有这回事吗？"

孟子说："没有。沈同问'燕国可以征伐吗？'我答复他说'可以'，他们认为这个说法对，便去征伐燕国。他如果问'谁能去征伐燕国？'那我将答复他说：'奉了上天使命的人才可以去征伐。'就好比这里有个杀人犯，如果有人问我：'这个人该杀吗？'我就回答说：'可以。'他如果再问：'谁可以去杀这个杀人犯？'那我就会回答他：'做法官的才可以杀他。'现在，让一个跟燕国一样无道的国家去征伐燕国，我为什么要鼓励它呢？"

（十四）劝齐王撤兵燕国

正当孟子大力地向齐宣王推广自己的仁政政策时，燕国正在爆发内战，国家大乱。齐国乘虚而入，想吞并燕国。齐宣王安排大将匡章率领十万兵马攻打燕国。燕国的百姓由于对本国内战十分不满，因此有些地方的老百姓反倒给齐国的军队送饭送水表示欢迎。大将匡章攻下了燕国国都之后并不想撤退，他也没有约束自己的部下，齐国的士兵将领就像强盗一样任意欺辱燕国老百姓，导致燕国百姓纷纷起来反抗。

这时候，齐宣王就向孟子请教。他问道："有的人劝告我不要攻打燕国，有的人劝我赶紧吞并它，我到底该怎么办呢？"孟子回答说："我曾经听说过，商汤凭借着方圆七十里的国土就统一了天下，却从来没有听说过拥有方圆千里国土的国家惧怕别的国家的。当商汤向东方进军讨伐的时候，西方国家的老百姓便开始抱怨；当他向南方进攻征战的时候，北方国家的老百姓也开始抱怨起来。那些百姓都说'为什么要把我们放在后面解放呢，为什么不先来讨伐我们国家的暴君呢？'老百姓盼望他，就像久旱盼甘霖一样。这是因为商汤的讨伐一点都不危害老百姓，而是拯救他们。如今燕国国君昏庸无道，虐待百姓，大王您派军队去讨伐他，燕国的百姓以为您要救他们于水火之中，所以才会对齐国军队表示欢迎。但是现在齐国军队却要杀死他们的父亲，抓走他们的兄弟，还要毁坏他们的宗庙，抢夺走他们的宝物器具。这怎么能够让燕人服从您的统治呢？天下的诸侯国本来就害怕齐国太过强大，威胁他们的利益，现在齐国的土地又增加了一倍，如果这时候还不实行仁政，到时必然会激起天下各国的愤恨，兴兵讨伐，那时候就不好收拾局面了。大王您应该赶紧下令，释放燕国的俘虏，停止抢掠燕国的宝物，再和燕国的各界人士共同商议，帮助他们选立一位新的国君，然后撤回在燕国的军队。如果这样做，您才可能来得及制止各国兴兵讨伐齐国的隐忧啊。"

孟子接着说道："如果想要吞并燕国，并且当地的老百姓也热烈欢迎您这样做，那就吞并它。古人也有这样的先例，周武王便是一个很好的例子。如果吞并燕国，当地百姓并不高兴，那就不能这么做。古人也有这样的先例，周文王便是如此。"孟子列举了这两个例子之后又指出："当初齐国军队攻打燕国的时候，燕国人民送饭送水表示欢迎，那是因为燕人想要摆脱以往的痛苦，过上好日子；但是如果齐国军队吞并燕国，给燕国的百姓带来亡国的灾难，使他们再次陷入水深火热之中，那他们当然会盼望别国军队来拯救他们了。"

孟子说得如此有道理，但是齐宣王并没有听进去，也没有像孟子所说的那样对燕国百姓爱民如子。

（十五）齐国兵败

两年内，燕国人因为不堪忍受齐国的暴政，奋起反抗；赵国等诸侯国也反对齐吞并燕，怕齐国因此而变得更强大，于是立燕昭王，燕人拥护新王，齐军这才败退撤回。

齐宣王这时候才幡然悔悟，说："我早就该听孟子的话在燕国立新君啊。如今这样，对孟子，我感到太惭愧了啊。"

齐国大夫陈贾听了宣王这样说，就安慰他说："大王不必犯愁。大王如果在仁和智方面同周公相比较，自己觉得谁强一些？"

齐王说："咳！这是什么话！"

陈贾继续说："历史上，周公派管叔去监察殷人，管叔却带着殷人叛乱。如果周公知道管叔会反叛还派他去，这是不仁；如果不知道他会反叛而派他去，这是不智。仁和智，周公还未能完全具备，何况大王您呢？"

他自告奋勇地说："请允许我见到孟子时向他作些解释。"

陈贾找了一个借口拜访孟子，他一心想为齐宣王开脱。话题打了个转，故意问孟子说："周公是怎样一个人？"

孟子说："古代的圣人。"

陈贾说："他派管叔监察殷人，管叔却带着殷人叛乱，有这回事吗？"

孟子说："是这样。"

陈贾说："周公是知道管叔会反叛而派他去的吗？"

孟子说："周公当然不知道。"

"既然这样，那么（岂不是）圣人也会有过错吗？"

孟子反驳道："周公是弟弟，管叔是哥哥，谁能料到哥哥会背叛呢？周公的过错，不也是情有可原的吗？况且，古代的君子，犯了过错就改正；现在的君子，犯了过错却照样犯下去。古代的君子如果犯错，就像日食月食一样，人民都能看到；等他改正后，人民都仰望着他。现在的君子，岂止是坚持错误，不知悔改，竟还为错误作辩解。"

陈贾无奈，只好怅怅离去了。

十五、归里著书

孟子离开齐国时已经 70 多岁了。孟子周游齐、晋、宋、薛、鲁、滕、梁列国，游说他的"仁政"和"王道"思想。但由于当时各诸侯国忙于战争，他的仁政学说被认为是"迂远而阔于事情"，几乎没有人采纳。

孟子带着他的学生万章、公孙丑等回到家乡后，并没有先回家中安歇，而是先去祭拜父母的坟墓。来到了父母坟前，他还清楚地记得，15 年前，当他安葬了父母后离去的时候，这里只留下一丘普通的坟茔和十几株指头粗的松树，可是眼下，这里已经成为郁郁葱葱的树林，墓前有石鼎、石烛、石供案。孟子将带来的祭品摆在石供案上，庄严、肃穆地行祭祀礼。他撩衣长跪于地，回忆起父母在世的光阴，不禁泣不成声。

祭过父母，略做休息，孟子不顾天阴地湿，道险路滑，翻过马鞍山向西，来到了凫村，这里是他的诞生地，是他从小生活的地方。孟子在这里住了三天，在自己曾睡过 4 年的那张木床上过夜，躺在上边，他觉得是那么柔软、那么舒适，仿佛儿时躺在母亲温暖的怀抱里。舀出院子里的井水，用它来沏茶煮饭，甜丝丝，香喷喷，孟子感觉食欲大增。门前有一眼长年流淌的甘冽清泉，用此泉水沐浴，滑润柔和，似有一双柔软的纤纤素手在轻轻地抚过。后世的百姓为纪念孟母，称这处宅院为孟母故居，称这口井为孟母井，称这清泉为孟母泉。

刚刚返回故里的时候，孟子曾一度食不知味，夜不安寝，身体一天天消瘦，精神一天天萎靡，大有泰山将摧、大厦将倾之势。亲人和弟子们都为其每况愈下的健康状况担忧。可是，说也奇怪，孟子自从序《诗》《书》，作《孟子》以来，虽说每天早起晚睡，精神负担很重，工作量很大，但他却吃得香、睡得甜，不仅迅速变胖，而且脸上泛起了红晕，精神日渐矍铄，渐渐恢复了他那活泼开朗、能言善辩的乐观性格，亲人和弟子们都感到很高兴。

万章与公孙丑同孟子朝夕相处，形影不离。他们同孟子搬到一起居住，这屋子容不下三张床，他们就在外间搭一块木板栖身。他们经常一觉醒来，发现里屋仍然亮着昏黄的灯光，他们急忙进去催促孟子安歇。孟子总推说自己年岁大了，睡眠少，并不困。就这样，一夜催促三两次，天就大亮了。他们推门迈进里屋，见孟子正埋头于竹简之中，面对如豆的油灯，或锁眉凝思，或圈圈点点，或奋笔疾书，他们真不忍心惊动和打扰他。

夏夜，屋子内闷热得如同蒸笼一般，蚊虫绕着孟子乱飞，咬得他遍身紫斑点点，他竟顾不得摇扇驱赶。冬日夜长，待万章与公孙丑睡醒一觉，屋内的火炉早已熄灭，因为孟子在专心致志地翻阅资料，顾不得向炉内添柴加炭，室内似冰窖一般，孟子却全然不觉。有时困倦到了极点，他就站起身来，走到盆边，想用冷水来提神，却发现盆水已冻成坚冰。

孟子将全部精力都用到了著书立说上，有一段时间，他全身心地投入其中，行不知去的地方，吃不知食物的味道。万章除了与公孙丑、咸丘蒙（孟子弟子）一起序《诗》，主要任务是修订《尚书》，这牵涉到对许多历史事件和人物的认识和评价问题，需严肃谨慎地对待，因此他屡屡向孟子发问请教。

一次，万章问孟子："舜到田地里去，面向苍天一边号哭，一边诉苦，为什么要这样呢？"孟子回答说："因为他对父母既怨恨，又怀恋的缘故。"万章说："曾子说过：'父母疼爱他，虽高兴，却不因此而懈怠；父母厌恶他，虽忧愁，却不因此而怨恨。'那么，舜怨恨父母吗？"

孟子批评他只知其一而不知其二，解释说："从前，长息曾经问过公明高，他说：'舜到田里去，我是已经懂得了；他向天诉苦哭泣，这样来对待父母，我却不懂得那是为什么。'公明高说：'这不是你所能懂得的。'公明高的意思是，孝子的心理不能像这样满不在乎：我尽力耕田，好好儿地尽我做儿子的职责罢了；父母不喜欢我，叫我有什么办法呢？尧帝打发他的九个儿子和两个女儿，跟百官一起，带着牛羊、粮食等到田野中去为舜服务；天下的士人也都到舜那里去，尧也把整个天下让给了舜。舜却因为没有得到父母的欢心，便像鳏寡孤独的人找不着依靠一样。天下的士人喜欢他，是谁都愿意的，却不足以消除忧愁；美丽的姑娘，是谁都喜欢的，他娶了尧的两个女儿，却不足以消除忧愁；财富，是谁都希望获得的，富而至于占有天下，却不足以消除忧愁；尊贵，是谁都希望获得的，尊贵而至于做了君主，却不足以消除忧愁。百姓拥戴，美女围绕，财富和尊贵在身，都不足以消除舜的忧愁，只有得到父母的欢心才可以消除忧愁。人幼小的时候，依恋父母；懂得喜欢女子，便想念年轻而漂亮的人；有了妻子，便迷恋妻室；做了官，便讨好君主，得不到君主的欢心，便内心焦躁；只有最孝顺的人才终身怀恋父母。到了 50 岁的年纪还怀恋父母的，我在伟大的舜身上见到了。"

又一次，万章问孟子："《诗经》上说，'娶妻该怎么办？一定要事先报告父母。'相信这句话的，应该没有人赶得上舜。但是，舜事先没有告诉父母，就娶了妻子，这又是为什么呢？"

孟子答道："事先报告就娶不成了。男女结婚，是人与人之间的必然关系。如果舜事先报告了，那么，这一必然关系在舜身上便会被废弃，结果定将怨恨父母，所以他就不报告了。"

万章进一步追问："舜不报告父母而娶妻，我懂得这道理了；尧把女儿嫁给舜，也不向舜的父母说一声，又是为什么呢？"

孟子答道："尧也知道，如果事先告诉舜的父母，那么嫁娶就难成。"

万章问道："舜的父母打发舜去修缮谷仓，等舜登上仓顶，便撤去梯子，他父亲瞽瞍还放火烧着了谷仓。幸而舜设法逃了出来。于是，他的父母又让舜去淘井，他们不知道舜从井旁边的拐洞里出来了，便用土填塞井眼。舜的弟弟象说：'谋害舜都是我的功劳，牛羊分给父母，仓廪分给父母，干戈归我，琴归我，雕弓归我，两位嫂嫂要替我铺床叠被。'象向舜的住房走去，却看见舜坐在床边弹琴。象说：'哎呀！我好想念你呀！'但他说话的神情很不自然。舜说：'我想念着这些臣下与百姓，你替我管理吧！'我不明白舜不知道象要杀他吗？"

孟子答道："为什么不知道呢？象忧愁，他也忧愁；象高兴，他也高兴。"

万章又问："那么，舜的高兴是假装的吗？"

孟子说："不。从前有人送了一条活鱼给郑国的子产，子产让主管池塘的人把鱼放了，那人却把鱼煮着吃了，然后回报说：'刚放进池塘，它还半死不活的；一会儿，摇摆着尾巴活动起来，突然间远远地不知去向了。'子产说：'它得到了好地方呀！得到了好地方呀！'那人走出来后，说道：'谁说子产聪明，我已经把那条鱼煮着吃了，他还说：鱼得到了好地方呀！得到了好地方呀！'所以说，对于君子，可以用合乎人情的方法来欺骗他，不能用违反道理的诡诈欺骗他。象既然假装着敬爱兄长的样子来，舜因此真诚地相信他而高兴起来，为什么是假装的呢？"

万章问："象每天把谋杀舜作为他的工作，等舜做了天子，却仅仅流放他，这是为什么呢？"

孟子答道："其实是舜封象为诸侯，不过有人说是流放他而已。"

万章说："舜把共工流放到幽州，把驩兜发配到崇山，把三苗之君放逐到三危，把鲧杀死在羽山。惩处了这四个罪人之后，天下便都归服了，就因为讨伐了不仁之人的缘故。象是最不仁的人，却以有庳（古地名）之国来封他，有庳国的百姓又有什么罪过呢？对别人，就加以惩处；对弟弟，就封给国土，难道仁人的做法竟是这样的吗？"

孟子说："仁人对于弟弟，有所愤怒，不藏在心中；有所怨恨，不耿耿于怀，只是亲近他、爱护他罢了。亲近他，便要让他尊贵；爱护他，便要让他富有。把有庳国封给他，正是让他又富又贵。本人做了天子，弟弟却是一个老百姓，可以说是亲近、爱护吗？"

万章说："请问老师，为什么有人说是流放呢？"

孟子说："象不能在他的国土上为所欲为，天子派遣官吏来给他治理国家，缴纳贡税，所以有人说是流放。象难道能够暴虐地对待他的百姓吗？即使如此，舜还是想常常看到象，象也不断来和舜相见。古书上说'不必等到规定的朝贡日期，平常也假借政治上的需要来相接待。'就是这个意思。"

万章问道："尧把天下授给舜，有这么回事吗？"孟子答道："不，天子不能拿天下授予人。"

万章又问："那么，舜得到了天下，是谁授予的呢？"

孟子答道："天授与的。"

万章又问："天授与的，是反复叮咛着告诫他的吗？"

孟子答道："不是，天不说话，用行动和事实来表示罢了。"

万章问："用行动和事实来表示，是怎样的呢？"

孟子说："天子能向天推荐人，却不能强迫天把天下给予他；正如诸侯能够向天子推荐人，却不能强迫天子把诸侯的职位给予他；大夫能够向诸侯推荐人，却不能强迫诸侯把大夫的职位给予他。从前，尧将舜推荐给天，天接受了；又把舜公开介绍给百姓，百姓也接受了；所以说，天不说话，用行动和事实来表示罢了。"

万章问："推荐舜给天，天接受了；公开介绍给百姓，百姓也接受了，是怎样的呢？"

孟子回答："叫他主持祭祀，所有神明都来享用，这便是天接受了；叫他主持政事，政事井井有条，百姓都很满意，这便是百姓接受了。天授与他，百姓授予他，所以说，天子不能够拿天下授予人。舜帮助尧治理天下，一共28年，这不是某个人的意志所能做到的，而是天意。尧去世后，三年之丧完毕，舜为了使尧的儿子能够继承天下，自己便逃避到南河的南边去。可是，天下诸侯朝见天子，不到尧的儿子那里，却到舜那里；打官司的，也不到尧的儿子那里，却到舜那里；歌颂的人，也不歌颂尧的儿子，却歌颂舜，所以说，这是天意。这样，舜才回到国都，即天子之位。如果自己居住在尧的宫室，逼迫尧的儿子让位给自己，这是篡夺，而不是天授了。《尚书》说过：'百姓的眼睛就是天的眼睛，百姓的耳朵就是天的耳朵。'正是这个意思。"

到了禹的时候，天下不传圣贤而传子孙。万章请教孟子，应该怎样看待这一问题，他说："有人说：'到禹的时候道德就衰微了，天下不传给圣贤的人，却传给自己的儿子。'这样的话可靠吗？"

孟子认为，究竟应该把天下授予谁，决定于天意。他回答说："不，不是这样的；天要授予圣贤的人，便授予圣贤的人；天要授予君主的儿子，便授予君主的儿子。从前，舜把禹推荐给天，17 年后舜去世了，禹服了三年之丧后，为了让位给舜的儿子，自己便躲到阳城去了。可是，天下百姓跟随禹，犹如当年尧去世之后，他们不跟随尧的儿子却跟随舜一样。禹把益推荐给天，7 年后禹去世了，益服了三年之丧，为了让位给禹的儿子启，自己躲到箕山之北。当时朝见天子的人，打官司的人都不去益那里，而去启那里，说道：'他是我们君主的儿子呀。'歌颂的人也不歌颂益，而歌颂启，说道：'他是我们君主的儿子呀。'尧的儿子丹朱不好，舜的儿子也不好。而且，舜辅佐尧，禹辅佐舜，经过的年岁多，对百姓施与恩泽的时间长。启和益就不同，启很贤明，能够认真地继承禹的传统。益辅佐禹，历时短，对百姓施与恩泽的时间短。舜、禹、益之间相距时间的长短，以及他们儿子的好坏，都是天

夏启

意，不是人力所能做到的。没有人叫他们这样做，而竟这样做了，便是天意；没有人叫他来，而竟这样来了，便是命运。以一个普通百姓而得到天下的。他的道德一定像舜、禹一样，而且还要有天子的推荐，所以孔子虽是圣人，因没有天子的推荐，便不能得到天下。世代相传而得到天下的，天想废弃的，一定是像桀、纣那样残暴无德的人，所以益、伊尹、周公虽然是圣人，因为所碰到的君主不像桀、纣，所以便不能得到天下。伊尹辅佐汤统一天下，汤去世后，太丁未立而亡，外丙在位两年，仲壬在位四年，太丁之子太甲继承了王位。太甲破坏汤的法度，伊尹便流放他到桐邑，三年后太甲悔过，在桐邑以仁居心，唯义是从，三年之后完全听从伊尹对自己的教诲，然后又回到亳都（商朝都城）做天子。周公不能得到天下，就像益在夏朝、伊尹在商朝一样。孔子说过：'唐尧、虞舜以天下让贤，夏、商、周三代却世代传于子孙，道理是一样的。'"

十六、流芳百世

公元前 289 年，孟子的身体每况愈下，肋下疼痛难忍，食欲不振，持续发烧，迅速消瘦。弟子们先后请过许多医生，开过不少药方，均无任何效果。只有那镇疼汤略有缓解作用，待药力消失，便疼痛如初，到了后来，那药已经喂灌不下去了。

弟子们昼夜守候孟子，煎汤熬药，喂水喂饭，服侍坐卧。孟子一生主张仁政，倡导善行，尊民、重民、爱民，为民众利益而奔走呼号，如今竟让他身患重病，受罪吃苦。老师的痛苦煎熬，弟子们看在眼里，疼在心间，他们多么想为老师分担病痛，然而这又是万万不可能的事，只能在精神上承受折磨。

孟子的神志一直十分清醒，思维依旧有条不紊。为了安慰弟子们，他常常倚在弟子们为他特制的靠榻上，坚持和弟子们说长道短，有时还勉强地微笑着，说几句轻松逗趣的话。此时，不是健康人在安慰病人，而是垂危的夫子在安慰弟子们，这是怎样博大的胸怀、坚强的意志啊！

冬月（农历十一月）十四日晚，孟子一夜没有怎么折腾，静静地躺着，喘气很平稳，看样子并无任何痛苦，睡得既香且甜。五更醒来，孟子精神不错，就好像一个疲劳过度的人美美地睡了一夜，歇过乏来，顿感精神振奋似的。他微笑着，让万章和公孙丑将他扶起来，询问今天是冬月十几，雪停了没有。当万章告诉他今天是冬月十五日，外边的雪正愈下愈大时，他舒畅地喘了一口气，自言自语似的说道："冬月十五日，今天是冬至节……雪愈下愈大，明年又是一个丰收年，百姓有福呀……"

公元前 289 年十一月十五日，中国历史上继孔子之后的又一位伟大的思想家、教育家、儒学大师孟子与世长辞，享年 84 岁。

噩耗随着呼啸的朔风和漫天飞雪迅速传遍了神州大地。齐宣王、魏襄王、鲁平公、宋王偃等均派使臣前来吊唁，社会贤达、士人和平民百姓也都前来参加孟子的葬礼，哭声震撼着因利渠的山山水水。

孟子一生颇不得志。他到处周游，为推行仁政奔走呼号，但所到之处常常受到冷遇，既没有人采纳他的主张，也没有人真正对他委以重任。有一次，他在由薛归邹的途中，甚至遭到绝粮的困厄，几乎丧生。司马迁在《史记·孟子列传》中分析，孟子一生的悲剧，根本原因在于他的主张与当时的历史条件不相合。

孟子在当时有好辩之名，这里的辩，是一种学术思想上的争论。孟子一生周游列国，几乎与当时各派都展开过不同形式的论战。孟子的弟子公都子曾问他何以喜欢与人论战（好辩），对此孟子做了一番解释。他说："我之好辩，是不得已。孔子之后，天下再没有出现圣王。诸侯无所忌惮，知识分子也横生议论，杨朱、墨翟的主张充塞天下，孔子之道反而难以发扬，从而造成邪说欺骗百姓、仁义的原则无法实行的局面。我对此深为忧虑，于是起而捍卫先王之道，抨击杨朱学说，驳斥各种荒谬观点，以端正人心，上承周公、孔子之道。"

孟子对儒学的振兴，首先表现在通过发挥与深化儒家的基本观点，使儒学逐渐趋于完备和定型。孟子从儒家的基本原则出发，进一步对儒家学说做了系统的阐发，使之得到了多方面的拓展。可以说，正是在孟子那里，儒学获得更为丰富的内容，并进一步展示了其深沉的理论力量。其次，孟子通过论战，以拒斥儒家

司马迁

之外的各种学说与观点，不仅使儒学的传统得到承继，而且使之在百家争鸣中保持了某种理论上的优势。

孟子生前地位不高，但死后却受到历代封建统治者的推崇，地位越来越高。秦统一全国后，建立了大一统的国家。后世封建统治者吸取秦朝失败的教训，认识到儒家思想是维护封建政权最好的精神武器，是统治百姓最好的思想工具。汉武帝时，"罢黜百家，独尊儒术"，确立儒家思想为国家的统治思想，孔孟开始成为封建地主阶级崇拜的对象。北宋神宗熙宁年间，《孟子》正式被列为经书，并成为国家科举考试的必读教科书。南宋时，朱熹把《论语》《孟子》《大学》《中庸》合编为四书，并为之作注。元朝时，孟子被封为邹国"亚圣公"，明朝时人们直接称其为"亚圣"，并流传至今。

十七、孟子与中国传统文化

问：夫子既没，圣人之道不明，盖有杨墨者，始侵而乱之，天下咸化而从焉。

孟子辞而辟之，则既廓如也。今其书尚有存者，其道可推而知亦可乎？其所守者何事？其不合于道者几何？孟子之所以辞而辟之者何说？

唐代古文运动的倡导者，"文起八代之衰"的大儒韩愈（公元 768—824 年），有一次为进士科的考试，命了以上这样一道试题。韩愈要求考生思考：孟子的主要思想是什么？孟子所坚持而不妥协的是什么？孟子思想不合乎正道的有什么？孟子所批判的对象是什么？这一系列的问题都很重要，而以第一个问题最具关键性。我们在这本书里，从第一章到第六章所论述的内容，就是孟子所思考的问题，孟子所坚持的原则以及孟子所批判的对象。我们在第一章里，将孟子放在他的时代背景来观察，我们发现孟子有所为有所不为，他以强韧的生命力，抱着坚定的使命感，以刚正不阿的气势，在政治转型、社会重组、经济发展的战国时代里，强有力的批判急功近利的社会政治风气，更批判政治人物的龌龊与堕落。他在战争频仍的苦难时代中，为人民伸张正义。相对于战国的时代风潮而言，孟子实在是一个逆流游泳的坚定不屈的灵魂。

我们循着孟子周游列国所走过的轨迹，追寻他的心路历程。我们看到了孟子这一个乱世中不屈的"大丈夫"，怀抱着一颗炽热的心，锲而不舍地追寻他的理想。他在齐威王及齐宣王在位的时候，两度来到齐国，齐国上下也待孟子以贵宾之礼。他也遍历宋、滕、薛、邹、梁等各国，但是孟子所追寻的理想仍是破灭了，孟子心目中的人间净土并没有因为他的努力而到来。在战国变局的凉云暮叶中，我们看到孟子为追求理想，不肯向流俗低头，不同流合污。孟子那种孤标傲世、高自期许的人格与风格，不仅对当时以"妾妇之道"争权夺利的战国政客是深刻的批判，而且也为以后几千年中国知识分子树立了一个楷模。

为了对孟子的思想世界进行探索，我们从第三章开始讨论孟子理想中的生命形态、政治思想、社会思想以及教育思想。在孟子的思想中，人不单单只是为政治而

中华传世藏书

孟子

仰望孟子

一五五

活，人也不只是为了经济活动而活，孟子认为人的生命有其整体性与多面性。人的生命本身就是目的，一切的政治活动或经济措施，都必须以增益人的生命的价值才有意义。从孟子对人的生命的看法里，我们获得了这样的讯息：人的生命不应该只是达到其他目的（如政治霸权或经济发展）的手段，生命本身就是一个自主性的目的。更值得我们注意的是，孟子思想中这种整体性的生命，并不是一个一度空间的存在。孟子屡次强调，人的现实的生命，有其超越性的根源。一个人的修养到了一定的境界，就可以与这种所谓超越性的根源（孟子称之为"天"）遥契，而完全撤除人与超自然之间的藩篱。所以，孟子理想中的人是一个多层次的存在，人本身就是目的，而不是达到其他目的的手段。

从孟子对人的生命的这种看法出发，他对政治的看法就与战国晚期的许多思想家大不相同。孟子在战国时代诸侯互相攻伐、王权日益扩张的时代里，坚持把"人民主体性"作为他的论证立场。他在与各国国君论辩为政之道时，一再重申只有人民才是政权转移最后的依归。他也认为一切政治的作为与措施只有朝向人民整体福祉的提升才有意义，他并不十分重视政治制度的建构，他认为最重要的是当政者都以仁存心，有"仁心"就可以发而为"仁政"。因此，一个知识分子最重要的工作之一就是矫正统治者的心术，所谓"格君心之非"，正是孟子常挂在嘴上宣说的士的任务。孟子所持的这种带有唯心论及整体论色彩的政治思想，和他那种有机体论的联系性思维方式互有关系。

也正是这种联系性思维方式，使孟子深信群体与个体之间是一个连续体。两者之间藉人的心的价值意识而可以互相联系沟通。在孟子的社会思想里，"私人领域"可以扩张而成为"公共领域"。所以，当桃应对孟子提出"舜为天子，瞽瞍杀人"那个假设性的问题时，孟子丝毫不认为这个价值冲突的困境是不能解决的。孟子认为一个人面临价值两难式的困境时，只要能够把握两个原则：（1）可取代/不可取代原则；（2）血缘原则，就可以在各种可能的冲突情境中，找到最适当的解决方法。

就其大体看来，孟子思想展现内外交辉、身心一如、群己和谐的圆融无碍的特质。但是，孟子这一套思想体系形成于战国时代，这是中国政治权威多元发展的时期，孟子所主张的"民为贵，社稷次之，君为轻"的政治思想，他所树立的"贫贱不能移，威武不能屈"的"大丈夫"人格典范，到了秦汉大一统帝国成立，中国政治权威归于一元以后，就面临了重大的挑战。因为从秦汉一直到清末，中国历代王朝虽迭经变迁，但是王朝的专制性格基本上并未经历重大的改变。几千年来阅读《孟子》这部书的人都是知识分子和帝国官员，他们一方面固然是孟子思想及价值体系的信持者，他们希望继续追求孟子在战国时代所追求的理想，但是另一方面他们又是专制帝国的官员，他们时时慑于帝王的淫威，难以一以贯之地坚持或实践孟子所高标的价值信念。于是，在秦汉以后解读《孟子》的这些官僚知识分子，常处于一种自我的撕裂的情境之中："儒家的自我"与"官员的自我"恒处于交战的状态。如何在这种自我交战的紧张状态之中脱困而出？这个问题就构成为帝制中国的官僚知识分子生命中极大的一项挑战。

就以我们在前面开始时所举的故事为例吧。当专制帝王朱元璋读到《孟子》书中"君视臣如土芥，则臣视君如寇雠"这一类"人民主体性"的话的时候，雷霆大怒，必欲将孟子除之而后快。在恐怖的气氛中，钱唐却上书力陈不可将孟子逐出孔庙，并说"臣为孟子有余荣"。钱唐的选择代表一种方式。但到了洪武二十七年（公元 1394 年），也有大学士刘三吾（公元 1312—1399 年）之流的人物，奉朱元璋之命审查孟子思想，删去不合帝王胃口的 85 条，另编《孟子节文》。刘三吾所代表的是另一种抉择。在几千年来中国的专制政治史上，解读《孟子》的中国知识分子常辗转呻吟于这种困境之中，其情可哀可悯！

生活在历代王朝专制政治之下的知识分子到底如何解读《孟子》？如何重新诠释孟子的思想呢？这是很值得我们探索的问题。在这部书第七章、第八章及第九章里，我们就对历代知识分子或思想家对孟子学解释的发展历程做了一个全面性的回顾。

首先从荀子对所谓"思孟五行说"的批判开始。我们可以看到，战国末期的儒学殿军人物荀子之所以对孟子及孟子所代表的学派，进行这样无情的攻伐，主要的原因可能不只是由于竞争市场而同室操戈，而是因为所谓"思孟"学派与荀子在"心"与"道"这两个概念的内涵上有了重大的歧义。思孟的"心"是价值意识的创发者，荀子的"心"则是价值的接受器；思孟的"道"颇有其超越性格，而荀子的"道"则有其强烈的社会性。除了荀子对孟子的强烈批判之外，战国末期到西汉初期的孟子后学也顺着孟子的思路而对孟子思想加以繁衍，使孟子学的内容更加细致，这就是公元1973年所出土的《五行篇》这一批文献所代表的孟学新发展。在《五行篇》中，对孟子思想中身心一如的这一条思路，做了最深入的发挥。

到了东汉，我们看到了赵岐完成了第一部系统化的《孟子注》。赵岐生于东汉末年政治黑暗政局动荡的时代，他受到政治上的仇家的迫害，在亡命避难的流亡生涯中，完成了《孟子》的注解。在这部对孟子解释的著作之中，除了有相当分量的汉儒阴阳五行的思想色彩之外，也有颇为浓厚的政治色彩的解释。

进入公元11世纪以后，孟子的地位逐渐上升，这与当时的改革派政治家王安石的提倡，有间接的关系，但也因此而引起宋代知识分子与思想家对孟子的政治观与生命观的争议。从这一场通贯北宋与南宋的孟子学争辩，我们也可以部分地证实：中国历史上的学术性争议，常常有政治因素为之推波助澜。汉代的今古文之争是一个例子，宋代的孟子学争议，则是另一个具体的例证。在传统中国，学术与政治的关系一直十分密切，两者交互影响，儒家官僚有时固然可以引经义断狱或解决政治争端，但是更多的时候则是学术深受政治力量的干扰与渗透，而改变了创始的宗师的原始含义。在中国儒学史上，以孔孟为代表的原始儒学，顶天立地，贫贱不移，威武不屈，颠沛必于是，造次必于是，绝不屈道以从人。但是到了秦汉以降，为了适应专制帝国的需要，许多"御用儒者"纷纷登场，出主入奴，甚至不惜曲解经义以向统治者摇尾乞怜，这和孟子所鄙斥的有一妻一妾的齐人的格调已非常接近。在20世纪末的今日，我回顾孟子学解释史的发展，固然对于那些曲解孟子以向统治者输诚的知识分子，感到可悲亦复可怜，但知人论世，他们所处的历史情境也值得我们寄予同情的谅解。

在近世儒学史上，如果我们以孟子学为主轴来看，就会发现朱子无论如何仍是一个中心人物。朱子学问广博，兼涉四部，著述宏富，他对孟子思想的解释基本上是从他自己以"理"为中心的哲学立场出发的。我在本书第八章，就以朱子对孟子的"知言养气"学说所提出的解释为中心，一方面分析朱子常常透过知识的角度来思考孟子学中的德性问题；另一方面也观察朱子之后的儒者如明代中国的王阳明、黄宗羲、王夫之、德川时代日本儒者伊藤仁斋、中井履轩，以及李朝朝鲜儒者丁茶山等人对于朱子的批驳。我们也同时分析了清代的戴震及康有为对《孟子》的再诠释。从孟子学一再被后人重新加以解释的事实来看，孟子思想实在并不因为孟子的逝世而随风俱去，它在几千年来的中国历史上乃至东亚历史上，仍具有强有力的生命力，它可以使专制帝王为之战栗，必欲将孟子逐出孔庙而后快；它可以使保守派官僚学者为之紧张，著文挞伐；它也可以使改革派的政治家援引成为精神鼓舞的泉源；它也可以使19世纪末20世纪初的知识分子，重新加以解释，以作为中西思潮融会贯通的媒介。孟子思想体系就好像孟子这个人强韧的生命力一样，在东亚历史上一直产生撼人的气势与吸引力，它是黑暗的时代里人民所仰望的明灯，为苦难的中国人民指引一条可能的出路！

那么，孟子和他的思想在中国文化史上具有何种历史地位呢？

这个问题可以从两个角度来观察。首先，我们从"继往"的角度来看。孟子当然不是绝无凭借，从天而降的。孟子所凭借的是从新石器时代以来中国远古文明中天人沟通的文化基盘。这个远古以来的文化基盘历史悠久,内涵丰富,尤其是以"气"为中心概念而展开。我们在本书第三章,分析孟子对人的生命的看法时,曾特别指出,古代中国文明中的"气"观念是动态而不是静态的,是存在于宇宙间一切生物的,生命的活力正是"气"的流动所提供的。但是,不论其细部内涵有何异同,在孟子以前各种关于"气"的学说,多半是将"气"当作一种自然的存在来处理。孟子在这个文化基盘上加以创造转化,提炼出"养浩然之气"的理论,赋予自然意义的"气"以价值含义。这是孟子在继承的文化之后,所创造的新贡献。

其次,孟子除了继承远古以来的"气"文化胎盘之外,他也受到孔子的启发,深深地浸透在孔学的精神之中。孟子自己感叹出生太晚,没有福分成为孔子的及门弟子,他以孔子的"私淑弟子"自居,他说他自己"乃所愿,则学孔子"。孟子从孔子那里学到了什么呢?如果我们紧扣孟子一生的行止和他的思想来看,我们就可以发现:孟子在两个方面深深受到孔子精神的洗礼。第一是孟子那种"以道自任",不屈道以从君,"自反而缩,虽千万人,吾往矣"的精神。我们在本书第一章描写孟子的人格与风格,浮现在字里行间的是孟子那个不屈的灵魂,数千年后的今日仍使我们感到震动心仪。我们诵读《孟子》书中孟子与当时各国国君的对话时,我们看到孟子的每一句话似乎都从书本中跳跃而出,有力地撞击着读者的心扉。孟子这种以弘扬正道为己任的抱负,显然受到孔子的启示。孔子"以道事君,不可则止",他如果发现"道不行",宁可"乘桴浮于海"。孟子所发扬光大的正是孔门这种精神。孔孟所不同的是,孔子生于风和日丽的春秋时代,西周以来的政治体制虽已日趋式微,但文化传统尚未瓦解,孔子的人格修养又好,所以孔子的周游列国虽然也和孟子一样,是一段理想的挫折的旅程,但是孔子却如行云流水,温润圆融。但是,孟子却生于一个国际风云一夕数变,遍地烽火的战国时代,在一种时间的压力感与空间的压力感之下,孟子感到一种焚烧中的焦灼感,他不得不以全副的生命投入救世的事业,他不仅心援天下,更是手援天下,他奔走呼号,为生民立命,他展现一种狂者的生命情调。由于生命情调与时代背景的差异，他不能像孔子那样光风霁月，他不得不到处宣讲仁义，批驳"异端邪说"，正如他自己说的："予岂好辩哉？予不得已也！"

我们再换另一个角度——"开来"——来看孟子在中国文化史上的地位。这个角度可以从三个方面来观察：

首先，孟子的政治思想高举"人民主体性"的大旗，成为中国历代有良心的儒者论政的标杆。从政治思想史的立场来看，我们可以说，孟子是17世纪的黄宗羲以及20世纪的孙中山以前，中国最能站在人民立场发言的思想家。孟子所坚持的这种"人民主体性"，在中国文化史上具有重大的历史意义。自从秦汉大一统帝国出现在中国历史舞台以后，几千年来中国的政治体制一直是以"君主主体性"为中心而建立。在几千年的历史长流中，潮起潮落，王朝虽有代兴，统治家族虽屡经换姓，但是政治体制基本上仍以君主为其主体。自从孟子明确地标举"人民主体性"之后，中国历代有良心的儒臣、官僚、知识分子，莫不引以为论政之标准。我们在本书第二章回顾孟子周游列国的踪迹，就看到孟子具体地实践了"贬天子，退诸侯，讨大夫"的孔门理想。孟子所锲而不舍地努力的，是尽一切力量解消人君的主体性，使人君的主体性消融在人民的主体性之中，达到孟子所引用的《尚书》所说的境界："天听自我民听，天视自我民视。"

虽然在数千年来的专制政体的压制之下，孟子的"民本位"的政治理想始终未能获得全面实践的机会。但是，孟子的这一套政治思想一直成为中国文化中最充实而有光辉的瑰宝。它是几千年来中国人民及知识分子心灵深处永恒的乡愁。苦难的中国人民，就好像太平洋里的鲑鱼一样，先秦孟学所开展的民本思想正是他们从小生长的山涧小溪，但是大一统专制帝国建立之后，他们在历史的浪涛里随波逐流，成为飘零的落花，他们在历史的凄风苦雨中哭泣，他们所梦想的是有一天阳回禹域，得以回归几千年前中华民族的精神故乡——政权的转移以民意为依归，人民成为政治体制的主体。

自从"五四"时代以降，现代学术史上几次关于中国文化的论战，大致都环绕着中国文化的黑暗面如专制政治、压制女权等方面申论。其实，中国文化如长江黄河，挟泥沙以俱下，虽然有许多黑暗面（这是任何悠久的文化传统所不能免的），但是也有许多光明的因子。两千年前孟子所揭示的"人民主体性"政治理论，就是中国文化中一项值得珍惜并加以创造转化的文化遗产。

从"开来"的角度来看，孟子在中国文化史上的第二项值得我们重视的成就是：孟子在人性论上向内挖掘，主张人与生俱来有其"良知""良能""四善端"，人只要善于培养其内在的善苗，就可以成为善人，而且愈能深入于自己的内在善良本心的人，就愈能了解人性本善的含义，也愈能与宇宙的德性本体遥契。孟子这一套人性理论，确实拓深了中国文化人的生命的深度，使中国人在现实生活之中能"反求诸己"，使每个人在理论上都可以经由自己的修养工夫而成为一个自主性的德性主体，不但在外可以傲公卿，鄙王侯，而且在内则可以建立自己内心的宁静海。所以，历代许多思想家对孟子这一套人性论莫不为之怦然心动，起而丰富繁衍其内涵，其中宋代的陆象山和明代大儒王阳明，顺着孟子的"良知""良能"的思路，进一步发挥，成就了中国儒家心学传统的高峰。

当然，当我们指出孟子的人性论是中国文化史上儒家心学传统的时候，我们也不能对孟子学说的局限性完全忽略不谈。我们对这项局限性的反省，可以从黄宗羲说起。公元 17 世纪，大明帝国的灰飞烟灭，给予明末清初的知识分子迎头的打击。他们在国破家亡之后，痛定思痛，泣血著述，最具有代表性的是顾炎武、王夫之、黄宗羲。黄宗羲写《明儒学案》，对明代阳明学的成就给予很高的评价，推崇备至。但是，任何现代读者可能都会和黄宗羲一样抱持一个疑惑：何以阳明学说如此深刻而伟大，但却无法挽救大明帝国的覆亡？黄宗羲在他另一部书《明夷待访录》里，为这个问题提出了他自己反省的心得："有明之无善治，自高皇帝罢丞相始也。"

（《明夷待访录·置相》）推衍黄宗羲的历史判断，我们可以说：中国历代的专制政体建立在人治而不是法治的基础之上。历代儒臣论政，常诉诸"良心"，诉诸统治者内心的自觉与幡然改悟，他们努力于孟子所说的"格君心之非"。相对而言，他们对于客观的制度建构问题较为忽略。他们较少注意建立一套不因人的意志而转移的客观制度，来作为这种主体自由的保障，因此，中国人民长期辗转呻吟于专制帝王淫威之下，而强调心学的儒者却只能等待君主的"良心"发现而改弦更张，等而下之的小人儒则更是只能像向日葵一样地，仰望着太阳一般的帝王，而摇尾乞怜，做大一统帝国下的顺臣。从秦汉以降中国历史所见的值得哀痛的经验，往上追本溯源，孟子的心性学说虽然不能为这些后来的历史经验负责，但是它潜藏的局限性是值得现代读者加以深思的！

最后，孟子对中国文化的第三项贡献，可以说是他拓展了中国人的社会观与人生观的广度与高度。我们在本书第四章及第五章讨论孟子的政治思想与社会思想时，都触及孟子的联系性思维方式。孟子不仅认为人的生命有其宇宙论的高度，人可以与宇宙最终实体互相感通，而且人的"心"与"身"也可以交互影响，人的内心修养可以使人格美外在化、具体化，达到他所谓"践形"的境界。更值得我们注意的是，孟子也指出，个人与社会整体或历史文化传统之间，也构成一个不断裂的同心圆关系。从个人的"自我"，向外层层推展，透过孟子所说的"扩充"工夫，使个人与空间上的社会其他人或时间上的历史文化传统，形成共生共感的共同体。

孟子这种社会观与文化观，对中国文化有一定的贡献。一个深受中国文化洗礼的人，在他献身于他个人的志业的时候，他不会有孤独感，因为他深信个人与社会是一种同质而共感的关系，个人的努力必将融入社会群体的共业之中；在他生命油尽灯枯的时候，他心中坦荡达观，因为他深信个人的生物生命虽然必将结束，但是民族的文化传统则绵延无穷，个人生命的意义必将在民族文化的共同生命中彰显。孟子的思想体系，为中国文化人提供了社会观的广度与文化观的深度，这项思想遗产对于个人主体性高度昂扬的现代社会而言，仍有一定的启示与意义。

第二章　孟子的精神世界

　　孟子和荀子是战国时期儒家的杰出代表人物，但他们的思想路线不同。孟子的思想是以"仁"为中心而展开的，以"仁政"学说为其核心，以性善论为其理论基础，他反对兼并战争。谴责一切残害百姓的暴虐专制行为，提出"民为贵""君为轻"的口号，力图把现实政治引到"保民而王"的轨道上来。他继承与发展了孔子的"仁学"思想。

荀子

　　孟子（约前 372 ~ 前 289），名轲，字子舆。战国中期邹（今山东邹城）人。他的祖先是鲁国的孟孙氏。据《史记·孟子荀卿列传》记载，孟子一生行事颇类似于孔子。思想成熟以后，为了学以致用，便周游列国，宣传他的"仁政"思想。但终不被各国统治者重用，未能实现其"平治天下"的远大抱负。晚年乃退居讲学。与弟子万章等著《孟子》七篇。

　　孟子是沿着邹鲁儒者所揭示的"心"的路向来继承和发展儒学的，并达到了那个时代所能达到的高度。他是先秦邹鲁儒学的主要代表人物之一。他高举起"仁"的旗帜，大谈心性问题，并最终得出了"万物皆备于我"的结论。他的儒学思想独具特色，与战国晚期的荀子形成鲜明的对照。

一、仁政学说

（一）仁政学说的思想基础

1. 王霸之辨

"王道"是指以仁义治天下的政治哲学；"霸道"则是指国君凭借威势，利用权力、刑罚而实行的统治政策。"王道"与"霸道"是中国古代政治史上相互对立、辩难的两大政治模式。"干道"是儒家学派所提倡的政治目标。为了实现"王道"的政治理想，儒家学派孜孜以求。孟子首先力析"王霸之辨"，鼓吹"王道"理想。《孟子》称：

不仁而得国者，有之矣；不仁而得天下者，未之有也。（《孟子·尽心下》）

以力假仁者霸，霸必有大国；以德行仁者王，王不待大，汤以七十里，文王以百里。以力服人者，非心服也，力不赡也；以德服人者，中心悦而诚服也，如七十子之服孔子也。（《孟子·公孙丑上》）

且王者之不作，未有疏于此时者也；民之憔悴于虐政，未有甚于此时者也。饥者易为食，渴者易为饮。孔子曰："德之流行，速于置邮而传命。"当今之时，万乘之国行仁政，民之悦之，犹解倒悬也。故事半古之人，功必倍之。（《孟子·公孙丑上》）

"王道"就是要以德服人，而"王道"理论的核心便是仁德。孟子说："道二，仁与不仁而已矣。"（《孟子·离娄上》）判断政治的有道与无道，就是看其是否符合仁义原则。在孟子看来，霸者崇尚"力"，可以成为大国；王者崇尚"德"，可以一统天下。霸者以力服人，但无法收服人心；王者以德服人，才会使人心服。孟子反对霸道，他说：

五霸者，三王之罪人也；今之诸侯，五霸之罪人也；今之大夫，今之诸侯之罪人也。（《孟子·告子下》）

孟子生活的时代，正是诸侯割据争雄、霸道横行的非常时期，连年的战乱纷争，使百姓陷于水深火热。孟子反对通过不正义的兼并战争来实现所谓的统一。在孟子看来，战争只能造成更大的伤害和痛苦，他指出："争地以战，杀人盈野；争城以战。杀人盈城。此所谓率土地而食人肉，罪不容于死。"（《孟子·离娄上》）他认为，只有通过"万乘大国"来推行"仁政"，才能解民于倒悬。孟子劝告君主要抓住这一历史性机遇，如能施仁爱于民，便会争得民心，从而取得天下。孟子通过"王霸之辨"得出了这样的结论：奉行王道才会凝聚人心，而奉行霸道则将丧失人心。

2. 民本思想

中国的民本思想源远流长，这是中国传统政治的一个优良特点。所谓"民本"，即行政施教都要以"民"为核心来进行。在孟子之前，"民本"思想就已产生，在《尚书》《国语》《左传》等书中均有记载，这对先秦儒家重民思想的产生有直接影响。

孔子接受和继承了西周以来"敬天保民"的思想，将"重民"视为政治生活中的头等大事。他要求以教化为先，主张"为政以德"（《论语·为政》），奉劝统治者要"节用而爱人，使民以时"（《论语·学而》），要"因民之所利而利"（《论语·尧曰》）。这些都体现了孔子的重民思想。

孟子继承和发展了古代的民本思想，其观点比孔子更进了一步。他不仅着重从政治的角度来看待爱民，而且论述得也更为深刻。《孟子》一书中，约有将近200处提到"民"。孟子在对以往统治经验进行总结的基础上，提出了"民贵君轻"的命题，把中国古代的"民本"思想发展到了一个新的高度。他说：

民为贵，社稷次之，君为轻。是故得乎丘民而为天子，得乎天子为诸侯，得乎

诸侯为大夫。(《孟子·尽心下》)

在孟子看来，民心的向背决定了统治者的政治基础，从某种意义上说，人民比君主更为重要，只有得到人民的支持，才能拥有天下。

3. 义利之辨

义利之辨是中国哲学史上的又一重要问题。在儒家学说中，"义"被理解为一种适宜、适度的准则："义者，宜也。"(《礼记·中庸》)"行而宜之之谓义。"而"利"，显然是指私利、功利、利益等。孔子讲"君子喻于义，小人喻于利"(《论语·里仁》)，把义和利作为区分君子与小人的标准。可见，孔子重义轻利的观点是很鲜明的。孟子继承了孔子的这一观点，并且对义利问题有进一步发挥。以往许多研究者认为孟子绝对排斥利而只讲求义，这种观点难免有失偏颇。

孟子主张对"利"进行具体分析，并不完全排斥"利"。在义、利的问题上，他认为不同的对象，应有不同的侧重点。

首先，统治者应着重于"义"：

孟子见梁惠王。王曰："叟！不远千里而来，亦将有以利吾国乎？"孟子对曰："王何必曰利？亦有仁义而已矣。王曰：'何以利吾国？'大夫曰：'何以利吾家？'士庶人曰：'何以利吾身？'上下交征利而国危矣。万乘之国弑其君者，必千乘之家；千乘之国弑其君者，必百乘之家。万取千焉，千取百焉，不为不多矣。苟为后义而先利，不夺不餍。未有仁而遗其亲者也，未有义而后其君者也。王亦曰仁义而已矣，何必曰利？"(《孟子·梁惠王上》)

国有国的利，家有家的利。如果一个社会仅以利己作为终极目的的话，必然会使各种矛盾激化，不可避免地发生争夺、残杀，甚至毁家亡国。孟子说：

为人臣者怀利以事其君，为人子者怀利以事其父，为人弟者怀利以事其兄，是君臣、父子、兄弟终去仁义，怀利以相接，然而不亡者，未之有也。(《孟子·告子下》)

反之，如果能"去利怀义"，君臣父子都能以仁义相处，就能创造出政通人和的王道局面来。君主如果是仁义之君，上下争行仁义之事，君主便可在不曰利之中实现大利——即"王天下"的最高利益。

其次，对于人民来讲，只有在获得实际的利益后，才能讲仁义。我们之所以认为孟子并没有把"义"绝对化，是因为在孟子的学说中，也有讲求"利"的一面，他要求统治者满足人民对于"利"的正当要求。施"利"于民，用看得见、摸得着的物质利益，来安抚、惠济人民。

（二）仁政学说的基本内容

孟子主张行"仁政"，其内容包括：

1. "制民之产"

孟子强调义利之辨，认为百姓逐利是正常的，统治者必须满足民众对于"利"的基本需求，即首先满足人们生存所必需的衣、食、住、行问题。孟子认为，对统治者而言，一个急需解决的问题，就是老百姓的温饱问题。这个问题解决得好，才有可能引导人民"从善"与"为仁"。如果民众的生计都难以维持，那么，仁义就更无从谈起了。孟子说：

> 制民之产，仰不足以事父母，俯不足以畜妻子；乐岁终身苦，凶年不免于死亡。此惟救死而恐不赡，奚暇治礼义哉？（《孟子·梁惠王上》）

可见，孟子并不是空谈"恒心"，他强调"恒产"是"恒心"的物质前提，把经济条件与道德教化有机结合起来，这是孟子对孔子"富而后教"思想的重要发展。怎样制民之产呢？孟子设计的方案是：其一，给民众以土地。孟子说：

> 五亩之宅，树之以桑，五十者可以衣帛矣。鸡豚狗彘之畜，无失其时，七十者可以食肉矣。百亩之田，勿夺其时，八口之家可以无饥矣。谨庠序之教，申之以孝悌之义，颁白者不负戴于道路矣。老者衣帛食肉，黎民不饥不寒，然而不王者，未

之有也。(《孟子·梁惠王上》)

人民只有获得足以维持生计的土地，才能安居乐业。孟子在中国历史上最早提出了土地问题对于国家治乱的重要性，其意义十分重大。

其二，孟子提出了"井田制"的主张。孟子认为：

夫仁政，必自经界始。经界不正，井地不均，谷禄不平，是故暴君污吏必慢其经界。经界既正，分田制禄可坐而定也。(《孟子·滕文公上》)

孟子主张通过"正经界"来恢复古代周制，即"井田制"。其具体方法是：

方里而井，井九百亩，其中为公田，八家皆私百亩，同养公田；公事毕，然后敢治私事。(《孟子·滕文公上》)

孟子假托古史，提出了以"井"字形划分土地的方案，由于井田制的实施，可以使劳动者牢牢地附着于土地之上，"死徙无出乡"。孟子的这种设想，在当时的社会条件下，虽然难付诸实施，但他毕竟认识到了小农经济是治理国家的经济基础。

2. 取民有制

孟子针对当时各诸侯国穷兵黩武、扩军备战以至于赋税繁多、人民负担沉重的社会现实，揭露道："有布缕之征，粟米之征，力役之征。君子用其一，缓其二。用其二而民有殍，用其三而父子离。"(《孟子·尽心下》)征布、征粮，还要征劳役，三重负担加在一起，人民是不堪忍受的。他要求对这种重税加以宽减，主张轻税薄敛，对人民征收赋税要有一定的制度，并且提出了一系列措施，即不能滥征，不能搞苛捐杂税。他指出："易其田畴，薄其税敛，民可使富也。"(《孟子·尽心上》)把这看作是富民之道，他把"什一之税"描绘为最理想的税制，认为这种十分抽一的税率不能再提高，而且还须根据实际收成情况而减征或缓征。孟子主张，在一般的情况下，只征收农业税，而不对其他行业收税。至于农业税的征收办法，应当是劳役税的"助"法，而不是实物税的"贡"法。农业税的税率，他认为"什一而税"和耕者"九一而助"比较合理。如果赋敛过重，便会侵害百姓的利益。

3. 尊贤重教

孟子首先提出了"为天下得人难"（《孟子·滕文公上》）的人才观。在他看来，先有"仁人"而后才有"仁政"，而他所提倡的伦理政治，归根到底，就是一种贤人政治。所以，他大力提倡尊贤使能。他说："不信仁贤，则国空虚。"（《孟子·尽心下》）又说："为天下得仁者谓之仁。"（《孟子·滕文公上》）他希望统治者"贵德而尊士"，让"贤者在位，能者在职"，这样，就能广泛招揽人才，形成人才济济的局面：

尊贤使能，俊杰在位，则天下之士皆悦，而愿立于其朝矣。（《孟子·公孙丑上》）

如何举贤才呢？孟子主张体察民意，他说：

国君进贤，如不得已，将使卑逾尊，疏逾戚，可不慎与？左右皆曰贤，未可也；诸大夫皆曰贤，未可也；国人皆曰贤，然后察之；见贤焉，然后用之。左右皆曰不可，勿听；诸大夫皆曰不可，勿听；国人皆曰不可，然后察之；见不可焉，然后去之……如此。然后可以为民父母。（《孟子·梁惠王下》）

孟子的尊贤主张，是对孔子"举贤才"思想的继承和发展，这表现在孟子注重从下层社会选拔人才的主张上。如孟子对出身贫贱的舜、胶鬲、傅说等人，给予高度的评价。

注重道德教化，是孟子仁政学说的又一重要内容。他说：

善政不如善教之得民也。善政，民畏之；善教，民爱之。善政得民财，善教得民心。（《孟子·尽心上》）

孟子继承了孔子"富而后教"的主张，认为"德治"要比"政刑"高明得多。他说："上无礼，下无学，贼民兴，丧无日矣。"（《孟子·离娄上》）教化是统治者施仁政、争得民心的重要条件。对于如何施教，孟子主张"谨庠序之教，申之以孝悌之义"。(《孟子·梁惠王上》）在孟子看来，人因为有"心"而与动物有着本质的不同。他说："人之有道也，饱食暖衣，逸居而无教，则近于禽兽。"（《孟子·滕文公上》）如果没有教化，一个人只知吃、穿、安乐，那样和禽兽没有什么差别。教化可以使人"明人伦"，使之做到"父子有亲，君臣有义，夫妇有别。长幼有序，朋友有信"（《孟子·梁惠王上》），"人人亲其亲，长其长而天下中"（《孟子-离娄上》），教化是通过"明人伦"为政治服务的，明确了中国古代社会政治的基本方向和伦理维度。

孟子说："乃所愿，则学孔子也。"（《孟子·公孙丑下》）孔子"贵仁"，孟子高扬"仁学"的主体原则，在他的"仁政"学说中，将"仁"的精神阐发得淋漓尽致，并使之进一步得到发展。孟子所提出的"民贵君轻""保民而王"等一系列原则，都是孔子所不曾提出的。孟子也走上了与孔子相同的路，为实施其"仁政"学说，奔走于各诸侯国之间。然而，当时诸侯争战正酣，急功近利是当时各国统治者的普遍心态，因而，当孟子津津乐道于"仁政"理论的时候，"王顾左右而言他"，也是极其自然的了。孟子的"仁政"理论，也只能是一种美好的愿望。而他对当时社会现实的无情剖析和鞭挞，特别是"民贵君轻"口号的提出，在中国历史上却产生了极为深远的影响。

当然，对孟子提出的"仁政"学说，与我们现在所讲的"民主""民权"还是有区别的。孟子提出的是"保民而王"，其思想的出发点仍旧是"君"而不是"民"。他的"仁政"主张，只是对其并不理想的君主统治进行策略性的改良而已，他并没有也不可能提出废除君主专制的主张。这是由当时的历史条件决定的，我们不应该以此苛求于孟子。倘若我们指责孟子没有现代的民主思想或民权思想，犹如指责古人不会开飞机一样荒唐可笑。

二、性善论

性善论是孟子仁政学说以及伦理学说的理论基石。二程评价道："孟子有大功于世，以其言性善也。"性善论的提出，是孟子在儒家思想发展史上的重大贡献。

人性问题是中国哲学史上一个备受关注的问题。但对于人性问题的探讨，并非发端于孟子。在孔子之前的一些典籍里，如《诗经》《左传》等，就曾经涉及过"性"的概念，但这还只是一些关于人性的朦胧意识。孔子提出了"性相近也，习相远也"（《论语·阳货》）的命题，在人性问题上，较前稍稍前进了一步，但对人性到底怎样，并未做任何发挥。孟子的性善论是通过人禽之辨、心性之辨以及性命之辨而形成理论体系的。

（一）人禽之辨

孟子首先通过人与禽兽的区别来界说"性"。他从"类"的角度来考察人，认为人作为一个统一的物类是有其共性的。孟子说：

麒麟之于走兽，凤凰之于飞鸟，太山之于丘垤，河海之于行潦，类也。圣人之于民，亦类也。（《孟子·公刹·丑上》）

圣人，与我同类者。（《孟子·告子上》）

既然神明的圣人与一般民众，都同属于人的一类，那么，自然会有属于这一类的共性。孟子说：

故凡同类者，举相似也，何独至于人而疑之？圣人与我同类者。故龙子曰："不知足而为屦，我知其不蒉也。"屦之相似，天下之足同也。口之于味，有同耆也。易牙先得我口之所耆者也。如使口之于味也，其性与人殊，若犬马之与我不同类也，则天下何耆皆从易牙之于味也？至于味，天下期于易牙，是天下之口相似也。惟耳亦然。至于声，天下期于师旷，是天下之耳相似也。惟目亦然。至于子都，天下莫不如其姣也。不知子都之姣者，无目者也。故曰："口之于味也，有同耆焉；耳之于声也，有同听焉；目之于色也，有同关焉。至于心。独无所同然乎？心之所同然者何也？谓理也，义也。圣人先得我心之所同然耳。故理义之悦我心，犹刍豢之悦我口。"（《孟子·告子上》）

在这里，孟子把人的普遍性划分为三个层次：第一，"天下之足同"，是说人的形容、体貌是相似的；第二，口之于味，耳之于声，目之于色有共同的感官认知；第三，理、义是人类共同的心理需求。在这三个层次中，第三个层次才是人类共性中最高的层次。这说明人不仅有共同的生理需求，更重要的是具有共同的心理需要，而心理需要才是人类区别于动物的根本标志。这种共同的心理需要就是人具有仁、义、礼、智四种趋善的本然，这就是孟子所提的著名的"四端"，说。孟子说：

今人乍见孺子将入于井，皆有怵惕恻隐之心。非所以内交于孺子之父母也，非所以要誉于乡党朋友也，非恶其声而然也。由是观之，无恻隐之心，非人也；无羞恶之心，非人也；无辞让之心，非人也；无是非之心，非人也。恻隐之心，仁之端也；羞恶之心，义之端也；辞让之心，礼之端也；是非之心，智之端也。人之有是四端也，犹其有四体也。有是四端而自谓不能者，自贼者也；谓其君不能者，贼其君者也。凡有四端于我者，知皆扩而充之矣，若火之始然，泉之始达。苟能充之，足以保四海；苟不充之，不足以事父母。（《孟子·公孙丑上》）

《说文解字》将"端"解释为"物初生之起也，上象生形，下象其根也"。可见，"端"具有开端、萌芽之意。孟子以"孺子将入于井"为例，说明在这种情况下，任何一个正常的人都会感到小孩子处于垂死无助的境地，会不假思索地去救他。这里面没有任何功利计较，既不是因为和小孩的父母有什么交情，也不是为了得到邻里朋友的夸赞，更不是因为讨厌孩子的嘶喊，完全是出于一种良心的本然。孟子把恻隐之心、羞恶之心、辞让之心、是非之心，称之为仁、义、礼、智四端，而这四种善端是人心所固有的，是人与"非人"的根本区别之所在。孟子又说：

人之所不学而能者，其良能也；所不虑而知者，其良知也。孩提之童，无不知爱其亲者；及其长也，无不知敬其兄也。亲亲，仁也；敬长，义也；无他，达之天下也。（《孟子·尽心上》）

在孟子看来，人人都具有不虑而知、不学而能的良知良能，这是人的天赋本能，而不是后天强加于人的。他曾反复强调这一点：

人皆有所不忍，达之于其所忍，仁也；人皆有所不为，达之于其所为，义也。人能充无欲害人之心，而仁不可胜用也；人能充无穿逾之心，而义不可胜用也。（《孟子·尽心下》）

孟子的"人禽之辨"有一个显著的特点，即强调人的善端的"扩而充之"。这与孔子的"推己及人"以及"能近取取譬"的"为仁之方"是一脉相承的。只是孟子更为强调善端的本能性、固有性而已。孟子是从人与禽兽的区别上来把握人性，进而找出人"异于禽兽者"的根本原因所在。孟子说：

人之所以异于禽兽者几希，庶民去之，君子存之。（《孟子·离娄下》）

人之有道也，饱食、暖衣、逸居而无教，则近于禽兽。（《孟子·滕文公上》）

从某种意义上说，在孟子学说中的所谓善性，实质上应是人作为社会存在的合群体性，而孟子将这种合群体性看成了人的天赋自然本性。在孟子的人禽之辨中，"孟子所谓的人性既不是仁、义、礼、智四德本身，也不是'四端'，而是使人能仁、能义、能礼、能智者"，"这少而隐微的'人之所以异于禽兽者'，才是孟子所说的'性'。"

（二）心性之辨

孟子是中国哲学史上第一个注重于"心"的哲学家。在孔子、老子以及墨子那里，都没有论及"心"。据统计，在《孟子》一书中，"心"字共出现过119次。

孟子认为，人所具有的一切"善端"都是由"心官"思维的结果，人的一切活动都要受"心官"的支配。孟子说：

耳目之官不思，而蔽于物。物交物，则引之而已矣。心之官则思，思则得之，不思则不得也。此天之所与我者。先立乎其大者，则其小者不能夺也。（《孟子·告子上》）

人之于身也，兼所爱。兼所爱，则兼所养也。无尺寸之肤不爱焉，则无尺寸之肤不养也。所以考其善不善者，岂有他哉？于己取之而已矣。体有贵贱，有小大。无以小害大，无以贱害贵。养其小者为小人，养其大者为大人。今有场师，舍其梧槚，养其樲棘，则为贱场师焉。养其一指而失其肩背，而不知也，则为狼疾人也。饮食之人，则人贱之矣，为其养小以失大也。饮食之人无有失也，则口腹岂适为尺寸之肤哉？（《孟子·告子上》）

在这里，孟子提出了"耳目之官"与"心之官""小体"与"大体""贱体"与"贵体"几对概念，并进行了分析。孟子认为，"耳目之官"由于不能思考，所以具有盲目性，在接触外界事物时，常常会被外物引诱而受蒙蔽，很容易把人引向歧途。只有作为思维器官的"心"才是可靠的，"心"可以通过思维，而找到自己内心所固有的善性。孟子说：

仁义礼智，非由外铄我也，我固有之也，弗思耳矣。（《孟子·告子上》）

由于"心官"有清醒的自觉性，因而，是人体中的"大体""贵体"。"耳目之官"只能是"小体""贱体"。孟子强调人应该"先立乎其大者"，才不至于被"小体"所左右。孟子的心性之辨与人禽之辨，思路是完全一致的。孟子不否认人的自然属性，认为人不能没有"小体""贱体"，这是人与禽兽的相同之处，而人之所以异于禽兽，在于人有"大体"。所以，孟子所说的"性"，从根本上说来，指的是人的"心官"之性，而不是"耳目之官"之性，正如张岱年先生所指出："孟子所谓性者，实有其特殊意谓。孟子所谓性者，正指人之所以异于禽兽之特殊性征。人之所同于禽兽者，不可谓人之性；所谓人之性，乃专指人之所以为人者，实即人之'特性'。而任何一物之性，亦即该物所以为该物者。"

孟子将心性之辨最终归结为"尽其心者，知其性也"（《孟子·尽心上》）。意味着要认识人"性"，必须透过"心"。孟子所说的"心"，实则是指对善性做出价值判断的价值主体。倘若没有这个价值判断的主体，性善论势必落空。所以，强调"心"的主体性，乃是从性善论中得出的必然结论。

（三）性命之辨

性命之辨是孟子从天人合一论的角度来界说"性"。孟子试图从人心、人性出发，上溯到天命，以达到身、心、性、命四者的有机统一。《孟子·尽心上》说：

尽其心者，知其性也。知其性，则知天矣。存其心，养其性。所以事天也。天寿不贰，修身以俟之，所以立命也。

性是本性，命是命运。"性"是人本身所固有的，而"命"则是自然之理所规定的。之所以会产生性命之别，是因为：人作为一个动物的人，都要求满足其生理的要求，这是人的生性或者说天性。但是，这种满足，有时又会受到客观条件的限制，即"命"。这种"生性"不能称之为"人性"，只能视为"天命"。但人的仁、义、礼、智等道德行为，固然也要受到客观必然性的限制，但他们却属于人之固有"善端"的扩充和发挥，因而是"性"而不是"命"。很明显，"性"与"命"是有区别的。只有将其区分开来，才能更好地理解"人性"。

总之，从孟子的人禽之辨、心性之辨、性命之辨中可以看出，孟子所言之"性"，应该是天赋予人的，"人之所以异于禽兽者"，是"心之官"通过价值判断可以得到证实的，人之内心所固有之善性的根据。

孟子在与告子的论辩中，阐发了他的人性善的观点。

告子曰："性犹湍水也，决诸东方则东流，决诸西方则西流。人性之无分于善不善也，犹水之无分东西也。"孟子曰："水信无分于东西。无分于上下乎？人性之善也，犹水之就下也。人无有不善。水无有不下。今夫水，搏而跃之，可使过颡；激而行之，可使在山。是岂水之性哉？其势则然也。人之可使为不善，其性亦犹是也。"（《孟子·告子上》）

告子首先以水为喻，认为水流并无固定的方向，向东流还是向西流，取决于外力。人性也是一样，善抑或不善，也是由于外部影响造成的。孟子善辩，他仍以水为喻，但却在不动声色之中，将水的方向由东西改为上下。水在自然的状态下应该是往下流的，水往上流不是水的本性。同理，人的本性应是善的，不善不是人的本性。孟子在与告子的论辩中，阐明了自己的观点。尽管孟子的论辩，从逻辑上看来也不是那么无懈可击，有些甚至根本不能成立，他之所以能够巧妙地战胜对手，说明告子所讲的"生之谓性"以及"食、色，性也""性无善无不善"（《孟子·告子上》）等论点缺乏说服力。告子没有将人性与动物之性区别开来，"性无善无不善"也并没有解决人性究竟是什么的问题，因而，从某种意义上来说，孟子的人性论要比告子的人性论高明得多。

孟子是中国历史上第一个比较系统地研究人性问题的人。他在那样一个战乱不已、人性颠倒的时代，能够热情地赞美和讴歌人性，这在先秦诸子中可算是独树一帜的，在儒学发展史上的意义也是十分重要的。

首先，孔子强调"为仁由己"，认为"仁道"的实现，完全取决于个人自身的努力，但他并没有进一步论证为什么是"为仁由己"的问题。孟子则从性善论的角度加以解释，认为仁是人的天赋本性，是人固有之善端，所以是"求在我者"（《孟子·尽心上》）。孟子高扬这种"求在我者"的价值主体意识，解答了孔子关于"仁学"理论没有解答的问题，并使之获得了一个理论基础。这是儒学发展史上的一次飞跃。其次，孟子从人之所以为人的角度来探讨人性，并且将人之性与动物之性区别开来，这在中国人性学说史上，是首次从人的自然属性和社会属性的角度来论证人与动物的区别和联系，表明了孟子对"人"的认识已达到了自觉的程度。再次，孟子能够认识到客观环境对人的道德形成和发展的作用，是符合人的发展的客观规律的。

孟子的性善论，在中国思想发展史上的影响是极其深远的，促进了中华民族善良习俗的涵育与养成，但这并不能说明孟子的性善论是完美无缺的。孟子的性善论，毕竟是一种先验的人性论，他也在自觉或不自觉之中，将人的自然属性和社会属性割裂开来，有时又将二者混为一谈。尤其是孟子将属于社会性范畴的仁、义、礼、智等也归结为人的固有之性，将人的社会性限定为道德性，因而有时又具有片面性。这种理论的局限性在当时的历史条件下是不可避免的。人对自身的认识是一个不断发展的过程，我们不能要求孟子在古代就穷尽了对人自身的认识。

（四）大丈夫品格

在中国历史上较早的典籍，如《诗经》《尚书》《国语》中，都出现过"圣"字，但那时的"圣"，仅是表示聪明、智慧之意。如《尚书·秦誓》中说："人之彦圣，其心好之。"《尚书·洪范》中说："睿作圣。"这时的"圣"，显然还没有什么神秘之义。而把"圣"作为一种人格，引向理想化、崇高化，则始于春秋末期的孔子。

春秋战国时代，争霸与兼并战争频仍不断，周天子已经名存实亡，周代所创立的政治制度，也丧失了其对人们应有的约束力，时代呼唤着能够实现大一统的英雄人物的出现。因而，包括儒家在内的诸子百家的思想家们，都在试图创造一个理想中的英雄，都假托远古的"圣人"之名，将他们改铸成符合本学派理想的人物。如，墨家认为，"圣人"是能够实现"尚同"、推行"兼爱"的典范式人物。道家所设计的"圣人"，则是"处无为之事，行不言之教"，"为无为，则无不为"的非凡人物。

孔子的"圣人"观又是怎样的呢？

就《论语》一书看，孔子曾经提出过圣人、君子、成人、仁者、志士、善人等等人格范畴，而圣人则是其最高理想人格。孔子所设计的圣人人格具备下列特征：第一，以"修己"为本位，具有高尚的内在德性；第二，能"推己及人"，"博施于民而能济众"。这样的理想人格仅仅见之于尧、舜。在孟子看来，圣人与凡人有着同样的善心善性，凡人只要善于修身养性，同样可以超凡入圣，所以他大胆宣布："人皆可以为尧舜。"（《孟子·告子下》）这显然具有思想解放的意义，表明成为圣人并不受等级身份的限制。

孟子的圣人观与其性善论是密不可分的，建立于一种对人性的自觉的基础之上，强调人的主观能动作用，使圣人人格具有更大、更现实的感召力。较之于孔子的圣人观，既是一种外延的拓展，也是一种内涵的深化。

在孟子思想中，"圣人"与"君子""士""大丈夫"等，具有同样的理想人格的意义。而这其中影响最为深远的，则是"大丈夫"的人格范型。孟子所设计的"大丈夫"人格与孟子自身的性格与气质不无关系。孟子确乎是先秦儒家中一位极具个性的思想大师，有论者称孟子儒学是"辩论性儒学"，"与孔子的温和的保守主义形成对照"。孟子在当时百家争鸣的形势下，面临其他学派的非议与攻讦，以"舍我其谁"的豪迈情怀和大无畏精神地进行反击，气势恢宏，捍卫和发展了儒家学说。孟子本人就展现了一种"大丈夫"的气象。

何谓"大丈夫"呢？孟子说：

居天下之广居，立天下之正位，行天下之大道；得志，与民由之；不得志，独行其道。富贵不能淫，贫贱不能移，威武不能屈，此之谓大丈夫。（《孟子·滕文公下》）

孟子认为，"大丈夫"当居仁由义，富贵、贫贱、威武这些外部条件，都不能使其改变气节。

在孟子看来，要培养一种"大丈夫"精神，必须"养气"，即"养浩然之气"。孟子所说的"气"，区别于物质之气，而专指人的一种精神状态和心理状态，这已为学术界所公认。孟子说：

我知言，我善养吾浩然之气。（《孟子·公孙丑上》）

这是孟子自我总结他在人格修养上的两大特点。首先看"知言"。孟子说：

诐辞知其所蔽，淫辞知其所陷，邪辞知其所离，遁辞知其所穷。生于其心，害于其政；发于其政，害于其事。（《孟子·公孙丑上》）

朱熹认为："知言，便是穷理。"孟子所说的诐辞、淫辞、邪辞、遁辞，都是指邪说偏见。孟子认为邪说偏见，既"害于其政"亦"害人其事"，对人的健康人格的形成都是有害的。孟子为什么又将"知言"与"养气"并列而谈呢？朱熹解释说："知言、养气，虽是两事，其实相关"，之所以将"知言"列于"养气"之前，是因为："先言知言，先知得许多说话，是非邪正，都无疑后，方能养此气也。"说明"知言"与"养气"二者是相辅相成的。

再看何谓"浩然之气"？孟子本人也说其"难言也"，即难以用准确通俗的语言表述清楚，不过，孟子还是做了这样的解释：

其为气也，至大至刚，以直养而无害，则塞于天地之间。其为气也，配义与道；无是，馁也。是集义所生者，非义袭而取之也。行有不慊于心，则馁也。（《孟子·公孙丑上》）

冯友兰先生曾指出："孟轲讲的'养浩然之气'的方法有两方面：一方面是了解一种义理，对之有确信，此可称为'明道'；一方面是常做他所认为是应该做的事，此可称为'集义'。"这样的解释是符合孟子原意的。孟子认为，"养浩然之气"靠的是对"道"与"义"的正确体认与把握。无道义，则无"浩然之气"可言。而"浩然之气"的形成，也并不是一蹴即就的，它需要长期不懈的修养与意志的磨炼，即孟子所说的"直养而无害"。孟子在解释"直养"时说：

> 必有事焉，而勿忘。心勿忘，勿助长也。（《孟子·公孙丑上》）

> 虽有天下易生之物也，一日暴之，十日寒之，未有能生者也。（《孟子·告子上》）

正如一曝十寒，任何生物都不能生长一样，人的"浩然之气"的养成，也需要平时点滴的努力汇集而成。不能忘记，不能中止，更不能像宋国人那样"揠苗助长"。这说明，孟子所讲的"养气"需要有坚强的意志。在论述"气"与"志"的关系时，孟子指出：

> 夫志，气之帅也；气，体之充也。夫志至焉，气次焉。故曰：持其志，无暴其气。（《孟子·公孙丑上》）

在孟子看来，"志"是内心所固守的信念；而"气"则是外在的精神显现。"志"是"气"的统帅；"气"要受"志"的支配。因此，孟子主张"尚志"。同时，"志"与"气"又是相互联系、互为因果的。孟子说：

> 志壹则动气，气壹则动志。（《孟子·公孙丑上》）

因此，孟子要求既要坚守志向，又不要损伤自身的勇气。孟子重"勇"，所以孟子讲"浩然之气"从"勇"讲起。孟子说：

> 北宫黝之养勇也，不肤桡，不目逃，思以一豪挫于人，若挞之于市朝。不受于褐宽博，亦不受于万乘之君。视刺万乘之君。若刺褐夫。无严诸侯，恶声至，必反之。孟施舍之所养勇也，曰："视不胜犹胜也；量敌而后进，虑胜而后会，是畏三军者也。舍岂能为必胜哉？能无惧而已矣。"……昔者曾子谓子襄曰："……吾尝闻大勇于夫子矣：自反而不缩，虽褐宽博，吾不惴焉；自反而缩，虽千万人，吾往矣。"（《孟子·公孙丑上》）

由此可见，孟子所讲的"勇"，既不是像北宫黝那样的力气之勇，也不是孟施舍的那种不惧之勇，认为他们只是徒具"勇"的形式而已。孟子所提倡的"勇"，是建立在"自反而缩"的基础上的，是一种合于道义的"大勇"。如果符合正义，即使是面对千军万马，也敢于勇往直前。这种符合道义的勇，便是"浩然之气"由内心而外化的实际行动，一个人一旦具备了这种勇气，当个体生存与道义发生矛盾之时，便能够以身殉道，不为苟得，舍生而取义。孟子说：

天下有道，以道殉身；天下无道，以身殉道。未闻以道殉乎人者也。(《孟子·尽心上》)

一箪食，一豆羹，得之则生，弗得则死，呼尔而与之，行道之人弗受；蹴尔而与之，乞人不屑也。(《孟子·告子上》)

孟子主张人决不可为了生命而放弃原则与尊严。而当"生"与"义"二者的矛盾不可调和的时候，孟子则坚持认为只有"舍生取义"才能真正实现个人的价值。孟子说：

鱼，我所欲也；熊掌，亦我所欲也，二者不可得兼，舍鱼而取熊掌者也。生，亦我所欲也；义，亦我所欲也，二者不可得兼，舍生而取义者也。生亦我所欲，所欲有甚于生者，故不为苟得也；死亦我所恶，所恶有甚于死者，故患有所不辟也。如使人之所欲莫甚于生，则凡可以得生者，何不用也？使人之所恶莫甚于死者，则凡可以辟患者，何不为也？由是则生而有不用也，由是则可以辟患而有不为也，是故所欲有甚于生者，所恶有甚于死者，非独贤者有是心也，人皆有之，贤者能勿丧耳。(《孟子·告子上》)

孔子曾经说过：

志士仁人，无求生以害仁。有杀身以成仁。(《论语·卫灵公》)

孟子"舍生取义"的思想与孔子的"杀身成仁"是一脉相承而又有所补充和发展的。孟子把人的生与死上升到人生价值的高度来考虑，把"义""气节"看得比生命还重要。这种"大丈夫"精神，表达了孟子提倡保持独立人格的高尚价值取向，是中国古代先民追求高风亮节的集中体现。后来的《礼记·儒行》中的"儒有可亲而不可劫也，可近而不可迫也，可杀而不可辱也"的刚毅之词，北宋梅尧臣的"男儿自有守，可杀不可苟"的忠贞之语，明代于谦的"粉身碎骨浑不怕，要留清白在人间"的肺腑之言等，都是这种大无畏的民族精神和民族气节的豪迈书写。

三、浩然之气

孟子到了齐国后，经常有机会和齐宣王对谈，倒也可以充分地表达他的思想立场，虽然看不出齐宣王有多少纳言的诚意，但起码可以看出对孟子的尊敬。终于有一天传出了任用孟子为客卿的消息，弟子们都很高兴。当然，这对孟子而言也是重要的转机。

公孙丑知道了这消息，便和孟子谈道：

"假如老师在齐国当权执政，能够重新振兴管仲、晏子的功业吗？"

孟子说：

"你真是一个齐国人，只知道有管仲、晏子而已！曾经有人问过曾子之孙曾西道：'您和子路相比，谁贤？'曾西不安地说道：'子路是我先祖敬畏的人，我哪敢和他相比？'那人又问道：'那么您和管仲相比，谁贤？'曾西马上很不高兴地说：'你怎么竟拿我和管仲相比！管仲完全获得齐桓公的信任，执政的时间又长，可是他只造成那么卑下的霸业，你怎么拿我跟这个人比！'"

孟子接着又说：

"管仲这个人，连曾西都不屑一比的，你以为我愿意吗？"

公孙丑又问：

"管仲辅佐桓公称霸天下，晏子也使景公威名显赫；像管、晏二人还不值得效法吗？"

孟子说：

"以齐国的条件而言，要称王天下，可说易如反掌。"

公孙丑问：

"这样说弟子就更不明白了。像文王的道德修养，又很长寿，他的教化还不能普及全天下；武王、周公继续努力，然后才大行于天下。现在您把王天下说得那么容易，那么文王也不值得效法吗？"

孟子说：

"怎么能同文王相比呢？从商汤传到武丁，中间出现了六七位贤君，天下的人归服商朝已经很久了，因此基础稳固，不易动摇。武丁召见诸侯，拥有天下，也就很容易了。到了纣的时候，由于上距武丁还不久，前代有功的世家和善良的习俗，流风善政，还保存着；又有微子、微仲、王子比干、箕子、胶鬲，他们都是贤人，共同辅佐纣王，所以纣王虽然暴虐，也经历了相当长久的时间才亡国。当时没有一尺土地不是属于纣王的，没有一个百姓不是纣王的臣属，可是文王还能借着方圆百里的小国兴起，所以是很艰难的。

"齐国人有句俗话说：'纵有聪明，还得趁形势；纵有锄头，还得待农时。'现在的时势要推行王政就容易了。纵使在夏、商、周初起的年代里，任何国家的国土也没有超过千里的，现在齐国却有这广阔的土地了；鸡鸣狗叫的声音，从国都一直到西方的国界线，处处相闻，人烟如此稠密，齐国有这么多的百姓。国土不必再开拓，百姓也不必再增加，只要实行仁政来统一天下，就没有人能够阻止得了。而且统一天下的贤君不出现的时间，历史上从来没有这样长久过；老百姓被暴虐的政治所折磨，历史上也从来没有这样厉害过。肚子饥饿的人不苟择食物，口舌干枯的人不苟择饮料。孔子说过：'德政的流行，比驿站的传达政令还要迅速。'现在这个时候，拥有兵车万辆的大国实行仁政，老百姓的高兴，正好像倒挂着而给解救了一般。所以，'事半功倍'只有在这个时代才行。"

孟子在这个时候神情特别昂扬。对于在齐国实行仁政，表现得相当乐观。这种愉悦的心境，是踏上旅途以来所未有的。这种情形，公孙丑看在眼里，于是借着另一次机会，又问道：

"老师若做了齐国的卿相，能够实现自己的主张，从此，小则可以成霸业，大则可以成王业，那是不足怪的。如果遇到这种机会，您是否会动心呢？"

孟子说：

"不，我从四十岁以后就不再动心了。"

公孙丑说：

"这么看来，老师比孟贲强多了。"

孟子说：

"这个不难，告子比我还早就不动心了呢。"

公孙丑说：

"不动心有方法吗？"

孟子说：

"有。北宫黝训练勇气时，有人刺他肌肤，他都不吭声退却；有人戳他眼睛，他都不眨眼逃避。他以为若受了一点点羞辱，就好像在众人面前挨了鞭打一样。既不能忍受卑贱人物的侮辱，也不买万乘之君的账，把刺杀万乘之君看成刺杀卑贱人物一样，对于各国诸侯是毫不畏惧的，而且若是挨了斥骂，一定毫不客气地反击。孟施舍的培养勇气又有所不同，他说：'我打起仗来，只知勇往直前，绝不计较胜败。在我的心中，从不知道什么叫失败。如果先估量敌人的力量才前进，先考虑胜败才交锋，这种人若碰到数量众多的敌人一定会害怕。我哪能一定打胜仗呢？不过是能无所畏惧罢了。'总之，孟施舍的养勇像曾子，北宫黝的养勇像子夏。这两个

人的勇气，我也不知道谁强谁弱，但从培养方法
而论，孟施舍比较简易可行。从前曾子对子襄
说：'你喜欢勇敢吗？我曾经从孔子那里听到关
于大勇的理论：反躬自问，若是自己理屈，对方
就算是穿宽大粗布衣服的卑贱人物，我能不心虚
吗？若是理直，对方纵使是千军万马，我也勇往
直前。这么看来，孟施舍的养勇只是保持一股无
所畏惧的盛气，曾子却以理的曲直为断；孟施舍
自然又不如曾子这一方法的简易可行。"

曾子

公孙丑说：

"请问老师的不动心和告子的不动心有何不同？"

孟子说：

"告子曾经讲过：'假如在言论上无法了解，便不必反求于自己的本心；若反求
本心而觉得不安，那就不必求助于意气。'我认为，不能得到心安，便不去求助于
意气，是对的；但是若在言论文字上不能了解，便不切实体证一下，是不对的。为
什么呢？因为心志理想是意气情感的主宰，而意气情感则是充满体内的力量。有了
心志理想，随着就会产生意气情感。所以说：'要坚定心志理想，不要滥用自己的
意气情感。'"

公孙丑说：

"既然说，有了心志理想，随着就会产生意气情感。又说，要坚定心志理想，
不要滥用自己的意气情感。这是什么道理？"

孟子说：

"心志理想和意气情感是会互相影响的。心志理想若专注于一事，必会影响到
意气；反之，若意气情感也专注于一事，也一定会影响心志理想。举例来说，跌倒

时，或奔跑时，只是行为而已，但也会造成心志的浮动。"

公孙丑问道：

"请问，老师长于哪一方面？"

孟子说：

"我善于分析别人的言论，也善于培养我的浩然之气。"

公孙丑又问道：

"请问什么叫'浩然之气'呢？"

孟子说：

"这就很难说了。浩然之气是一种至大至刚之气。若以正义去培养它，不加残害，就会充塞于天地之间。这种气，需要正义和天理的配合；若失去了正义和天理的配合，就没有力量了。浩然之气是要靠不断地行其所当为之事，从内在所发出来的，而非偶尔做一件善事就可以产生的。只要做一件于心有愧的事，那种气就会疲软了。所以我说，告子不曾懂得义，因为他把义看成是外在的东西。我们必须把义看成是心性本有，不断地涵养它，时时留心警惕，但也不能刻意去帮助它快速成长。不要学宋国人那样子。宋国有一个农夫，担心禾苗老是长不大，就去把禾苗都拔高了些，然后累兮兮地回家，对家里的人说：'今天累坏了，我帮助禾苗生长了！'他儿子赶快跑去一看，禾苗已经都枯槁了。其实，天下很少不像宋人那样去揠苗助长的。认为养气没有好处便不肯去实践，便好比是不肯插秧除草的懒汉。知道养气的好处，却急着帮它长大的，就好比是拔高禾苗的傻瓜，非但无益，反而有害。"

公孙丑又问：

"怎么样才算善于分析别人的言辞呢？"

孟子说：

"听了别人偏执一端的言辞，就知道他的心被什么所遮蔽；听了别人汪洋自恣的言辞，就知道他的心被什么所陷溺；听了别人淆乱是非的言辞，就知道他的心已经叛离正道；听了别人支吾闪烁的言辞，就知道他理屈的地方。这四种言辞，从心中产生出来，就会在政治上产生危害，进而危害具体的行事措施。如果圣人再出现，也一定会承认我的见解是对的。"

孟子这一番长篇大论，正具体而深入地说明了他的性格——充满了坚守正义的道德勇气。在被任为客卿的时候，孟子当然是高兴的，但并不因此而动心，因为他平素即善于自我训练，培养"浩然之气"。这"浩然之气"是以每个人都具有的道德良知为基础，和一般所谓的"勇气"是不一样的。"浩然之气"是道德的勇气，而不是匹夫的血气之勇。

【思考】

在《韩非子》一书里，有"儒侠"的记载，说明战国时代的儒家是重视勇敢的。儒家强调"智仁勇"，即可证明。试问，儒家提倡的是什么"勇敢"？孟子说："文王一发怒，就使天下太平下来。"这是否也是"勇"的表现？我们常说，世界上有些大国已经丧失了"道德勇气"，这是什么意思呢？

四、炽热的心灵

孟子有一次曾经对历史上的圣人的人格做过分类，他将圣人分成四种类型，并各举一位圣人作为代表：

（1）圣之清者——伯夷

（2）圣之任者——伊尹

（3）圣之和者——柳下惠

（4）圣之时者——孔子

孟子又进一步解释这四种不同类型的圣人，面对政治所采取的不同态度：伯夷这种"圣之清者"，以清高自我期许，"非其君不事，非其民不使"，高亢其志，不同流合污；伊尹这类"圣之任者"的圣人，以天下为己任，"治亦进，乱亦进"；柳下惠这种"圣之和者"，则"不羞污君，不辞小官；进不隐贤，必以其道"，虽洁身自好，但待人敦厚宽和；孔子的行止进退，则完全从心所欲而不逾矩，"可以速而速，可以久而久，可以处而处，可以仕而仕"。从孟子的立场看来，他认为孔子的境界最高，是他瞻仰景从的典范："乃所愿，则学孔子。"

孟子想学孔子的什么呢？孟子想学的是孔子毕生为人处世那种建构在深刻的时间意识之上的与时俱进的精神。远在春秋时代（公元前 722—前 464 年），孔子就有川上之叹，他深深感到人生乃是一个迁变之流，"逝者如是乎，不舍昼夜"，韶光易逝，年华似水。孔子以水作为隐喻，来思考人生问题，他想激发人们思考的是：生命如流水，人们一方面要把握时间，与时俱进；另一方面也要学习流水的健动精神，永不止息！

正如我们在第一章所说的，孟子感受到来自他的时代的一种"时间的压力感"。孟子说："王者之不作，未有疏于此时也"，他为他的时代政治之龌龊感到悲愤。但是他从历史的回顾中，又深信"五百年必有王者兴，其间必有名世者"（《孟子·公孙丑下》），他认为从周朝初年到他的时代，时间已经完全成熟了，如果上天有意平治天下，那么，"当今之世，舍我其谁也"。"时间"催迫着孟子，使他迎上前去，勇敢地去以他个人的努力改变堕落中的世界。

和春秋战国时代的许多隐者相较之下，孔子与孟子所怀抱的那种炽热的救世之心，很能彰显儒家的风范，也确定了此后几千年来中国传统知识分子的基本性格。在《论语·微子》篇中所记载的，那个将孔子比喻为凤，但避而不与孔子讲话的楚人接舆；那两个在田里一起耕作的长沮和桀溺；那个荷蓧的老人，都是在乱世的旋涡中，退隐于自己内心的碉堡之中的隐者。他们和在他们时代更早的伯夷、叔齐一样，都是以拒绝时代的龌龊的方式，追求他们内心的宁静。

但是，孟子则不采取隐者这种避世自适的行径，他心仪孔子，他哀生民之多艰，他长太息以掩涕，他在"时间的压力感"的煎熬之下，以一种他所说的"不得已"的心情，勇敢地投入浊世。他教育弟子，游说诸侯，寄望有朝一日某一位有为之君接受他安邦定国的宏谋，登斯民于衽席之上。孟子不想只做一个解释世界的哲学家，他更希望能成为一个改变世界的经世思想家与政治家。

五、理想的追寻

孟子生于一个以封建制度为中心的旧社会政治结构逐渐崩解的时代里，在历史的旋涡中，许多无法适应新变局的贵族常沦落到社会底层，甚至在历史急流中惨遭灭顶。许多出身寒微，但却掌握知识或具备行政能力或军事长才的知识分子，在变局中跃登政治舞台，扮演重要角色。孟子正是战国时代新兴知识阶层的一个代表人物。

到底在什么意义之下，我们可以说孟子是战国时代知识分子的代表呢？从孟子一生的为人处世及其思想内涵来看，孟子所树立并实践的理想主义，是在战国乱世中最具有代表意义的风范。有一次，齐国国君之子垫问孟子到底所谓"士"应做何事？孟子直截了当回答说："尚志"（《孟子·尽心上》）。孟子进一步解释所谓"尚志"的意涵是："仁义而已矣。……居仁由义，大人之事备矣。"孟子认为所谓知识分子，最重要的事业就是以具体的行动实践"仁义"这种价值规范。"王何必曰利？亦有仁义而已矣"，这是公元前 320 年孟子初见梁惠王时，回答梁惠王问"何以利吾国"时的一句话，简单明白，气势磅礴。孟子之所以在混乱的战国时代里，可以斥梁襄王以"望之不似人君"，可以驳斥杨墨的"邪说"，所凭借的就是他所高标的那种理想主义的人格与思想。

在这种理想主义的气势之下，孟子"后车数十乘，从者数百人，以传食于诸侯"（《孟子·滕文公下》），周游列国，希望将他心中的理想转化成为历史的事实。现在我们就依据存世的资料考察孟子的游历生活，及其在与人相与之际所展现的人格与思想。

关于孟子青少年时代的生活情况，我们所知极少。汉代人的著作如《列女传》及《韩诗外传》等，记载孟母三迁，孟母裂织买豚，不许孟子去妇等种种传说，在还没有更坚实的证据出现之前，恐怕只能当作是汉代人想象中的孟子形象而已。我们从孟子周游列国时，率领大批学生同行的事实推断，孟子在开始正式游说各国君之前，大约是以教育作为他主要的事业。

关于孟子一生游历各国的经历及其时间，由于资料非常有限，除了少数年代之外，我们很难斩钉截铁地断定孟子游历各国的确切时间，长期以来历史学家对孟子游历的年代问题亦多所争辩。我们根据有限的古代史料，参考钱穆（公元 1895—1990 年）先生的考证，大致可以确定：孟子在齐威王（在位于公元前 357—前 320 年）的时候曾游于齐，后来遍历宋、滕、薛诸国，回到邹国，再游梁国，最后在齐宣王（在位于公元前 319—前 301 年）的时候再度来齐国，最后在公元前 312 年离开齐国返回邹国，结束周游各国的生活，这是一段追寻理想的历程。

孟子第一次来到齐国时，大约是公元前 335 年左右，大约在公元前 328 年以后离开齐国。这一段期间，正是战国各国互争雄长，东方霸业自梁转到齐国的时刻。公元前 343 年，齐威王在马陵地区击败梁（魏）国的军队，魏国名将庞涓自杀，太子被俘，这是魏国国势中衰的一个重要事件，直到后来梁惠王见到孟子时，对这件事还耿耿于怀，引为奇耻大辱。

孟子这一次在齐国的停留，所留给我们的相关的直接史料并不多。从《孟子·

离娄下》的记载，我们知道孟子在他这一次来齐国时，认识了齐国的将军匡章（约公元前360—前290年）。根据《战国策·齐策》的相关记载，我们知道匡章在齐秦的战役中，奉齐威王之命率军抗秦，他的母亲被他的父亲所杀而埋尸于马栈之下。齐威王想要隆重地葬匡章之母，但被匡章所婉拒，因为匡章认为他的母亲得罪于他的父亲而被父亲所杀，他如果厚葬他的母亲，将难逃欺死父的罪名。孟子来到齐国的时候，认识了匡章，由于匡章与父亲的关系被人指责为不孝，但孟子对匡章颇为友善，与他做朋友，并且对他礼貌有加。孟子的行为，引起他的学生公都子的责难。孟子则认为匡章是因为不见谅于父亲，所以"出妻屏子，终身不养"，这并不是匡章的罪过。从这件事，我们可以看到孟子这个人的交友之道，凡事从朋友的立场考虑，为朋友设身处地，孟子从不随俗浮沉，人云亦云。

大约在公元前326年与公元前324年的几年之间，孟子从齐国辗转来到了宋国。这时正好滕国的太子也就是后来的滕文公也要去楚国而途经宋国，与孟子相遇于宋。孟子对太子大谈人性本善的道理，言必称尧舜。大概是太子对孟子所说的道理面露怀疑的脸色，所以，当太子从楚国回来再见到孟子时，孟子再重申"道一而已矣"，并且鼓励太子说："今滕，绝长补短，将五十里也，犹可以为善国。"（《孟子·滕文公上》）这一次的对话，使滕国太子留下深刻的印象，他后来对他的老师说："昔者孟子尝与我言于宋，于心终不忘"（《孟子·滕文公上》），所以，当他的父亲滕定公去世的时候，他就想起孟子，马上派他的老师然友专程赶到邹国，来向孟子请教如何安排丧礼。孟子建议行三年之丧的古礼，然友回来报告之后，滕国的父老百官都不太同意，刚在哀恸中即位的滕文公颇为踟蹰，犹豫不决，再派然友来邹国问孟子。孟子发挥了一段"君子之德，风也；小人之德，草也。草尚之风，必偃"的道理，劝滕文公以自身行为作为滕国人民的表率，移风易俗。滕文公接纳孟子的建议，使会葬之日，吊者大悦（《孟子·滕文公上》）。

由于滕文公早就认识孟子，并且对孟子礼敬有加，所以常向孟子请教治国的方策。孟子向滕文公强调"民事不可缓也"，因为"民之为道也，有恒产者有恒心，无恒产者无恒心。苟无恒心，放辟邪侈，无不为己。及陷乎罪，然后从而刑之，是罔民也"（《孟子·滕文公上》），孟子接着从夏商周三代的税制，说到井田制度的基本精神在于仁道精神："夫仁政，必自经界始"，只有田地的经界归于正，人民的生活才能安定，才能建设"死徙无出乡，乡田同井。出入相友，守望相助，疾病相扶持"的理想社会（《孟子·滕文公上》）。从孟子答滕文公问治国之方，可见包括孟子在内的古代儒家，在"修己"与"治人"之间是十分注意其分际的。古代儒家高标理想，律己甚严，但是当他们谈到人民群众的生活时，他们都非常注意给予人民应有的生活资源。他们向国君屡次申诫，要做到轻徭薄赋，田地的经界必须清楚，使贪官污吏不得贪污欺凌人民。在古代儒家中，孟子对"人民主体性"的把握最为深切著明，最为清晰无疑。

但是，滕国毕竟是一个小国，滕文公就曾向孟子请教："滕，小国也。竭力以事大国，则不得免焉。如之何则可？"（《孟子·梁惠王下》）孟子告诉滕文公必须与人民一条心，形成现代人所谓的"命运共同体"，就可以不畏强敌的侵略。大概当时滕文公也很想努力推行仁政，所以也吸引了一些知识分子的向心力，例如农家学者许行就从楚国来到滕国，向滕文公说："远方之人闻君行仁政，愿受一廛而为氓。"（《孟子·滕文公上》）许行在滕国时也与孟子就社会分工等问题，有所辩论。

滕文公虽然努力于实行仁政，但是滕国这个小国的民风大概不甚敦厚。孟子曾在滕国的别宫小住，别宫的人遗失了鞋子，竟怀疑是孟子的学生所偷。虽然不敢直接怀疑孟子偷鞋，但说孟子收学生来者不拒，恐怕龙蛇杂居，流品不一，不无偷鞋的可能（《孟子·尽心下》）。从这件小事，大概可以反映出滕国人的气量并不是太恢宏，难以有为。

孟子大约在公元前 322 年离开滕国返回邹国，而在公元前 320 年来到魏（梁）

国。孟子之所以离开滕国，当然不是因为被无辜怀疑偷鞋子这件事，而是由于滕国太小，不足以有为，而且在战国风云一夕数惊的变局里，孟子所说的这一套仁政的理想，对滕文公来说实在有点迂阔，而逐渐对孟子失去信心。在这种情况下，孟子离开滕国，继续他的理想的追寻。

孟子离开滕国经过邹国而在公元前 320 年来到齐国。关于孟子见梁惠王的时间，自从太史公司马迁（公元前 145—前 86 年）之后，各种说法不一而足，清代的考证学者崔述（公元 1740—1816 年）及江永（公元 1681—1762 年）已指出太史公的错误，近代学者陆续有所考订。根据相关的证据判断，孟子见梁惠王应是在公元前 320 年，也就是周慎靓王元年辛丑，梁惠王后元十六年，这一年孟子的年龄是五十三岁。

中国文化史上的经典如《论语》《孟子》等，都是伟大的心灵对话的记录。孟子初见梁惠王，王问何以利吾国？孟子回答："王何必曰利，亦有仁义而已矣。"这一场对话具有深刻的时代意义，孟子的回答对梁惠王这种一心以富国强兵之类的现实利益为念的统治者而言，不啻当头棒喝，振聋启聩。为了掌握孟子与梁惠王的这一场对话的意义，我们必须进入当时的历史情境之中。

梁国原称魏国，是公元前 453 年经过所谓"三家分晋"以后，与韩、赵等国逐渐兴起，成为战国时代的强国之一。魏国经过魏文侯（在位于公元前 424—前 387 年）、武侯（在位于公元前 386—前 371 年）长达数十年的经营，已经成为新兴大国。惠王在公元前 370 年即位，为了进一步争取有利的形势，所以就在公元前 361 年，迁都大梁，改称为梁国。梁惠王在位期间，推动一系列的改革措施：兴修水利，开凿鸿沟，引水灌溉；建立"武卒"制度，免除"武卒"的赋役与田宅税，以提升战斗力；并加强控制交通，在大梁以西筑长城，以防备秦国。在梁惠王在位初期，梁国国势如日中天，公元前 352 年梁攻赵，取邯郸城；公元前 334 年，梁惠王与齐威王（在位于公元前 356—前 320 年）在徐州相会，这是齐梁二国互争雄长的时期。但是，到了公元前 330 年也就是孟子见梁惠王之前十年，梁献河西之地给秦国，两年后再献上郡十五个县给秦国。公元前 322 年，秦伐梁，取得了曲沃、平周二地。梁惠王继承祖先的基业，面对这种战国局势的逆转与梁国的没落，忧心如焚，悲愤填膺，所以他请教孟子如何才能发愤图强，雪耻复国：

> 晋国，天下莫强焉，叟之所知也。及寡人之身，东败于齐，长子死焉，西丧地于秦七百里，南辱于楚。寡人耻之，愿比死者一洒之！如之何则可？（《孟子·梁惠王上》）

魏文侯

当梁惠王提这个问题的时候，他是处于一种急迫的心情之下的。战国时代各国之间争战频繁，在孟子见梁惠王的前后十年之间（公元前 323—前 314 年），见于记载的战争就多达二十八次。梁惠王处于历史的旋涡中，急切地挣扎想要抓住一根芦苇，以免惨遭灭顶。但是，孟子的回答却是：

> 地方百里而可以王。王如施仁政于民，省刑罚，薄税敛，深耕易耨，壮者以暇日修其孝悌忠信，入以事其父兄，出以事其长上，可使制梃以挞秦、楚之坚甲利兵矣！（《孟子·梁惠王上》）

这样的回答自然是不能让梁惠王满意的，诚如司马迁所说："梁惠王以孟轲迂远而阔于事情"，因为在那个战国风云一夕数变的时代里，"秦用商鞅富国强兵，楚魏用吴起战胜弱敌，齐威王、宣王用孙子、田忌之徒，而诸侯东面朝齐。天下方务于合纵连横，以攻伐为贤"（《史记·孟子荀卿列传》）。孟子虽然明知他所揭橥的理想过于高远，不能为流俗所接受，但他不屈道以从人，他仍坚持他的理想。孟子一生这种不妥协、不向流俗低头的个性，在他初见梁惠王时就已经充分展现，而且这种理想主义的精神也通贯他周游列国的历程之中。

在梁惠王、襄王（公元前318—前296年）在位期间，许多策士如周霄、公孙衍、张仪、惠施之流，都是当朝红人，尤其是公孙衍、张仪善于因缘际会，影响国际政治，"一怒而诸侯惧，安居而天下息"（《孟子·滕文公下》），但是孟子在梁国的期间，却很少与这些人交往。孟子认为像公孙衍、张仪这种人是"以顺为正者"，是"妾妇之道"，绝对不是他理想中的"大丈夫"（《孟子·滕文公下》）。孟子虽然同意"古之人未尝不仕"，但是他更坚持出仕必须循由正道，"不由其道而往者，与钻穴隙之类也"（《孟子·滕文公下》）。孟子虽然有心"援天下"（《孟子·离娄上》），但他坚持必以正道，他坚决不肯随俗与当时的游士一样地迎合时君的急功近利，他深信"枉己者，未有能直人者也"（《孟子·滕文公下》）。

孟子不仅高尚其志，不随俗浮沉，而且他对某些他看不起的君主如梁襄王，更是毫不留情，见面之后批评说："望之不似人君"（《孟子·梁惠王上》）。孟子之所以批判当时的国君与游士，就是因为这些低级政客从事政治活动完全不以人民为主体。孟子在梁国居留期间，就一再告诫梁惠王施政要"与民偕乐"（《孟子·梁惠王上》），他为梁惠王描绘理想中的政治：

不违农时，谷不可胜食也；数罟不入洿池，鱼鳖不可胜食也；斧斤以时入山林，材木不可胜用也。谷与鱼鳖不可胜食，材木不可胜用，是使民养生丧死无憾也。养生丧死无憾，王道之始也。（《孟子·梁惠王上》）

孟子这一套"王道政治"论，是他游说各国国君时所一贯秉持的理想，我们在本书的第四章将会进一步加以申论。

孟子大约在公元前319年离开梁国，来到齐国。这一年是周慎靓王二年，被孟子斥为"不似人君"的梁襄王刚刚即位，也是齐宣王在位的第二年。这一年齐宣王设置稷下馆，礼贤下士，著名的游士如驺衍、淳于髡（约公元前385—前305年）、田骈、接舆（约公元前350—前275年）、慎到（公元前350—前275年）、环渊（约公元前360—前280年）等人，都来到齐国首都临淄城，赐列为上大夫。齐国在春秋时代已经是一流强国，当代历史学家曾经考证指出，在鲁僖公（在位于公元前659—前627年）之前约八十年之间，春秋时代的霸权实以齐国为中心，此后才转移到晋国。春秋时代的五大霸主之一的齐桓公（在位于公元前685—前643年）曾大会诸侯十五次，有效地统合了黄河下游东部及黄河中游南岸的势力。到了战国时代的孟子，回顾春秋霸主势力的推移史时，也不得不承认："五霸，桓公最盛"（《孟子·告子下》），所以，心援天下直道而行的孟子，来到了齐国，当然对齐宣王有相当高的期望。我们且看孟子与齐宣王之间的这一段对话：

齐宣王问曰："齐桓、晋文之事可得闻乎？"

孟子对曰："仲尼之徒无道桓、文之事者，是以后世无传焉：臣未之闻也。无以，则王乎！"

曰："德何如，则可以王矣？"

曰："保民而王，莫之能御也。"……"无恒产而有恒心者，惟士为能。若民，则无恒产，因无恒心。苟无恒心，放辟邪侈无不为已。及陷于罪，然后从而刑之，是罔民也。焉有仁人在位，罔民而可为也！……五亩之宅树之以桑，五十者可以衣帛矣。鸡豚狗彘之畜无失其时，七十者可以食肉矣。百亩之田勿夺其时，八口之家可以无饥矣。谨庠序之教，申之以孝弟之义，颁白者不负戴于道路矣。老者衣帛食肉，黎民不饥不寒，然而不王者，未之有也！"（《孟子·梁惠王上》）

敏锐的读者细绎以上这一段对话，不免滋生疑问：战国时代列强争雄，但周天子尚在，而孟子劝齐宣王行仁政，"保民而王"，岂非鼓励齐宣王取周天子而代之？孟子是否已经背离了孔子尊君的遗教？

这个问题的提出并不是无的放矢。事实上，北宋时代的司马光（公元1019—1086年）就写了一篇《疑孟》，对孟子大加挞伐。司马光认为，君臣之义是人之大伦。孟子的德行与年龄，怎么比得上周公？周公执人臣之礼，服侍年幼的成王，与他之服侍文王、武王一样。但孟子却自以为可以以他的德行与年龄来与国君相抗衡。司马光在结论中说："余惧后之人，据其有以骄其君，无所事而贪禄位者，皆援孟子以自况，故不得不疑。"关于北宋以降，知识分子与学者对于孟子思想的争议，我们在本书第八章还会详细说明。我在这里只想先指出，司马光对孟子鼓励战国国君实行王道政治以统一中国的行为大加批判，这与司马光尊君的政治思想是有很深刻的关系的。在司马光以将近十九年时间（公元1066—1084年）所编撰的《资治通鉴》中，他就常常表现这种尊君的思想。司马光在写完公元前403年（周威烈王二十三年）所谓"三家分晋"这件历史事实之后，就在"臣光曰"中申论这件史实的意义说："臣光曰：'臣闻天子之职莫大于礼，礼莫大于分，分莫大于名。何谓礼？纪纲是也。何谓分？君臣是也。何谓名？公侯卿大夫是也。'"司马光所持的这种所谓"名分论"的政治思想，强调臣下对统治者的绝对服从，他自然不能同意孟子对齐宣王所说的这一段话，他更不能同意孟子游说诸侯取周天子而代之的行为。年龄比司马光大十岁的李觏（泰伯，公元1009—1059年）对孟子的不尊周室也大加批判。

但是，所谓"知人论世"，如果我们将孟子放回他所处的历史情境中，我们对于孟子来到齐国时，对齐宣王所说的这一段话就比较能获得"同情的了解"。孟子生于战国乱世，他目睹当时国君争城以战，杀人盈城，争地以战，杀人盈野，他痛心于"民之憔悴于虐政，未有甚于此时者也"（《孟子·公孙丑上》），他寄望这些野心勃勃想一统中国的诸侯，能切实实施王道政治，使天下"定于一"，早日使人民解除倒悬之苦。在这样的动机之下，虽然孟子明知齐宣王喜好"世俗之乐"，孟子也只劝他"与民同乐"（《孟子·梁惠王下》）。虽然孟子明知齐宣王好斗好勇，但孟子顺着齐宣王的性向，引导齐宣王"一怒而安天下之民"，这样就可以使"民唯恐王之不好勇也"（《孟子·梁惠王下》）。孟子明知齐宣王好色好货，他也顺着这个脉络，要求齐宣王"王如好货，与百姓同之；……王如好色，与百姓同之……"（《孟子·梁惠王下》）。从孟子与齐宣王的多次对话中，我们可以明显地看出：孟子心中念兹在兹的是人民的福祉，他站在"人民主体性"的立场，反复申论劝诫齐宣王解消统治者的主体性，将自己融入人民群众之中，以人民的好恶为好恶，以人民的意志为意志，以民意的依归作为政权转移的标准。孟子反驳齐宣王所说的"汤放桀，武王伐纣"的说法，他说："闻诛一夫纣矣，未闻弑君者也"（《孟子·梁惠王下》），就是完全从人民主体性的立场出发的。

孟子虽然对齐国和齐宣王抱有相当的期望，希望齐宣王接受他的主张，登斯民于衽席之上。但是，齐国的政治状况与孟子的理想相去极远。当时齐国的朝廷里，多是引导齐王纵情声色及口腹之欲，颐指气使、恃宠而骄的小人（《孟子·梁惠王上》），而没有孟子所谓的"世臣"。充斥于齐国朝廷的尽是急功近利的宠臣（《孟子·梁惠王下》）。孟子对齐王宠近的佞幸小人，不胜其发自内心的呕吐不屑之感，所以，孟子在齐国有一次以客卿的身份奉派出使滕国，齐王派宠臣王驩做孟子的副使同行，孟子极端看不起王驩，在往返的路上，孟子都拒绝与王驩讲话（《孟子·公孙丑下》）。

孟子在齐国时，不仅对受宠的小人不假辞色，他对齐宣王也是直道而行，从不屈道枉己逢迎宣王。有一次，孟子本来已经准备去拜见齐宣王了，但忽然齐王也正巧派了人来看孟子，向孟子说，王本来想亲自来看孟子，但因身体不舒服，所以不能来，不知是否方便请孟子来朝廷。孟子立刻回答，他刚好也生病，不能来朝。隔天，孟子就去朋友家拜访（《孟子·公孙丑下》）。这一段事实，可以很生动地告诉我们：孟子举止动静，皆直道而行，他不愿意像当时的无耻佞幸小人一样地，做一个随着太阳光源旋转的向日葵，统治者随时召见，就立刻前往拜见。因为在战国时代，游士乃自由之身，不必定时前往朝廷拜见国君，任何时候皆可前往，孟子已决定往朝而齐王仍不知道，仍派人前来召孟子。孟子就是不愿随俗浮沉，仰望统治者的施合，而成为随时应召以谋衣食的小人。孟子进一步解释他之所以必须坚持不应召而往的理由是："天下有达尊三：爵一，齿一，德一。朝廷莫如爵，乡党莫如齿，辅世长民莫如德。恶得有其一以慢其二哉！故将大有为之君必有不召之臣，欲有谋焉则就之；其尊德乐道不如是，不足与有为也。"（《孟子·公孙丑下》）孟子游说各国国君都是一以贯之，高标知识分子的风格，他看不起他的时代里，许多为谋求一官半职，而不惜"钻穴逾墙"（《孟子·滕文公下》）的那种无耻游士。

孟子在齐国滞留到公元前 314 年，发生了一件大事，对于孟子是否继续留在齐国的态度产生重大的影响。公元前 314 年，齐宣王派军队讨伐燕国，五旬而攻下燕国。齐国之所以攻燕，与燕国的内乱有关。原来在公元前 318 年，也就是齐宣王三年，燕王哙三年的时候，燕王哙把国君之位禅让给相国子之。到了公元前 315 年，燕国发生内乱，将军市被及太子平，联合攻子之。次年（公元前 314 年），子之反攻，击溃市被及太子平。齐国趁燕国内乱之际，一举而攻下燕国。齐国攻下燕国之后，齐宣王却为是否吞并燕国而举棋不定，向孟子请教。孟子还是站稳人民主体性的立场，为齐宣王解答疑惑，孟子说："取之而燕民悦，则取之。……取之而燕民不悦，则勿取……"（《孟子·梁惠王下》）事实上，在齐国对燕国采取军事行动之前，齐国的一位臣子沈同就先以私人立场请教过孟子："燕可伐与？"孟子回答说："可。"这段回答很容易引人误会，以为孟子劝齐伐燕，孟子也曾进一步解释他的话的含义是说："为天吏，则可以伐之。"（《孟子·公孙丑下》）孟子认为，只要齐国能以燕国人民的福祉为最优先的考虑，吊民伐罪，就可以伐燕。孟子赞成这次军事行动，他以人民为主体的这个前提是非常明确的。结果，齐宣王不听孟子的劝告，拿下燕国后并没有推行仁政，引来诸侯出兵救燕，孟子紧急劝齐宣王："王速出令，反其旄倪，止其重器，谋于燕众，置君而后去之，则犹可及止也！"（《孟子·梁惠王下》）无奈齐王不听，不久燕人终于反叛齐国，共立太子平为王。齐王面对这件事的发展，感到愧对孟子（《孟子·公孙丑下》）。

这件事大约是造成孟子决定离开齐国的一个重要原因，因为孟子毕生所怀抱的目标，就是拯救人民于水火之中。在战国各国之中，孟子对齐国期望较高。齐宣王伐燕这件事及其后续发展，使孟子的理想主义惨遭挫折，使他知道齐宣王也不足以有为。当他在公元前312年决定离开齐国的时候，齐王敬礼有加，并透过齐国一位官员时子转告孟子，希望"中国而授孟子室，养弟子以万钟，使诸大夫国人皆有所矜式"（《孟子·公孙丑下》），但孟子断然拒绝，他不是为了眼前变幻如浮云的富贵而游说诸侯，他是为了王道政治理想的实践而奔走呼号。

孟子虽然决定离开，但是仍依依不舍，他在昼这个地方留了三夜才离开。孟子所依依的不是他个人的权位，或如尹士所批评他想有所求，孟子所不能忘怀的是人民的福祉，正如孟子自己所说："王如用予，则岂徒齐民安，天下之民举安。王庶几改之，予日望之。"（《孟子·公孙丑下》）孟子去齐是他生命史上的大事，因为这件事标志着他的理想的挫折。孟子的挫折感被充虞看出来，他问孟子好像很不愉快？孟子回答说，以"五百年必有王者兴"的说法来看，时间应该已经成熟了，如果上天真想平治天下的话，那么"当今之世，舍我其谁也？吾何为不豫哉？"（《孟子·公孙丑下》）孟子就在这样乐观奋斗的精神下，离开了齐国，而在公元前311年回到了他的故乡邹国，正式结束了他的游历生活。

六、孟子的霸气

孟子在齐国推广仁政思想失败，被下逐客令。学生以为孟子很失落，哪知孟子回答：每五百年必定有圣王出现，有闻名于世的贤才。现在按时势考察，该出现贤君贤臣了。如果想让天下太平，"当今之世，舍我其谁"！

最能显示孟子霸气的就是"舍我其谁"！中国自古读书人中，第一血性男儿便是孟轲。

一部四万多字的《孟子》，从头至尾，字里行间，无处不充满着一股霸气。

《孟子》开篇讲他去见梁惠王的事。当他见到梁惠王时，梁惠王第一句话就问："叟！不远千里而来，亦将有以利吾国乎？"战国末期，兼并战争频仍，每个诸侯国都想在很短的时间内富国强兵，生怕被别国吞掉。所以，梁惠王想从孟子那里求得利国的办法也是情理之中。然而孟子却说："王！何必曰利？亦有仁义而已矣。"

这就是孟子说话的口气，而且是对着一个诸侯大国的国君。司马迁说，他每每读到这里的时候，都不禁掩卷惊叹！

不知道司马迁掩卷惊叹的是什么，我却从这第一句话里读出了孟子的霸气。

有人怀疑《孟子》里文章的真伪。我不是专家，只是一个普通的读者，我的判断不一定准确，可能仅是一种直觉。我觉得《孟子》一书肯定都是孟子一人所做。其内容就像是钢水浇铸而成，一点缝隙和杂色都没有。按照从头到尾的顺序随便抓取一些句子就不难看出，文章风格一致，句式结构相同，说话语气一样，四万多字读下来，浑然一体，像是一篇文章。

随机选取几句话看看是不是这个感觉：

"贤者而后乐此，不贤者，虽有此不乐也。"

"仁者无敌。王请勿疑！"

"诚如是也，民归之，由水之就下，沛然谁能御之？"

"此无他，与民同乐也。今王与百姓同乐，则王矣。"

"得道者多助，失道者寡助。"

这种语调，这种气势，让作者引领着读者一路提升。

"美人自刎乌江岸，战火曾烧赤壁山，将军空老玉门关。伤心秦汉，生民涂炭，读书人一声长叹"。面对"朝也干戈，暮也干戈"的连年战乱，读书人大多也只能"一声叹息"。孟子不然。孟子虽一介书生，但不乏血性男儿的刚烈。

孟子离开齐国时，他的学生充虞问他，老师有点不高兴的样子，您不是教导我们，君子不怨天、不尤人吗？孟子的仁政思想没有在齐国推广开来，齐王并不听从孟子的劝说，以至于下逐客令，孟子师徒不得不离开齐国。学生以为孟子很失落，并表现在脸上了。哪知道孟子却回答："彼一时，此一时也。五百年必有王者兴，其间必有名世者。由周而来，七百有余岁矣。以其数，则过矣；以其时考之，则可矣。夫天未欲平治天下也；如欲平治天下，当今之世，舍我其谁也？吾何为不豫哉？"（那是一个时候，现在是一个时候。每五百年必定会有圣王出现，这期间也必定会有闻名于世的贤才。从周以来，已经七百多年了。按年数说，已经超过了；按时势来考察，该出现圣君贤臣了。上天还不想让天下太平罢了，如果想让天下太平，在当今这个时代，除了我，还有谁能担当这个重任！我为什么不高兴呢？）

我读到的《孟子》所有的版本，在"舍我其谁"后面都是问号，我倒觉得应该是感叹号，而且还不应该是一个感叹号。

最能显示孟子霸气的就是"舍我其谁"！

"舍我其谁"如果是问句便不是孟子说的了。孟子要说，一定是肯定语气：舍我其谁，非我莫属！

中国自古读书人中，第一血性男儿便是孟轲。

七、孟子的傲气

孟子的傲气只对名门权贵，而且是遇强他更强。孟子在诸侯面前都是傲岸的，在卿相权臣面前，脾气就更大了。他到各国游说，从来不把陪宴士子和各等官员放在眼里。他只与君王问对应答，俨然就是一个布衣王侯。

唯有"道"和"义"的支撑，傲气才可称为傲骨。

孟子傲气十足。

这种傲气如果是对着平民百姓和他的学生，那就一钱不值了。孟子的傲气只对先看看他是怎么对待诸侯王的吧。齐宣王应该是对他最好的一个国君，一直很尊重他。然而，孟子是如何对待齐宣王的呢？

一天早晨，孟子很高兴地对他的学生们说，我今天准备上朝，去见见齐宣王。（齐宣王活着的时候是不可能称齐宣王的，这里为了叙述方便。）于是，他穿戴整齐，准备出门。就要出门时，齐宣王派来使者请孟子。来人说，国君原本想来看你，但是他感冒了，不敢吹风。国君特别想见你，不知道孟先生今天上不上朝，肯不肯让我们国君一见？

孟子本来是准备去的，但那是我自愿，你来指使我不行。于是对来人说，我也感冒了，不去。

第二天，孟子准备到东郭氏家吊丧。他的学生公孙丑说，昨天推说有病，今日却去吊丧，不合适吧。孟子说，昨天有病，今天好了，怎么不行？

孟子走后，齐宣王派遣的医生来了。他对孟子的"病情"放心不下，派太医来看看。

孟子的家人赶快应付：昨天有王的召令，他不巧有点小病，不能到朝堂上去。今天病好了点，急匆匆赶赴朝堂去了，不知道现在到了没有。撒完谎，赶快派人到各路口堵截孟子，生怕穿帮。堵着孟子后告诉他，千万别回家，赶快到朝堂上去吧！

孟子才不去呢！不得已，就到景丑氏家去歇宿。

景子也看不过去了，就跟孟子说，齐宣王很尊重你，你却一点都不尊敬齐宣王，这不应该是君子所做的。孟子说，所有的齐国人都没我尊重齐王。因为，所有的人都不跟他谈仁义道德。是大家不知道仁义道德好吗？不是，是你们觉得不配跟齐王谈。而我从不跟齐王谈别的，只谈仁义。所以齐国人没有一个像我这样敬重齐王的。

不只是对齐宣王，孟子在所有的诸侯王面前都是傲岸的。一次，他去见梁襄王（梁惠王的儿子），进去没多久就出来了。然后跟别人说，这个人一点不像国君的样子。近前再一看，也看不出什么威严来。

在卿相权臣面前，孟子的脾气更大了。

孟子在齐国担任卿，奉命到滕国去吊丧，齐王派大夫王驩作为副使与孟子同行。王驩是齐王的宠臣，与孟子朝夕相见。但在从齐国到滕国来回的路上，孟子不同他说一句话，以沉默表示自己的不屑。

齐国大夫公行子为儿子办丧事，王驩前去吊丧。进了门，就有人走上来同他说话，坐下后，又有人走近他的座位同他说话。孟子却不去攀谈。王驩不高兴地说："大夫都来同我说话，只有孟子不同我说话，这是怠慢小看我。"孟子答道："按礼的规定，在朝廷上不能越过位次相互交谈，不能越过台阶相互作揖。我是按礼办事。"

据说，孟子到各国游说时，从来不把陪宴士子和各等官员放在眼里。他只与君王问对应答，俨然就是一个布衣王侯。

孟子的强势人格，对后来的中国读书人影响很大。仔细审视一下自己，不难发现，我们多少带有点孟子的脾气。只是要特别注意，唯有"道"和"义"的支撑，傲气才可成为傲骨。不然，就是傲慢了。

八、孟子的骨气

孟子简直就是一个抗上的"刺儿头"，只要比孟子官大的，一概藐视。你可以"卑礼厚币"来请我，你也可以礼贤下士来讨教，但是，指手画脚坚决不行。

作为一名士，孟子保持其独立的人格和思想，守住士大夫精神的道德底线，在一个旧理想消亡新理想有待建立的时期，也不会丧失良心和光明。

孟子给中国的知识分子树起了一把标尺。

骨气，是知识分子身上最宝贵的秉性之一。铮铮傲骨从来就是与文人相伴相随的词。然而，在当下的知识分子群体中，傲骨不足而媚骨有余者不乏其人。真正的知识分子，敢于直面强权专制，敢于坚持自己的信仰，金钱和权力从来就不是他们的理想。

面对权贵，孟子用自己凛然的气节，保住了知识分子的尊严和良知。

齐宣王召见孟子，孟子坚决不去，这在当时被认为是十分傲慢的行为。但是，孟子不这么想。在他看来，有德行、有智慧的人，国君是要亲自去请教的。况且孟子不但具备伊尹、管仲的本事，而且在仁德方面甚至超过他们，岂能国君一召唤他就前去呢？一个好的国君就应该有这么几个"不召之臣"。只有这些不能随便"招之即来，挥之即去"的诤臣，才能及时并彻底地指出君王的问题，纠正他的毛病。不然，满朝文武，噤声一片，这个王朝可就快到头了。孟子认为自己就是那个"不召之臣"。

其实，孟子在齐国连"臣"都不是，最多只能算是个"外脑"顾问而已。尽管孟子只是处在一个普通百姓的位子，对上，他也毫无媚态。"说大人，则藐之，勿视其巍巍然。堂高数仞，榱题数尺，我得志，弗为也。食前方丈，侍妾数百人，我得志，弗为也。般乐饮酒，驱骋田猎，后车千乘，我得志，弗为也。在彼者，皆我所不为也；在我者，皆古之制也，吾何畏彼哉"？（与权贵对话，就是要藐视他，就要不屑那副高高在上的样子。因为诸侯可以炫耀的，无非是殿堂高几丈，屋檐宽几尺，美味佳肴多一点，伺候他的人多一些，没有什么了不起的。）孟子连用了三个"我得志，弗为也"，那是真正的不屑！

孟子的思想显然来自他的祖师爷子思。当年，鲁缪公想与子思"交友"，子思断然回绝。他对鲁缪公说，论地位，你是国君，我是臣，我怎么敢同国君交朋友呢？论道德，我是老师，你是学生，你怎么可以和老师交朋友呢？所以，对待道德深厚的贤臣，即使天子也不能随意召见，诸侯就更不能随意呼来喝去了。"彼以其富，我以吾仁；彼以其爵，我以吾义，吾何慊乎哉"？（他凭他的财富，我凭我的仁德；他凭他的爵位，我凭我的道义。我一点都不比他缺什么。）

下对上，可以持这种态度？必须持这种态度！孟子简直就是一个抗上的"刺儿头"，只要比孟子官大的，一概藐视。你可以"卑礼厚币"来请我，你也可以礼贤下士来讨教，但是，指手画脚坚决不行。

孟子先后两次到过齐国，接触过齐国的两代君王，一个齐威王，一个齐宣王。孟子两次离开齐国时，这两个君王都曾经试图花重金挽留孟子师徒。齐威王当年给孟子上等黄金2000多两（一百镒），齐宣王要在首都黄金地段给他买一栋房子，再加万钟俸禄，都被孟子坚决回绝。弟子们不解，孟子解释说，在齐国，我们应得的他们都给了，再给，就是要收买我们。君子岂能被收买？

像孟子这样的官场知识分子，虽然身处权力、金钱和欲望的包围中，却始终不会沦落到趋炎附势、随波逐流，放弃对真理的追求。作为一名士，保持其独立的人格和独立的思想，守住士大夫精神的道德底线，在一个旧理想消亡新理想有待建立的时期，也不会丧失良心和光明。

孟子给中国的知识分子树起了一把标尺。

九、孟子的孝顺之道

（一）大孝终身慕父母

孝顺父母，这是最悠久的人类伦理。人都是父母生父母养的，从感情上讲，没有理由不报答父母的养育之恩，而这种感情就是孝，所以儒家特别强调孝顺。在《论语·为政》中，孔子教育贵族子弟孟氏时这样说，孟氏呀，你对待父母亲应该"生，事之以礼；死，葬之以礼，祭之以礼"。这里面，孔子说的就是孝顺之道有两点：第一，在父母活着的时候，做子女的应该以礼相待，每天早上和过节时给父母磕头，给父母端茶倒水，用心侍奉父母，尤其是要从内心敬父母，不能一边侍奉父母，一边在抱怨我怎么生在如此没出息的人家呀，这样就不是敬了；第二，父母百年之后，要用心感念父母的情和爱，要有感恩之心，葬也好，祭也好，都是为了从内心尊敬父母。我们今天还保留着一个成语叫"愿效犬马之劳"，意思是要像犬马服侍人一样地孝敬父母和长辈。

"愿效犬马之劳"，这个成语来自《论语·为政》。子游问孝，这个在历史上非常有名，学界对此争议颇多。孔子的原话是这样的："今之孝者，是谓能养；至于犬马，皆能有养；不敬，何以别乎？"这话杨伯峻是这样译的：子游问孝道。孔子说："现在的所谓孝，就是说能够养活爹娘便行了。对于狗、马都能够得到饲养；若不存心严肃地孝顺父母，那养活爹娘和饲养狗、马又有什么分别呢？"（见《论语译注》，杨伯峻译注，中华书局，1980年）

李零是这样解读的：古人有孝养和孝敬两个词。孝不光是养，更重要的是，它还要敬。只养不敬，不算孝。"养"，养活、伺候。养是教化的生物学基础，当妈的最明白。动物都是因为养，才忠心耿耿，听人使唤。但光养还不够，还要敬，除了养老，还要敬老。孔子认为，光把老人养起来，不敬老人，和养狗养马有什么两样？养爹养妈，不同于养狗养马。（见《丧家狗——我读〈论语〉》，山西人民出版社，2007年）

这句话朱熹注的是错误的。为什么这么说呢？朱熹是这样注的，他说，孝顺父母主要是敬意，如若没有敬意，那么养父母和养犬马有啥差别？孔子恐怕不可能将父母比喻为犬马的。孔子的真正意思是：现在谈孝，通常认为能够养父母就算孝了，其实不然。就连犬马都知道服侍人，何况人呢？养，只是孝的一部分，不是全部。真正的孝，要求子女对父母有足够的敬意，然后才是奉养，就像犬马服侍人一样。如果没有敬意，那么人和犬马有什么区别呢？

同样问孝，孔子对孟氏、子游和子夏做出了不同的要求。子夏问孝，孔子这么回答他："色难。有事，弟子服其劳；有酒食，先生馔；曾是以为孝乎？"孔子反问子夏，子女在父母亲面前始终保持和颜悦色是最难的。有事要做的时候，弟子代劳；有酒有菜的时候，年纪大的人先吃先喝；这样就算是孝子吗？朱熹引述《礼记·祭义》的话注解说："盖孝子之有深爱者必有和气，有和气者必有愉色，有愉色者必有婉容，故事亲之际，惟色为难耳。"这也就是说，对父母的孝，除了敬意，还要有发自内心的爱。用心爱父母，就得把父母当成好朋友一样，有个老作家写父亲的回忆录时有这样一句——"多年父子成兄弟"，就是这个意思。这样的孝，才不会假，才是用心在行孝，而不是做个样子给别人看。历史上有个叫老莱子的人，在他本人七十多岁的时候，为了让父母亲高兴，他把自己装扮成穿花衣服的儿童，蹦蹦跳跳地唱儿歌，摔倒了还学着儿童那样哭，逗得父母哈哈大笑。他就没有顾及社会舆论及世俗，他只知道父母高兴就好，这是真的孝。

这个世界上，要想做给其他人看，那很容易，行孝的时候，叫上几个媒体的记者，再给记者发个"利是"，稿子一见报，大家都知道他在行孝了。这样的孝，有没有考虑父母的感受？父母真的希望孩子这样行孝吗？行孝应该问问自己的内心：是否真的爱父母？是否用心在爱？凡事都对父母恭恭敬敬，弄得自己不自在，连父母也不自在，这样的孝恐怕要打个问号。别说是对父母了，即使对你的领导、同事，也不会"敬而远之"吧，那其实是在防守，是在人为地制造距离感。庄子尤其反对这种假仁假义的孝。《庄子·天运》里说："以敬孝易，以爱孝难；以爱孝易，以忘亲难；忘亲易，使亲忘我难；使亲忘我易，兼忘天下难；兼忘天下易，使天下兼忘我难。"庄子对"孝"的阐释，大意是说，对父母恭恭敬敬，那是底层次的孝；高一层的孝是用爱行孝；再高一层的孝是忘记双亲，和父母无话不谈，像最好的哥们儿一样；再高一层的孝是让双亲忘记我，让父母忘记你是他们的孩子，而是知心朋友；再高一个层次的孝是行孝时忘记天下人，不管那些世俗的标准，世俗说我孝也好，不孝也好，我心里知道对父母的爱是无愧的，时时想着父母呢，孝讲的是心，而不是作秀；最高层次的孝是让天下人同时忘记我。庄子的意思是，与父母相处时候，就像和情人相处一样，忘记"孝顺"这个词，让天下人无法察觉到孝顺的痕迹。和父母亲也好，和朋友也好，和情人也好，最高境界就是在"江湖"中彼此相忘。总之，庄子作为道家的代表人物，他对孝的理解，就是逐渐消解一切人为的道德方面的压力，从而归于大"道"，让人际关系回到最本真的状态。

对于"孝"的理解，儒家和道家不同。

儒家到了孟子，对孝进一步给予明确的解释。孟子曰："大孝终身慕父母。"（《孟子·万章上》）这里的"慕"是思念、敬仰的意思。孟子说，只有大孝的人才能够做到终身怀念父母、敬仰父母。终身念父母的情，这才是大孝。思念、敬仰的前提是，真心爱父母，和父母的关系非常融洽。

这个孝一定是发自内心的，是自然而然的，是真实的，而不是为了某种目的、为了某种社会规范而被迫或者做出来给人看的。我有一个朋友，她九十岁的妈妈在一个冬天突然去世，得知消息，她马上坐飞机往家赶。安葬了母亲，坐上飞往海南的飞机，她说，那一刻，她体会了什么叫"孤雁南飞"。虽然早有准备，但是面对母亲的突然离去，她还是无法接受。回到海口，她病了一个星期，谁也不见。自己关在房间想念母亲。从她后来的表情、语气，我能够感觉到她对母亲是真的很爱很爱，她总说，慈恩未报枉为人。

我的这个朋友算得上是个孝顺的女儿，她对母亲的爱是发自内心的。现代社会变化快，生活节奏快，工作忙上班辛苦，尤其是远离父母在外地为生活打拼的孩子，逢年过节让他们"常回家看看"实在难以做到，有专家主张把"常回家看看"

写入法律，春节等法定节假日不回家看父母的算犯法，这么做的主观愿望很好，但是很难执行。毕竟，各有各的苦衷，如果做儿女的连回家的路费都没有，怎么让他们回家探父母？再说，孝顺是一种朴素的感情，以法律的形式强迫执行，难免流于形式，客观上让孝顺走向反面。还有的地方，干部提拔的时候，必须让父母亲签字，以证明孩子是孝顺的，否则，不予提拔。这种做法同样欠妥，因为这样一来，不少人很可能把孝顺标榜成某种形式。

庄子就专门批判过只看外在表现的孝顺。《庄子·外物》里说："演门有亲死者，以善毁爵为官师，其党人毁而死者半。"什么意思呢？就是说，演门有个双亲都死了的人，因为悲伤过度，身体都快哭垮了，被官方看中了，封为官师。他的同乡中人纷纷学他，在守孝的时候，又是哀伤又是哭泣，一个比一个伤心，结果呢，死了一半人。庄子讲这个故事，意在说，这些乡人在守孝的时候，不是出于对自己父母亲的报答、感恩之情，而是把孝顺当成一种手段，以此来作秀，从而达到做官的目的。

庄子特别强调真，只要是真的，就未必在乎形式，因为形式很大程度上是做出来给他人看的。魏晋之际有个著名的隐士集团，即"竹林七贤"，代表性的人物就是阮籍、嵇康、山涛等人，他们看到朝廷党争愈演愈烈，索性投印挂冠而去，离开京城，避开政治漩涡，邀上几位好友乐得竹林之游，大家在那里诗酒唱和、谈玄论道、仰鸿挥琴。竹林，据说就在当时的河内郡山阳县（今河南焦作市）东北二十里处，那里有一片茂密的竹林，清川流泉，清幽静僻，百花吐香，鱼游清池，高台如飞，在这里临风把盏或垂钓潜鱼，或对月弹琴，清谈论道，实为快意。"竹林七贤"之首的阮籍曾经是尚书郎、曹爽参军，因目睹时事将乱，便称病归里，隐居到竹林里，对外公开宣称，礼算个什么东西？"礼岂为我设邪？"阮籍的母亲去世，他丝毫不顾什么葬礼的烦琐规定，照样与人下棋，还在那里打赌喝酒，有人劝他回去给母亲守孝吧，他不听，照样大杯喝酒。也许有人会骂阮籍太不是东西了，母亲死了还在那里喝酒、下棋，这可是冤枉了他。事实上，他哪里是不孝呢？只不过他不愿意孝顺给世人看罢了，心中对母亲的感情是真挚的，否则他也不会一放声就吐几升的血了。据《晋书·阮籍传》记载，阮籍这个人"性至孝"，"母终，正与人围棋，对者求止，籍留与决赌。即而饮酒二斗，举声一号，吐血数升。及将葬，食一蒸豚，饮二斗酒，然后临诀，直言穷矣，举声一号，因又吐血数升，毁瘠骨立，殆至灭性。"

由此可见，阮籍这个人很真，只是心中痛苦；不足不孝，而是大孝。《庄子·渔父》里说："真者，精诚之至也。不精不诚，不能动人，故强哭者虽悲不哀，强怒者虽严不威，强亲者虽笑不和。真悲无声而哀，真怒未发而威，真亲未笑而和。真在内者，神动于外，是所以贵真也。……礼者，世俗之所为也；真者，所以受于天也，自然不可易也。故圣人法天贵真，不拘于俗。愚者反此，不能法天而恤于人，不知贵真，禄禄而受变于俗，故不足。惜哉，子之蚤湛于人伪而晚闻大道也。"庄子的意思是说，谈感情，谈孝顺，真是最精诚的状态，也最感动人。所以，勉强哭的人虽然悲痛但不真正哀伤，勉强发怒的人虽然严肃但不威猛，勉强装出亲切的人虽然笑着但不亲和。真正的悲伤没有声音但是很伤心，真正的发怒没有发作就很威猛，真正的亲切没有笑就亲和了。真是内在的，冲是外在的，所以真实最重要。所谓礼节，那是世俗的东西，真实，那是天授的，非自然能够改变的。因此，圣人效法天，重在真实，不受世俗的标准拘束。愚蠢的人刚好相反。

（二）孟子为什么说"不孝有三，无后为大"

记得若干年前，我结婚的时候，没有办什么酒席，两个人简简单单地住在一起，领了证，就算结婚了。谁知道回老家探望父母的时候，母亲一直不高兴，说结婚是人生大事，终身大事，怪我没有征得父母的同意就擅自结婚登记了。我这才想起了儒家的教诲：结婚一定得先向父母亲禀告，否则为不孝。我只记得孟子说的

“不孝有三，无后为大”，却忘记了这一茬。

其实，也怪我读书不精，误解了孟子的话。“不孝有三，无后为大”，下面还有关键的一句：“舜不告而娶，为无后也，君子以为犹告也。”（《孟子·离娄上》）这个“不孝有三”，孟子并没有说明是哪三种啊，后来东汉的赵岐注解《孟子》时说，第一种不孝，是“阿意曲从，陷亲不义”。意思是说，父母有可能做错事甚至做坏事，子女不阻拦，却一味顺从，没有了是非善恶，结果让父母在错误的道路上越走越远，“陷亲不义”，这是第一个不孝。第二种不孝，是“家贫亲老，不为禄仕”。家里贫穷得没饭吃，父母亲年纪又大了，做儿女的不出去当官赚钱，父母生活费怎么来？第三种不孝，就是“无后”——“不娶无子，绝先祖祀”。父母一把屎一把尿地把你养育成人了，你却迟迟不结婚，做什么单身贵族、剩男、剩女，没有子嗣，弄得祖先的祭祀也没有人操办了，家族的香火也断了。

孟子把这第三种不孝，说成是最不孝的行为，所谓“无后为大”。

孟子为什么说“无后为大”呢？这是因为在古代的中国，人们对子嗣问题特别看重。大家还记得，鲁迅小说《阿Q正传》对阿Q最恶毒的骂就是“断子绝孙”了。孔子发毒誓，最严厉的诅咒就是八个字：“始作俑者，其无后乎！”（《孟子·梁惠王上》）孔子的意思是，“无后”就是让孩子和父母亲之间的生命链条断了，再也无法延续了，这个问题非常严重！要知道，孩子就是父母生活机体的一个组成部分，父母百年之后，他们的基因、他们生活机体的一部分——孩子还继续存在，这样的话，等于是在延续父母亲的生命了，如果没有了后代，就等于说父母的生命也终止了。

在上古时期，“传宗接代”是大事。在“君本”社会体制下，“家”是大屋顶下面的封闭建筑和男性祖神的崇拜。其实就是中国文化的隐喻和象征。孔子说：“致中和，天地位焉，万物育焉。”儒家所强调的“中和”就是以家为中心的宇宙间的和谐相处，这个和谐，有个核心，就是父权体制。

"家"字的本意就是部落祭祀，是男性祖神的宗庙所在地，是供奉男性祖神的，没有女性什么事，代表的是父权政治。那么，女性就不能被供奉吗？可以，但级别不一样，不能叫庙，得叫"坛"。坛就是供奉女性神的场所，坛没有内在空间，没有屋顶，也没有四壁，是向自然开放的，坛是道家文化的渊源所在。

宗庙对一个家族来说，是祭祀列祖列宗、保佑子孙后代顺利生息的；对一个国家来说，宗庙是祭祀国君的列祖列宗的，那是一个国家政权和治权的象征，别的国家打进来，只要把国君家的宗庙毁了，那么，这个国家也就等于灭亡了，国君也就成了"亡国之君"了，这就是为什么南唐后主李煜在亡国之后写下"最是仓皇辞庙日"的原因。

"君本"社会里，以儒家文化为主导的"家"的结构有两个重要的文化特质。第一，父亲是天，地位不可取代。父权秩序神圣不可侵犯，所谓"君要臣死，臣不得不死"；在家里，则是"父要子亡，子不得不亡"。所以无论是子女的婚姻也好，爱情也好，职业也好，甚至生死也好，一切统统由父亲决定，父亲有权决定一切。在家里，只有男性才可以延续香火，才可以传宗接代，才有可能光耀门楣、光宗耀祖。这种父权秩序在时间方面呢，是一代代地繁衍生息；在空间方面呢，则是几代同堂，一个大家族所有成员在一个大院里生活，在一起吃饭。在这种文化下，如果一个男子竟然无后，那传宗接代的任务就无法完成了，所有家族成员都会认为这个男子的道德出了问题，是对祖宗的大不孝，是"家"文化所不能容忍的。第二，孝顺父母，奉养天年。为什么《红楼梦》的结局宝玉出家被视为大不孝呢？因为佛家的所谓"出家"，实际就是走出了以父母血缘关系为基础的伦理纲常之"家"，挑战了父权神圣不可侵犯的秩序，自己求了"解脱"，试图摆脱人生的种种束缚，摆脱那个以天地为栏的宇宙之家的种种束缚，获得生活的"解放和自由自在"，可是父母亲老了谁来管？老人病了怎么办？孤独了谁"常回家看看"？这在儒家文化看来，是大不孝。

无论是尊崇母权的道教还是尊崇父权的儒教，都没有逃脱"家"的范围，都不出"天地为庐"这上下四方的宇宙范围，特别是在儒家文化里，家基本是由"父—子"为轴的血缘关系来组成，就连整个整体，也就是"国家"，是国君以国为家，他高高在上，就像一个大家长，是全体臣民的精神父亲。

宗法社会呢，怎么能没有"宗"呢？阿 Q 最忌讳他人骂他"断子绝孙"。至今老人们还不无调侃地把刚出生的小孙子叫"我的小祖宗"。父亲，是家庭的核心，是孩子的天。"父亲"这个词之所以命名，就是因为他能够传宗接代，传统宗法社会就是靠这个根基来维护、繁衍和稳定的。这就是为什么大导演李安的电影《喜宴》能够在学界乃至整个华人生活圈引起争议的原因。李安的电影《喜宴》把"传宗接代"这个观念给彻底解构了，成了彻头彻尾的"断子绝孙"。片中的男主角高伟同是家族的独子，来到美国生活，若干年后，他的父亲发现他竟然是一个同性恋者——这等于宣布他主动放弃了作为父亲的权利，不可能同父母子女生活在一起、享受天伦之乐。高父曾经是一位将军，做过国民党的师长，在士兵中威信很高，家庭幸福、和谐，这样的一位在中国传统儒家文化熏陶下成长起来的父亲最终却不得不面对现实，宽容和认同儿子的性取向并接受儿子的同性恋人，"养儿防老"的观念被打破了，"传宗接代"的观念也被解构了，"父权"秩序被瓦解了，就连由朴素真挚的事亲养老观念发展出来的"孝道"也遭遇了空前的尴尬。

当然，李安的电影表现的是在美国生活的华人，是他们在文化上的尴尬，我们的现实生活没有那么多文化上的冲突，但是，朴素真挚的事亲养老文化确实遭受到各种冲击，这就是我们今天有必要重提孝道的原因，我们文化不能也不应该断了根。

李零先生在《花间一壶酒》（山西人民出版社，2010 年）一书中说，中国老农常说，女人是啥东西？就是为了给咱生娃，娃才是咱的命根子。如果母子不能两全，两者择一，他是宁要孩子不要老婆的。知识分子也一样。《儒林外史》第三十回，杜慎卿是同性恋，不喜欢女人，但他不但娶老婆，还请媒婆沈大脚给他物色漂亮姑娘。媒婆走后，季苇萧说："恭喜纳妾。"杜慎卿愁着眉头说："先生，这也为嗣续大计，无可奈何，不然，我做这样的事怎的？"季苇萧道："才子佳人，正宜及时行乐，先生怎反如此说？"杜慎卿道："苇兄，这话可谓不知我了。我太祖高皇帝云：'我若不是妇人生，天下妇人都杀尽！'妇人那有一个好的？小弟性情，是和妇人隔着三间屋就闻见他的臭气。"他恨女人，但不恨生孩子。读圣贤书，无后为大，哪怕什么都丢了，孩子也不能丢。

（三）世间有五种不孝的行为

孟子曰："事，孰为大？事亲为大；守，孰为大？守身为大。"（《孟子·离娄上》）孟子的意思是说，侍奉谁是第一重要的？父母双亲最重要。坚守什么最重要？坚守节操最重要。现代有个成语叫"守身如玉"，说的就是要像爱护玉一样爱护自己的品质和节操，决不为了一点蝇头小利而去卖身求荣，出卖自己的良心，所谓"饿死事小，失节事大"。

孟子在这里说了两层意思：一是说"事亲为大"，二是说"守身为大"。这两件事同样重要。父母爱子女，那是天性，不容置疑。孟子曰："父母之心，人皆有之。"（《孟子·滕文公下》）意思是说，做父母的，无条件地爱子女、为子女着想、让子女过上好日子，这是天下所有父母共有的心情。世上哪有不爱孩子的父母呢？哪有父母不为子女着想、打算的？

儒家文化极重"孝悌"之道。《三字经》里说："香九龄，能温席，孝于亲，所当执。融四岁，能让梨，弟于长，宜先知。首孝悌，次见闻。"意思是说，黄香把席子暖热了让父母睡觉，这种孝顺父母之道当提倡、奉行并坚持；孔融这个孩子，四岁的时候就知道让梨给哥哥吃，这种逊让兄长的行为，应该让孩子早早知道。学生应该首先学习"孝悌"之道，其次才知数识文及学习一些天下大事。

儒家提出的"修身、齐家、治国、平天下"，其根本在于"孝悌"。《三字经》里说"为人子，方少时""此十义，人所同"。"十义"是什么意思呢？《三字经》里把"三纲五常"归纳为"十义"，即"父子恩，夫妇从；兄则友，弟则恭；长幼序，友与朋；君则敬，臣则忠"。儒家说，如果按照这"十义"来处理父子、夫妇、兄弟、朋友、君臣的关系，那就应当是"父慈子孝，夫和妇顺，兄爱弟恭，朋谊友信，君敬臣忠"。《三字经》里特别强调，"三纲五常""不容紊"。

什么是"三纲五常"呢？"三纲五常"是西汉董仲舒根据孔孟的学说提出来的。所谓"三纲"，第一纲是"君为臣纲"，说的是君权。第二纲是"父为子纲"，说的是族权。第三纲是"夫为妻纲"，说的是夫权。"三纲"教人们"孝亲敬父""忠君报国"。

所谓"五常"，即"仁、义、礼、智、信"。"仁"，就是爱人。"义"，就是"安分守己"。孟子说："义，路也，礼，门也。"（《孟子·万章下》）孟子的意思是说，义，就像畅通的大道；礼，就像敞开的大门。言外之意，一个人，有道义、讲礼仪，才能来去自由、出入自由。

"礼"，就是上下尊卑的秩序。"智"，就是知识。"信"，就是诚信。

几千年的封建社会，"三纲五常"等封建死板观念，使得妇女的地位异常低下。男人可以三妻四妾，妇女却只能从一而终，所以，祥林嫂的悲剧至今发人深省。

但封建社会人伦纲常也并非全是糟粕。"君君臣臣父父子子"中所体现出的长幼尊卑的秩序也不该一概否定。这一点在处理好人际关系方面尤其重要，像孟子说的那样，"仁者爱人，有礼者敬人。爱人者，人恒爱之；敬人者，人恒敬之"（《孟子·离娄下》）。孟子这话说得多好，有仁爱之心的人总会关爱他人，讲礼貌、懂礼节的人，会尊敬他人。懂得爱别人的人，别人也爱他。尊敬他人的人，也会赢得他人的尊敬。

这些话对处理今天人与人之间的摩擦仍然很有帮助。你说两个人之间有什么好吵的呢？既然吵起来，那一个巴掌拍不响，各让一步，各自反思自己，就吵不起来，对不对？尤其是年轻人和老年人争执，那年轻人就更不应该了，会被人批评为没有教养。

教养，是一种潜移默化养成的品性。《三字经》里说："养不教，父之过。"这里儒家把父亲的责任看得更重要，孩子缺乏教养，那是做父亲的失职，没有管教好孩子。

儒家除了强调孩子应当孝顺父母外，也对父母亲提出了很高的要求。

那么，什么样的孩子才算得上"不孝"呢？孟子曾经做过总结，说世间有五种不孝的行为："世俗所谓不孝者五：惰其四支，不顾父母之养，一不孝也；博弈好饮酒，不顾父母之养，二不孝也；好货财，私妻子，不顾父母之养，三不孝也；从耳目之欲，以为父母戮，四不孝也；好勇斗狠，以危父母，五不孝也。"（《孟子·离娄下》）

孟子的意思是说，世上有五种不孝的行为：

第一种不孝，是四肢懒惰，不去努力工作赚钱养家，不管父母的生活。现在的"啃老族"，不想去上班、怕辛苦，就算这类了吧。

儒家为什么如此强调孝？历史地看，在两千五百年前，那个时代，肯定没有今天的这种社会保险制度、养老金制度，恐怕连这种设想也没有。孔子、孟子把孝提出来，其实也就是为社会化解风险，让老人无后顾之忧，民间至今还有所谓"养儿防老"的观念，说白了，就是为老人设想一种养老制度，和今天的养老金制度本质上是一样的。这也就是为什么孟子把不管父母的生活看成是第一种不孝的原因。不给父母养老的钱，他们怎么生活呢？是吧。

第二种不孝，是好赌博，爱喝酒，挣的钱都花光了，对父母不尽赡养义务，不照顾父母的生活。

第三种不孝，是贪图钱财，为人小气、计较，只爱钱财和老婆孩子，对父母不尽赡养义务。

第四种不孝，是放纵自己的眼睛和耳朵的欲望，作奸犯科，看了不该看的，听了不该听的，让父母亲感觉到羞辱。

第五种不孝，是脾气火爆，逞能好斗，惹是生非，让父母感到害怕、陷入危险。

（四）父母有过错怎么办

中国人有句古话，叫"百善孝为先"。

孔子在《论语·里仁》里说："事父母几谏，见志不从，又敬不违，劳而不怨。"意思是说，在服侍父母时，如果发现父母有过错，怎么办？要委婉地劝阻。如果劝阻无效怎么办呢？那也不要吵闹，仍然要恭恭敬敬不去触犯他们，这样一来，内心自然不会高兴——即使如此，也不要去抱怨父母。

孟子讲到一个齐国人名叫匡章的故事。

公都子曰："匡章，通国皆称不孝焉。夫子与之游，又从而礼貌之，敢问何也？"

意思是说，在齐国，有个叫匡章的人，全国人民都骂他不孝。学生就不理解地问老师：您怎么能跟匡章这样的人交朋友呢？

匡章是个啥样的人呢？怎么落下这么坏的名声呢？事情的经过是这样的：匡章是齐国的大将军，他的父亲也不是平民百姓，而是贵族，照今天的话来说，这匡章也算个"官二代"吧。可他的家庭并不幸福，父亲脾气暴躁，在一次冲突中，竟然把母亲杀死然后埋在了马厩底下。匡章知道了真相后，就怪父亲做得太过分，两个人就起了争执，结果父子两个人就不说话了，差点就断绝了父子关系。匡章很伤心，怎么办？一不能孝顺父亲，二不能为已经死了的母亲做点什么。回到家之后，大概心里伤心难过到无法形容了吧，就对自己的老婆、孩子说，家里弄成这个样子，我很难过，我也不想连累你们。你们也走吧，离开这个家，越远越好，我一辈子也不让你们照顾。他在心里想：我这样狠心，实属无奈，否则，我的罪过更大。当学生也来指责匡章的时候，孟子就替匡章说好话，说世界上有五种不孝，你们说说看，匡章犯了哪一条呢？没有嘛。他只在一点上和儒家讲的相违背——就是"父子不相责善"。儒家讲究积善、行善，如果父子之间以善为由互相指责，那么，感情的伤害就不可避免。

孟子的意思是说，匡章是希望父亲向善，认为父亲不该对母亲行恶。他无法劝说父亲，就自己难过，自己忍受孤独的痛苦，以此来惩罚自己。

同样面对有过错的父亲，舜却采取另一种难以置信的方式来行孝。

《孟子·万章上》里记载了舜的故事，说这个舜非常孝顺。舜的孝顺一般人可做不到，因为舜出生在一个匪夷所思的家庭里面，这个家庭简直可以用恐怖来形容。舜的孝顺是真心诚意地爱父母，希望父母平安无事，幸福快乐。

孔子哀叹没见过"好德如好色"的人，言外之意，世人多是些"好利如好色"之人，但舜是个例外。舜正是个"好德如好色"之人。

舜这个人德行非常好，好到一般人别说做不到，连想都不敢想——下面我们会讲，总而言之，他的德让当时的天子尧很赏识，准备让舜来接替他。而且还把两个女儿都嫁给舜当老婆，让九个儿子都来当舜的部下，全国的官员都听舜的指挥。

但舜的家庭背景有点复杂，很小的时候，母亲去世，父亲后娶的老婆，也就是舜的后母，不疼他也就罢了，还欺负他，想让他死。后母和父亲生了一个儿子，叫象，很坏，比《红楼梦》里赵姨娘生的那个儿子贾环还坏。象坏到天天琢磨着怎么样整死舜，"日以杀舜为事"（《孟子·万章上》）。舜的父亲也讨厌舜，也想弄死他。

舜的父亲和异母弟弟，天天想害死他，就数次设置陷阱。一次，是让舜爬到仓库顶上修房顶，然后就在下面放火烧他，可是，这个舜有两个能掐会算的好太太，在爬屋顶之前已经得到两位太太的指教，说一旦发生火灾，就把预先穿上去的大衣服张开，这样就可以像飞鸟一般，安全地跳下来。危难之际，他照办了，安全逃出火海。舜的父亲和异母弟弟一计不成又生一计，又派他去凿井，等他下到井底的时候，马上往井里面投石头，用这个办法砸不死他也压死他。还是舜的太太英明，提前防备，在井的内壁旁边，打通了一个隧道，舜再次安全地逃出来。这个舜啊，他最了不起的地方，是从不抱怨，更不会去报复、以牙还牙，而是一如既往地孝敬自己的父亲，对自己的异母弟弟也是一如既往的好。舜对孝的理解，就是看护好自己，保护好自己的生命，好好活着，只要自己活着就是孝顺了，因为，只有这样，才可以不让父母坐监狱。一旦他死了，父母就得为自己的恶行受到惩罚和制裁。

尽管父母有种种恶行，但他能够忍受，而且一忍再忍，所以，舜在后来当上天子之后，能够尽心竭力地为天下百姓谋取福利，这与他仁慈、孝顺的性格不无关系。

但是，孟子反复地讲了这个故事之后，他的学生大概听得不耐烦了，就向孟子提出了一个假设性的问题：老师，如果舜的父亲杀了人，那么，身为天子的舜该怎么办？是法办他还是袒护他呢？这个问题就记载在《孟子·尽心上》里。

提问这个刁难问题的学生名字叫桃应。桃应是这么问的：舜是天子，皋陶是法官，如果舜的父亲瞽瞍杀了人，该怎么办呢？

孟子很干脆地说：很简单，逮捕他就是了。

桃应说：如果法官皋陶逮捕舜的父亲，舜难道不会阻止他吗？

孟子说：这种事情舜怎么能阻止呢？除非皋陶没有证据。

桃应说：那么，舜眼看着他的父亲瞽瞍被抓，该怎么办呢？

孟子说：舜会丢弃天下，就像丢一双破草鞋一样，然后偷偷地背着老父亲逃跑，能跑多远就跑多远，总之，沿着海边跑，直到找到一个安全的地方，住下来，开心地陪伴着父亲，快乐地忘记了天下。

孟子的意思是，天子的职位他扔了，自然还会有别人来做，可是，当儿子，却无人可以取代。傅佩荣先生在讲到这个问题时说："瞽瞍是舜的父亲，他杀的是谁，为什么杀人，应该负什么法律责任，这些问题不是做儿子的舜可以考虑的。舜只能考虑做天子还是做儿子。他若继续担任天子，就必须维护国家法律。他若只是个单纯平凡的儿子，就有责任保护父亲周全。判断瞽瞍犯了什么罪，并且缉捕他归案，是法官的职责；舜身为儿子，可以为父亲放弃天子之位。天子别人可以做，但儿子却是独一无二的。"（见《向庄子借智慧》，傅佩荣著，中华书局，2009 年）

这个就是孟子对孝顺的理解，简单地说就是：亲情比做官更重要。

做官是可以选择的，可是为人子不能选择，人无法选择自己的父母，也无法选择自己的兄弟姐妹，是不是？既然生在不幸的家庭，那也不要抱怨。有人说，无论怎么做都无济于事可怎么办呢？那也不要抱怨，一如既往地努力行善，努力做力所能及的事，最重要的，是尽好自己的责任，否则就不配做人子，所谓"不得乎亲，不可以为人；不顺乎亲，不可以为子"。（《孟子·离娄上》）

关于孝的看法，傅佩荣先生对于庄子和孟子的对比分析很有意思：孟子和庄子是同时代的学者，二人分属儒家和道家；但是让人惊讶的是，孟子在此居然认为舜背着父亲逃跑之后，会"快乐得忘记了天下"，庄子谈到孝顺的第五个层次是"行孝时，我同时忘记了天下人"，这两者竟是完全相同的。

（五）曾参的孝才是真的孝

曾子曰："吾日三省吾身。"意思是说，曾子这个人每日都要多次自我反省："为人谋而不忠乎？与朋友交而不信乎？传不习乎？"

这个曾子不简单。

孟子说孝，给我们树了一个典范，一个典型人物，这个人就是曾子，也就是曾参，他的孝是值得推广的，也是值得我们每个人学习的。

那么，曾子是怎么做的呢？这得从头说起。

曾参和他的父亲曾皙是同学，不要惊讶，这是真的。他们父子二人都是孔子的学生。曾参十六岁那年，跟着孔子学习，感觉孔老师很了不起，跟他学到很多以前闻所未闻的人生道理，内心充满欢喜。有次回家探望父亲，父亲见他知书达理，做事很有分寸，夸奖了一番。曾参说，这部是我们孔老师教化的结果，转过头来，对父亲曾皙说，爸爸，你也跟着我们老师学习吧。

曾皙答应了，也当了孔子的学生。

曾参这个人不是个特别聪明的孩子，但为人很忠厚老实。听到孔子讲孝顺，强调孝顺，他就找到父亲，想照着老师教的去做。碰到同学就自夸说，我可是个孝顺的儿子，父亲揍我的时候，我从来就不躲，让他打个痛快，打到满意为止。孔子听说了，觉得曾参这样理解孝顺，未免太过了，出了偏差。孔子就问曾参，你父亲打你也不躲藏，让他打个过瘾，有这事吗？曾参自豪地说，有啊。我这是孝顺啊，老师，这样不对吗？孔子说，你这样理解不对，想想看，父亲打你的时候，如果拿的是粗棍子，打伤了你，你也不躲藏，其他人怎么看你父亲，会嘲笑他，甚至指责他出手太重。你让你的父亲被人指责和嘲笑，这就是不孝顺！正确的方法是，父亲打你，如果用的是粗棍子，你就跑，别让他伤到你，跑就是孝顺；如果你父亲拿的是细棍子，你就不必躲藏了，站在那里让他打，最不济也就伤到一点皮肉。

曾参后来的孝顺，孟子有记载：

曾子养曾皙，必有酒肉。将彻，必请所与；问有余，必曰："有。"曾皙死，曾元养曾子，必有酒肉。将彻，不请所与；问有余，曰："亡矣，将以复进也。"此所谓养口体者也。若曾子，则可谓养志也。事亲若曾子者，可也。（《孟子·离娄上》）

曾参在赡养父亲的时候，每顿饭必定有酒有肉，父亲吃饱喝足，清理桌上的食物时，曾参一定请示父亲：爸爸，剩下的饭菜送给谁吃呢？父亲说，你把剩下的饭菜送给附近谁谁谁家好了，他家太穷了，帮助人、积德行善，是很快乐的事。如果父亲再问：还有多余的饭菜吗？曾参对父亲说，放心，还有。这样的话，让父亲永远不用操心。曾参这样做，是把行善的机会让给父亲，让父亲吃饱喝足之余，还能做点善事，还能帮助他人，这样一来，他就感觉活得很有意义。

许多年之后，曾参老了，他的儿子曾元在赡养他的时候，也是每顿饭都有酒有肉，但是，在清理桌上的饭菜时，儿子不再请示曾参剩下的饭菜送给谁了。曾参问儿子曾元，还有多余的饭菜吗？儿子说，没有了，别送人了，剩下的饭菜还准备留着到下顿热了再给您吃呢。这可真是一代不如一代，"人心不古"。

孟子讲曾家这祖孙三代的故事，是想告诉我们：曾参的孝才是真的孝。曾参的儿子曾元，只是赡养父亲的身体，尽个义务罢了；而曾参不一样，他除了赡养父亲曾皙的身体之外，还能养父亲的志，让父亲在吃饱喝足之余还能行善，还能助人为乐。

十、孟子的齐家之道

（一）家和方可万事兴

孟子曰："人有恒言，皆曰'天下国家'。天下之本在国，国之本在家，家之本在身。"（《孟子·离娄上》）

这话翻译过来就是，人们总是说，"天下国家"。天下的根本在于国家，国家的根本在于家，家的根本在于个人的修身。孟子这话的意思很清楚，家是基础，个体的人是核心。人好才能家和，家和才能万事兴。怎么才叫"人好"呢？有两个意思：一是品质好，心地善良；二是外表干净、整洁。总之，从外到内都美好，都干净。

一个人再美，如果被外面的脏东西污染了，也不好了。西施美丽吧，可如果她身上沾了肮脏的大粪，别人走过她身边时照样会掩着鼻子离开。一个面貌丑陋的人，如果他斋戒沐浴，一样可以祭祀上苍。（"西子蒙不洁，则人皆掩鼻而过之；虽有恶人，斋戒沐浴，则可以祀上帝。"）

因此，一个人要想保持家庭和谐、恩爱、美好，首先从个人开始，每个人都要美好，从外到内都美好，行事做人要符合中庸之道，不走极端，不会做过火的事。用孟子的话说就是——"仲尼不为已甚者"。

孟子的七篇文章里，提到孟夫人了吗？我没有发现。我倒是看到过自称"好色"的齐宣王娶了一位丑女无盐做他的王后，封她为无盐君。无盐不是她的真实名字，而是她出生和成长的地方，她真名叫钟离春，复姓钟离，名字叫春。

钟离春很不喜欢邹衍这帮人，却非常尊敬孟子。孟子当年可是明星学者，在齐国虽然其学说没有获得齐宣王的采纳，但还是被聘为稷下学宫的上卿，享受上大夫的待遇，走到哪里，都是前呼后拥、众星捧月，大学者的派头很足。"后车数十乘，从者数百人"（《孟子·滕文公下》）。没有证据表明，孟子去齐国做官时，是带着孟夫人一同去的，也没有证据表明孟子有孩子。只记得在《孟子·滕文公下》里面，孟子说到他本人对妇人的态度："以顺为正者，妾妇之道。"在《孟子·滕文公下》中孟子还引用《诗经》中赞美文王的话说，《诗》云"刑（型）于寡妻，至于兄弟，以御于家邦"，意思是说，一个男人应该给自己的妻子做出榜样，对自己的兄弟也一样，进而处理好家庭矛盾、治理好国家。

西汉刘向写了一本《列女传》，其中提到孟夫人在自家的卧室内穿得很暴露，孟子看到后一脸严肃地做圣人状，并且不肯进家门。孟子的潜台词是批评孟夫人不守夫人之礼，有诱惑老公"犯罪"的嫌疑。汉文帝时代有个叫韩婴的写了一本《韩诗外传》，对《诗经》进行了训解，其中提到孟夫人，说她有次见到老公表现得不够谦卑，接近傲慢，孟子很生气，如果不是孟母反对并批评了他，孟夫人就被休了。

俗话说，家和万事兴。这话反着说就是：万事之所以不够兴，皆因家不和。可见，"家和"对一个人的成功有多重要。无论你在外面多么风光，回到家冷冷清清，冷眼相对甚至拳脚相加，凭你有多大的学问、多高的修养，也无法快乐起来吧。孔子在《论语·阳货》中有句著名的感喟："唯女子与小人为难养也，近之则不逊，远之则怨。"意思是说，这世上唯有女子与小人最难相处，走得近吧，显得你不谦逊，疏远吧又被人家抱怨。近也不是，远也不是，真是进退两难。我想孔子突然发出发自肺腑的醒悟之语，一定遭遇了家庭矛盾，而且不止一两次，想必是在他老婆那里吃了不小的亏。可见，圣人的家庭也有一本难念的经。孔子推崇的模范夫妻相亲相爱的境界是《诗经》中的话——"夫妻好合，如鼓琴瑟"，至今还有个成语叫琴瑟和谐，形容的就是夫妻美满幸福的生活，大约源自《诗经》中的"窈窕淑女，琴瑟友之"。琴和瑟都是古代乐器，男人看到"窈窕淑女"，便弹着琴和瑟，听到这美妙如梦幻的音乐，就吐露真情说，我想和你亲近、交朋友，做我的女朋友吧。

孔子羡慕那种"夫妻好合，如鼓琴瑟"的家庭，可见圣人的家也没有"齐"好。杨志强在《呓语道破》（生活·读书·新知三联书店，2010年）一书中有这么一段话：

按林语堂在《孔子的智慧》一书中的说法，孔夫子是把夫人气跑的。孔子本人及其后的两代，他的儿子及孙子不是休妻，便是与妻子分居。他本人及大弟子曾子及曾子的门人子思，这师承的三代都不断有休妻的记录。孟子受业于子思之门人，按系谱算是第四代儒学大师（曾子是第二代，子思是第三代，孟子当算第五代——作者注），也差点把妻子休掉。这四代儒家的头面人物，其婚姻生活都不见得琴瑟和谐，世俗中的人之大伦，在祖师爷身上亦不外如是，那么，国人自古便津津乐道的琴瑟之乐，是否仅是小书生遗留在牧歌里的憧憬？

看了这段文字，也许你就明白为什么后世的儒家讲"修齐治平"把"修身"放到第一位，把"齐家"放到"治国"的前面。当然，这里的"齐家"是家族内的尊卑有序、父慈子孝、夫良妻贤、兄友弟恭、叔嫂和睦，等等，基本不涉及闺房内的琴瑟和谐。按照儒家的说法，先有夫妇然后才有父子（孝），先有父子而后才有君臣（忠），由此可见，夫妻是构成家族的单元，是家和国的基础，如果夫妻经常吵架，闹到日子过不下去的程度，那么，"齐家"就很难说做好了。

在《孟子·离娄下》这篇散文中，孟子讲到一个和夫妻有关的寓言说：齐国有一个人，家里有一妻一妾。这个做老公的男人很能装，很少在家吃饭，每次外出回来都喝得醉醺醺、吃得满嘴流油。大老婆就问他：老公，你天天有应酬啊，和什么人在一起呢？老公说，和我喝酒的，都是成功人士，要钱有钱、要权有权、要势有势，总之，都不是一般人。这个大老婆半信半疑，就把老公的话告诉了他的小老婆，小老婆也不太相信，就出主意说，你可以跟踪他，不就知道答案了？

次日，大老婆就悄悄地跟踪老公，走遍全城，也没有一个人同老公说话，更不用说请他喝酒了。走到最后，才发现老公来到东郊外的墓地，到扫墓的人那里乞讨残菜剩饭吃。一家不够吃，又东张西望地到别的地方乞讨。

答案揭晓了：这就是他吹牛说的同什么成功人士吃饭、喝酒呀！

这个大老婆回到家里，把真相告诉了小老婆听，两个人边说边抱头痛哭：天哪！我们瞎了眼，嫁了这样一个无耻的男人！这让我们将来依靠谁呀！两个人哭够了，就开始咒骂这个男人。这个男人还不知道怎么回事，打着饱嗝大摇大摆地从外面回来，对家里的两个女人吹胡子瞪眼：怎么回事，没看到我回来了吗？还不端茶来？

孟子讲的这个寓言，意思是说，有些人乞求升官发财的方法和这个齐国男人差不多，达到目的的手段让他的老婆感到羞耻和伤心。这样的男人，距离君子简直十万八千里呀。

这就是天天同"全是有钱有势的大人物"吃饭的"大丈夫"吗？丢人哪！

孟子对此比喻的结论是这样的：用"君子"的眼光来看这件荒唐事，一般世人乞求富贵的丑态，如果全程制作成录像，放给他们的妻妾看，感觉他们就像齐国男人一样啊。如果这些一心一意上爬的男人还不知道羞耻，还继续吹牛、赔笑、说假话、喝酒、拍马屁，那可真是羞耻呀。老婆受得了吗？

由此可以明白，一个吹牛的男人，做丈夫不易；做"大丈夫"，尤其不易。不易之易，这就是人生吧。

孟子讲这则吹牛丈夫的故事，比赵本山早期的小品更有讽刺意义，堪称一部精彩的人生大戏。

（二）积善之家必有余庆

古代特别强调"善"，所谓"积善之家必有余庆"。北宋有个著名的仁厚将军叫曹彬——这个名字好熟，没错，他就是奉命攻打南唐的总司令，他得知南唐后主李煜虔诚信佛，心地仁慈，他让部下发誓：攻打南京城的时候，不许杀一个人，更不许任何人奸淫抢劫。南京城被打下来了，老百姓还不知道发生了什么事。后主李煜穿着白纱衫帽，亲自带着夫人小周后向曹彬递上投降书，还不忘记礼节，叩拜如仪，曹彬也很礼貌地说，恕我"介胄在身，拜不及答"。我穿这身军装，没法跪拜还礼，请原谅我用军礼还你吧，然后很礼貌地请李煜上船品茶，还问李煜，你家有多少口人？李煜说，三百多口。曹彬对李煜说，这样吧，我专门给你派一艘官船吧，然后给你三天时间，你把家里的东西收拾好，都带上跟我进京面见皇上吧。他怕士兵不老实，抢劫李煜家的财物，就亲自带兵把守，让李煜慢慢收拾东西，三天后他把李煜家里的全部东西装上带到京城，进宫后查封财物，登记造册呈报给朝廷。曹彬这位仁将连一件宝贝也没有贪污。

善有善报，他的德惠及后代，孙女做了宋仁宗的皇后，是历史上有名的"圣后"。

善，不是好好先生，不是和稀泥，而是心存善念，慈悲为怀，有原则，有立场。好好先生没有原则，没有是非曲直，甚至黑白颠倒，这样的人孔子曾经深恶痛绝地说："乡原，德之贼也。"（《论语·阳货》）翻译成今天的话来说，意思是好好先生会对道德造成严重的伤害，要不得的。乡原，也写作"乡愿"，意思就是好好先生。孔子为什么如此痛恨好好先生？因为孔子说自己平生"恶似而非者"，厌恶似是而非，好好先生就是没有是非曲直的人。

孟子对好好先生（乡原）进一步解释，还专门下了定义："非之无举也，刺之无刺也；同乎流俗，合乎污世；居之似忠信，行之似廉洁；众皆悦之，自以为是，而不可与入尧舜之道。"翻译成今天的话，意思是说，好好先生，你如果非议他吧，还真没什么好非议的；你要讽刺他、批评他，还真没有什么好批评的；好好先生和现实同流合污，看上去好像很忠信、很廉洁；周围的人都喜欢他，他自己呢自我感觉又良好，这样的人永远不可入尧舜之道。

在我们的现实生活中，偶尔和朋友私下喝茶聊天，总会听到朋友说"某某某为人很好，年终单位的民意测验从来都是百分之百，只有那么一两次百分之九十九，但也知道是谁没投他的票，后来那个也知道错了"等之类的话。事实上，民意测验要达到百分之百很难，起码自己得投自己的票吧，一个人哪能让所有的人都满意呢？大体上能够做到孔子所说的"君子周而不比，小人比而不周"就可以了。

（三）有恒产者有恒心

"有恒产者有恒心"，这句话常被地产商拿来做广告，号召大家买房子，还抬出孟子来，说一个人连恒产都没有，怎么能有恒心呢？仿佛是没有固定产业就没有任何信心。

那么，孟子是在什么情况下说这句话的？孟子本意是不是就是地产商所说的那样鼓励买房呢？

让我们来分析一下。

首先看一下这句话的出处。这句话出自《孟子·梁惠王上》，原文是这样的："无恒产而有恒心者，惟士为能；若民，则无恒产，因无恒心。苟无恒心，放辟邪侈，无不为己。及陷于罪，然后从而刑之，是罔民也。焉有仁人在位罔民而可为也？是故明君制民之产，必使仰足以事父母，俯足以畜妻子，乐岁终身饱，凶年免于死亡，然后驱而之善，故民之从之也轻。"

这是孟子与齐宣王的一段对话，讨论的是关于固定产业与永久信念的关系，也就是经济与道德的关系。

这段翻译成今天的语言，意思是说，没有固定的产业还能心存坚定的信念，只有士大夫能够做到。至于普通老百姓，没有恒产，就没有恒心。如果没有坚定的信念，那么就会放纵、暴力、邪恶、奢侈等等，啥坏事都敢干，无所不为。等他们犯了罪，再制定法律来惩罚他们，这叫什么？这叫张开大网来捕鱼，分明是网罗、陷害百姓嘛。哪有仁德的君主在位的时候却诱惑老百姓犯罪的？因此一个英明的君主划定给老百姓的产业，一定能够确保他们对上可以养活父母，对下可以养活妻子儿女，好年成能够天天填饱肚子，坏年成不至于饿死。然后引导他们向善，这样一来，老百姓就会轻而易举地跟从你。

这段话是孟子在和齐宣王谈治国之道时说的。孟子劝齐宣王推行仁政王道，认为只有这样，才能一统天下。孟子讲的是一个重要的治国思想，就是劝国君行仁政，让百姓拥有稳定的产业和收入，这样百姓才会有信心，有稳定感和安全感，才有一定的道德观念和行为准则，从而安居乐业，国家才能稳定、长治久安。

这是一个强国之策。别忘了，孟子说这话的时代背景——战国乱世，百姓渴望稳定。让百姓有信心、有稳定感，这是国家强大的基础，否则，如果百姓穷困不堪，就难免为了吃饭铤而走险。对君主而言，让民恒心，自己才能保民而王。可以肯定的是，孟子讲这话的时候，齐国根本没有搞什么房地产开发，也不可能有大规模的"经营城市"思想，像今天的房地产市场那样，那时候根本不可能。香港作家林夕在《人情·世故》一书（广西师范大学出版社，2010 年）中有这么一段话：（香港）九龙界限街有一家别墅名为"可以居"，屋主又谦卑得极限到惹人妒忌了。跟西九的"君临天下"对比，恰如天上人间，要我报地址，说我在"君临天下"，是会脸红的。

香港楼盘倾向于卖感觉，特别是电视广告及街头广告牌，主打外国风情，仿佛普天下皆为浪漫福地，遇上地点不够高贵的，就索性不提，能蒙过去就算了。广告耍花招忽悠的现象，自然无分地段。在网上看到一段"地产忽悠大全"，讽刺售楼广告天花乱坠：偏远地点是"远离闹市喧嚣"；郊区乡镇则"回归自然，享受田园风光"；紧接闹市当然"坐拥城市繁华"；房型很烂是"个性化设计"；楼间距离小可以"邻里亲近，和谐温馨"；边上有诊所则"拥抱健康"；边上是荒草地也能"超大绿化"；附近什么也没有就号称"简约生活"……达到乾坤大挪移化境，让我们学习到怎样凡事往好处想。

孟子所处的时代，还是自给自足的小农自然经济模式，老百姓日出而作、日落而息，生存资料与生产资料还是连在一起的，老百姓赖以生存的生产资料就是土地，土地是他们的生存之本，只有公平地占有了土地，才能衣食无忧。孟子给君王推销的是自己的仁义思想，他的基本想法是，讲仁义很人性化，符合老百姓的心理欲求，符合大多数老百姓的利益，容易赢得民心，所以他说"仁者无敌"，大多数人支持，那就是统一天下，谁能挡得住正义和民心所向呢？五十二岁那年，孟子去见梁惠王，梁惠王上来就问：老头，你大老远过来，给我们带来什么好处呢？孟子对他的不礼貌也没计较，而是心平气和地说，大王何必谈利益呢？谈仁义足够了，这样的话，普天之下的老百姓都会支持你。你就能成为天下的王，像尧舜禹与夏商周的开明帝王那样，有仁人之心，成为圣王，多好啊。

在那个弱肉强食、不抢就被抢、天下逐利的时代，梁惠王也就是听听而已，没有照做。孟子又见了别的国君，还是没人听。他周游列国，五十四岁那年，到了齐国。因为他听说齐宣王刚刚上台，新官上任三把火，向新王推销应该比较容易接受吧。齐宣王对孟子这位著名的大学者很尊重，邀请他当齐国的客卿，类似一品官吧，实际上就是齐国智囊团的核心班子成员，所以孟子和齐宣王聊了很多关于治国的话题，方方面面都聊到了，包括"恒产与恒心"的话题。

孟子说"民有恒产"，这句话真实含义是让老百姓有地种，"耕者有其田"，而不是买得起房。只要有固定的土地，让老百姓有凭劳动吃饭的基本生产资料，成为有些身家、担保和质押的人，他就有了依附感，就会追求稳定，就不会乱来，就会"有恒心"。孟子在《孟子·滕文公上》里说："夫仁政必自经界始。"意思是说，仁政要从划分田界开始。划分田界，就是让老百姓有恒产，"耕者有其田"，这样可以达到基本的温饱程度。孟子还特意说："无恒产而有恒心者，惟士为能。"什么人没有恒产也能够有恒心呢？士人，就是像颜回那样"君子固穷"的读书人，一般的士，恐怕还不行。当然，像孟子本人这样的士，即使耕无其田、居无其屋、老无所养，也一样可以"穷且益坚，不坠青云之志"，像自己这样的士人，自然不在话下，可以作为特例而存在。孟子自信到把他自己抬出来表扬一番，给后人树一典型。

至于其他人，那么，没有恒产，难有恒心。假如没有恒心，什么违法乱纪的坏事都干，不畏惧干坏事，比如说会"放辟邪侈"，即放纵、欺诈、奸恶、骄奢。

孟子的精神世界

十一、孟子的养生之道

（一）养心莫善于寡欲

孟子曰："养心莫善于寡欲。"（《孟子·尽心下》）意思是说，修身养性或者说修养心性最好的方法就是清心寡欲。一个正常人不可能没有欲望，除非成了佛，但欲望得有个度，不能过，一个人的欲望太多，终日奔波。被欲望牵着鼻子走，为了金钱、为了美食、为了升迁等劳心劳神，身心疲惫，到头来，身体健康出了严重问题，纵然得到了想要的，也没有福气消受，岂不可惜？

《大学》里说："知其所止，可以人而不如鸟乎！"就是说，连鸟儿飞累了，都知道找个地方歇会儿、栖息一下，都知道停下来，为什么人竟然不如鸟呢？人的欲望弄得自己停不下来，不懂得停手。孟子曰："可以仕则仕，可以止则止；可以久则久，可以速则速，孔子也。……乃所愿，则学孔子也。"（《孟子·公孙丑上》）意思是说，该当官时就当官，该停下来时就停；能够干久就干久，不能干久，那就快点下来，别妨碍他人。这就是孔子。我的愿望就是学习孔子。

"养心莫善于寡欲"，这和道家的"少私寡欲"是一致的。放纵必致衰弱。人不能放纵自己的胃口、欲望，应该有所为有所不为。《孟子·尽心下》里有这样的话："人皆有所不忍，达之于其所忍，仁也；人皆有所不为，达之于其所为，义也。"意思是说，每个人都有他不忍心去干的事，那他推而广之到忍心做的善事上，这就是仁；每个人都有他不愿意干的事，扩大到他愿意做的善事上，就是义。

想不到李鸿章李中堂在一百多年前写的《李鸿章家书》中讲的并非了不起的大道理，而是婆婆妈妈地大讲养生保健之道，一遍遍提醒弟弟的不是要勤于读书，而是要勤于洗澡，说洗澡能去掉皮肤的污垢，让毛孔得到呼吸，血液会循环得好，等等。

一东北老人开玩笑说："自从得了精神病，感觉精神好多了。"这当然是戏说，但幽默背后透露出老人的豁达和爽朗。这种乐观的心态对健康很重要。

李鸿章

读书有三种：一种是为了学知识；第二种是为了炫耀学问，为了能够在讲坛上夸夸其谈、标新立异、哗众取宠，时不时背上几句"之乎者也"，可以在与人聊天的时候作为炫耀，就好像露出牙缝里的肉丝是为了炫耀吃过肉一样；第三种是学以致用。像孟子说的"养心莫善于寡欲"，仅仅作为知识，想背诵那可真是太容易了，不就是一句话么，但要真正领会并应用到自己的生活当中，就比较难了。曾国藩就是属于第三种人，他一生读书不辍，但用力最勤的书还是《孟子》。

曾国藩读《孟子》，那是真的喜欢，认真领会之后，他将孟子的思想和大丈夫的浩然之气等用到自己的生活中，"字字皆得之于阅历而切于实际"，"故其亲切有味"（梁启超语），这是因为曾国藩读《孟子》，不是为了作夸夸其谈的礼仪文章，而是为了质朴的持守，为了学以致用，为了在浊世中磨炼自己。所以，他对内修炼自己，修身养性，让自己沉得住气，立志成圣；对外呢，则经世济民，以成王道。

"倚天照海花无数，流水高山心自知"，这副对联正是曾国藩内心世界的写照。

这对联是在什么背景下写的呢？那是曾国藩率领的湘军打下南京之后，当时有不少部下都劝曾国藩把南京变成陈桥，要给他黄袍加身。有一天晚上，三十多位将领到曾国藩的客厅等候，说有话要说。曾国藩在卧室，听到外面吵着要见他，他心里就猜到八九分。就问身边人：九帅（曾国藩的弟弟曾国荃）来了吗？回答说，没有。曾国藩说，命他速来见我。见弟弟曾国荃来到，他这才从卧室出来，当众写下一副对联"倚天照海花无数，流水高山心自知"后，掷笔而去，什么话也没说。

众将领看了，有点头的，有摇头的，有叹息的，也有沉默不语的。曾国荃开始的时候，大发脾气，后来一脸正气凛然地对三十多位将领说，谁还多嘴？这事到此为止，我一人做事一人担。

王闿运这个人特别爱说话，心里有话藏不住，有一次，他又来劝曾国藩称帝，说了一大堆理由什么的，曾国藩一言不发，只是埋头在桌子上写一个字，哪个字呢？就是"妄"字。

后来，左宗棠还专门试探过曾国藩，他拿着自己题神鼎山一联"神所凭依，将在德矣，鼎之轻重，似可问焉"，通过胡林翼转送曾国藩，看看有什么地方需要删改的。胡林翼看了，一字未改，直接送给曾国藩。曾国藩看了，提笔将"似"改为"未"，然后退回。他想通过改动这一个字，来表明自己未有问鼎之意。所以，打下南京之后，曾国藩自削羽翼，自请将湘军裁撤，代奏其弟曾国荃回籍养病。

历史上，那些因为功高震主、才大难封的人不知道有多少，像韩信这样的自信之人又不知道有多少，曾国藩避免了自己陷入这类人物的悲剧性命运中。虽然，朝廷当时羸弱不堪，孤儿寡母在苦苦支撑行将破碎的江山，但曾国藩始终心存敬畏，唯命是从。

要知道，在晚清，用人有一种奇怪的逻辑，反其道而行之，用其短而避其长。让书生去办军事，然后再治其罪。从咸丰到慈禧都好这一口，这样陷人以罪是最好的排除臣子的方式。比如，在中法战争中，慈禧就故意派不懂军事的纯粹的文人张佩纶、陈宝琛帮办军务，张佩纶自然兵败然后顺理成章地被治罪，陈宝琛干脆自动离开朝廷，借口给母亲丁忧回老家了。这一丁忧就是二十多年。

即使在这种奇怪的用人政策下，也有曾国藩这样极端的少数能文能武的幸运者，艰难闯关，成功转型。为什么呢？我想这多半是因为曾国藩熟读《孟子》，并将孟子的理想、信念用之于实际生活，从而能够挥洒自如地应付各种欲望膨胀的考验。

古往今来，多少人为了能当皇帝，杀得红了眼，连父母都不认了，但曾国藩在功劳最盛的时候仍然保持清醒的头脑，心不为所动，他牢记了孟子所说的"养心莫善于寡欲"。孟子还说："我四十不动心。"（《孟子·公孙丑上》）意思是，我四十岁以后，面对物欲横流的世界，心就能够做到不为所动了，无论是金钱、权位、虚名、淫威还是女色，都无法诱惑我了。"学问之道无他，求其放心而已矣。"（《孟子·告子上》）

（二）环境对人健康的影响

除了上述所说之外，居住环境对人健康的影响也很重要。我们知道，孟子父亲死得早，他从小就跟着母亲生活，这个孟母就极其重视外部环境对一个孩子健康的影响，甚至不惜多次搬家，为了就是让孩子有一个好的环境学习和成长。母亲的"居处环境影响论"一直在影响着孟子的哲学思想，成了大学者之后的孟子，仍然十分重视居处环境对人的影响。在《孟子·尽心上》里有这么一段话：

孟子自范之齐，望见齐王之子，喟然叹曰："居移气，养移体，大哉居乎！夫非尽人之子与？"

孟子曰："王子宫室、车马、衣服多与人同，而王子若彼者，其居使之然也：况居天下之广居者乎？鲁君之宋，呼于垤泽之门。守者曰：'此非吾君也，何其声之似我君也？'此无他，居相似也。"

这段话，用今天的话来说，就是孟子从范邑回到齐国的都城，大老远就看到齐王的儿子，于是长叹一声说："居住环境改变人的气质，工资待遇（奉养）改变体质，环境对人影响太大了！同样是人的儿子，齐王的儿子怎么那么特别呢？"

孟子说："王子的住所、车马和衣服，和其他人一样，但王子却看上去与众不同，为什么？居住环境让他成为这样的。何况居住在'仁'这个最广阔地方的人呢？鲁国的国君到宋国去出访，在宋国的东南城门下面喊话，守城的人奇怪地说：'这个人不是我们的国君，为什么说话的声音和语调和我们宋国的国君如此相似呢？'没别的原因，居住的环境差不多嘛。"

孟子讲两个事例，目的无非是用来说明环境对人的影响。他把齐王子异于人的气度的原因，归结为"居使之然也"。聪明的地产商看了孟子这句话，如果拿来做广告语，肯定比什么"王者花苑"、什么"君临天下"好得多。

"居移气，养移体"，居住的地方能够改变一个的气质和气度，而善于养生则能改变一个人的身体健康情况。所谓屁股决定脑袋，一个人居住的地方变了，位置变了，官位升了，看人的眼神也会变，气度也会随之改变的。养生的方式方法变了，身体也会起微妙的变化。

（三）孟子的知言养气

（公孙丑曰：）"敢问夫子恶乎长？"

曰："我知言，我善养吾浩然之气。"

"敢问何谓浩然之气？"

曰："难言也。其为气也，至大至刚，以直养而无害，则塞于天地之间。其为气也，配义与道；无是，馁也。是集义所生者，非义袭而取之也；行有不慊于心，则馁矣。我故曰：告子未尝知义，以其外之也。必有事焉，而勿正，心勿忘，勿助长也。无若宋人然。宋人有悯其苗之不长而揠之者，芒芒然归，谓其人曰：'今日病矣，予助苗长矣！'其子趋而往视之，苗则槁矣。天下之不助苗长者寡矣。以为无益而舍之者，不耘苗者也；助之长者，揠苗者也——非徒无益，而又害之。"

"何谓知言？"曰："诐辞知其所蔽，淫辞知其所陷，邪辞知其所离，遁辞知其所穷。——生于其心，害于其政；发于其政，害于其事。圣人复起，必从吾言矣。"

（《孟子·公孙丑上》）

这一段文字是孟子"知言养气"说的集中表达。翻译成今天的话，意思是，公孙丑问："斗胆问一声，先生您的长处是什么？"

孟子说："我擅长辨析言辞，我善于培养我的浩然之气。"

公孙丑说："请问什么叫作浩然之气？"

孟子说："这个，还真说不清楚，只可意会，不可言传。它吧，作为一种气，是极强大、极刚健的，用正义来培养它而不要伤害它，就能充塞于天地之间。同时，它作为一种气，是和义、道相配的；否则的话，没有义与道，它就疲软了、泄气了。它是义积累到一定程度就出现的，而不是义从外面偷袭而进入内心世界。一个人的行为有不能让心满意的，它就疲软了。因此，我说，告子不知道义，就因为他把义当成外在的东西了。浩然之气的养成，一定有事要做而不是停止，心里不要忘记它，但也不能着急，不要人为地去助长。不要像那个可笑的宋国人那样，去做愚蠢的拔苗助长的事。嫌苗长得慢，就去人为地拔高，还对家人炫耀说，'我今天累坏了，我帮助禾苗长高了！'他的儿子跑到地里一看，禾苗已全部死了。天下人不犯这种拔苗助长错误的是很少的。认为养护庄稼没有用处而不去管它们的，是只种庄稼不除草的懒汉；一厢情愿地去帮助庄稼生长的，就是这种拔苗助长的人——不仅没有益处，反而害死了庄稼。

公孙丑又问："怎么样才叫知言？"

孟子说："我听到偏颇的言辞，就能知道它在哪个方面被遮蔽了：过分的言辞，知道它陷入什么泥淖不能自拔了；邪僻的言辞，知道它在哪儿偏离了轨道、违背了什么道理；搪塞的言辞，知道它在哪儿理屈而词穷。言辞的得失、对错，都是从心而生，却危害政治；体现于政令上，就会危害到所做的事情。如果圣人能够死而复生，一定会赞同我所说的话。"

我之所以把这段话挑出来讲，是因为孟子的"知言养气"说，对中国知识分子的影响太大，尤其是对文气、骨气、勇气、自然灵气以及千百年来中国知识分子的豪迈之气，产生了非常大的影响，甚至影响了从孟子以来的一代又一代学人、作家气势磅礴的文风。这种风格，源于孟子人格修养的力量，源于"我善养吾浩然之气"的不懈的气脉。我们常说把知识分子身上的那股"气"传下去，一代又一代地传下去。这是一股什么气呢？是一种至大至刚、充塞于天地之间的"浩然之气"。孟子的浩然之气，其特点就是重道德、讲仁义。具有这种"浩然之气"的人，不是软骨头，不是老好人，而是"富贵不能淫，贫贱不能移，威武不能屈"的大丈夫，是一种气概非凡、刚正不阿的正人君子，即使面对强者，也有一种凛然不可侵犯的正气，所谓"君之视臣如手足，则臣视君如腹心；君之视臣如犬马，则臣视君如国人；君之视臣如土芥，则臣视君如寇仇"。这样的人，鄙夷物质贪欲，无私无畏，气盛言宜，"说大人，则藐之"（《孟子·尽心下》），这样的人写出的文章激越犀利，气势充沛，气势磅礴，若决江河，沛然莫之能御，正如苏辙所说："今观其文章，宽厚宏博，充乎天地之间，称其气之小大。"（《上枢密韩太尉书》）

孟子所讲的儒家养气法，就是让人胸怀坦荡、心底无私，而不是佛道两家的"万虑皆空"。孟子所说的"养气"，是让人按照天赋本心（性善之心），对仁义道德经久不懈地自我修养，慢慢培养，不要拔苗助长，"权，然后知轻重；度，然后知长短"，久而久之，这种气就会由外向内自然养成，从而升华出一种至大至刚、充塞于天地之间的"浩然之气"。具备这种气的人，就会有一种"君子不怨天，不尤人"的胸怀，就会自觉地养成"非礼之礼，非义之义，大人弗为"的君子情怀，就会有"人皆可以为尧舜"的自信，说话、行路、表情都有异于常人的气质，就连眼神都和常人不一样。孟子曰："存乎人者，莫良于眸子。眸子不能掩其恶。胸中正，则眸子瞭焉；胸中不正，则眸子眊焉。听其言也，观其眸子，人焉廋哉？"（《孟子·离娄上》）

那么，孟子所养之"气"究竟是什么东西？充满神秘色彩，他说语言表达不清楚，"难言也"。尽管说不清楚，孟子还是说了，至少描述了。"其为气也，至大至刚，以直养而无害，则塞于天地之间。其为气也，配义与道；无是，馁也。"焦循认为，"以直养"就是"以义养"，"直即义也。缘以直养之，故为正直之气，为正直之气，故至大至刚"（《孟子正义》，中华书局，1987 年）。

"以直养而无害"，到底是什么意思呢？直就是义，孟子讲的"无害"是什么呢？就是不要加以伤害，不要人为地用外力去"帮助"它，让这"气"自然而然、水到渠成，读书多了、修养高了，自然就有这"气"，千万不能拔苗助长，那样的话，只能危害"养气"。毛奇龄对"无害"是这样解释的："无害者，不助长也。以助长则非徒无益而又害之也。"（《逸讲笺》山东齐鲁书社，1997 影印本）

"配义与道"是什么意思呢？毛奇龄解释说："配义与道，正分疏直养。无论气配道义，道义配气，总是气之浩然者，藉道义以充塞耳。无是者，是无道义也。馁者，是气馁，道义不能馁也。"（《逸讲笺》）董洪利在《孟子研究》（江苏古籍出版社，2000 年）一书中说，从孟子的描述和诸家的解释中，我们可以感受到孟子的气并非神秘得难以捉摸，它其实就是以儒家道德观念为核心的人的主观精神气质。这种精神气质只有在不断加强主观道德修养的基础上才能产生，而且修养愈深，其气愈盛，一旦失去了道德的内涵，其气就会"馁也"。由此可见，"养气"最根本的内容就是修养心性道德。

"文以气为主，气之清浊有体，不可力强而致。"（《典论·论文》）这话是曹操的儿子曹丕说的，我们现在说的"文气"这个词很可能就来自曹丕——他把孟子的"养气"说引用到文学写作领域，以气来品评作家及其文章。"文气"是什么呢？精神气质嘛。曹丕说的"不可力强而致"和孟子的"以直养而无害"，是一个意思。

曹丕之后，《文心雕龙》的作者刘勰专门撰写《养气》篇，论述作家的精神修养及个性气质，并提出了"风骨论"。钟嵘在《诗品》中把"气"作为评说一个诗人的重要标准，说张华的诗"恨其儿女情多，风云气少"，刘琨的诗"自有清拔之气"，曹植的诗"骨气奇高，词采华茂"，刘桢的诗"仗气爱奇，动多振绝。真骨凌霜，高风跨俗，但气过其文，雕润恨少"，郭泰机的诗"气调警拔"，等等。

董洪利在《孟子研究》一书中还说，曹丕、刘勰、钟嵘的气论，虽然都是由孟子的"养气说"发展起来，但其内容却与"养气说"的本来意义并不完全一致。孟子的"气"是指以儒家道德观念为核心的人的精神气质，而曹丕等人只强调了作家的精神气质，至于这个气是以儒的道德观念为核心，还是以其他什么观念为核心，他们并未论及。因此曹丕等的"文气论"主要是在形式上继承了孟子的"养气说"，而本质上却没有多少联系。直到唐代的韩愈，才开始从本来意义上继承和发展了孟子的"养气说"，把儒家的道德观念视为文学之道的根本。

韩愈认为，气与言的关系如同水与浮物的关系一样，水大而物浮，气盛则言宜。而要做到"气盛"，必须从加强儒家道德修养这个根本做起。韩愈说，只有"行之乎仁义之途，游之乎诗书之源，无迷其途，无绝其源"（《答李翊书》），只有从根上修养仁义道德，才能使气盛而言宜。

苏辙认为，文气的修养应该从两个方面来进行：一是孟子式的以思想道德为核心的养气，可以使文章宽厚宏博、气势雄伟；一是司马迁式的浸染世界万物的自然灵气，学习燕赵名士的豪迈之风，可以使文章疏荡瑰丽、气势奇峻。

说到这里，不得不说一下台湾张庆祥先生对孟子"心气说"的新解。在《黄庭禅：心即是气》（百花洲文艺出版社，2010 年）一书中，张庆祥这样说："孟子的'心气说'这短短三百多字的文章，最有价值的地方，是他直接道破了千古以来，修心史上最大的盲点所在，那就是'烦恼挂碍与心头微微的气机起伏有密切的关系'。""以直养而无害，则塞于天地之间。"张庆祥先生说，把"直"解释成不弯曲、不造作。这"气"它本自具备长养与净化的功能。只要任由这气的自在天性去发挥着，去造化着，便可得到无尽的本性之益，这就叫"直养"。

这恐怕值得商榷。

孟子所处的时代，太糟糕："争地以战，杀人盈野；争城以战，杀人盈城。"（《孟子·离娄上》）这是战争的威胁，还有恶官呢，"民之憔悴于虐政，未有甚于此时者也"（《孟子·公孙丑上》）。

孟子描述的理想社会生活不过是"五十者可以衣帛""七十者可以食肉""八口之家可以无饥"，处在那样一个时代的孟子是不太可能琢磨如何"养气"没有烦恼、如何"扫三心飞四相"、如何安心的，毕竟他不是道家，更不是佛家。他琢磨的是如何"施仁政，行王道"。他主张"以德服人"，反对暴力治国，认为只有用"德"才能使人"心悦诚服"。"民重君轻"是他"仁政"学说的重要组成部分，"民为贵，社稷次之，君为轻"，把人民放在第一位。

接下来，我们说说孟子的"知言"。"知言"就是辨别是非、真假、善恶的能力。孟子的意思是，首先自己得是个有是非的人，才能分辨出什么话是对的，什么话是错的。如果自己是个稀里糊涂的人、是非不分的老好人，那好话、歹话对他其实都一样，分辨不出来的。元代许谦说"知言即知道"，心通乎道，要做到"知言"，首先应该"知道"——这个"知道"，当然不是今天所说的懂了、明白之类的"知道"，而是知晓正道。做到这一点，必须多读儒家的经典书、提升修养，学会反省内求的方法"尽其心，知其性"，有羞耻之心。

孟子在《梁惠王下》篇中专门谈到一个领导人怎么"知言"，哪些话可以听，哪些话不能听、不能信。

王曰："吾何以识其不才而舍之？"

曰："国君进贤，如不得已，将使卑逾尊，疏逾戚，可不慎与？左右皆曰贤，未可也；诸大夫皆曰贤，未可也；国人皆曰贤，然后察之；见贤焉，然后用之。左右皆曰不可，勿听；诸大夫皆曰不可，勿听；国人皆曰不可，然后察之；见不可焉，然后去之。左右皆曰可杀，勿听；诸大夫皆曰可杀，勿听；国人皆曰可杀，然后察之；见可杀焉，然后杀之。故曰，国人杀之也。如此，然后可以为民父母。"

这段话翻译过来，意思是说，齐宣王问："我根据什么识别他无用而舍弃他呢？"孟子说："国君选拔有本事的人，如果遇上不得已的情况，就可能使得卑贱者位居尊贵者之上，疏远者位居亲近者之上，这种事，可以不慎重吗？大王左右亲近的人都说他好，不可以立刻举用；朝中各位大夫都说他好，不可以立刻举用；全国的人都说他好，这样的人可以考察；发现他确实好，就可以用他。左右亲近的人都说他不好、不可用，不要听；朝中各位大夫都说他不可用，不要听；全国的人都说他不好、不可用，这样应该考察他。发现确实是不可用，就及时撤换他。左右亲近的人都说他该杀，不要听；朝中各位大夫都说他该杀，不要听；全国的人都说他该杀，这样的人就应该考察。如果发现他确实该杀，就应该杀掉他，所以说，这是全中国的人杀死他的。这样的人，才可以做百姓的父母官。

（四）孟子的养生术：仁义者寿

孟子活了八十四岁，比孔子多活了十一年，别说在那个缺医少药的时代，即使在今天，也算是长寿了。那么，孟子是如何养生的呢？

我总结了一下，大概有以下几点：

第一，寡欲。孟子说："养心，莫善于寡欲。"（《孟子·尽心下》）意思是说，调养身心没有比寡欲更好的了。请注意，孟子说的是"寡欲"，而不是无欲，是节制自己的欲望。正常的人不可能没有欲望——起码人人具有求生的欲望。有欲望，但不能过度，得学会节制。只有节制自己过度的欲望，才能更好地守精固本，蓄养好元气，从而达到延年益寿的目的。

没有欲望的人就是佛了。没有欲望，就等于完全地放弃做人的乐趣，放弃人伦之乐，彻底摒除生理需求。

养心，修养内心，让内心宁静的最好办法，就是不要太贪心，要减少欲望。该放的想法放一下，量力而行。无论是生活还是工作，或者是饮食，都不要纵欲，放纵自己的欲望就不是"寡欲"了，而是多欲了。比如说，甜食好吃，就一直吃，天天吃，久而久之，就可能吃出糖尿病来。

寡欲之外，还要修德。修成什么境界呢？"品德高尚""善养成德"——《广嗣纪要》一书中两大要旨，就是这两样。

《周易》中说：江河湖泊中的水满了怎么办？需要高筑堤坝，防止水蔓延。水满了但是没有溢出，内心感觉比较满意。但是，如果眼前总有危险，心中经常随着危险在提心吊胆，那么，这个时候，就必须意识到节制的意义，节制非常重要。

如果与此相反，水因渐渐渗透而导致干涸。困在低谷中还感觉挺高兴，就会导致困境的加剧，纵然有扁鹊这样的名医，恐怕也救不了。生存，是人人在求的，求生的欲望比什么都强烈。死，令人厌恶，有什么比死更令人厌恶的呢？但如果沉迷于声色犬马、纸醉金迷之中，人心受到了蛊惑，行为变得荒唐、怪异，那样的话，即使有生的希望也会放弃，有死的威胁也不会躲避。

第二，与人为善。善是一种由内向外自然而然生发的力量。"修其身而天下平"的"修"就是以修养身心的道理和方法来治理国家。即孟子所提倡的：要保养良心，减少私欲；先正己而后正人，要与人为善；要交品德端正之友；要守分安常，不忧穷困；要"苦其心志，劳其筋骨"；少说话，不自满；要与民同乐，与人共享音乐的快乐；要有恻隐之心、羞恶之心、恭敬之心、是非之心。

"富润屋，德润身，心广体胖。"（《大学》）与人为善，心存善念，就会乐观豁达，神态安定，意志坚强，行事光明正大。

第三，乐观豁达，永远有赤子之心，永远有乐天知命的达观。年龄不同、体力也不同。在网上看到一位网友的总结："年龄在四十至五十岁的人，身体各个器官，不适合过重的体力劳动；年龄超过五十岁的人，气血两虚，注意保暖是必须的；年龄七十岁左右的人，应该吃些易消化的食物，以免增加胃肠负担。君仁德则少战争徭役，民仁和则社会安定；就可使百姓得养而寿延，国君无所忧虑，形神得养，尽度天年。"

他的仁义者寿，正是举国同寿的美好理想。

孟子在《梁惠王上》中劝齐宣王推行仁政："王如果推行仁政，不妨从根本上做起。具体地说可以这样：五亩大的院子，让老百姓种桑树，五十岁的人在冬天就可以穿上棉袄了，还是丝做的。像鸡啊狗啊猪啊之类，让它们自然生长，七十岁的老人就可以吃上肉了。一百亩大的田，只要别去扰民，让农民适时耕种，保证八口之家的人都饿不着。你想想看，老人有棉衣穿，有肉吃，百姓不饿肚子，天下不来归服，是从来没有过的事。"孟子的意思，再直白一点说，王如果仁的话，就没有那么多战争徭役了；民仁的话，那么社会不用"维"自然"稳"。老百姓活七十岁还能吃上肉，天下太平，王无所忧虑，尽可以享清福，尽度天年。举国同寿，多美好的事啊。

孔子说"知（智）者乐，仁者寿"，据此，后人把孟子上面这段话延伸到养生方面，总结出四个字，即"仁义者寿"。

有人问了，孟子这里并没有说"义"啊。下面我们简单地谈一下孟子的"义"。

仁者的最高境界是什么？是不忧，没有忧患意识，怕什么呢，天塌下来有地撑着呢，非常豁达。孔子说，"知（智）者不惑，仁者不忧，勇者不惧"（《论语·子罕》）。

到了孟子，他干脆把仁和义并列，放到同等重要的位置。前面我们提到过，孟子在解释什么叫"浩然之气"时这样说："其为气也，配义与道。无是，馁也。是集义所生者，非义袭而取之也。行有不慊于心，则馁矣。"（《孟子·公孙丑上》）孟子强调，气不能离开义与道，离开义与道，气就萎缩了，蔫了。

怎么理解这个"义"字呢？义者，宜也。就是做你应该做的事，做适宜的事，不适宜的不叫"义"。唯有适宜了，才具有正当性。适宜，就是掌握分寸，把握尺度，过犹不及。啥是适宜的事？这需要你慢慢地沉淀、体会，今天适宜的明天不一定适宜；人家做了适宜，你做了不一定适宜。慢慢累积"义"，很自然地就养出来一种浩然之气，遇事不乱的气。所以说，体会好"义"字就是一种智慧。孟子说，自己养成了天地之间的浩然之气，既有心上的仁，又有行动上与时俱进的义，知道如何变通，如何走好下一步，所以内心世界快乐而自信。

孟子享年八十四岁（比孔子多活十一岁），在"人生七十古来稀"的古代，算长寿了。孟子为什么能够长寿？乐天知命的人生态度，"古之人得志，泽加于民，不得志，修身见于世。穷则独善其身，达则兼济天下"（《孟子·尽心上》），乐观豁达、快乐自信的性格，永远有赤子之心，这无疑是重要因素。

第四，养气。孟子承认"气"是人生命的根本，"气，体之充也"，气足则身体硬朗，"如欲平治天下，当今之世，舍我其谁也"。孟子的中气很足，否则他也不会说出"如欲平治天下，当今之世，舍我其谁也"（《孟子·公孙丑下》）"望之不似人君"（《孟子·梁惠王上》）之类的话来。

气和志是密不可分的，气足则志强，孟子说得好："夫志，气之帅也。"（《孟子·公孙丑上》）一个胸怀坦荡的人，才能使气保养充盛；反之，就会亏损，虚耗其气。

孟子主张要养气，"富贵不能淫，贫贱不能移，威武不能屈"，是养浩然之气的最好方法。即使自己的观点和主张暂时得不到大王的重视，也没有关系，保持乐观的态度，选择继续等待。

十二、孟子的教育之道

（一）孟子论教育：有仁有义

顾明远教授主编的《教育大辞典》（上海教育出版社，1990—1992 年）中讲到了："在中国，教育一词最早见于《孟子·尽心上》'得天下英才而教育之，三乐也'。"董纯才、刘佛年、张焕庭三位同志为《中国大百科全书·教育》撰写的序文，也提到了"教育一词，在中国最早见于《孟子·尽心上》'得天下英才而教育之，三乐也'"。

虽然孟子在仕途上不得志，游说一生，也没有见哪个诸侯肯听他的话，实施仁政。但他后来从事教育实践，并通过自己亲身的实践，总结了许多独到的教育理论。

孟子是个文学家、思想家，也是一个了不起的教育家。他把"得天下英才而教育之"视为君子"三乐"之一。请注意，孟子把教育看成一件"乐"事，这个"乐"有两个方面：一是教育者感觉到快乐，第二是学生也感到快乐，而不是相反。如果学生对老师、对学校本能地产生了反感，不想上学，不想听老师的课，那么这样的教育就是失败的。无论你怎么强迫学生去学校，无论你怎么强迫学生学习知识、死记硬背，效果都不可能好。美国哲学家怀特海（1861—1947）说过这样一段话："非到课本遗失，笔记焚毁，你为了准备考试而记在心中的细节全都忘记，你之所学才是你真正的收获。"在怀特海看来，教育应该配合学生的成长阶段，比如说，小学生应该注重体育和美育，让他们身体健康心灵和谐。到了中学阶段，应该埋头趴在课桌上读书了，因为智育如果没有打下良好的基础，那么，这将导致他的一生都无法对语文和数学感兴趣。到了大学，就应该尝试着把生命扩大，让他们多接触人群、社会、历史和文化等等，培养他们的责任感。

教育教育，既要有"教"也要有"育"。"教"就是教书，传授知识，"育"就是育人，在道德方面引导和感染学生。儒家主张教化来改造人，儒家学派的主要教化方法是宣传、研究政治和道德学说，目的是介入政治，培养有道德、有能力协助统治者治理国家的"君子"或者说"贤士"。他们说这个那个理论，无非是围绕着两个方面来说的，一是政治，二是道德，这两者是相辅相成的关系。孔子主张用道德教化来治理国家，即所谓"为政以德"（《论语·为政》），而不是法家的以严酷的律法来治国。教育方面重视道德观念，主要就是两个方面，即"仁"和"礼"，除此以外，又增加了忠、孝、信、义，这大约就是后世儒家总结的"仁、义、礼、智、信"。

孟子的教育思想全盘继承了孔子，但孟子所处的战国初期和孔子的春秋末期在形势、情形等方面都变化了，所以孟子的教育思想和孔子的侧重点也不一样了。孔子哀叹"礼崩乐坏"，就很重视"礼"，主张恢复周礼，目的是想通过道德力量来恢复周朝奴隶制时代的等级制度，只有维护了等级制度，让大家学礼、懂礼、守礼，社会才能恢复良好的秩序。孟子也讲"礼"，但"礼"的内涵已经变化，由等级制度的道德规范变为人际关系、社交方面的礼节。孟子的"礼"，成了社交礼仪了。孟子事实上抽空了孔子最为强调的"礼"，事实上用"义"来取代了"礼"，把"义"放在比"仁"更重要的位置。

孟子教育思想的核心就是两个字："仁""义"。怎么理解这两个字呢？孟子说："仁，人之安宅也；义，人之正路也。"（《孟子·离娄上》）意思是说，"仁"是人类安居的房子，"义"就是人生的道路—正确的道路。

那么什么是正路呢？很简单，符合仁义就是正确的，违背仁义就是错误的。"居仁由义，大人之事备矣"（《孟子·尽心上》），有仁有义，这在品格上就是大人了。如果不能这样怎么办呢？孟子说"吾身不能居仁由义谓之自弃也"（《孟子·离娄上》），那就是小人，就是自我抛弃，就是破罐子破摔。

简单说，孟子的教育思想就是仁义教育，内容包含两个方面：

第一个方面是，照顾好自己的亲人，这就是仁；尊敬长辈、听兄长话、不要背叛自己的领导，这就是义。孟子的原话是这么说的：

亲亲，仁也：敬长，义也。（《孟子·尽心上》）

仁之实，事亲是也；义之实，从兄是也。（《孟子·离娄上》）

未有仁而遗其亲者也，未有义而后其君者也。（《孟子·梁惠王上》）

第二个方面是，有同情心，有羞耻心。人要知耻改过，没有羞耻心，那是最无耻的人。"人不可以无耻，无耻之耻，无耻矣。"（《孟子·尽心上》）孟子说，人和禽兽的区别就是人有恻隐之心，也叫不忍之心，禽兽则没有。"人皆有所不忍，达之于其所忍，仁也；人皆有所不为，达之于其所为，义也。"（《孟子·尽心下》）

（二）孟子的奇怪教学法：我不屑于教你

在教育方法上，孟子除了继承了孔子的因材施教、以身作则之外，还提出了学生要勤于思考、专心致志、言近旨远。因材施教、以身作则、勤于思考、专心致志这些都好理解，"言近而指远"有必要解释一下。孟子在《孟子·尽心下》里说："言近而指远者，善言也；守约而施博者，善道也。君子之言也，不下带而道存焉；君子之守，修其身而天下平。"意思是说，一个老师要用极浅近的语言，来阐述深奥的道理；遵循的道理很简单、很清楚，但是，实施起来却有广博的效果。这才是高手。君子教育人，就拿眼前的最常见的事情来说事，一样能讲出大道理。高手都是能把复杂的问题讲明白。君子守道，修身，天下自然太平。

在教学方法上，孟子和孔子最大的不同之一恐怕就是"不屑一顾教学法"。孟子在《孟子·告子下》中说："予不屑之教诲也者，是亦教诲之而已矣。"

什么意思呢？用今天的话来说，就是我不屑于教你，这也是一种教。这话说得太牛了、太不可思议了。今天的老师们，这招可不能随便拿来模仿，你敢对学生说"我不屑于教你，也就是教你"试试，学生会感觉自尊心很受伤，会感觉自己被歧视，不到学校领导那里告你才怪。

大家不要误解了孟子，孟子的意思是说，对于个别根本就不想上学、完全是被家长逼着来学校的学生来说，对于那些目空一切、严重看不起老师的学生，不屑于教育他们、拒绝"对牛弹琴"，让他自己反省、领悟，老师为什么不理我、为什么不肯教我呢？我哪里错了？这办法应该比耳提面命、强行灌输的效果要好。

具体点来说，哪些学生不屑于教呢？请看孟子在《孟子·尽心上》中的一段话：

公都子曰："滕更之在门也，若在所礼，而不答，何也？"

孟子曰："挟贵而问，挟贤而问，挟长而问，挟有勋劳而问，挟故而问，皆所不答也。滕更有二焉。"

滕更是谁呢？是滕国君主的弟弟，这样一个"王爷"慕名来拜孟子为老师，孟子却不屑于教他。真够牛的。

为什么不屑于教他呢？孟子给自己定了五条原则，符合其中任何一条的，都不屑于教。

第一，仗着自己高贵；第二，仗着自己有才；第三，仗着自己年纪大；第四，仗着自己有功；第五，仗着自己是老朋友。这五种情况，孟子都不屑于教育他们。他们来请教孟子，孟子统统不回答。

孟子果然自信。

教育工作者应该知识渊博，要想教给学生一杯水，老师肚子里得有一桶水。

教书育人，要求既要传播知识，又要有比较高的道德修养来影响学生，对一个

"博学而详说之，将以说约也。"（《孟子·离娄下》）意思是说，老师知识渊博，融会贯通后，将复杂的问题简单化，深入浅出，越简单越好。孟子在《孟子·公孙丑》里还说："子贡曰：'学不厌，智也；教不倦，仁也。仁且智，夫子既圣矣。'"意思是说，子贡说，学生学不厌，是智；老师教不倦，是仁。既有仁又有智，就是我们的老师孔子了。

教育方法各有不同，但孟子主张的是仁义教育，仁义教育强调的是一种"乐"，那种残忍式的、强迫式的、灌输式的、填鸭式的，都不是好的办法，因为不能激发学生的乐趣。

我们认为，生活中遇到一些不平事，常常控制不了情绪，想"理论"、想发火，太太送了我一句话"你敢骂我，我就睡着"，每每想起，所有的不平就自然化解于无形。但是，看了下面的报道，我还是忍不住"有话要说"，虽然没有人骂我，但我觉得比挨骂还要难受，我实在无法"睡着"。

"作业没做完就不能睡觉，作业写得不好，被脱掉上衣，露出后背挨鞭子。另外，说脏话得吃辣椒，不讲卫生要尝黄连……几番回合下来，灵灵乖乖就范。"杭州有个"西点男孩训练中心"，很受一些家长的追捧。一位家长的"郑重声明"是："放心打，大胆打！"该中心的创办者则表示："该要挨鞭子的时候就是要挨，大人犯错误了可以扣工资、下岗、判刑，孩子犯了错误也应该受到惩罚。（2006年6月20日《中国青年报》，作者：董碧水《男孩教育，"不打不成器"？》）

这样的情形，很容易让人联想到郑海现——郑海现是谁？郑海现曾经是一个三岁孩子的父亲，他因信奉"不打不成器"的教条，竟失手将孩子活活打死。我们的传统文化有很多精华，但也有一种很可怕的东西——一种反人性的东西，鲁迅先生称为"吃人"。表现在现实生活中，就是我们经常听到的"打是亲，骂是爱，不打不骂是祸害"之类的口头禅。上面这种残酷的摧残"教育"竟然被冠之以"西点"——大约是传说中的美国西点军校。西点军校是否真的"以体罚残酷而著称",我没有调查过,不得而知,这个培训中心的负责人也未必真正去过。即使西点真的这么做,我们是否就可以这么顺理成章地照搬?这些可都是未成年人啊!"吃辣椒,尝黄连"算什么教育?对付孩子,除了棍子、鞭子,就没有别的招儿了吗?《未成年人保护法》第二十一条规定:"学校、幼儿园、托儿所的教职员工应当尊重未成年人的人格尊严,不得对未成年人实施体罚、变相体罚或者其他侮辱人格尊严的行为。"如果这种摧残是被允许的,那还要《未成年人保护法》干什么?

如果说西点的鞭子只是摧残了孩子身体的话,那么还有一种"生当作人杰"式的竞争摧残更加可怕。据《北京晨报》报道,八岁进入中国杂技团、从事了二十年杂技表演的金奖杂技演员小静(化名),因为表演高难度动作"花盘小顶倒下",腰椎意外损伤致残,但杂技团未付医药费,并将她提前解聘。

据说杂技是一门古老的艺术,是民族的瑰宝。我不怀疑这种说法,但我没有想到"古老的艺术"的背后是小静们这么残酷的训练和淘汰机制。据报道,小静八岁即被选进中国杂技团做演员,而且是主力演员,为中国杂技团带来了巨大的荣誉和利益,可是看了报道,不能不辛酸:我宁愿不要看这样的高难度动作。高强度的训练背后是残酷的淘汰机制。一个八岁的孩子,在给成年人带来快乐的同时,自己却在台后默默地流泪,甚至丧失了做孩子的权利。

在文明社会里,每一朵花儿都有享受阳光的权利。夺下"西点"的鞭子,停止摧残孩子吧。因为这样的所谓教育实在太违背人性,只能让孩子的身心健康受到不良的影响。

孔子是个优秀的教育家,他主张"循循善诱",对待学生像春风化雨一般,而不是秋风扫落叶似的无情。

和孔子"循循善诱"的教育方法不同,孟子鼓励学生大胆怀疑,不要迷信所谓专家、权威。在《孟子·尽心下》里,孟子说:"尽信《书》,则不如无《书》。"

孟子鼓励学生独立思考，由"疑"到"思"是一个进步，不疑则不思。

（三）不怕挫折和打击

孔子周游列国十四年，回到鲁国，已经是一个快七十岁的老人了。回到鲁国，得知夫人已经在一年前去世了，他唯一的儿子孔鲤也在他七十岁那年去世，终年五十岁。

俗话说，人生有三悲：早年丧父，中年丧偶，晚年丧子，孔子在人生的三悲中就占了两悲。不久，被他视为儿子的颜回也死了。孔子哭着说：天灭我，天要灭我啊！

一百年之后，在思想上一直追随孔子的孟子说了这样的话："故天将降大任于斯人也，必先苦其心志，劳其筋骨，饿其体肤，空乏其身，行拂乱其所为，所以动心忍性，曾益其所不能。人恒过，然后能改，困于心，衡于虑，而后作。"（《孟子·告子下》）

这句话，有两层意思，一是面对挫折，不要怕；面对眼前的困境，不要泄气，不要灰心，看成上天对自己意志的考验，要百折不挠地往前看，无论多难，要看成对自己的考验。现在的部分孩子，就是太缺乏历练，一点苦吃不了，将来如何面对这个激烈竞争的社会呢？和孔子勉励人们持之以恒心、杀身成仁的思想差不多，孟子还勉励人积极进取、舍生取义。

另一层意思是，历史上不少伟大的人物，在成功之前，都受到过这样那样的磨难和考验，所谓"自古雄才多磨难，从来纨绔少伟男"。

就说孔子吧。周游列国的路上，有一次，孔子带着弟子被围困在陈蔡，陈蔡的一帮小官员把孔子他们围在里面不让出去。孔子和弟子们已经饿得快不行了，却还在那里讨论"道与势"的关系。孔子还想有意识地利用这次挫折来考验弟子对"道"是否坚定不移。孔子先问子路："吾道非邪？吾何为于此？"意思是说，我的道不对吗？怎么落到现在这个下场呢？子路忠厚正直，脱口而出："意者吾未仁邪？人之不我信也。意者吾未知邪？人之不我行也。"是不是我们还不够仁？人们不相信我们？是不是我们还不够智？人们还不肯按我们说的做？孔子对子路说："有是乎！由，譬使仁者而必信，安有伯夷、叔齐？使知者必行，安有王子比干？"意思是说，仲由啊，我来告诉你，如果仁义的人一定能受到信任，那就不会有伯夷和叔齐饿死首阳山的悲剧了。如果智慧的人就能行得通，那就不会出现被商纣王剖腹挖心的比干了。然后，孔子又问子贡同样的问题。子贡说："夫子之道至大也，故天下莫能容夫子。夫子盖少贬焉？"子贡有商人的思维，他的意思是说，老师，您的道太伟大了，伟大到这个世界容不下您。您何不稍微妥协一下、降格以求呢？孔子说："赐，良农能稼而不能穑，良工能巧而不能为顺。君子能修其道，纲而纪之，统而理之，而不能为容。今尔不修尔道而求为容。赐，而志不远矣！"意思是说，子贡啊，好的农夫只管耕耘不问收成，好的工匠只追求手巧而不问是否顺人意。君子修道，怎么能妥协、降格呢？

最后，颜回进来求见，孔子又拿同样的问题问他。颜回回答说："夫子之道至大，故天下莫能容。虽然，夫子推而行之，不容何病？不容然后见君子！夫道之不修也，是吾丑也，夫道既已大修而不用，是有国者之丑也。不容何病！不容然后见君子！"颜回的意思是说，天下不能容是天下的问题，老师就应该坚持推行，不容又有什么关系呢？绝不降格以求。这个时候最能见一个人的君子本色。孔子听了颜回的话，欣慰地笑了，然后说："有是哉颜氏之子！使尔多财，吾为尔宰。"意思是说，颜家小子说得真好啊。如果你以后发达了有钱了，老师我为你赶车吧，我给你当司机。

（四）有志者事竟成

孟子说："三军可夺帅也，匹夫不可夺志也。"这是说志向对一个人很重要，志垮则气不存。有个词叫"志气"，志气志气，无志的话，气何以存？

一个人没有志向，人免不了浑浑噩噩，丧失目标，无所适从，不知所以，要学有成果，就应该先立志。当然立志之后，要持之以恒，不能坚持也是枉然。俗话说得好，"有心之人立长志，无心之人常立志"。

孟子比较擅长励志教育。我上初中的时候，就把孟子的名言"故天将降大任于是人也，必先苦其心志，劳其筋骨，饿其体肤，空乏其身，行拂乱其所为，所以动心忍性，曾益其所不能。人恒过，然后能改，困于心，衡于虑，而后作"（《孟子·告子下》）背得烂熟，在毕业留言册上还郑重其事地抄写下来，送给同学。

为什么励志类的图书常销不衰？因为有潜在的青少年市场，他们渴望成功，又不知道如何开发自己的潜能，自信心严重不足，需要将成功的例子当作兴奋剂，来激励自己一下。

人是需要典型或者榜样的力量的。

下面我就举几个榜样看看。

《西游记》第九十九回写八大金刚将玄奘四众从空中坠落下地以完成八十一难时，作者吴承恩说："九九归真道行难，坚持笃志立玄关。"意思是说，想成就取经之类的大事，除了信念坚定不移之外，还必须经历磨难，少一样就可能功亏一篑。只有这样，才能功德圆满。

秦朝宰相李斯立志的故事大家应该比较熟悉吧。李斯是楚国人，出生和成长都在上蔡这个小镇上。祖祖辈辈都是布衣，李斯也不例外。他给自己起的字叫"通古"，这还真不是夸张，李斯通读古书，知识渊博，在那样一个乱世，如果不读书，恐怕永远没有出头之日。他把苏秦当成偶像，苏秦凭着自己的学识，凭着三寸不烂之舌游说六国，享受了荣华富贵，我为什么不能呢？我肚里的墨水也不少呀。

可自己苦干没有伯乐推荐。那就自己大胆去闯，毛遂自荐。想到这里，自己鼓起勇气，敲开了上蔡郡衙的大门。

一番自我推销之后，李斯赢得了上蔡郡衙内的赏识，同意让他做个管理文书的小吏。这是他人生旅途的第一次转折，尽管他现在还不是官，但成了小"吏"，毕竟摆脱了草民的身份。

李斯在上蔡小吏这个位置，一干就是若干年。他又开始不满现状了。毕竟这距离自己的人生理想太遥远，自己的学识也不能得到充分发挥。一次如厕的经历，改变了他的一生。因为，他在厕所里看到几只灰头土脸的老鼠，憔悴不堪，看到狗都吓得藏起来，活得战战兢兢，吃的却是污秽之物。他又想曾经在粮仓里看到的老鼠，身材肥硕，皮毛光亮，悠闲自在，别说看到狗，看到人都不躲藏，他恍然大悟，自言自语：原来，地位决定一切。人最大的疾病就是卑贱，最大的悲哀就是贫穷。我李斯说什么也不做厕所里的老鼠，一辈子住在脏臭的厕所里任人宰割，太惨了，要做就做粮仓里的老鼠，我要住进"富贵的粮仓"。

两只老鼠改变了李斯的人生观。李斯对自己说，我一定立志实现这一目标，决不含糊。他辞掉了上蔡小吏的职位，离开那个曾经给予他平凡、平淡、平静生活的上蔡小镇，来到楚国的兰陵（今山东莒南县），拜在名满天下的大儒荀子的门下，和韩非成了同学，一起跟着荀子学习"帝王之术"。荀子讲述的内容很多，李斯偏爱老师讲的"天下为一"和"帝王之术"。

学成后，荀子问他以后有何打算。李斯说，我对当学者、著书立说没有兴趣，我想当官，实现老师"天下为一"的政治理想。听说现在秦国正在纳贤，我想去试试。于是，就辞别了荀子，只身来到秦国。经过一番努力，果然成功荣登帝国丞相之位。这个时候的李斯，终于成了一人之下、万人之上的丞相，终于成为"富贵的粮仓"里的"老鼠"，享受荣华富贵。更锦上添花的是，秦始皇和李斯关系非常密切，两个人还成了儿女亲家。李斯的女儿们都嫁给了秦始皇的各位王子，李斯的儿子也荣耀地娶到了公主。这个时候，李斯的富贵与权势，登上了顶峰。一次，李斯的儿子、三川郡太守李由利用公休时间，回家探亲，就这么一个由头，竟然把官场都惊动了。文臣也好，武将也罢，结队来李斯家祝贺，参加李斯的家宴。李斯家门口的街道造成交通堵塞，几千辆马车相约来赴宴。

为了说明持之以恒、坚持不懈的重要性，孟子还以打井来比喻，讲了一个故事。这个故事，我记得在20世纪80年代，我参加高考的时候，就是我们的高考作文题。孟子说："有为者辟若掘井，掘井九轫而不及泉，犹为弃井也。"意思是说，做事好比挖井，挖井到六七丈深还不见泉水，就停下来，再换一个地方，继续挖，这样下去，最终还是看不到井水。人无恒心，半途而废，和弃井差不多。一个人要想成功，就不但要专心，还要坚持不懈，不能一曝十寒。

"一曝十寒"这个成语来自《孟子·告子上》："无或乎王之不智也。虽有天下易生之物也，一日暴之，十日寒之，未有能生者也。"意思是说，难怪王不聪明。天下纵然有特别容易生长的植物，你晒它一天，再冻它十天试试看，没有能成活的。学习也是这样，仅仅有好的方法还不够，还要持之以恒，否则，三天打鱼，两天晒网，冬天怕冷不想早起，夏天又怕热，想在家多待会儿，这样偷懒怎么可能学习好呢？

（五）以身作则，潜移默化

如果家长或者老师教育孩子的那套道德规范到头来自己都做不到，孩子长大之后就会发现被忽悠了，教育成了欺骗，孩子就会生产空虚感、幻灭感，就会对世界产生虚无主义。这就是说，首先自己相信，才能让学生相信。自己认真，才能要求学生认真。自己的心正，才能要求学生正，"人能写字，字也能'写'人"，正如朱熹练"桃"字的典故一样："心正则字正，心不正则字歪。"

孔子说："其身正，不令而行；其身不正，虽令不从"，这是强调身教胜于言教。孟子也说："枉己者，未有能直人者也。"意思是说，自己不直的人，不可能使别人直。

孟子同样强调身先为教，要以身作则，为学生树榜样，比如"行有不得者皆反求诸己，其身正而天下归"。就是说，学生成绩不好，老师应该先反思自己的教育，是不是自己教得不好，方法不对头，如果自己身正了，那么天下归心。老师的榜样作用很重要，比如说"圣人，百世之师也。伯夷、柳下惠是也"。圣人，是大家永远的老师，伯夷、柳下惠就属于这样的圣人。

有一种教育叫不言之教。孟子在《孟子·告子下》中说："教亦多术矣，予不屑之教诲也者，是亦教诲之而已矣。"意思是说，教育方法有多种，我不屑于教你，也是一种教。这看上去是一种少见的傲慢，其实，孟子说的还是无言之教。

孔子在《论语·述而》中指出："自行束脩以上，吾未尝无诲焉。"大意是说，无论贫富、贵贱、智愚，只要带一束"干肉"作为"学费"，有志于学，都可以来我这里读书，我都会施以教诲。孟子招收弟子的态度更自由、更简单，连一束"干肉"都不要了，就直接说，"往者不追，来者不拒"，就是说你走了我不追，来了不拒绝，随便进出。

另外，孟子还强调学习要专心致志，不能三心二意。

众所周知，"要我学"跟"我要学"没法比，前者是"被学习"，后者是主动学习，是爱好，而非痛苦。爱因斯坦说："爱好是最好的老师。"

有兴趣学了，还得专心，效率才能高。

孟子在《孟子·告子上》讲过一个家喻户晓的典故："弈秋，通国之善弈者也。使弈秋诲二人弈，其一人专心致志，惟弈秋之为听。一人虽听之，一心以为有鸿鹄将至，思援弓缴而射之，虽与之俱学，弗若之矣。为是其智弗若与？曰：非然也。"

说有个全国超棒的棋手名叫弈秋，教两个学生学下围棋，其中一个学生专心致志，弈秋说的每句话都牢记在心，还认真地记录。另一个学生呢，一边听课，另一边却想着窗外有只天鹅快飞过来了，该怎么样拉弓射下它。这两个人同样是在跟着弈秋这样的围棋高手听课，效果却大不一样，那个不专心致志的学生学得很差，是两个人智力有差距吗？不是，关键是由于他们专心与不专心的关系。

（六）孟母常有而孟子不常有

"善政不如善教之得民也。善政，民畏之；善教，民爱之。善政得民财，善教得民心。"（《孟子·离娄上》）什么意思呢？用今天的话说，教育可以让人明白人伦孝悌之道，明白父子、君臣、夫妇、长幼、朋友等"人伦"规范。好的政治既不是完善的体制或者制度，也不是高明的统治手段，而是教育。在孟子看来，统治阶级"得天下"之道在于得民心，而得民心之道，在于教育，最有效的维护统治的手段是教育手段。

教育如此重要，那么如何让孩子接受好的教育呢？孟子说，外在的环境很重要。孟子在《孟子·告子上》中说："富岁，子弟多赖；凶岁，子弟多暴，非天之降才尔殊也，其所以陷溺其心者然也。"孟子虽然是个性善论者，但也很重视后天环境对一个人性格和气质的影响，好的环境可以让人提升素质，坏的环境则相反。

"孟母三迁"的故事我们都很熟悉了，故事出自《列女传·邹孟轲母》："邹孟轲之母也，号孟母，其舍近墓。孟子之少也，嬉游为墓间之事，踊跃筑埋。孟母曰：'此非吾所以居处也。'乃去。舍市傍。其嬉戏为贾人炫卖之事。孟母又曰：'此非吾所居处子也。'复徒舍学宫之傍。其嬉游乃设俎豆，揖让进退。孟母曰：'真可以居吾子矣！'遂居。及孟子长，学六艺，卒成大儒之名。"

俗话说，"近朱者赤，近墨者黑"。"孟母三迁"的故事告诉我们选择居住环境的重要性，正如孔子所说："里仁为美。择不处仁，焉得知？"（《论语·里仁》）。这故事我中学时就读到了。意思明摆着，学习不好的重要原因，就是我妈没有像孟母那样搬家——这是我当时的幼稚想法。长大后，我自己努力搬了几次家，从山东鄄城搬到曹县、青古集，后又干脆搬到海南，但也终于没有成什么"大儒"。我渐渐明白，"孟母三迁"这故事，肯定不光是强调居住环境的重要性，还有另一层深意——自身的原因，此所谓"内因"。如果自己的孩子不好好学习，只是一味怪环境、老师、学校，于是要求换老师、转校等等，唯独不从孩子身上找原因，这恐怕也不对。

《论语》书影

可在当今的现实中，有一种现代版的"孟母三迁"，那就是陪读母亲。

现在，陪读的家长越来越多，在重点学校附近，为了孩子读书而举家迁徙的"孟母"太多了。几年前，就有媒体报道说，长春、北京、杭州，四年时间，七次搬家，三座城市……吉林省一位母亲为了让孩子有一个好的学习环境，在几年时间里，用行动演绎了一个"现代孟母"的故事。为了让女儿更好地深造，她不惜辞职做"陪读妈妈"。如今，她的女儿终于如愿升入清华美院。

上面的这位"现代孟母"，四年时间，七次搬家，"南征北战"，一路奔走，还好女儿如愿以偿，否则情何以堪！但我们只能说，这位母亲是幸运的，其精神是可嘉的，但这只是一个极端个案，其他的母亲最好不要效仿。因为任何破釜沉舟、孤注一掷的行为，用在教育儿女身上，都带有"赌"的性质，和安居乐"学"是相悖的，对孩子的身心健康未必有利。望子成龙可以理解，但不能急。李安在威尼斯说，文化要有耐心。（2007年9月16日《信息时报》，文章标题《符号狂欢（太阳照常升起）》）我想教育孩子也一样。

每个孩子的个性不同，每个家庭的环境也不同。人人都做孟母，不现实。毕竟不是每个孩子都可以成为孟子的。

孟母很好，但满街都是"孟子妈"，每个妈妈都仿效孟母，那孩子可就真怕了。学孟母，应该学的是孟母育子的理念，而不是照搬方法。

孟母遍地，孟子何在？

孟子继承了孔子的"因材施教"的思想，他在《孟子·尽心上》里说："君子之所以教者五：有如时雨化之者，有成德者，有达财者，有答问者，有私淑艾者。此五者，君子之所以教也。"意思是说，君子实施教学的方法有五种：有像及时雨一样润物细无声的，有帮助学生使之德有可成的，有培养才能的，有答疑释惑的，有凭借自己的丰厚的学养让人私底下受教诲的。这五种方法，就是君子之教。

从这段论述中，我们可以看出孟子的教育具有具体性和针对性。

第三章 孟子考论

孔子之后，儒家大师首推孟子。《史记》有《孟子荀卿列传》，其首段传孟子曰："太史公曰：'余读《孟子》，至梁惠王问何以利吾国，未尝不废书而叹也，曰：嗟乎！利诚乱之始也。夫子罕言利者，防其原也。故曰"放于利而行，多怨"。自天子至于庶人，好利之弊，何以异哉？'孟轲，驺人也，受业子思之门人。道既通，游事齐宣王，宣王不能用；适梁，梁惠王不果所言；则见以为迂远而阔于事情。当是之时，秦用商君，富国强兵；楚魏用吴起，战胜弱敌；齐威王宣王用孙子田忌之徒，而诸侯东面朝齐；天下方务于合纵连横以攻伐为贤。而孟子乃述唐虞三代之德，是以所如者不合。退而与万章公孙丑之徒，述仲尼之意，作《孟子》七篇。"此《史记·孟子传》也，仅二百二三十字；且"太史公曰……何以异哉"，则发议论；"当是之时……以攻伐为贤"，则述当时大势；去此二段，所余更无几矣。先儒考孟子生平者，则有程复心之《孟子年谱》、谭贞默之《孟子编年略》、季本之《孟子事迹图谱》、任启运之《孟子考略》、曹之升之《孟子年谱》、狄子奇之《孟子编年》……，而阎若璩之《孟子生卒年月考》、周广业之《孟子四考》、崔述之《孟子事实考》为尤著；其见于《孟子》本书及赵岐《注》者，则焦循之《孟子正义》亦考之甚详。先君子以《史记》本传过于简略，不复就其原文考释，旁采各家之说，作《孟子略考》。兹迻录如下：

孟子略考

孟子，名轲，邹人也。

　　按：孟子名轲，见《史记》本传，《汉志自注》、赵岐《孟子题辞》。赵岐曰："字则未闻也。"相传谓字子舆，疑出附会。赵岐曰："孟子、鲁公族孟孙之后，故孟子仕于齐，丧母而归葬于鲁也。三桓子孙既以衰微，分适他国。"阎若璩《孟子生卒年月考》曰："孟子盖鲁公族孟孙之后，不知何时分适邹，遂为邹人。犹归葬于鲁者，太公子孙反葬周之义也。然考今（《孟母墓碑》，墓在邹县北二十里马鞍山之阳，又非鲁地。疑古为鲁地，犹鲁陬邑今亦在邹县境内。二国密迩，《左传》'鲁击柝闻于邹'是也。"孟衍泰《三迁志》谓孟母墓在今邹县北二十五里，与孟子墓不甚相远，疑孟子故里在邹鲁交界处，而其祖墓则在鲁境云。谭贞默《孟子编年略》以为邹即孔子之陬，则由误信《水经注》之说，有此误解。

　　伯潜按：《史》《汉》均不言孟子之字。《孔丛子》始云"字子车"。注曰："一作子居；居贫坎轲，故名轲，字子居。亦称字子舆。"《圣证论》曰："子思书、《孔丛子》，有孟子居，即是轲也。"《傅子》亦云"孟子舆"。王应麟《困学纪闻》疑其皆出附会是也。《说文》曰："轲，接轴车也。""轲"有车义，故曰字子车；"车""居"音近，故又曰字子居；"车""舆"同义，故又曰字子舆耳。狄子奇《孟子编年》谓又有云字子与，字子兴者，则又因"舆"字之形似而误者也。魏人为徐斡作《中论序》曰："孟轲荀卿怀亚圣之才，著一家之法，皆以姓名自称，至今厥字不传。原因其故，皆由战国之士乐贤者寡，不早记录耳。"（史鹗《三迁志》引）则直谓孟子之字已早佚矣。

　　又按："邹"，《史记》作"驺"，同。邹为春秋时之邾国，鲁穆公时已改称邹。

"邾""邹"二字，仅撮口齐齿之异；疑因语音之变而改字者。汉于其地置驺县。魏晋以后改曰邹县。故城在今山东省邹县东南，非陬邑也。

生于周烈王四年。

按：《史记索隐》曰："孟子卒于周赧王二十六年壬申，年八十四。"以此逆推，当生于周烈王四年己酉。狄氏《编年》即主此说，并云生于四月初二日。

伯潜按：《索隐》亦以此逆推，乃云生于定王三十一年；《听雨记谈》及《孟氏谱》则谓生于定王三十七年。但定王在位仅二十八年，二说均误。陈士元谓定王三十七年乃"安王"之误。但安王在位又仅二十六年，陈说亦误。《阙里志》谓当作安王二十七年。但安王在位之年无己酉，且与"年八十四"不合，其说亦误。故采狄氏之说。周烈王四年为公元前三七二年。

幼受贤母义方之教。

按：《易》云"蒙以养正"，谚云"教儿婴孩"，盖母教之影响于子女者大矣。相传孟子母仉（音掌）氏教子有义方。《列女传·母仪篇》，《韩诗外传》记其三迁及断机教子之故事，至今传为佳话。《史记》本传未提及孟子父母。赵岐《题辞》但云"夙丧其父"。按《孟子》先丧父，后丧母，见《孟子·梁惠王篇》。陈镐《阙里志》、薛应旂《四书人物考》，均云"孟子三岁丧父"，不知何据。狄氏《编年》谓孟子母一云李氏，父名激，字公宜。《自注》曰："一云名彦璞。曹寅谷云：'孟子五十九代孙彦璞、字朝玺、隆庆元年袭职。'则彦璞非孟子父名。"

伯潜按：孟子丧父之年，已无可考。《梁惠王篇》末章记鲁平公将往见孟子，嬖人臧仓沮之，有云"孟子之后丧逾前丧"。乐正子因有"君所谓逾者，前以士，后以大夫，前以三鼎而后以大夫欤"之问。按《中庸》曰："父为大夫，子为士，葬以大夫，祭以士；父为士，子为大夫，葬以士，祭以大夫。"是古礼祭从子爵可知。"三鼎""五鼎"当指祭之丰俭。而曰"前以士，后以大夫"，则丧父时孟子已为士矣。既为士，则非三岁可知。且丧父如在幼年，则丰俭未能自主，且事隔数十年，臧仓何从知其前俭而后丰乎？或谓《中庸》所云，指葬后之祭；《孟子》所云，指葬时之祭。殆以孟子之父为士，而孟子尚幼，故前丧以士礼；丧母时，孟子已为大夫，故后丧以大夫礼。自齐归葬于鲁，而以大夫礼治葬，故鲁人皆知之；而又知孟子幼时之孤贫，故臆度其丧祭之俭，而有此揣度之辞耳。此说颇近情理。但《列女传》记断机时孟母之言曰："吾织绩而食。中道废而不为，宁能衣其夫子，而长不乏粮食哉？"据此，则是时孟子之父固尚健在也。徒以母贤能教子，其父反被掩而名不彰，后人因误谓早卒耳。

及长，受业子思之门人，卒成大儒。

　　按：《史记》本作"受业子思之门人"。《索隐》引王劭说，以"人"为衍字，则孟子亲受业于子思矣。《列女传》曰："孟子旦夕勤学不辍，师事子思，遂成天下之名儒。"《汉志自注》曰："名轲，邹人，子思弟子。"《风俗通·穷通篇》曰："孟子受业于子思。"赵岐《孟子题辞》曰："长师孔子之孙子思。"均与王劭说同。毛奇龄《四书賸言》曰："予只以《孟子》本文计之。梁惠王三十年，齐虏太子申。则孟子游梁自当在三十年之后。何则？以本文有'东败于齐，长子死焉'之语也。然孟子居梁不二三年而惠王已卒，襄王已立。何则？以本文有见梁襄王之语也。乃实计其时，梁惠王即位之年距鲁缪公卒之年亦不过四十零年，然而孟子已老，本文有'王曰叟'是也。则受业子思或未可尽非欤？"疑当从王劭说，删"人"字，作"受业子思之门"。

　　伯潜按：毛氏《四书賸言》此节之前，引王草堂之说曰："王草堂谓《史记·孔子世家》，'子思年六十二'。孔子卒于周敬王四十一年，伯鱼先孔子卒三年。向使子思生于伯鱼卒之年，亦当卒在周威烈王三四年间。乃孟子实生于烈王四年，其距子思卒时，已有五十年之久。又谓鲁穆公尝尊礼子思。然穆公即位在威烈王十九年。则《史记》所云'子思年六十二'，或是八十二之误。若孟子，则断不能亲受业也。"按《孔子世家》"伯鱼年五十"，乃"年四十"之误。伯鱼生于鲁昭公二十年，孔子年二十时；卒于鲁哀公二年，孔子年五十九时；已见上文。子思最迟当生于伯鱼卒之年；"年六十二"确为"八十二"之误，则当卒于鲁穆公二年；亦见上文。穆公于威烈王十九年即位，则子思卒年为威烈王二十年矣。威烈王在位二十四年，其子安王在位二十六年。则自子思之卒，至孟子之生（烈王四年），凡三十四年矣。王草堂之说是也。焦循《孟子正义》曰："按《六国年表》、鲁穆公元年，即威烈王十九年；魏惠王元年，当周烈王六年，相距三十八年。惠王三十五年，孟子来大梁，上溯鲁穆公时，已七十余年。如以亲受业子思言之，则子思年必大耋，而孟子则童年时也。"按孟子至梁之年，考见下文。即如焦氏所说，以大耋老儒为异国童子师，亦无此事。故当仍从《史记》原文，作"受业子思之门人"。

其始而设教，继而周游，终而归老，一生行事极似孔子。其见诸侯，当自邹穆公始。是时孟子盖年四十一云。

按：孟子四十以前设教，四十以后周游，六十以后归老，其传食诸侯不过二十年。狄子奇《孟子编年》谓周显王三十七年，孟子年四十一，始见邹穆公。虽无确据，当亦不远。《孟子·梁惠王篇》记邹与鲁哄，穆公问曰云云，孟子对曰云云，孟子邹人，故首见邹穆公也。孟子自言"乃所愿则学孔子"。其生平何亦似孔子耶？乃由邹之任，又由平陆之齐。威王时，仕于齐。未几，致为臣而归。

按：狄氏《编年》曰："孟子历聘所至，惟齐宋为两，余各一。"其说是也。初次自邹往齐，故经任及平陆。《告子篇》曰："孟子处邹。季任为任居守，以币交，受之而不报。居于平陆。储子为相，以币交，受之而不报。他日，由邹之任，见季子；由平陆之齐，不见储子。"即初次适齐时事。《公孙丑篇》记其在平陆与大夫孔距心问答，亦此时事也。平陆故城在今山东省汶上县北。《史记·齐世家》曰："康公十五年，鲁败齐师于平陆。"邹鲁密迩，故由邹之齐，须经平陆也。此时齐威王在位，孟子尝为卿。故公孙丑有"当略于齐"及"加齐之卿相"之问。（见《公孙丑篇》）其"为卿于齐，出吊于滕"，亦在此时。（见同上）及其致为臣也，威王命时子留之，言欲中国授室，养以万钟，孟子答语有云："如使予欲富，辞十万而受万，是谓欲富乎？""辞十万"，正指辞齐卿也。此次适齐仕齐去齐与第二次均不同。读者误以为一次，故常觉其矛盾耳。

伯潜按：《史记》于田齐之君遗漏田悼子及田侯剡二代，又减去齐桓侯在位年数十三年。故威王宣王在位之时期皆移早二十二年。但齐与他国有关之大事，其势不能均随之而移早，只能仍留原处。于是威王之事变成宣王时事，宣王之事变成湣王时事矣。而《孟子》中记威王，又仅曰"王"，不明言"威王"。故误合为一次，并觉其记事先后矛盾耳。

尝游宋，遇滕世子。后世子嗣立，是为文公。文公聘孟子。孟子由邹之滕。

按：《滕文公篇》曰："滕文公为世子，将之楚，过宋，而见孟子。……世子自楚反，复见孟子。"此孟子第一次适宋时事也。及滕定公薨，文公立，使然友两之邹，问丧礼于孟子。其聘孟子，及孟子自邹之滕，虽不见于《孟子》，但均可推想而知。又本篇《滕文公问为国章》、孟子称文公曰"子"；《齐人将筑薛章》《滕小国也章》、孟子称文公曰"君"。《礼》，故君甫葬，称新君曰子；逾年方称君。是前一章所记，在文公初立之年；后二章所记，则望年也。本篇《神农章》记许行自楚至滕，曰"闻君行仁政"；又记陈相自宋之滕，曰"闻君行圣人之政"；则文公固尝试行孟子之言矣。

伯潜按：《史记索隐》引《纪年》曰："梁惠王后元十三年四月，齐威王封田婴于薛。十月，齐城薛。十五年，齐威王薨。"《国策·齐策》亦载封田婴于薛事。高诱《注》以为在宣王时，与《纪年》异。按《齐策》又曰："数年，威王薨，宣王立。靖郭君之交大不善于宣王，辞而之薛。"则封田婴于薛，明在威王时，高氏误也。《史记》记筑薛于湣王三年，更误。梁惠王后元十三年，为周显王四十六年，孟子年五十。是年孟子在滕。由此上推，孟子至滕，约在显王四十五年。

寻去滕之梁，见梁惠王。

按：梁惠王、魏侯莹也。周显王二十九年，徙都大梁，始改国号曰梁。显王三十四年，莹与诸侯会于徐州，相王也；此后，乃僭称王。《孟子》首篇，孟子面称惠王曰王，则明在显王三十四年之后矣。又本篇记梁惠王告孟子曰："及寡人之身，东败于齐，长子死焉；西丧地于秦七百里；南辱于楚"云云。齐败魏于马陵，虏太子申，在显王二十八年；楚败魏于襄陵，在四十六年；以阴晋与秦，在三十七年；献河西地于秦，在三十九年；秦取魏汾阴皮氏，在四十年；献上郡于秦，在四十一年；秦取魏陕，在四十二年；秦取魏曲沃平周，在四十七年。是孟子见梁惠王，又明在显王四十七年之后矣。显王在位四十八年，故狄氏《编年》谓孟子于慎靓王元年至梁，其说是也。是年为梁惠王后元十六年，孟子年五十三。

伯潜按：《史记》谓魏惠王在位三十六年，卒，子襄王立。襄王元年，与诸侯相王于徐州。孟子至梁，最迟当在惠王末年，则在诸侯相王于徐州之前一年矣。惠王未尝僭称王，其称王乃襄王时之追尊矣。《孟子》称之曰惠王，尚可谓为事后所记；孟子何以面称曰"王"乎？且如《史记》所云，则败于齐楚，丧地于秦，亦皆为襄王时矣。惠王何以预言之，且曰"及寡人之身"乎？《竹书纪年》谓惠王三十七年，与诸侯相王于徐州，僭称王，改是年为元年，又十六年而薨。孟子以惠王后元末年至梁。《史记》误以惠王后元年为襄王元年，故孟子至梁之年，亦上移十六年，在惠王前元三十六年，遂与本书所记矛盾至此耳。

惠王卒，襄王立。孟子去梁，又适齐。

按：《梁惠王篇》记孟子见梁襄王，出、语人曰："望之不似人君……"云云。见襄王仅此一次，似即去梁矣。《尽心篇》曰："孟子自范之齐。"范故城在今山东省范县东南二十里，正自梁至齐所必经也。《公孙丑篇》记尹士之言，有曰"千里而见王"，亦指自梁至齐而言。如自邹至齐不过四五百里耳，此孟子第二次适齐也。正当齐宣王初年。中间丧母归葬，终丧反齐。故实际留齐亦不过二三年。

伯潜按：齐宣王立于慎靓王元年。孟子以是年至梁，为梁惠王末年（后元十六年），翌年，襄王嗣立，孟子去梁适齐，最早当在此年。《公孙丑篇》孟子自言：

"于崇，吾得见王，退而有去志。……既而有师命，不可以请……"云云。慎靓王

四年，即齐宣王四年，齐败魏赵于观泽。所谓"有师命"，殆即指此。孟子至齐，

见宣王于崇，当在此年之前。以此推之，则孟子二次至齐，当在齐宣王之二年或三

年也。

为宣王宾师。

　　按：宾师者，但受公养，不受爵禄也。故《公孙丑篇》孟子自言"无官守，

无言责"，充虞又有"仕而不受禄"之问也。是时，齐稷下学士方盛，不治而论

议，谓之"列大夫"。孟子盖亦在"列大夫"之列也。若误合为一，则为卿何以不

受禄乎？

燕王哙让国于其臣子之，国内乱。齐宣王伐燕，取之。燕人叛齐。齐人谓孟子劝王

伐燕。孟子乃去齐。

　　按：燕王哙让国，在慎靓王五年。赧王元年（慎靓王在位六年），燕内乱。宣

王乘其乱而伐之，五旬取燕。燕人叛齐。初、沈同（齐大夫）问孟子、燕可伐否。

孟子答曰可。齐既克燕，宣王问燕可取否。孟子答以燕民悦则可取，燕民不悦，则

不可取。齐既取燕，诸侯谋救燕、孟子劝宣王谋于燕人为置新君。及燕人叛，齐人

多咎孟子劝齐伐燕，陈贾等又为宣王文过，孟子乃决心去齐。而淳于髡尹士等又讥

讪之，三宿出画，宣王复不之留，故浩然有归志耳。详见《公孙丑篇》。

　　伯潜按：《史记》误将齐宣王在位之年移早，而与他国有关之大事则仍置原处，

已见上文。故《田齐世家》记伐燕与燕叛于湣王十年。司马光《资治通鉴》移湣

王前十年之事为宣王，以合孟子，而仍以燕叛之年归之湣王，以合《史记》。阎若

璩主独将燕哙让国至燕昭王自立事上移十数年，以合孟子游齐之年。钱大昕又谓孟

子实见湣王，本书称见宣王者乃后人为孟子讳追改之。此皆由不明《史记》，所以

至误之由而强为弥缝者也。朱子《纲目》均载于赧王元年（即宣王七年），据《竹

书纪年》推之，正相合。详见崔述《考信录》中之《孟子事实录》。曹寅谷谓齐破燕后二年，燕人立昭王，始叛齐，事在赧王三年。实则燕人始终未尝服齐，故取燕后燕即叛。惟向齐反攻，则在立昭王时耳。

于是游宋，游薛。会鲁使孟子弟子乐正克为政，孟子乃适鲁。然终为嬖人臧仓所沮，遂反邹终老焉。

按：游宋此为第二次。《公孙丑篇》曰"孟子去齐，居休"。休故城在今山东省滕县西二十五里正由齐至宋所必经也。《公孙丑篇》又记陈臻问"前日于齐，王馈兼金一百而不受；于宋，馈七十镒而受；于薛，馈五十镒而受……"云云。其由齐而宋而薛之行踪，于此可见矣。鲁使乐正子为政，见《告子篇》；鲁平公将往见孟子，为臧仓所沮，见《梁惠王篇》。季本《孟子事迹图谱》谓孟子去鲁后适宋，误。孟子至鲁，约当赧王四年，孟子年六十二，居鲁当亦不久也。

伯潜按：孔子以布衣率弟子周游列国，在春秋末，实为创举。至孟子时，则游说之风已大盛矣。孟子之周游，极似孔子。但孔子周游时，畏于匡，厄于宋，绝粮于陈，常受讥讪。孟子则后车数十乘，从者数百人，传食诸侯，不以泰。（见《万章篇》）此其不同，盖时势然也。孟子之游踪，考之者多矣，但亦有误，且其误显而易见，例如：

（一）孟子之滕明在周显王四十五年。因翌年四月，齐威王封田婴于薛，十月城薛，故滕文公有"齐人将筑薛，吾甚恐"之言也。而金履祥《通鉴前编》，季本《孟子事迹图谱》，均谓赧王元年，孟子去齐之后游滕。

（二）孟子之梁明在梁惠王末年（即惠王后元十六年），即慎靓王元年。而朱子《纲目》从《史记》，谓梁惠王前元三十五年，孟子即至梁。

（三）齐人伐燕取燕及燕人叛齐，孟子去齐，均在赧王元年，见《通鉴》《纲目》。而黄震《日钞》谓齐先后伐燕二次，一在宣王时，一在湣王时，因而有孟子曾事湣王之说。（按此事歧说最多，上文曾详论之。）

（四）孟子之适齐，明有二次。第一次在游梁之前，自邹经任及平陆而往，曾为齐威王卿，但其事甚暂；第二次在游梁之后，自梁经范而往，为宣王宾师，在"列大夫"之中。而考者误合二次为一次，于是《孟子》书中所载，皆分歧矛盾而不可解矣。

《史记·孟子荀卿列传》，较之《孔子世家》，详简不可以同日语。而孟子游踪行止记载又多歧误。《史记》于齐梁之君在位之年，复误记之。故考孟子之游踪，远较孔子为难也。

周赧王二十六年，卒，年八十四。

按：孟子卒年及年寿，见《史记索隐》。狄氏《编年》谓卒于是年正月十五日。曹之升《年谱》引古碑曰："孟子卒于冬至日。邹人因哭孟子而废贺冬至之礼，遂以成俗。"因疑冬至不在正月，当改作十一月十五日云云。按周正之正月，当夏正前一年之十一月，冬至正在夏正十一月中。但孟子究卒于何年何月何日，终是传说耳。孟子墓在今山东省邹县北三十里，四基山之阳。宋孔道辅守兖州，求得之，为修墓建庙；孙复为作《兖州邹县建孟庙记》。周广业《孟子四考》所云唐口山北有孟子墓，即此。《山东省通志》言孟子故里在邹县，东北三十里之傅村，宅前有孟母池。则墓去故宅盖不相远矣。至今邹县城南道左之孟子庙，则宋徽宗宣和时县令朱岙所建也。

伯潜按：《续文献通考》言孟子妻田氏，子名睪。《三迁志》言孟子之子名仲子。《孟子年谱》言孟仲子名睪。按孟仲子见《公孙丑篇》。曹寅谷谓孟子之子自名睪，孟仲子则为孟子之从父弟。其说是也。孔子之子孙，《史记·孔子世家》记之甚详。孟子之子孙，则无从详考矣。

孟子既卒，弟子万章公孙丑等，纂述其言，辑为《孟子》七篇云。

按：《汉志》儒家有《孟子》十一篇。赵岐注本仅七篇，与今本同。据《史记》本传及赵岐《题辞》，似七篇为孟子自著；其实为弟子所记述。详见本书下编。自孔子弟子纂辑《论语》而后，墨子弟子亦纂辑其言以成《墨子》，至孟子时，已相习成风矣。

伯潜按：孔子弟子，《史记》有传。孟子弟子无传。按本书所记，或举姓名（如万章，公孙丑），或称子（如乐正子、公都子），或互见（如陈臻又称陈子）。余如曹交则不许其留而受业，高子则称曰高叟，告子则为同时而年辈较长之学者，皆非孟子之弟子也。

第四章 《孟子》原典解读

卷一 梁惠王上

【题解】

　　本篇共七章，除第六章对梁襄王，第七章对齐宣王外，其他各章都是孟子与梁惠王的对话。本篇中心内容在于阐述和发挥仁政学说。孟子认为，王道和仁政是立国的根本。为政者应该施行王道，反对霸道，实行仁政，反对暴政。

　　首章提出"义利之辨"，主张在政治上把仁义放在第一位，把功利放在第二位。一切施政措施都要符合仁义的准则。无论是国君，还是卿、大夫、士，以及庶民都要按照仁义的准则行事，使上下有序，决不因为一己私利而危害仁义。能够做到这一点，就能够得到民众的爱戴和拥护，自然地就能够拥有天下。

　　以下各章所记对话，大抵不离"仁政"的话题。仁政的主要内容还包括反对攻伐，发展生产，减轻刑罚赋敛，使老百姓过上丰衣足食的生活，在此基础上以孝悌之义教导百姓。如此便可以抵御外侮，并使天下归服。孟子又指出君王施行仁政的基础，是天性中固有的"不忍人之心"，因此，在思想上，要树立起"不忍人之心"，要树立起仁爱的观念。有了"不忍人之心"，才能有"不忍人之政"，亦即仁政。

从上述各章的阐发，可见孟子虽把"义"放在"利"之上，但他所谓"义"，主要的内容却是人民的"利"，凡政策由此出发，做法与此相合，便是"义"，否则反是。因此既热情赞扬"与民同乐"的古圣，又尖锐批评"率兽食人"的今王。

一

【原文】

　　孟子见梁惠王①。王曰："叟②！不远千里而来，亦将有以利吾国乎？"

　　孟子对曰："王！何必曰利？亦③有仁义而已矣。王曰：'何以利吾国？'大夫曰：'何以利吾家？'士庶人④曰：'何以利吾身？'上下交征⑤利而国危矣。万乘⑥之国，弑其君者，必千乘之家；千乘之国，弑其君者，必百乘之家。万取千焉，千取百焉，不为不多矣。苟⑦为后义而先利，不夺不餍⑧。未有仁而遗其亲者也，未有义而后其君者也。王亦曰仁义而已矣，何必曰利？"

【注释】

①梁惠王：即魏惠王（前400~前319），惠是他的谥号。

②叟：老人。

③亦：这里是"只"的意思。

④士庶人：士人和庶民。

⑤交征：互相争夺。征，取。

⑥万乘：古代用四匹马拉的一辆兵车叫一乘，万乘即有一万辆兵车。诸侯国的大小以兵车的多少来衡量，万乘之国在战国时是大国。

⑦苟：如果。

⑧餍：满足。

【译文】

孟子拜见梁惠王。梁惠王说："老先生，您不远千里而来，一定有利于我的国家的高见吧？"

孟子回答："大王！何必说利呢？只是仁义而已。大王说：'怎样对我的国家有利？'大夫说：'怎样对我的封地有利？'一般士人和老百姓说：'怎样对我自己有利？'结果是上下互相争夺利益，那国家就危险了啊！在一个拥有一万辆兵车的国家里，杀害国君的人，一定是拥有一千辆兵车的大夫；在一个拥有一千辆兵车的国家里，杀害国君的人，一定是拥有一百辆兵车的大夫。这些大夫在一万辆兵车的国家中就拥有一千辆，在一千辆兵车的国家中就拥有一百辆，他们不算不富有了。可是，如果先讲利后讲义，他们不争夺是永远不会满足的。没有讲仁却抛弃父母的人，也没有讲义而不顾君王的人。所以，大王只说仁义就可以了，何必说利呢？"

【评析】

国家财富有限，如果大家都只讲"利"而不讲"义"，国家就很危险了。孟子告诉梁惠王只讲"义"而不讲"利"，是告诉他统治国家的方法。孟子分析说，万乘之国，大夫取车千乘；千乘之国，大夫取车百乘，大夫听得不可谓不多，但他们仍然弑君弑父，是因为他们只讲"利"而不讲"仁义"。相反，没有哪个讲"仁义"的人遗弃他的父母、怠慢他的君主的，更不用说弑君弑父了。所以孟子告诉梁惠王，你只说"仁义"就行了，何必说"利"呢？

《孟子》一书，多次讲过"义利"问题。本章中的意见，多少有点"要权谋"的意思。正确的"义利观"，不应该将两者对立起来，而应该"义利"并重，而"义"更先于"利"，反对不"义"之"利"，见"利"忘"义"。

　　《孟子》为孟子与其门徒万章、公孙丑等有意模仿《论语》而作，《论语》散漫，《孟子》亦然。但如细加体会，《孟子》中相邻若干章常有内在逻辑联系。如本卷前五章均写孟子答梁惠王问，第六章答梁襄王问，第七章至第二卷第十一章答齐宣王问，其间自有逻辑联系。本卷前五章答梁惠王问，当为孟子晚年到梁国后事，其时惠王亦老，故惠王称孟子为"叟"。公元前318年梁襄王继位后，孟子见他"望之不似人君"，大概就离开梁国走了。

【典例阐幽】

重义轻利

　　鲁肃为吴中富户，乐善好施，重义轻利。周瑜任居巢长时，闻鲁肃之名，向其借粮，鲁肃将家里一大粮仓相赠，两人由此结交，后来由周瑜介绍，鲁肃出事东吴。周瑜死后鲁肃就接替了周瑜做了吴国的大都督。

　　《三国志·吴书·鲁肃传》中记载："后备诣京见权，求都督荆州，惟肃劝权借之，共拒曹公。"这一"借"让曹操出了一身冷汗，它打碎了曹操的统一天下的大梦，奠定了三国格局的基础，《三国志·吴书·鲁肃传》载："曹公闻权以土地业备，方作书，落笔於地。"

　　试想当时如果不借。那么凭东吴一方的力量，根本不足以与势力强大的曹操相抗衡，借荆州给刘备，给曹操设立了一个对手，是轻小利而重大义之举，这样最终保障了三国鼎立局面的形成。

二

【原文】

　　孟子见梁惠王。王立于沼上^①，顾鸿雁麋鹿，曰："贤者亦乐此乎？"

　　孟子对曰："贤者而后乐此，不贤者，虽有此不乐也。《诗》云^②：'经始灵台^③，经之营之，庶民攻之，不日成之。经始勿亟^④，庶民子来^⑤。王在灵囿^⑥，麀鹿攸伏^⑦，麀鹿濯濯^⑧，白鸟鹤鹤^⑨。王在灵沼，於牣鱼跃^⑩。'文王以民力为台为沼，而民欢乐之，谓其台曰灵台，谓其沼曰灵沼，乐其有麋鹿鱼鳖。古之人与民偕乐，故能乐也。《汤誓》曰^⑪：'时日害丧^⑫，予及女偕亡。'民欲与之偕亡，虽有台池鸟兽，岂能独乐哉？"

【注释】

　　①沼：水池。

　　②《诗》：即《诗经》。以下引诗出自《诗经·大雅·灵台》，写周文王兴建灵台、灵囿而庶民相助的盛况。

　　③经：测量。灵台：台名。

　　④亟：急。

　　⑤子来：像儿子为父母效劳那样来帮忙。

　　⑥囿：圈养鸟兽的园林。

　　⑦麀：母鹿。鹿：指公鹿。攸：助词，用法相当于"所"。

　　⑧濯濯：肥硕而有光泽的样子。

　　⑨鹤鹤：羽毛洁白的样子。

⑩於：语气词，表示叹美。牣：满。

⑪《汤誓》：《尚书》的篇名，记载商汤伐夏桀的誓师之词。

⑫时日：这个太阳，指夏桀。时，这。害：通"曷"，即"何"，这里指"何时"。

【译文】

孟子见梁惠王。王站在池塘边，看鸿雁麋鹿，说："贤者也享受这种快乐吗？"

孟子回答说："只有贤者才能享受这种快乐，不贤者即使有这些，也无法快乐。《诗经》说：'开始建灵台，测量又施工，百姓齐动手，很快就落成。王说不着急，百姓更卖力。王到灵囿来，群鹿好自在，群鹿光又肥，白鸟白又亮。王到灵沼来，满池鱼跳跃。'文王借助民力建台修池，老百姓却很高兴，把那台叫作灵台，把那池叫作灵沼，为里面有麋鹿鱼鳖而高兴。古人与老百姓同乐，所以能享受快乐。《汤誓》说：'这个太阳何时消灭，我和你一起去死。'老百姓要和他一起去死，纵然他有台池鸟兽，难道能独自快活吗？"

【评析】

在这一章里，梁惠王劈头盖脸就以奚落的口气问孟子道："你这个不食人间烟火的家伙，觉得我的园林怎样啊？你能感受到快乐吗？"精明的孟子自然不会上他的当，只见他"将话就话"，接过话题，假装一本正经地又论述了自己的与民同乐的思想。孟子认为，仁慈的国君因为能与民同乐，所以享受到了真正的快乐。孟子的这一思想就像是一个预言一样，在以后的历代国君身上不断得到验证。

与民同乐的思想是孟子仁政思想的重要组成部分，具有浓厚的民族主义色彩。关于与民同乐的话题孟子论述得已经很透彻了，现在我们来说说由与民同乐延伸出的话题——与人同乐。曾经有人提出，只要稍加替换，与民同乐就可以变成"与人同乐"。当今社会，有钱人越来越多，但是他们真的获得了快乐吗？其实不然，他们中的大多数人晚景凄凉，没有至亲与他一起分享有钱的快乐，自然会觉得人生了无生趣，没有什么快乐可言。相反，一些并没有多少钱的人，却享受着四世同堂的天伦之乐，获得了人生真正的快乐。这就是与人同乐的道理。

自古以来，快乐与否一直就是一个精神层面的问题，虽然物质生活可以影响一个人的精神生活，但起决定因素的却是精神生活。因此，追求和保持精神生活的富裕，才是获得真正的快乐的根本。那么，怎么样追求和保持精神生活的富裕呢？这就回到了孟子的观点上：有了快乐要与别人分享，不要"独乐乐"。

【典例阐幽】

太守之乐

欧阳修，北宋时期政治家、文学家、散文家、史学家和诗人，唐宋八大家之一。他为政随和，多采用宽怀政策，在政期间非常爱民，在滁州任太守时，留下了千古名篇《醉翁亭记》，其中与民同乐的描写，看出了民众对他的喜爱，愿意同其乐，"太守乐其乐也"，"太守归而宾客从也"。

历史上醉翁亭也不知翻建多少次，为了纪念欧阳修，醉翁亭每遭破坏总会重建。这其中包含了人们对欧阳修深厚的感情。

三

【原文】

梁惠王曰："寡人之于国也，尽心焉耳矣。河内①凶②，则移其民于河东③，移其粟于河内。河东凶亦然。察邻国之政，无如寡人之用心者。邻国之民不加④少。寡人之民不加多，何也？"

孟子对曰："王好战，请以战喻⑤。填然⑥鼓⑦之，兵刃既接⑧，弃甲曳兵而走⑨。或百步而后止，或五十步而后止。以五十步笑百步，则何如？"

曰："不可，直⑩不百步耳，是亦走也。"

曰："王如知此，则无望民之多于邻国也。不违农时，谷不可胜⑪食也；数罟⑫不入洿池⑬，鱼鳖不可胜食也；斧斤⑭以时入山林，材木不可胜用也。谷与鱼鳖不可胜食，材木不可胜用，是使民养生丧死无憾也。养生丧死无憾，王道之始也。

"五亩之宅，树之以桑，五十者可以衣⑮帛矣。鸡豚狗彘之畜，无失其时，七十者可以食肉矣。百亩之田，勿夺其时，数口之家可以无饥矣。谨庠序⑯之教，申⑰之以孝悌之义，颁白⑱者不负戴⑲于道路矣。七十者衣帛食肉，黎民不饥不寒，然而不王⑳者，未之有也。

"狗彘食人食而不知检㉑，途有饿莩㉒而不知发㉓；人死，则曰：'非我也，岁㉔也。'是何异于刺人而杀之，曰：'非我也，兵㉕也。'王无罪岁㉖，斯天下之民至焉。"

【注释】

①河内：指魏国境内处于黄河北岸的土地。

②凶：年景不好，收成差。

③河东：魏国境内处于黄河东岸的土地。

④加：更加。

⑤喻：比喻，打比方。

⑥填然：象声词，形容声音巨大。

⑦鼓：动词，击鼓，代表进军、攻击。

⑧接：接触，指交战。

⑨走：逃跑。

⑩直：只是，不过。

⑪胜：尽。

⑫数罟：细密的渔网。数，细密。罟，渔网。

⑬洿池：指较深的池塘。

⑭斤：斧子一类的用具。刃直称斧，刃横称斤。

⑮衣：动词，穿衣。

⑯庠序：指学校，古代教化之处，殷商时的学校叫作序，周代的学校叫作庠。

⑰申：反复申劝、教导。

⑱颁白：也作"斑白"，头发花白。

⑲负戴：负是指把东西背在身上，戴是指把东西顶在头上。

⑳王：动词，称王。

㉑检：检查，约束，制止。

㉒饿莩：同"饿殍"，指饿死的人。

㉓发：指打开粮仓，赈济百姓。

㉔岁：指凶年，收成不好。

㉕兵：兵器。

㉖罪岁：归罪于年成不好。罪，动词，归罪于。

【译文】

梁惠王说："我对于自己的国家，可以说是尽心尽力了。河内地区的收成不好，我就把那儿的百姓移到河东地区去就食，把河东的粮食转移到河内地区。河东地区收成不好的时候，也是采取相同的办法。遍观邻近国家君主为政的措施，没有像我这样用心的了。但是邻国百姓的数量并没有因此而减少，我国百姓的数量也没有因此而增加，这是为什么呢？"

孟子回答说："大王您喜欢战争，请允许我用战争来打个比方。战鼓咚咚敲响的时候，两军兵刃相接，开始交战，战败的士兵丢弃盔甲、拖着兵器竞相逃跑。有的士兵跑了一百步之后停下来，有的士兵跑了五十步之后停下来。如果那些跑了五十步的去耻笑那些跑了一百步的，您觉得怎么样呢？"

梁惠王说："不可以，只是没有跑到一百步而已，但同样是逃跑。"

孟子说："大王您既然明白这个道理，就不要奢望自己的百姓多于邻国了。如果能够不违反农业生产的时令，就会有吃不尽的谷物粮食；如果细密的渔网不到深池里去捕鱼，就会有吃不尽的鱼鳖；如果按照一定的时令去采伐山林，就会有用不尽的木材。粮食与鱼鳖吃不完，木材也用不完，就会使得百姓对于养生丧死之事没有什么不满了。百姓对于养生丧死之事没有不满，这是王道政治的开始。

"在五亩大的宅地中种植桑树，五十岁以上的人就可以穿上丝帛了。养殖鸡豚狗彘的时候，不要耽误它们生长繁殖的时节，那么七十岁以上的老人就可以吃上肉了。面积百亩的田地，不要耽误百姓劳作的时令，那么几口人的家庭就可以免于饥饿之苦了。认真地开展学校教化，反复地申戒孝悌敬长的道理，那么头发花白的老人就不会再背着、顶着东西在路上行走了。七十岁以上的老人都能够穿着丝帛的衣服、都可以吃上肉，百姓可以免于饥寒之苦，如果这样还不能使天下百姓归附，这是不可能的。

"如果猪狗吃了人应该吃的东西，却还不知道加以约束和制止；如果道路上有饿死的人，却还不知道打开粮仓、赈济百姓；百姓死了，却说'这不是我的过错，这是收成不好的缘故'，这何异于用刀子杀了人，却还说'这不是我杀的，是刀子杀的'？大王您如果不把一切都归罪于年岁收成，那么天下百姓就会争相归附了。"

【评析】

这一章历来被学者看作是孟子的王道思想的施政宣言,中心思想是如何施行仁政,如何由仁政而王道。孟子提出的民本思想在施行仁政和王道时的具体措施,与早期儒家"先富后教"的思想不谋而合。

此外,在这一章里,还引出了"五十步笑百步"这一名言。通过这个比喻,孟子不仅形象而生动地表达了他主张王道、提倡礼乐的理念,而且也第一次让读者领教了他论辩的巧妙技巧和高超水平。

梁惠王自认为对百姓很尽心,而且在言语之中还有些埋怨百姓"不识抬举",辜负了他的尽心。可是,他的这一堆道理在孟子眼里只不过算是强词夺理罢了,实际上。梁惠王的做法与邻国国君的做法只是五十步与百步的区别。在否定和批评了梁惠王以后,孟子就势提出他认为的治国的根本之道,也就是要施行仁政,让百姓休养生息。

【典例阐幽】

"五十步"与"一百步"

东汉末年的蔡邕博学多才,是当时著名的学者,编纂汉史,作灵帝纪以及个人列传四十二篇。他同时还是个大书法家。

据唐代张彦远《法书要录·笔法传授人名》中记载:蔡邕受艺于神人,而传与崔瑗及女文姬,文姬传之钟繇,钟繇传之卫夫人,卫夫人传之王羲之,王羲之传之王献之。

董卓听说蔡邕有才,于是给了他两个选择:要么来朝里当官,要么等着被灭族！蔡邕只得入朝为官，很受董卓器重。虽然蔡邕并不认同董卓的专权与暴虐，但是到了董卓被杀时，他想起董卓待他不错，轻轻叹息了一声，结果立即触怒了踌躇满志的王允，被投进了监狱。

蔡邕入狱后，朝廷里有许多大臣都来替他求情，请求王允网开一面，使得蔡邕能够继续编汉史。而王允的回答却证明了他指责董卓残暴不仁，不过是五十步笑百步。王允说："当年汉武帝没杀司马迁，结果世上多了一部谤书。如今要是留下蔡邕，不是又要多一部谤书来迷惑天子，诽谤你我吗！"

蔡邕就这样死在了狱中。大家一看，走了个跋扈的董太师，又来了个骄横的王司徒，也开始心怀不满，牢骚满腹。王允诬杀蔡邕两个月后，董卓部将攻陷长安，捉拿王允，连同他的妻子儿女一齐处死。并把王允的尸首拖到闹市任人参观，没有人为他收葬。

四

【原文】

梁惠王曰："寡人愿安①承教。"

孟子对曰："杀人以梃②与刃，有以异乎？"

曰："无以异也。"

"以刃与政，有以异乎？"

曰："无以异也。"

曰："庖③有肥肉，厩有肥马，民有饥色，野有饿莩，此率兽而食人也。兽相食，且人恶之；为民父母，行政，不免于率④兽而食人，恶⑤在其为民父母也？仲尼曰：'始作俑者⑥，其无后乎！'为其象人而用之也。如之何其使斯民饥而死也？"

【注释】

①安：乐意。

②梃：木棒。

③庖：厨房。

④率：放任。

⑤恶：何。

⑥始作俑者：俑，古代陪葬用的土偶、木偶。在用土偶、木偶陪葬之前，经历了一个用草人陪葬的阶段。草人只是略像人形，而土偶、木偶却做得非常像活人。所以孔子深恶痛绝最初采用土偶、木偶陪葬的人。始作俑者，就是指这最初采用土偶、木偶陪葬的人。后来这句话成为成语，指首开恶例的人。

【译文】

梁惠王说："我很乐意听您的指教。"

孟子回答说："用木棒打死人和用刀子杀死人，有什么不同吗？"

梁惠王说："没有。"

孟子又问："用刀子杀死人和用政治害死人，有什么不同吗？"

梁惠王回答："没有。"

孟子于是说："现在您厨房里有肥嫩的肉，马厩里有健壮的马，可老百姓却面带饥色，野外有人饿死，这相当于放纵野兽吃人啊。野兽自相残杀，人尚且厌恶它；作为百姓的父母官，施政，却免不了放任野兽来吃人，那怎么能够做百姓的父母官呢？孔子说：'最初采用土偶、木偶陪葬的人，该会断子绝孙吧！'就因为土偶、木偶太像人的样子，却用来陪葬。那么那些使百姓饿死的人，又该怎么办呢？"

【评析】

在这一章里，孟子从侧面批评了当时诸侯的暴政对百姓的凶残和危害，并再次提出保民的主张。众所周知，孟子是先秦民本思想的集大成者，这主要体现在他的保民、养民、安民的思想主张上。

所谓"保民"，首先是保证百姓的生存权，让他们能安全地活着。孟子认为，作为百姓的父母官，让百姓安全、幸福地生活是执政者的基本职责，贤明的执政者应该采取措施，使百姓免于被天灾和人灾伤害，最起码要做到"取民有度"。

但是，梁惠王在这方面做得并不好，因为"民有饥色，野有饿莩"。而且，从中国漫长的历史上看，能达到孟子的要求的统治者没有几个，因此，在很大程度上看，所谓的保民、养民、安民只是暗藏在知识分子心中的一幅美好蓝图。

但是，尽管孟子的言论从来没有被真正地落到实处，但却并不过时，对当今社会也起着重要的警示作用。

【典例阐幽】

始作俑者

清雍正六年（1728年），朝廷掀起了一场大规模的"文字狱"。

湖南秀才曾静在一个偶然机会读到已故学者吕留良的反清诗文，十分敬佩他的学问，并开始与他的弟子交往。后来，曾静听说汉族大臣岳钟琪平定边境叛乱立了大功，受到雍正帝重用，担任川陕总督，手握重兵，竟然充满幻想地去游说他起来造反，结果被岳钟琪出卖。

雍正亲自处理此案，一方面"御笔"亲拟了批驳吕留良反清观点的《大义觉迷录》，另一方面大开杀戒：判处已经死去了的吕留良和其子吕葆中、学生严鸿逵开棺戮尸枭首示众，判处吕留良的另一个活着的儿子吕毅中立即斩首；吕、严两家的孙子辈一律发往宁古塔充军为奴。其余如曾和吕、严交往的，曾为吕留良刻过书的，甚至收藏过吕留良诗文的东鼎臣、东鼎贲、孙克用、周敬舆等人一律判处死刑。因此案而受到牵连的有上千人。

虽然这一事件的始作俑者是雍正皇帝，但是无知而盲动的曾静也有不可推卸的责任。不过曾静出人意料地被雍正饶过一命。雍正让他悔过自新，并让官府带他到江南一带现身说法，宣传《大义觉迷录》，以示皇权的宽容和坚固。但是曾静在悔罪并充当清朝的走狗以后，最终仍然被继任皇帝乾隆下令处决。

五

【原文】

梁惠王曰："晋国①，天下莫强焉，叟之所知也。及寡人之身，东败于齐，长子死焉②；西丧地于秦七百里③；南辱于楚④。寡人耻之，愿比死者壹洒之⑤，如之何则可？"

孟子对曰："地方百里而可以王⑥。王如施仁政于民，省刑罚，薄税敛，深耕易耨⑦，壮者以暇日修其孝悌忠信，入以事其父兄，出以事其长上，可使制梃以挞秦、楚之坚甲利兵矣。

"彼夺其民时，使不得耕耨以养其父母。父母冻饿，兄弟妻子离散。彼陷溺其民，王往而征之，夫谁与王敌？故曰：'仁者无敌。'王请勿疑！"

【注释】

①晋国：这里指魏国。战国时韩、赵、魏三国，系由晋国分出，称为"三晋"，

故魏国自称为晋。

②东败于齐，长子死焉：指马陵（今山东濮县北）之役。魏军以庞涓和太子申为统帅，齐军以田忌为大将，孙膑为军师，两军战于马陵，魏大败，庞涓自杀，太子申被俘。

③西丧地于秦七百里：惠王时，魏国曾屡败于秦国，被迫多次割地。

④南辱于楚：惠王时，魏军被楚将昭阳所败，八邑沦亡。

⑤比：替，为。壹：全，都。洒：洗。

⑥地方百里：指长、宽各百里之地。

⑦易：疾速。耨：锄草。

【译文】

梁惠王说："晋国，天下没有比它更强大的国家了，这是老先生所知道的。到了我这时候，东边败于齐国，大儿子牺牲了；西边割地七百里给秦国；南边又受辱于楚国。我感到耻辱，希望为死者尽洗此恨，要怎么办才行？"

孟子回答说："有纵横百里的土地就可以行仁政而使天下归服。王如果向老百姓实行仁政，减轻刑罚，减少赋税，深耕细作，及早除草；年轻人在闲暇时修养孝顺父母、敬爱兄长、忠诚守信的道德，在家便侍奉父兄，在外便侍奉上级，这样，就算让他们造木棒也可以抗击秦国和楚国的坚实盔甲和锋利兵器了。

"别的国家妨碍老百姓适时生产，使他们不能靠耕作来奉养父母。父母饥寒交迫，兄弟妻儿离散。它们使老百姓陷于深渊之中，王去讨伐它们。谁能抵抗您？所以说：'仁德的人是无敌的。'王请不要怀疑！"

【评析】

孟子到魏国时，梁惠王正经历着人生的巨大挫折，他所说的"东败于齐""西

"丧地于秦七百里""南辱于楚"即是魏国对外战争中几次惨痛的失败。此时的惠王复仇心切，故见到孟子时劈头就问"何以利吾国"。针对惠王的心理，孟子告诫其"仁者无敌"，认为只有实行仁政，才能称王天下。

【典例阐幽】

仁者无敌，郭子仪只身退敌

唐代宗广德二年十月，仆固怀恩引吐蕃、回纥、党项数十万兵马南下，郭子仪受命，率军抵御。转年九月，叛军已相继进抵长安附近，京城人人自危，不知所从。关键时刻。唐代宗急召郭子仪从河中返长安。

当时，郭子仪随从军卒仅一万人左右，在泾阳屯军。四周叛军、回纥、吐蕃等军队有近三十万，已经把郭子仪军围得里三层、外三层。郭子仪急忙下令属下四将分阵迎敌。自己亲率两千铠甲军出于阵前。回纥军队首领很奇怪，惊问唐兵："主帅为谁？"唐军回报："郭令公。"回纥首领大惊："郭令公还活着吗？仆固怀恩讲天可汗（唐代宗）已崩，郭令公也病死，中国无主，我们才跟随他来到这里。既然郭令公还活着，天可汗也活着吗？"唐军答称："天子安好！"这下子回纥首领有些慌乱，面面相觑："难道仆固怀恩欺骗我们？"

见此，郭子仪忙派使者去回纥营中晓谕："几年前回纥大军跋涉万里。帮助我大唐收复两京，双方休戚与共，关系甚洽。现在，你们为什么要捐弃旧谊，帮助仆固怀恩这个叛臣，如此下去，对回纥一点好处也没有呵。"回纥人将信将疑："都说郭令公死了，否则，我们怎敢至此。如果郭令公真活着，就让我们亲眼见一见。"

使者回报。郭子仪马上跨马欲出。左右将帅都劝："戎狄狼子野心，怎能相信！"郭子仪说："敌众数十倍于我军，力战肯定不能胜。我现在出去与他们相见，示之以诚。"左右将领要派五百骑兵护卫，郭子仪摇手拒绝，只带十几骑轻装而出。唐军大呼："令公来！"

回纥人如临大敌，不知唐军真假，前面数排弓箭手皆引弓搭箭，持满欲射。

郭子仪骑马至阵前，摘去头盔，对带头的回纥首领亲切问候道："君与我前些年同生死、共患难，怎么现在一点也不念昔日情分啊？"见到果真是郭子仪本人，回纥大将们都扔掉手中兵器下马行礼："果吾父也。"（真是我亲郭大爷呵）

于是，郭子仪邀请回纥众首领欢饮，大赠金帛，誓好如初。酒席宴上，酒酣耳熟，郭子仪乘机劝说回纥首领："吐蕃与我大唐本来是舅甥之国。现在背信弃义进攻我们。他们已劫抢牛马无数，诸位如果能倒戈奋击吐蕃，既能逐戎得利，又与我大唐重修友好关系，一举两得，多么好啊。"当时，仆固怀恩已经暴病而死，"群虏无所统一"，回纥人就答应了郭子仪。

吐蕃军队已经得知唐军与回纥军"联欢"的消息，惊疑双方有诈，乘夜就引军退走。郭子仪先派白元光等率一部分唐兵与回纥军相合，追击吐蕃，自引大军继后，于灵台西原大败吐蕃，斩首五万，生俘一万，得牛羊马驼不可胜计，并追回被俘掠的唐朝士女。

一颗仁爱之心，能够让一个人成为真正的赢家。

六

【原文】

孟子见梁襄王①。出，语②人曰："望之不似人君，就之而不见所畏焉。卒然③问曰：'天下恶乎定？'

"吾对曰：'定于一。'

"'孰能一之?'

"对曰:'不嗜杀人者能一之。'

"'孰能与之?'

"对曰:'天下莫不与也。王知夫苗乎?七八月④之间旱,则苗槁矣。天油然作云,沛然下雨,则苗浡然⑤兴之矣。其如是,孰能御之?今夫天下之人牧⑥,未有不嗜杀人者也。如有不嗜杀人者,则天下之民皆引领而望之矣。诚如是也,民归之,由⑦水之就下,沛然谁能御之?'"

【注释】

①梁襄王:梁惠王的儿子,名嗣,公元前318年至公元前296年在位。

②语:告诉。

③卒然:同"猝",突然。

④七八月:指周代历法,相当于夏历的五、六月,正是禾苗需雨水时。

⑤浡然:兴起的样子。浡然兴之即蓬勃兴起。

⑥人牧:指君王。"牧"由牧牛、牧羊的意义引申过来。

⑦由:通"犹",如同。

【译文】

孟子见了梁襄王,出来后告诉别人说:"远看不像个国君,到了他跟前也看不出威严的样子。他猛然问我:'天下要怎样才能安定?'

"我回答说:'统一就会安定。'

"他又问:'谁能统一天下呢?'

"我又答:'不喜杀戮的君王能统一天下。'

"他又问:'有谁愿意跟随他呢?'

"我又答：'天下的人没有不愿意跟随他的。大王知道禾苗的情况吗？七、八月间天旱的时候，禾苗就干枯了。一旦天上乌云密布，哗哗下起大雨，禾苗便会蓬勃生长。这样的情况，谁能够阻挡得住呢？如今各国的君王，没有不喜欢杀人的。如果出现一个不喜欢杀人的，天下的百姓都会伸长脖子期待着他来解救了。真的这样做的话，百姓归服他，就像水往低处流，谁能阻挡得住呢？"

【评析】

在孟子生活的那个时代，各诸侯国之间"争地以战，杀人盈野；争城以战，杀人盈城"，频繁爆发着残酷的战争；即使在短暂的战争间隙，为了维护政权，诸侯国的国君们也经常屠杀生灵。总之一句话，百姓连最基本的生存权都得不到保证。

孟子当然反对这些。于是，当梁襄王向他提出"怎样才能安定天下"这一问题时，他有针对性地提出了依靠仁政统一天下的主张。在这里，孟子并不是一味地主张不杀人，而是主张"不嗜杀人"。所谓"不嗜杀人"，其实就是奉劝诸侯们不要主动杀人，不要滥杀无辜，更不要以杀人为乐，相反，应该是在不论何种情况下，都尽量不杀人或少杀人。

那么，在那个追求功利的时代，诸侯们"不嗜杀人"能得到什么"利"呢？孟子说，能统一天下，因为"不嗜杀人，民必归之"，而且由一个"不嗜杀人"的国君来统一和安定天下也是顺理成章的事。

在这一章里，孟子跟梁襄王讲了两点内容：一是天下只有统一才能安定。这个道理很简单，如果天下四分五裂，就会战争不断，自然是不可能安定了。二是什么人能统一天下。孟子回答的也很简单，他说："不喜欢杀人的人能统一天下。"孟子所说的这个人是指执掌着生杀大权的诸侯，而且还得是个讨厌战争的"和平主义者"。

总体来看，孟子这番简单的道理依据的是百姓的心理，是非常正确的。正因为战乱不断，百姓吃够了战争的苦，生活痛苦不堪，纷纷渴望能出现一个不爱打仗、不爱杀人的国君，如果真有哪个国君能做到这些，全天下的百姓必然会闻风归服的。

然而，有理归有理，正确归正确，信服归信服，但却并不适用于战国这一特殊的历史时期。战国时期，军事和政治密不可分，诸侯们都明白统一天下离不开战争，因此，他们都认为孟子的思想过于"迂阔"，不如纵横家的思想实用，也就没有人肯真正接受孟子了。这不仅是孟子的悲哀，也是全天下百姓的悲哀了。

【典例阐幽】

引领而望

商王武丁的宰相傅说从政以前，曾在傅岩（今山西平陆东）地方从事版筑，故以傅为姓。傅岩是虞、虢两地交界之处，又是交通要道，由于山涧的流水常常冲决道路，奴隶们就在这里版筑护路。傅说身为奴隶，就靠从事版筑为生。商王武丁即位以后，三年没有理政。国事全由家宰管理。

有一天，武丁告诉群臣，他梦见上天赐予他一位贤人，这个人穿着奴隶穿的衣服，说自己姓傅名说，正在做苦役。武丁说："傅者，相也。说者，悦也。天下当有傅我而悦民者哉！这是个好兆头，我一定能得到一位治理天下的好帮手。"武丁就让人把梦中人的形象画出来，在全国寻找，果然在傅岩找到傅说。

经过一番交谈，武丁发现傅说果然就是自己和百官引领而望的治国之才，于是就让他担任宰相。但是这一来，出身宗族的大臣们却很不服气，认为他身为一个奴隶做宰相是对朝廷的侮辱。

过了一段时间。傅说发挥自己的才能，出台了一系列励精图治的政策，终于使得贵族和平民都心甘情愿地服从于他的领导。武丁一朝也因而成为商代后期的极盛时期，史称"武丁中兴"。

七

【原文】

齐宣王^①问曰："齐桓、晋文^②之事可得闻乎？"

孟子对曰："仲尼之徒无道桓文之事者，是以后世无传焉，臣未之闻也。无以^③，则王乎^④？"

曰："德何如则可以王矣？"

曰："保民而王，莫之能御也。"

曰："若寡人者，可以保民乎哉？"

曰："可。"

曰："何由知吾可也？"

曰："臣闻之胡龁^⑤曰，王坐于堂上，有牵牛而过堂下者，王见之，曰：'牛何之^⑥？'对曰：'将以衅^⑦钟。'王曰：'舍^⑧之！吾不忍其觳觫^⑨，若无罪而就死地。'对曰：'然则废衅钟与？'曰：'何可废也？以羊易之！'不识有诸^⑩？"

曰："有之。"

曰："是心足以王矣。百姓皆以王为爱^⑪也，臣固知王之不忍也。"

王曰："然；诚有百姓者。齐国虽褊^⑫小，吾何爱一牛？即不忍其觳觫，若无罪而就死地，故以羊易之也。"

曰："王无异^⑬于百姓之以王为爱也。以小易大，彼恶知之？王若隐^⑭其无罪而就死地，则牛羊何择^⑮焉？"

王笑曰："是诚何心哉？我非爱其财，而易之以羊也，宜乎百姓之谓我爱也。"

曰："无伤也，是乃仁术也，见牛未见羊也。君子之于禽兽也，见其生，不忍见其死；闻其声，不忍食其肉。是以君子远庖厨也。"

王说[16]，曰："《诗》云：'他人有心，予忖度之[17]。'夫子之谓也。夫我乃行之，反而求之，不得吾心。夫子言之，于我心有戚戚[18]焉。此心之所以合于王者，何也？"

曰："有复[19]于王者曰：'吾力足以举百钧[20]，而不足以举一羽；明足以察秋毫之末[21]，而不见舆薪[22]。'则王许[23]之乎？"

曰："否。"

"今恩足以及禽兽，而功不至于百姓者，独何与？然则一羽之不举，为不用力焉；舆薪之不见，为不用明焉；百姓之不见保，为不用恩焉。故王之不王，不为也，非不能也。"

曰："不为者与不能者之形何以异？"

曰："挟太山以超北海[24]，语人曰：'我不能。'是诚不能也。为长者折枝[25]，语人曰：'我不能。'是不为也，非不能也。故王之不王，非挟太山以超北海之类也；王之不王，是折枝之类也。

"老吾老[26]，以及人之老；幼吾幼，以及人之幼。天下可运于掌。《诗》云：'刑于寡妻，至于兄弟，以御于家邦[27]。'言举斯心加诸彼而已。故推恩足以保四海，不推恩无以保妻子。古之人所以大过人[28]者，无他焉，善推其所为而已矣。今恩足以及禽兽，而功不至于百姓者，独何与？

"权[29]，然后知轻重；度[30]，然后知长短。物皆然，心为甚。王请度之！

"抑[31]王兴甲兵，危士臣，构怨[32]于诸侯，然后快于心与？"

王曰："否，吾何快于是？将以求吾所大欲也。"

曰："王之所大欲，可得闻与？"

王笑而不言。

曰："为肥甘不足于口与？轻暖不足于体与？抑为采色^㉝不足视于目与？声音不足听于耳与？便嬖@不足使令于前与？王之诸臣皆足以供之，而王岂为是哉？"

曰："否，吾不为是也。"

曰："然则王之所大欲可知已。欲辟^㉟土地，朝^㊱秦、楚，莅^㊲中国而抚四夷也。以若所为求若所欲，犹缘^㊳木而求鱼也。"

王曰："若是其甚与？"

曰："殆^㊴有^㊵甚焉。缘木求鱼，虽不得鱼，无后灾。以若所为，求若所欲，尽心力而为之，后必有灾。"

曰："可得闻与？"

曰："邹人与楚人战，则王以为孰胜？"

曰："楚人胜。"

曰："然则小固不可以敌大，寡固不可以敌众，弱固不可以敌强。海内之地，方千里者九，齐集有其一。以一服^㊶八，何以异于邹敌楚哉？盖^㊷亦反其本矣。

"今王发政施仁，使天下仕者皆欲立于王之朝，耕者皆欲耕于王之野，商贾皆欲藏于王之市，行旅皆欲出于王之涂^㊸，天下之欲疾^㊹其君者，皆欲赴诉于王。其若是，孰能御之？"

王曰："吾惛^㊺，不能进于是矣。愿夫子辅吾志，明以教我。我虽不敏，请尝试之。"

曰："无恒产而有恒心者，惟士为能。若^㊻民，则^㊼无恒产，因无恒心。苟^㊽无恒心，放辟邪侈^㊾，无不为已。及陷于罪，然后从而刑之，是罔^㊿民也。焉有仁人在位罔民而可为也？是故明君制民之产，必使仰足以事父母，俯足以畜^{�51}妻子，乐岁⁵²终身饱，凶年免于死亡。然后驱而之善，故民之从之也轻⁵³。

"今也制民之产，仰不足以事父母，俯不足以畜妻子；乐岁终身苦，凶年不免

于死亡。此惟救死而恐不赡�，奚㊵暇治礼义哉？

"王欲行之，则盍㊶反其本矣！五亩之宅，树之以桑，五十者可以衣帛矣。鸡豚狗彘之畜，无失其时，七十者可以食肉矣。百亩之田，勿夺其时，八口之家可以无饥矣。谨庠序之教，申之以孝悌之义，颁白者不负戴于道路矣。老者衣帛食肉，黎民不饥不寒，然而不王者，未之有也。"

【注释】

①齐宣王：齐威王之子，名辟疆。

②齐桓、晋文：指齐桓公和晋文公。两人都是春秋时期的霸主。

③无以：不得已，没办法。以，通"已"。

④则王乎：此句为省略句，意思是那我还是给您讲讲王道吧。

⑤胡龁：齐宣王之臣。

⑥之：到……去。

⑦衅：古代的血祭，用牲畜的血涂在新制成的器物上。

⑥舍：放，释放。

⑨觳觫：恐惧、颤抖的样子。

⑩诸："之乎"的合音。

⑪爱：吝啬。

⑫褊：狭小，狭窄。

⑬异：动词，怪，以……为怪。

⑭隐：恻隐，哀怜。

⑮择：区别。

⑯说：通"悦"，喜悦，高兴。

⑰他人有心，予忖度之：语出《诗经·小雅·巧言》，意思是他人的想法，我

可以用心揣摩出来。

⑱戚戚：心有所动的样子。孟子所言，正与宣王之意合，故宣王为之心动。

⑲复：回答，答复。

⑳钧：古代重量单位，三十斤为一钧。

㉑秋毫之末：秋天的时候，鸟的羽毛末端变得极其细微，比喻极其细小的事物。

㉒舆薪：一车柴草。

㉓许：相信，同意。

㉔挟太山以超北海：太山即泰山。超，超越，越过。此句用来比喻不可能做到的事情。

㉕折枝：这个词有三种理解：一是"为长者折取树枝"，二是"为长者搔痒按摩"，三是"为长者屈身鞠躬"。此处取第三说，枝通"肢"。

㉖老吾老：意思是尊敬、侍奉自己的长辈。第一个"老"是动词，第二个"老"是名词。

㉗刑于寡妻，至于兄弟，以御于家邦：语出《诗经·大雅·思齐》。刑，通"型"，为……做榜样。寡妻，嫡妻。御，进。

㉘人：常人、普通人。

㉙权：称量。

㉚度：测量。

㉛抑：难道。

㉜构怨：结怨。

㉝采色：即彩色。

㉞便嬖：被宠幸的近臣。

㉟辟：开辟，开拓。

㊱朝：使动词，使……前来朝见。

㊲莅：临，引申为统治的意思。

㊳缘：登，攀爬。

�39殆：大概，或者。

�40有：同"又"。

�41服：降服，使服从。

�42盖：同"盍"，何不。

�43涂：通"途"，道路。

�44疾：痛恨，怨恨。

�45惽：通"昏"，愚昧，昏乱。

�46若：至于。

�47则：假如。

�48苟：如果。

�49放辟邪侈：放纵欲望，奸邪不正。

�50罔：通"网"，引申为网罗、陷害之意。

�51畜：供养，抚养。

�52乐岁：好年景，收成好的年份。

�53轻：容易。

�54赡：充足，足够。

�55奚：何，哪里。

�56盍：何不。

【译文】

齐宣王问孟子说："您可以给我讲讲齐桓公和晋文公称霸的事迹吗？"

孟子回答说："孔子的学生并没有谁提到过齐桓公和晋文公的事迹，因此他们的事迹也没有流传下来，我也没有听到过。没有办法，那么我给您讲讲王道可以吗？"

齐宣王说："什么样的德行可以使天下之人归附呢？"

齐宣王

孟子说："通过安定百姓的生活来使天下之人归附，这样就没有谁可以抵挡得住了。"

齐宣王说："像寡人这样，可以使百姓的生活安定下来吗？"

孟子说："可以的。"

齐宣王说："您怎么知道我可以呢？"

孟子说："我听胡龁说过，有一次您在大殿之上坐着，有人牵着牛从大殿之下通过，大王看见之后，说：'要把牛牵到哪儿去？'那人回答说：'这头牛是用来祭钟的。'大王立即说：'放了它吧！我实在不忍心看到它恐惧的样子，没有罪过却要遭到杀戮，我真的不忍心。'那人又问：'难道就不再祭钟了吗？'大王说：'怎么能不祭呢？用羊来代替牛吧！'不知可有此事？"

齐宣王回答说："确有此事。"

孟子说："这种心境就足以使百姓归附了。百姓都以为大王是因为吝啬，臣却以为您是因为心中确实不忍。"

齐宣王说："对，确实是有那么想的百姓。齐国虽然地域狭小，我怎么会吝惜一头牛呢？确实是因为不忍心看到那头牛恐惧的样子，它没有罪过却要惨遭杀戮，因此才用羊来代替它。"

孟子说："大王不要惊异于百姓认为您是吝啬的。用小的来代替大的，他们怎么会理解您呢？大王如果真的哀怜它们没有罪过而惨遭杀戮，那么牛和羊又有什么区别呢？"

宣王笑道："这是什么心理啊？我并不是因为吝惜钱财才用羊来代替牛的。照您的说法，百姓说我是吝啬看来是理所当然的了。"

孟子说："没关系，这种不忍之心就是仁义，只是大王您看到了那只牛却没有看到那只羊啊。君子对于那些禽兽，希望看见它们活着，不忍心看到它们死去；希望听到它们的声音，不忍心吃它们的肉。因此君子都远离厨房。"

宣王欢喜地说道："《诗经》上说：'他人的内心，我可以揣摩得到。'这说的大概就是先生这样的人吧。我已经这样去做了，但是反过来想想我为什么要这样做，却不明白。先生您说的话，正与我的心思相合啊。这样的心思之所以是合于王道的，原因是什么呢？"

孟子说："如果有人这样告知大王：'我的力量足以举起三千斤的重量，却不能拿起一根羽毛；我的眼力足以看到秋天鸟的羽毛的末梢，但是却不能看见一车柴草。那么大王您相信这样的话吗？"

宣王说："我不相信。"

孟子说："如今大王您的恩惠足以加至禽兽之身，却不能使百姓得到同样的好处，这是为什么呢？不能拿起一根羽毛，是因为不用力气；不能看见一车柴草，是因为不用眼力；不能安定百姓的生活，是因为不肯为百姓施加恩惠。因此大王您不能够使百姓归附，是因为您没有去做，而不是做不到的缘故。"

宣王说："不去做与做不到这两种情况有什么不同啊？"

孟子说："挟持着泰山去越过北海，对人说：'我做不到。'这确实是做不到。为长者屈身行礼，对人说：'我做不到。'这是不去做，而不是因为做不到。因此大王您不能使百姓归附，并不同于挟持着泰山去越过北海之类的事；大王您不能使百姓归附，同不为年长者屈身行礼之类的事情是一样的。

"尊敬自己家里的长辈，同样也尊敬别人家里的长辈；爱护自己家里的晚辈，同时也爱护别人家里的晚辈。《诗经》上说：'给自己的妻子树立榜样，同时也推广到自己的兄弟，再进而推广到整个国家。'这句话说的就是将同样的仁心施加到别人的身上罢了。因此说推广自己的恩惠就足以使四海安定，不推广自己的恩惠就不能安定自己的妻子和儿女。古代的贤人之所以大大超过普通人，没有别的缘故，就是善于推广自己的所作所为而已。如今恩惠足以施加于禽兽，而不能使百姓得到同样的好处，这是为什么呢？

"称一下，才能知道轻重；量一下，才能知道长短。事物都是这样的，人心更是如此。大王您还是好好揣度揣度吧！

"难道大王您只有出动军队，危及将士及臣下的安全，与别的诸侯国结怨，才能使自己的心里感到痛快吗？"

宣王说："不是，我怎么会以此为快事呢？我只是以此来求得自己最想要的罢了。"

孟子说："大王您最想要的是什么，可以说给我听听吗？"

宣王微笑着却没有说话。

孟子说："难道是因为丰盛的食物还不够吃吗？是因为华丽的衣服还不够穿吗？或是因为绚丽的色彩不够看呢？好听的声音不够听呢？身边的近臣不够自己使唤呢？大王您的大臣们都足以为您提供这些，那么大王难道会是因为这些吗？"

宣王说："不是，不是因为这些。"

孟子说："那么大王您最想要的我就可以知道了，您想要开拓土地，使秦楚等国前来朝见，统治中国而安抚四方。以您现在的所作所为来求您最想要的，简直如同缘木求鱼一样。"

宣王说："有这么严重吗？"

孟子说："可能还要更严重呢。缘木求鱼，即使得不到鱼，也不会有危险。以您现在的所作所为来求得您最想要的，即使您尽心尽力，后来肯定还要有灾祸呢。"

宣王说："我可以听听其中的道理吗?"

孟子说："邹国与楚国交战，您觉得谁会取得胜利呢?"

宣王说："楚国会取得胜利。"

孟子说："小国本来是不能战胜大国的，人少的本来是不能战胜人多的，弱者本来是不能战胜强者。如今天下达到方圆千里的地方有九个，齐国只占有其中的九分之一，以其中之一来使其他的八方服从，这和邹国与楚国开战又有什么区别呢?大王您何不反过来修养根本呢?

"大王您如果能够施行仁政，使天下为官之人都能够效力于您的朝堂之上，耕田的百姓都能够耕种于您的田地之上，商贾都能够将货物收藏在您的集市之内，外出之人都能够出没于您的道路之上，天下那些痛恨自己君主的人都愿意向您申诉。如果能够做到这样，那么谁又能够抵挡呢?"

宣王说："我太愚昧了，恐怕不能做到如此的地步。希望先生您能够辅佐我实现志向，明白地教给我怎么做。我虽然不够聪敏，但也想试试看。"

孟子说："没有稳定的财产却有恒定的心志，只有士人能够做得到。至于普通百姓，如果没有稳定的财产，就没有恒定的心志。如果没有恒定的心志，那么放纵欲望、奸邪不正的事情，他们都做得出来。等到他们陷入犯罪的泥潭之中，然后再绳之以法，这就是陷害百姓。仁者为政怎么可以通过陷害百姓来实现呢?因此圣明的君王必须要使百姓获得稳定的资产，使他们对上足以侍奉自己的父母，对下足以抚养自己的妻子和儿女。收成好的年岁能够吃得饱，收成不好的年岁也不至于饿死;然后再教导他们从善，那么百姓也就会轻易地听从于他了。

"如今君主也为百姓提供资产，却使得他们对上不足以侍奉自己的父母，对下不足以抚养自己的妻子儿女;收成好的年岁，日子仍然辛苦;收成不好的年岁，也不能免于死亡。这样，人们连养活自己的能力都没有，又哪里有时间来修行礼仪呢？

"大王您如果真的想使百姓归附，就应该反修其本：在五亩大的宅地中种植桑树，五十岁以上的人就可以穿上丝帛了。养殖鸡豚狗彘的时候，不要耽误它们生长繁殖的时节，那么七十岁以上的老人就可以吃上肉了。面积百亩的田地，不要耽误百姓劳作的时令，那么几口人的家庭就可以免于饥饿之苦了。认真地开展学校教化，反复地申诫孝悌敬长的道理，那么头发花白的老人就不会再背着、顶着东西在路上行走了。七十岁以上的老人都能够穿着丝帛的衣服、都可以吃上肉，百姓可以免于饥寒之苦，如果这样还不能使天下百姓归附，这是不可能的。"

【评析】

春秋战国时期的诸侯都面临一个选择：到底是实行王道好呢，还是实行霸道好？那么，什么是王道呢？所谓王道，就是由一个实力强大的诸侯取代周天子的地位，统一天下，走"强干弱枝"的道路；所谓霸道，是指由一个强有力的诸侯牵头，继续维护以分封制为基础的局面，使战国时期"弱干强枝"的道路延续下去。

毫无疑问，孟子代表的儒家是倾向于实行王道的。实行王道的一个重要的内容就是保民，保民的思想也是贯穿《孟子》全书的一根主线。但是，在儒家学派内部，还是经历了"先倾向于霸道，后倾向于王道"的转变过程，而这一过程的两个主角就是孔子、孟子这两个儒家的顶级人物。

受时代的影响，孔子是倾向于霸道的。孔子在《论语》里先后两次肯定了齐桓公的霸业，并认为这就是仁的表现，还认为管仲帮助齐桓公成就了霸功是"一匡天下"。联系当时中国遭北方少数民族入侵的威胁的现实来看，孔子的这种观点是客观而正确的。可是只过了短短的一百多年的孟子出世，形势就发生了变化，当时已经没有了少数民族入侵的威胁，中国面临的难题主要是诸侯之间的战乱造成的民不聊生，统一已成了早晚的事，因此，孟子排斥霸功，主张推行王道。

在这一章里，尽管齐宣王的语气是委婉含蓄的，但实际上他关心的问题和其他诸侯没有两样，都是怎样才能称霸天下。但是孟子始终奉行的是王道思想，而不是霸道，因此孟子便直言不讳地告诉他：我不懂得霸道，我只懂得王道。接下来，孟子从心理分析入手，逐渐使齐宣王对他讲的王道产生了浓厚的兴趣，唤醒了齐宣王的仁慈之心。这是典型的"孟子手法"，使后面的论述变得顺理成章起来。

在后来的论述中，孟子诱使齐宣王否认他是一个爱好战争的人，于是，孟子又不失时机地抓住机会，再次诱使齐宣王默认他所追求的与其他诸侯并没有不同。此时，齐宣王已经彻底被孟子打动和征服了，只好请求孟子不要再逗他了，明白告诉他该怎么办。

于是，孟子终于和盘托出了他的治国方略和施政纲要，归结起来主要有两层意思：一是"有恒产才有恒心"，也就是说，应该"先足衣食，后治礼仪"，从稳定社会的角度来看，这是相当重要的；从孟子的总体思想上来看，这也是保民、富民的重要前提，因为孟子考虑到，要让百姓安居乐业，不仅要让他们能够养家糊口，还要有一定的产业。这是"治礼仪"先决条件。讲清楚第一层意思以后，孟子再次向齐宣王展示了曾经向梁惠王展示过的富民兴教的宏伟蓝图。只是，从齐宣王的反应来看，他对这些并没有多大的兴趣，最后应该是不了了之了。

孟子就像孔子那样，不住地东奔西走，周游列国，为实现儒家的理想，也为了拯救身处乱世的黎民百姓而不辞辛劳。这种入世精神的影响是很深远的。

【典例阐幽】

君子远庖厨

清代钱泳《履园丛话》中曾经记载了这样一段故事。

山西太原城南晋祠有个酒馆烹炒的驴肉最美味，远近闻名，每天来饮酒品鲜者有上千人，人们因此把这酒馆称为"驴香馆"。

这家酒馆烹调驴肉的方法相当残忍。先是在地上钉四根木桩，把一头养肥的驴的四条腿牢牢地绑在木桩上，又用横木固定驴头和驴尾，使驴不能动。这时用滚开水浇驴的身体，把毛刮净，然后用快刀割驴身上的肉。用餐的顾客想吃驴身上的哪一块肉，可以提出来。主人当场割下进行烹调。客人们吃得心满意足、挺胸腆肚走出酒馆时，那驴还没有断气。

虽然有人认为"君子远庖厨"，不过是儒家道德的一种过分要求，但是像如此虐牲，则肯定是有悖于人类文明的行为。宋代苏东坡买到鲤鱼以后，一定要等到它死去才烹食，这种在某种程度上体现出仁厚的做法，颇受后人称赞。这个驴香馆开了十几年，至乾隆四十六年（1781 年）终于由地方官吏下令禁止，业主也终于受到应得的惩罚，有的被斩首示众，有的被充军流放，此后"驴香馆"便无人再开了。

明察秋毫

孙亮是三国时东吴的第二个皇帝，九岁时被立为太子，孙权去世后便继承了皇位。一次，孙亮到花园里随手摘了一个梅子。当时梅子还没有长熟，咬上一口，酸涩难当。孙亮便打发侍卫官黄门郎到仓库中去取蜂蜜，打算在梅子上渍蜜。

黄门郎很快便将蜜取来了。孙亮一下发现了里面有几颗老鼠屎，便立刻派人把看仓库的藏吏叫来，问他："以前黄门郎是不是也向你要过蜂蜜呢？"

藏吏回答："他的确向我要过，但我没有敢给他。"

可黄门郎却否认藏吏的话，说藏吏在诬陷他。两个人各执一词，难辨真假。在一旁的侍中刁玄和张邠建议把二人一同交给司法单位审讯。但孙亮沉思了一下说：

"不必了，此事很容易查明的。"

他命人把老鼠屎掰开。孙亮看到破开的老鼠屎里面是干燥的，便对着黄门郎说："一定是你为报私仇放进去的，想嫁祸于人。"

刁玄和张邠忙问："大王，你怎么会知道？"

孙亮说："如果是藏吏管理不当，让老鼠把屎拉在蜜里，时间久了老鼠屎肯定里外都是湿的了。现在老鼠屎外湿里燥，肯定是刚放进去的。"

黄门郎听后立即认罪，并且跪下磕头求饶。在场的人都为这个小皇帝的明察秋毫而惊叹不已。

非不能也，是不为也

唐朝的娄师德是世家公子，几代都位列三公。到他自己时，也在朝廷担任要职。后来他的弟弟到代州去当太守，上任以前，向他辞行。娄师德说："娄家世代受到朝廷的恩惠，我们俩现在都出来做官，批评世家公子飞扬跋扈的人会涉及你我的，你出去做官，千万要认清这一点，多多忍耐，不要让别人抓到把柄，辱没娄家。"

他弟弟说："这一点我知道，就是有人向我脸上吐口水，我就自己擦掉算了。"娄师德摇摇头说："这样做并不好啊！并不是不能擦，而是不要擦。你把它擦掉，还是违其怨。给人家难堪哪！有人朝你吐口水，你就让它在脸上自己干好了。非不能也，是不为也。"

权，然后知轻重

春秋时，郑国（今河南新郑市一带）和息国（今河南息县）发生了争执，息国贸然派兵出击郑国。郑国被迫应战，最后将入侵者打败了。

当时人们评论这件事说："息国犯了五个大错误，明知不对，还要硬干，是自己心甘情愿犯错误，犯了天下最大的错误。犯了这样五条不是，还要去攻打别国，由此可以判断息国恐怕不久就要灭亡了。"

当时所说的五大错误，根据《左传》记载，就是："不估计自己的威德是否比对方高；不衡量自己的力量是否比对方强；两国国君出于同姓，本是亲属而不亲爱；对双方争执的言词不分辨是非曲直；不认识自己的错误。"这里的五条错误，归结起来实际上就是不知道权衡轻重。果然没过几年，息国就被楚国消灭了。

寡不敌众

李广是众所周知的西汉名将，他有勇有谋。

一次，匈奴攻打上郡，景帝派了一名亲随到李广军中，这名亲随带了几十骑卫士出游，路上遭遇三名匈奴骑士。结果，卫士们全被射死，亲随本人也负箭逃回。李广听闻后，即率百名骑兵追击，亲自射杀其中两人，生擒一人。刚把俘虏缚上了马，匈奴数千骑兵赶来，见到李广等人，以为是汉军诱敌之兵，连忙抢占了一座高地。

李广所带的百骑兵士慌忙上马欲逃。李广大声道："我们远离大军数十里，如果逃跑就会被追击包围。我们寡不敌众必然被消灭！可是我们如果不逃跑，匈奴反而会以为有大军在附近，不敢攻击我们。"说完，李广带率先向匈奴骑兵迎去，在离匈奴阵前二里远的地方，李广命令士兵下马解鞍，匈奴弄不清他们的意图，遂引兵而去。

此后。李广在匈奴军中赢得了"汉之飞将军"的称号。几年后，匈奴杀辽西太守，击败了韩安国。武帝起用李广为右北平太守。匈奴听说李广镇守右北平，数年都不敢来犯。

缘木求鱼

王莽末年，四方绿林起兵反莽。刘玄参加绿林军，于公元 23 年被推为天子，在育水之滨（今南阳城南）登坛称帝，年号更始。第二年，刘玄迁都长安，入居长乐宫。

刘玄娶赵萌女儿当夫人，把政事都给交赵萌去管。赵萌专擅大权，不仅随意杀人，而且把与自己要好的一些商人和厨子都授予官爵。有人说赵萌胡乱封官，刘玄却拔剑杀了那个人。长安有人把这件事编成歌谣："灶下养，中郎将。烂羊胃，骑都尉。烂羊头，关内侯。"

军师将军李涉上书规劝说："陛下创业，虽然是利用下江兵、平林兵的势力，但这是临时措施，不可把它施用于已经安定的时期。只有名分与车服仪制，是圣人所看重的，现在给了不应该给的小人，您希望他们能够辅佐您成就大业，这无异于是缘木求鱼，登山采珠。"

刘玄听了以后却勃然大怒，把李涉投进了监狱，从此没有人敢再说赵萌的不是。但是从此政权内部矛盾激化，只过了一年，赤眉军趁机攻占长安，把刘玄贬为长沙王，后又把他绞死。

民丰而后乐

东晋末年的大诗人陶渊明善于写山水田园诗，并且被奉为鼻祖。

陶渊明在他的《桃花源记》中，写了一个晋朝太元年间武陵捕鱼人沿着一条溪走。迷失了方向，进入到一个桃花林中，通过桃花林地后有一个只容一个人进入的小山口，进入后是一个豁然开朗、土地平旷、屋舍俨然、有良田美池桑竹之类的人间仙境。这样的地方的人们男耕女织，自给自乐，一片和睦繁荣的景象。构成了一幅民丰而后乐的图画。成为后世人们向往追求的理想之地。

【本篇总结】

这一篇的七章文字是《孟子》全书中最为精彩的部分，集中表述孟子"仁者无敌"的核心观念，孟子雄厚的辩才在此篇中得以充分的展现。孟子认为在战乱纷纷的战国中期，频繁的征战把百姓推入水深火热之中，即使像齐桓公、晋文公那般，通过军事谋略获得霸主的地位，亦不能使国运长久。唯有推行王道，以仁义治理天下，重义而轻利，推恩泽于民众，关注社会生产，实行道德教化，才可以获得团结的民心，战胜秦楚的坚甲利兵而保有四海。

【古代事例】

晋智伯的覆亡

本卷的开篇即是梁惠王询问不远千里而来的孟子如何做才能使魏国兴旺，孟子认为仁义才是国家最根本的追求，逐利必会为国家带来危亡的祸乱。在古代历史中，也许春秋时的晋卿智伯逐利而覆亡的教训最能说明这一道理。

晋国后期，公室卑弱，六卿执国政，政在私门，除韩、赵、魏外，尚有范、中行、智氏三家，私门与公室的斗争，以及六卿之间的侵夺极为激烈。晋出公十七年（公元前458年），智氏与赵、韩、魏三家联合出兵灭范、中行氏而分割其领地；两年后，四卿又驱逐晋出公而迎立晋哀公。此时，四卿之中，智伯专擅国政，势力最为强盛。

智伯，名瑶，又称智襄子，是智宣子之子，《左传·哀公二十七年》里说他"贪而愎"。从历史上的诸多记载来看，正是贪得无厌和刚愎自用的性格缺陷使智伯身败名裂。

智伯贪得无厌，公然向韩康子索要土地，他还大言不惭地说道："如果不给土地，韩国必会遭受兵祸之灾。"韩康子听后非常生气，但是谋士段规说道，如果把土地割给智伯，智伯的贪婪之心必会继续膨胀，转而到其他国家索要土地，他国不给，双方必然会拼个你死我活。韩康子觉得割让土地虽要遭受一点损失，但可以避免同智伯交兵，于是答应送智伯一大片土地。

智伯一计得逞，接着向魏氏索地。魏桓子当然不愿意，但谋臣任章认为"将欲败之，必姑辅之；将欲取之，必姑与之"，如果把土地送给智伯，智伯必会骄慢，骄慢则会轻敌，轻敌则会覆亡。于是，魏桓子不再吝惜土地，也送给智伯一块地盘。

智伯的野心继续膨胀，转而向赵襄子（公元前457—前425年）索要蔡（今河南上蔡、新蔡一带）、皋狼（今山西、陕西交界处的河套地区）两块肥沃的土地，赵襄子断然拒绝智伯的无礼要求。于是，气急败坏的智伯在晋哀公三年（公元前454年），纠集韩、魏两家兵力围攻赵襄子的领地晋阳（今山西太原南晋源镇一带），鏖战三个月，仍无法破城。无奈之下，智伯破坏了晋水的河堤水淹晋阳城。晋阳一片汪洋，濒临覆亡的边缘。

智伯踌躇满志，携魏桓子、韩康子巡视水情。得意之际，竟忘乎所以地说："我今天才知道大水可以颠覆别人的国家。"魏、韩二人马上联想到自己国家的危亡，萌生出反戈之念。此时，危城之中的赵襄子与谋臣张孟谈也在商议联合韩、魏两家兵力一同攻打智伯。张孟谈潜出城外，会见魏、韩二君，向其讲述唇亡齿寒的道理，道破二人的隐忧。魏、韩二人深有同感，于是下定决心与赵襄子一起反攻智伯。

赵襄子派出精锐部队在夜间突袭守护河堤的智军。破坏面向智伯军营的河堤。滔天大浪顿时为骄傲的智伯带来灭顶之灾。赵襄子带领军队从城中杀出，从正面攻击智氏之军，魏、韩的军队又从两边夹击，大败智氏，灭尽智氏之族。

周贞定王十六年（公元前 453 年），赵、魏、韩三家共同瓜分智伯的领地，赵襄子还把他的头颅涂上油漆做成饮器以宣泄心头之恨。

【评述】

孟子劝谏梁惠王先义后利，不要养成国内上下交相逐利的风气，如果一味逐利，大夫即使夺取国君的王市叉也得不到满足，所以，遵行仁义之道的人做君王，他的国家定会兴旺。人同此心，心同此理，政治如此，商业亦然。商界人士若能以仁义之心处事，凡事目光放长远，不锱铢必较，事事逐利，企业的利益和声望必能光大久长。

苏东坡的伯乐

孟子认为若能施仁政于民，即使是方圆只有百里的小国也可以无敌于天下。浩瀚古史，仁者总能穿越历史时空得到后人的深切爱戴，成为衡量道德准绳的一根游动的尺规。宋代的欧阳修就以仁厚的心地奖掖和提携苏轼，为后人留下很多有名的佳话。

在历史长河中，嘉祐二年（公元 1057 年）不过是普通的一年。但对苏轼（公元 1037—1101 年）来说，这一年是他人生中最重要的一个转折点：年仅二十二岁的苏轼在这一年高中进士，名扬天下，由一介百姓正式迈进仕途。欧阳修（公元 1007—1072 年）以翰林学士身份主持这次科举考试，成为直接改变苏轼命运的人。

据说，欧阳修在评阅试卷的时候，读到一篇名为《刑赏忠厚之至论》的政论文章，被其华美的辞藻和精辟的议论所倾倒，当下就想把这篇文章评为第一。但欧阳修又觉得这篇文章的风格与自己的门生曾巩（公元 1019—1083 年）很像，但又不确定。因为，旧时的科举采用糊名和誊录制度，即把试卷上写有考生姓名和籍贯等个人资料的地方用纸糊住（相当于今天的试卷密封制度），然后再请人将试卷重新誊抄一遍，以避免判卷者通过字迹辨认考生。欧阳修又把这篇文章拿给其他考官评阅。几位考官也都一致认为该把它评为第一。可欧阳修始终怀疑这篇文章的作者就是曾巩，于是只好忍痛割爱，采用一种折中的办法，把这篇文章评为第二名，以避免造成徇私舞弊的嫌疑。

到放榜的时候，欧阳修才发现文章的作者并不是曾巩，而是来自四川眉山的青年才俊苏轼，欧阳修对此追悔不已。不过，刚刚登第的苏轼意气风发，并未因此耿耿于怀，反而欣然成为欧阳修门下，深深感激欧阳修对自己的知遇之恩。于是，心胸宽阔的苏轼再次让欧阳修对他赞不绝口。

在欧阳修的奖掖和提拔下，苏轼逐渐在政治上崭露头角，在文章上的进步更是一日千里。有一次，欧阳修给梅尧臣（公元 1002—1060 年）写信道："我读苏轼的文章时，真觉后生可畏。总会不自觉地冒汗，老夫应当为他避开大路，不阻挡他前进的步伐，让他出人头地。文坛能有这样的后生真是可喜可贺啊！"（典故"出人头地"）。欧阳修还不无感伤地说："再过三十年后，苏轼定能在文坛上大放异彩，恐怕到时候就不会有人记得有我欧阳修这个人。"

事情的发展果如欧阳修的预料，没过多久苏轼就声名远播，所写的诗词歌赋传遍大江南北。但是人们并没有忘记发现苏轼的伯乐欧阳修。欧阳修能够撇开与苏轼之间身份与地位的悬隔，以欣赏的态度为苏轼创造发展条件，可谓仁义之至。

【评述】

若以孟子所说的"仁者"标准来衡量，欧阳修无疑是一位道德淳厚的仁者，也正是因为他的宽厚无私才使得他在千百年来一直享有盛誉。当我们再把视角放回今天时，我们总会不无感慨地发现，时下的商业竞争比过去更为激烈，其中的尔虞我诈，常常令人望而生畏。如果商界人士能彼此以仁者之心审度天下事，应对天下人，必能无敌于天下。

【现代事例】

陶氏化学致力于环保事业

孟子认为王者推行仁政的两个重要内容是重视生产和社会教化。从重视生产的角度来说，只要不违农时，不用过于细密的渔网捕捞，依时节砍伐树木，百姓的衣食器用才得以周全，对人的生养死葬才能如意办理。生养死葬如意办理，才算得上是"王道之始"。这一观念集中强调"人"基本物质生活的重要性，同时具有朴素的环保意识。考察今日世界，人类对环境破坏日益严重，一味追求利益最大化，导致环境保护事业艰巨，违背"所有的生产当以人的生活及发展为根本"这一原则，而从事化学品生产的陶氏化学则与众不同，从而获得非常远阔的发展前景。

陶氏化学作为清洁无污染生产的推行者备受世人瞩目。也许每一位看过陶氏化学（Dow Chemical）广告的人都会异常激动，广告把人作为世界上"最基本、最自然的元素"，并把人的元素"Hn"（Hn，human 的缩写）"加入"元素周期表。这在全球从事化学生产的企业中是有史以来的第一次。

陶氏化学素来以科学和技术见称，主要生产化学产品、塑料及农用化学产品，并提供相关的服务，年总销售额达四百多亿美元，客户遍及全球一百七十多个国家，服务于对人类进步有重要意义的行业，如食品、交通、健康和医药、个人和家庭护理、建筑等等。在二〇〇七年的《财富》全球企业五百强中，陶氏化学排名第一百一十四位。

众所周知，化学产品的生产为环境带来的破坏是深远和持久的，有害化学品的安全与控制更是当今各国普遍关注的国际性环境问题之一。很多企业单纯地追逐利益最大化，从不考虑生产过程中所产生的环境污染为人类带来的潜在威胁。陶氏化学新任董事长兼首席执行官利伟诚（Andrew Liveris）认为，可持续发展的责任始于自身，其使命是为整个世界和人类解决难题，尤其是世界上最紧迫的问题，这些举措不仅是为了最大限度地减轻陶氏在生产过程中对自然环境造成的不良影响，更大的程度上则是为全人类造福。

陶氏化学深信可持续发展原则为全人类和企业自身发展所带来的长远利益。其实，早在一九八六年陶氏化学就制定出一项减少废弃物奖励计划，倡导减少废弃物思想，鼓励员工提出合理化建议，并用公司股票作为奖励。一九九○年，陶氏化学的一百一十五个减废方案就为其节约资金近二千万美元。陶氏化学董事会下设的八大决策机构中就有一个致力于环保的"环境、卫生及健康委员会"，旨在促进经济增长的同时，宣导"责任关怀"，致力实现化学品的安全处理。

近年来，陶氏化学还十分注重减少温室气体的排放量，以缓解当前气候变暖的趋势。在过去的十多年里，陶氏化学采用高科技手段，竟创下温室气体减量三成的记录。

由于陶氏化学在环保方面所做出的多项努力，自二○○○年开始，陶氏化学被道琼斯工业指数（Dow Jones Global Index）评为全球化工业界中的"可持续发展负责人"。为其赢得巨大的社会声誉。

【评述】

孟子在这一章中提出仁者无敌的理念，以仁厚的胸怀治理国家则得到百姓的拥戴，这样的道理在商界同样适用。陶氏化学把人作为最基本元素的理念符合当今世界"可持续发展"战略的基本要求，故能坚持以人为本，而不是一味地从自身利益为出发点和立脚点。陶氏化学从利他的角度来利己，这种仁者风范，不但惠泽于人，还为公司带来巨大的成功及丰厚的利润，这一点对于管理者来说，都是值得借鉴和深思的。

约翰·麦基与全食超市

孟子认为，普通百姓没有稳定的产业则不会有恒久的道德观念，没有恒久道德观念的人就会胡作非为，违法乱纪。如果官吏等百姓犯罪再去处罚他们，就无异于陷害百姓。因此，仁德的王者推行仁政，首先应当治国治民，让百姓拥有饱暖的生活。这种理念对于一个企业的管理者处理好与员工之间的利益关系是很值得借鉴的。

美国全食超市（Whole Foods Market），是由年仅二十五岁的约翰·麦基（John Mackey）创办的有机食品零售品牌，拥有一百八十家分店。在这里，顾客找不到含有杀虫剂、生长激素或含基因成分的食品。尽管这里出售的食品价格比其他同类产品高出许多，却挡不住许多顾客的青睐，尤其是追求高品质生活的白领阶层或自认为有文化修养的人们。

约翰·麦基最独特的理念是：顾客第一、员工第二、股东第三，把全食超市创造成"充满爱而非恐惧的组织"和"共同为他人创造价值的小区"。全食超市的"不独立宣言"明确诠释约翰·麦基的理念："利润最大化的策略是什么？没有！股东的利益排在顾客和员工之后，利润不是最优先考虑的目标，而是善待人们的食品。如果你不喜欢这种观点，你就不要投资全食超市。"可见，全食超市关注最多的还是顾客和员工的利益。

约翰·麦基认为商业逻辑其实很简单，企业的管理阶层若能顾及员工的利益，员工则会有愉快的心情顾及顾客的利益，而顾客在购物时获得快乐心情后，又会直接地为股东带来丰厚的利益。正是在"使消费者满足而高兴，使员工感到幸福而优秀"这一理念下，全食超市的员工薪资不低，除了平均最低一小时十三点五美元的工资外，还能获得优厚的奖金和医疗保险。高层人员的薪资也不超过公司平均薪资水平的十四倍，以避免太过悬殊的薪资差别与全食超市的精神相违背。

二〇〇四年，英国《金融时报》评价全食超市是"美国成长最迅速的大型零售商"。在激烈的竞争环境中，全食超市的销售增长率远远超过沃尔玛。尽管还有很多人对有机食品持反对或怀疑的态度，但约翰·麦基和全食超市的成功却不容置疑。

全食超市与众不同的经营理念和管理体系，使得消费者心安理得地接受全食超市的高价并将其作为一种生活方式，全食超市的财源因此滚滚而来。

【评述】

孟子说，只有士人能在没有固定产业的情况下保持恒定的道德观念，但是天下有士、农、工、商四民，并非所有的人都能如此，更多的人若不能维持基市的生存，就无心也无力为社会创造价值和财富。同样的道理，在很多经营者和管理者看来，企业和员工的利益是此消彼长的关系，在某种程度上还存在着对立性。但是全食超市却把员工的利益放在股东利益之前优先考虑，这看似不合理的观念背后赢得所有员工的竭力尽诚，从而非常有效地解决员工与顾客之间的潜在矛盾，吸聚大量的人气，股东的利益不但没有因此而受到任何亏损，反而在更大程度上升值。因此，这种看似违反常规的经营理念，也许能为管理者解决企业与员工之间的利益问题提供非常有价值的参考或借鉴。

【名言录】

名言：古之人与民偕乐，故能乐也。——《梁惠王（上）》

古译：古代之君王能与人同乐，故能乐其乐。

今译：古代仁德的君王能够与百姓同乐，故能在同乐之中真正体味到快乐。

现代使用场合：在古代，真正仁德之君主是与民同乐之君主；在现代，无论是政界要员还是商界精英，同样需要的是一种"与百姓同乐""与员工同乐"的精神境界，懂得经营管理之道者往往十分重视民众的满意度，只有满足民心，使他们时刻处于一种满意的状态中，决策者才能从中享受成功的喜悦，这也就是"独乐乐不如众乐乐"的道理所在。

名言：或百步而后止，或五十步而后止，以五十步笑百步，则何如？——《梁惠王（上）》

古译：疆场上有人后退百步停止下来，有人后退五十步停止下来，后退五十步者嘲笑后退百步者，则如何？

今译：疆场上有人后退百步停止下来，有人后退五十步停止下来，后退五十步的人反过来嘲笑后退百步的人，这种情形又如何呢？

现代使用场合：后退五十步和后退百步，虽然二者在形式上不同，但是实质相同：他们都是从疆场上逃跑下来的。后退五十步的不应该嘲笑后退百步的，因为无论后退了多少步，但终归还是逃跑，这是毋庸置疑的事实。现代生活中也是这样，我们没有资格因为做较少错事而去嘲笑做很多错事的人，我们二者是相同的，实质都是做错事。所以，要想有资格说话，首先就要从自我开始做起，不做任何错事，这样才会有发言权。

名言：地方百里而可以王。——《梁惠王（上）》

古译：虽方圆百里亦能统一天下。

今译：即使是方圆百里的一个小国，如推行仁政，也能统一天下。

现代使用场合：老子尝说"合抱之木，生于毫末"，树木的生长无不是由纤弱而壮大，深根盘结，高耸云霄，不可摇撼，而一个国家的发展亦是如此，明睿的君主若能推行王道，以仁政治国，即使一个方圆百里的小国，最终亦能统一天下。同样的道理，我们审视当今世界许多知名企业的纵向发展历史便会发现，凡是管理得当，经营合理者，也无不能由小而做大。因而这句话，对于许多尚在谋求深入发展期的企业来说是一种坚定信心、坚忍毅力的鼓励。

名言：仁者无敌。——《梁惠王（上）》

古译：仁德之人无能敌者。

今译：仁德之人，无敌于天下。

现代使用场合：不管在政界，还是在商界，宽厚的仁者之风总是让人倾慕不已。使人乐于与之深交或合作。更为重要的是，仁者的盛德在增加其个人魅力的同时，亦会使其事业臻于成功的极致而无敌于天下。因此，这句话可以说是一种境界，也可以成为一种追求，其最核心即是体认"仁"的精髓。

名言：君子之于禽兽也，见其生，不忍见其死；闻其声，不忍食其肉。是以君子远庖厨也。——《梁惠王（上）》

古译：君子对于禽兽，见其生，不忍心见其死；闻其声，不忍心食其肉。故君子远离庖厨。

今译：君子对于禽兽，看到它们活着的样子就不忍心看到它们死去的情形；听到它们哀鸣的声音，就不忍心吃它们的肉。所以，君子远离厨房。

现代使用场合：《孟子》中的这句名言，揭示了人皆有不忍之心，人对禽兽尚且如此，若扩而广之，对于人生苦痛的悲悯当更是如此。方今世界，承平日久，天下富庶，于人饮食之欲，几乎皆能得到满足。然而，视盘中美味佳肴，当思天下尚有饮食不周，着衣不暖之人，由此而崇尚节俭，周济贫乏，亦是一种盛德。

名言：老吾老，以及人之老；幼吾幼，以及人之幼。天下可运于掌。——《梁惠王（上）》

古译：敬事吾老，扩而敬事人之老；抚育吾幼，扩而抚育人之幼。如是，则治天下之易如运物于掌。

今译：以敬事自己长辈之心推而广之，敬事他人之长辈，以抚育自己子女之心推而广之，抚育他人的子女。这样，治理天下就像在两掌之间玩转东西一样简单。

现代使用场合：每每读《孟子》到此处，我们常常按捺不住心中的激动而掩卷感慨万端。此语境界恢宏，使人心情激越，从而立志往高处立，向远处行。商界人士若能以此心为心，则能赢得天下人之心，功有所成，业有所立，声名远播。

名言：权，然后知轻重；度，然后知长短。——《梁惠王（上）》

古译：称，然后知轻重；量，然后知长短。

今译：称一称，才能知物之轻重；量一量，才能知物之长短。

现代使用场合：现实中我们往往要遇到很多需要权衡利弊的地方，在决断的过程中，我们不能仅仅只相信一些外部的描述或其他的二手资料，有时候需要我们自己去亲身经历、体验一番。从具体事物得到切实感受，才是最有说服力的。

名言：五亩之宅，树之以桑，五十者可以衣帛矣。鸡豚狗彘之畜，无失其时，七十者可以食肉矣。百亩之田，勿夺其时，八口之家可以无饥矣。谨庠序之教，申之以孝悌之义，颁白者不负戴于道路矣。——《梁惠王（上）》

古译：五亩之宅，以桑树之，五十岁者可以穿丝帛。鸡狗猪之类的牲畜，不失时而养之，则七十岁者可以食肉。百亩之田，不失其时，则八口之家可以无饥。谨行庠序之教，以孝悌之义申之，发斑白者不使其负戴物品于路上。

今译：五亩大的房屋，种上桑树，则五十岁的人都可以穿丝绸的衣服。鸡狗猪之类的家禽，按时喂养，则七十岁的人都可以吃上肉。百亩大的田地，不误农时，则有八口人的家庭也不会有饥饿的情况发生。办好各级学校，用孝顺父母、敬爱兄长的道理来开导他们。头发花白的老人便会有人代劳，不至于头顶着、肩负着艰难地走在路上。

现代使用场合：古代的国君能保障百姓的温饱问题，才能使国家长治久安，老百姓亦能过上安居乐业的生活。在公司待遇方面同样是这样，负责人给员工的待遇好了，员工才能全心全意为公司的发展出力。

名言：不违农时，谷不可胜食也；数罟不入洿池，鱼鳖不可胜食也；斧斤以时入山林，材木不可胜用也。——《梁惠王（上）》

古译：不违农时，则谷食之不尽也；数罟不入洿池，则鱼鳖食之不尽也；斧斤以时入山林，则林木用之不尽也。

今译：不违背农时，粮食就会吃不尽；不将太密的网放入大池中捕鱼，鱼鳖也就吃不完；按照合适的时间入山林砍柴，木材也就用不完。

现代使用场合：做事情要按规律，循序渐进，才能有所收获。种谷按农时，就会有吃不完的粮食；捕鱼不用密网，就会有打不完的鱼；砍柴按时，就会有用不完的木柴。现实生活中按规律办事，才能事有所成，倘若违反规律，只会适得其反，离目标越来越远。

名言：庖有肥肉，厩有肥马，民有饥色，野有饿殍，此率兽而食人也。——《梁惠王（上）》

古译：庖有肥肉，厩有肥马，民面有饥色，野有饿殍，此可谓率兽而食人也。

今译：厨房里有膘肥的肉，马厩里有肥壮的马，可是百姓却面露饥色，荒野里到处都是饿死的人，这等于是上位的人率领禽兽来吃人。

现代使用场合："朱门酒肉臭，路有冻死骨"可以说是旧时贫富差距的最好体现。为官不正，也会使社会产生贫富分配不均的状况，最后苦的还是百姓。这与率领猛兽来食人又有何异？将社会收入合理分配，社会才能恢复安定繁荣的局面。

名言：明君制民之产，必使仰足以事父母，俯足以畜妻子，乐岁终身饱，凶年免于死亡。——《梁惠王（上）》

古译：明君制民之产，必使其上足以事父母，下足以畜妻子，丰年时终身饱，凶年时免于死亡。

今译：贤明的国君规定百姓的产业时，必须要使它上足以敬事父母，下足以畜养妻子，丰年时要丰衣足食，灾年时也不致饿死。

现代使用场合：一位开明的国君，在分配百姓的财产时，要综合考虑到各个方面，满足不同时期不同情况的需要。同样，一位开明的负责人，在制定员工收入分配时，也要综合考虑到多方面的因素，既要满足员工的最低要求，也要在此基础上有发展的空间。

名言：保民而王，莫之能御也。——《梁惠王（上）》

古译：保民而可为王，天下莫有能御之也。

今译：保护民众的就能称王，天下没有可以抵挡他的。

现代使用场合：百事以民为先，时刻为民着想，能保护民众的就能成为君王，这样的人当然天下无敌。领导与管理者如能从保护员工的利益出发，时时刻刻为员工着想，这样就可以团结无穷的力量，理所当然可以无人能御，无人可挡。

卷二　梁惠王下

【题解】

本篇共 16 章。第一章至第十二章都是与齐宣王的对话，其中有若干章都围绕"与民同乐"的话题展开。其主旨为不管好乐（音乐）、好财、好色，本身都不算什么过错，怕的是不能节制私欲，残害人民，反之，如果能推己及人，与民同乐，做到乐民之乐，忧民之忧，那便是足以实现王道的仁政，必将得到人民的拥护。此外，孟子在谈到"勇"的问题时，要齐宣王舍弃"小勇"，而学习先王为天下百姓谋福祉的大勇；在谈到用人问题时，指出要普遍了解民意，并以民意为准则来识别和选拔人才；在齐、燕发生战争而齐国已并吞燕国时，孟子又告诫齐宣王宜顺应民心，从燕国撤兵，这些都反映了孟子的民本思想。第八章关于武王伐纣的评论，意谓君王如破坏仁义之道则可杀，其所表达的民贵君轻的倾向尤为鲜明犀利。第十二章至十五章，是与邹和滕两个小国君主的对话，从中可见在严峻的军事和外交形势下，孟子仍坚决主张实行仁政，毫不为现实功利而妥协，在他看来，一时的存亡兴废是不足为怀的，勉力行善，便是尽了人的本分，至于成功与否，却不是人可以指望的，所以也不必计较。这是对道德具有绝对价值的肯定，也是对人的自由和尊严的肯定。本篇最后一章，透露出孟子在出处进退中的态度，让人想起孔子所说"天生德于予，桓魋其如予何？"（《论语·述而>）由此可以了解："天"这样的观念，在儒家思想中实具有令人处变不惊、镇定从容的意义。

一

【原文】

庄暴①见孟子，曰："暴见于王②，王语③暴以好乐，暴未有以对也。"曰："好乐何如？"

孟子曰："王之好乐甚，则齐国其庶几④乎！"

他日，见于王曰："王尝语庄子⑤以好乐，有诸⑥？"

王变乎色，曰："寡人非能好先王之乐也，直好世俗之乐耳。"

曰："王之好乐甚，则齐其庶几乎！今之乐由⑦古之乐也。"

曰："可得闻与？"

曰："独乐乐⑧，与人乐乐，孰乐⑨？"

曰："不若与人。"

曰："与少乐乐，与众乐乐，孰乐？"

曰："不若与众。"

"臣请为王言乐。今王鼓乐于此，百姓闻王钟鼓之声，管籥⑩之音，举⑪疾首蹙
頞⑫而相告曰：'吾王之好鼓乐，夫何使我至于此极⑬也？父子不相见，兄弟妻子离
散。'今王田⑭猎于此，百姓闻王车马之音，见羽旄⑮之美，举疾首蹙頞而相告曰：
'吾王之好田猎，夫何使我至于此极也？父子不相见，兄弟妻子离散。'此无他，不
与民同乐也。

"今王鼓乐于此，百姓闻王钟鼓之声，管籥之音，举欣欣然有喜色而相告曰：
'吾王庶几⑯无疾病与，何以能鼓乐也？'今王田猎于此，百姓闻王车马之音，见羽
旄之美，举欣欣然有喜色而相告曰：'吾王庶几无疾病与，何以能田猎也？'此无
他，与民同乐也。今王与百姓同乐，则王矣。"

【注释】

①庄暴：齐臣。

②见于王：被王接见。

③语：告诉。

④庶几：可以，差不多。指百姓生活较为安定、富足。

⑤庄子：指庄暴。子是古代对男子的尊称。

⑥诸："之乎"的合音。

⑦由：通"犹"。

⑧独乐乐：第一个"乐"指欣赏音乐，第二个"乐"指快乐。

⑨乐：快乐。

⑩管籥：古代乐器，如笙笛之类。

⑪举：全，都。

⑫疾首蹙頞：脑袋疼痛，鼻梁皱起。蹙，皱。頞，鼻梁。

⑬极：极端的地步。

⑭田：通"畋"。

⑮羽旄：指旌旗等仪仗之物。

⑯庶几：大概。

【译文】

庄暴前来拜见孟子，说："我去觐见齐王的时候，大王告诉我他喜好音乐，我不知道该怎样回答。"庄暴接着说："喜好音乐，有什么作用吗？"

孟子说："齐王如果非常喜好音乐的话，那么齐国百姓的生活应该不错吧！"

过了几天，孟子被齐王接见，说道："您曾经告诉庄暴，说自己喜好音乐，有这样的事吗？"

齐王脸色一变，说道："我并不是喜好古时先王之乐，只是爱好一般的世俗之乐罢了。"

孟子说："大王如果非常喜好音乐的话，那么齐国百姓的生活应该不错吧！喜好现在的音乐和喜好古时的音乐是一样的道理。"

齐王说："我可以听听其中的道理吗？"

孟子说："独自一人欣赏音乐的快乐，与别人一起欣赏音乐的快乐，这两种快乐哪种更快乐呢？"

齐王说："与别人一起欣赏音乐更加快乐。"

孟子说："与少数的人一起欣赏音乐的快乐，与众人一起欣赏音乐的快乐，这两种快乐哪种更快乐呢？"

齐王说："与众人一起欣赏音乐更加快乐。"

孟子说："请允许我为大王您讲讲音乐的道理吧。假使大王您在这里演奏音乐，百姓听到大王演奏的是钟鼓之音以及笙笛之乐，都感到脑袋疼痛，皱着鼻梁互相转告说：'我们的王喜好演奏音乐，怎么会使我们生活辛苦到这样的地步呢？父子不能相见，兄弟和妻子儿女互相离散。'假使大王您在这儿狩猎，百姓听到车马的声音，看到旌旗仪仗的华美，都感到脑袋疼痛，皱着鼻梁互相转告说：'我们的王喜好狩猎，怎么会使我们的生活辛苦到这样的地步呢？父子不能相见，兄弟和妻子儿女互相离散。'百姓这样的反应，并没有其他的原因，就是因为大王不与百姓共同欢乐。

"假使大王您在这里演奏音乐，百姓听到大王演奏的钟鼓之音以及笙笛之乐，都感到很愉悦，欣喜地互相转告说：'我们的王大概是没有什么疾病吧，否则怎么能演奏音乐呢？'假使大王您在这儿狩猎，百姓听到车马的声音，看到旌旗仪仗的华美，都感到很愉悦，欣喜地互相转告说：'我们的王大概是没有什么疾病吧，否则怎么能在此狩猎呢？'百姓这样的反应也没有其他的原因，就是因为大王与百姓共同乐。假使大王您能够与百姓共同欢乐，那么天下百姓自然就归附了。"

【评析】

齐国臣子庄暴告诉孟子，齐王曾对庄暴说，他很喜欢音乐，不知这样好不好。

后来孟子拜见齐王时告诉齐王，国王喜欢音乐，喜欢打猎，这是件好事，关键是要"与民同乐"。如果齐王听音乐、打猎时，百姓都感到头疼，说明齐王没有"与民同乐"。反之，如果齐王听音乐、打猎时，百姓都很高兴，说明齐王"与民同乐"。

老百姓富足安宁，才会想到乐一乐。统治者应该实行仁政，让老百姓丰衣足食，这才是孟子"与民同乐"的意思。

【典例阐幽】

疾首蹙頞

春秋时，田单为齐国的名将。

齐襄王五年（前279年），田单大破燕军，尽收齐失地七十余城。由莒迎齐襄王入都临淄。田单因战功卓著被任为相，封为安平君。一时间，田单成为齐国声名最大的人物。

但是，却有一个叫貂勃的人却疾首蹙頞，说道："安平君他不过是个小人罢了！"田单知道了以后，特地备酒请他，并问他："我什么地方得罪过你，而惹你生气了？"

田单

貂勃答道："现在假设公孙子好，徐子不好，再假设公孙子和徐子打斗，徐子的狗还扑过去咬公孙子的腿肚。若能离开不好的主人，做好主人的狗，那何止是扑过去咬对方的腿肚而已！为什么呢？盗跖的狗向尧乱咬，并不是由于它尊重盗跖而不喜欢尧。而是因为狗只知道不咬主人而可以咬主人以外的任何人。"

田单听了这话，第二天便请齐襄王任用貂勃，封给他官职。那时，齐襄王跟前有九个得宠的大臣，经常恶意中伤田单，挑拨齐襄王和田单的关系。貂勃于是挺身而出，对齐襄王列数田单的功绩，大大地赞扬了田单一番。

齐襄王觉得貂勃的话很有道理，自觉有些愧对田单，就把中伤田单的九个大臣一并处死，对田单则更加信任了。

二

【原文】

齐宣王问曰："文王之囿①方七十里，有诸？"

孟子对曰："于传②有之。"

曰："若是其大乎？"

曰："民犹以为小也。"

曰："寡人之囿方四十里，民犹以为大，何也？"

曰："文王之囿方七十里，刍荛③者往焉，雉兔者往焉，与民同之。民以为小，不亦宜乎？臣始至于境，问国之大禁，然后敢入。臣闻郊关之内，有囿方四十里，杀其麋鹿者，如杀人之罪。则是方四十里为阱④于国中，民以为大，不亦宜乎？"

【注释】

①囿：养禽兽的地方。

②传：古诗记。

③刍荛：割草砍柴的人。刍，割草。荛，砍柴。

④阱：用以捕野兽的陷阱。

【译文】

齐宣王问道："听说周文王的捕猎场有方圆七十里，真的有这事吗？"

孟子回答："史书上有这样的记载。"

齐宣王问："真有那么大吗？"

孟子说:"可百姓还认为太小呢!"

齐宣王说:"我的捕猎场才方圆四十里,可百姓还觉得太大,这是为什么呢?"

孟子说:"文王的捕猎场方圆七十里,割草砍柴的人可以随便去,捕禽猎兽的人也可以随便去,是与百姓共享的。百姓嫌它小,不是很合理吗?我刚到齐国边境时,问国家的重大禁令后,才敢入境。我听说在郊区有方圆四十里的园林,若有人杀死了里面的麋鹿,就跟杀死了人一样治罪,那么,这四十里见方的猎场,便成了国家设的一口陷阱。百姓觉得它太大,不也是合乎情理的吗?"

【评析】

在这一章里,有一个很明显的对比,即周文王方七十里的园林与齐宣王的方四十里的园林相比,哪个最小?结论是,几乎是齐宣王的两倍的"周文王囿"小于齐宣王"方四十里的囿"。"民犹以为小",是因为周文王的园林是与民共有的。

由此可见,这一章的主旨也是讲"与民同乐",不仅如此,还上升到了"与民同有"的高度。对于百姓而言,听音乐和享受欢乐都过于有些遥远和不切实际,只有共同享有森林、江河,能在森林和江河里任意砍柴或钓鱼,以供生活之用,这才是实际的。因此,百姓才担心周文王的园林太小了,以至于木不够砍,鱼不够钓。而齐宣王的园林却由于不准百姓进入,在百姓心中成了没有实际价值的东西,自然越大越不好了。

有人认为,在人类社会早期的氏族部落制时代,社会生产力极端落后,国君离百姓较近,有可能做到与民同乐,与民同有。但随着社会生产力的进步,社会财富不断增多,国君的权力逐渐变大,与百姓的距离也拉大了。这就可以解释为什么在周初时,周文王可以与民同有园林,而数百年之后的齐宣王就做不到了。

不论是与民同乐还是与民同有,出发点都是孟子的"仁政"思想和"保民"思想,哪个国君能够实行"仁政",他就能够与民同乐;哪个国君能够拿出自己的园林与民同有，他就做到了"保民"。

民犹以为大

唐朝统一以后，唐太宗李世民励精图治，唐朝的国力大大提升，成为一个繁荣而强盛的帝国。

唐朝长安城是当时唐朝富裕强盛的标志。

唐都长安在隋都大兴城的基础上扩建、修缮形成。城郭呈长方形，东西较长，约九千七百米；南北较短，约八千六百米。周长近三十七公里，面积达八十四平方公里。为我国历史上最为宏大的帝王都城。

唐朝国力强盛，长安城宫苑壮丽。大明宫北有太液池，池中蓬莱山独踞，池周建回廊四百多间。兴庆宫以龙池为中心，围有多组院落。大内三苑以西苑为最优美。苑中有假山，有湖池，渠流连环。长安城东南隅有芙蓉园、曲江池，并在一定时间内向公众开放，实为古代一种公共游乐地。

空前绝后的唐长安城是和国力的强盛分不开的，大唐盛世的时候，世界各地的人来长安参观、居住、做生意等等，长安城的宏大在那个时候是唐朝人的骄傲，所以人们不会"犹以为大"的。

三

【原文】

齐宣王问曰："交邻国有道乎？"

孟子对曰："有。惟仁者为能以大事小，是故汤事葛①，文王事昆夷②。惟智者为能以小事大，故太王事獯鬻③，勾践事吴④。以大事小者，乐天者也；以小事大者，畏天者也。乐天者保天下，畏天者保其国。《诗》云：'畏天之威，于时保之。'⑤"

王曰："大哉言矣！寡人有疾，寡人好勇。"

对曰："王请无好小勇。夫抚剑疾视，曰：'彼恶敢当我哉！'此匹夫之勇，敌一人者也。王请大之！

"《诗》云：'王赫斯怒⑥，爰整其旅⑦，以遏徂莒⑧，以笃周祜⑨，以对于天下。'此文王之勇也。文王一怒而安天下之民。

"《书》曰：'天降下民，作之君，作之师。惟曰其助上帝宠之。四方有罪无罪惟我在，天下曷敢有越厥志？'⑩一人衡行于天下⑪，武王耻之。此武王之勇也。而武王亦一怒而安天下之民。今王亦一怒而安天下之民，民惟恐王之不好勇也。"

【注释】

①汤事葛：详见《滕文公下》第五章。葛，商的邻国。

②昆夷：又作"混夷"，周朝初年的西戎国名。

③太王事獯鬻：详见本篇第十五章。太王，即周部族首领古公亶父；獯鬻，即猃狁，当时北方的少数民族。

④勾践事吴：越王勾践败于吴王夫差，向吴国求和，本人为吴王服役，后终于灭吴。

⑤于时：于是。引诗见《诗经·周颂·我将》，是一篇祭祀上天和周文王的诗。

⑥王：指周文王。

⑦爰：于是。

⑧以遏徂莒：遏，阻止。莒，《诗经》作"旅"，指密人入侵阮和共的部队。

⑨笃：厚，指增添。祜：福。以上引诗见《诗经·大雅·皇矣》，这首诗主要写文王伐崇、伐密的功绩。

⑩见《尚书·泰誓》。

⑪一人：指商纣王。

【译文】

齐宣王问道："与邻国交往有讲究吗？"

孟子答道："有。只有仁爱的人能以大国服侍小国，所以商汤服侍葛伯，文王服侍昆夷。只有聪明的人能以小国服侍大国，所以太王服侍獯鬻，勾践服侍吴王。以大国服侍小国的，是乐安天命的人；以小国服侍大国的，是敬畏天命的人。乐安天命者保有天下，敬畏天命者保有自己的国家。《诗经》说：'敬畏上天的威严，于是保有这国家。'"

王说："高明啊这话！我有个毛病，我喜爱勇武。"

孟子答道："王请不要喜爱小勇。按剑瞪眼说道：'他怎敢阻挡我呢！'这是匹夫的勇，只能敌得住一个人。王请把它扩大。

"《诗经》说：'文王勃然大怒，于是整肃部队，阻止不义之师，增添周人福祉，来报答天下仰望之心。'这是文王的勇。文王一发怒而安定天下人民。

"《尚书》说：'上天降生了民众，又为他们降生君王，又为他们降生师傅，他们只是帮助天帝爱护人民。四方之内，有罪的我去征讨，无罪的我来爱护，责任都在我一人，天下有谁敢越过本分为非作歹？'有一个人横行于天下，武王以为奇耻大辱。这是武王的勇。武王也是一发怒而安定天下人民。假如现在王也是一发怒而安定天下人民，人民唯恐王不喜爱勇武呢。"

【评析】

宣王询问与邻国相处之道。孟子从儒家的立场出发，提出仁、智的外交原则，认为仁者能够以大国侍奉小国，智者能够以小国侍奉大国。其中"以大事小者，乐天者也；以小事大者，畏天者也"几句中的"天"含义较为抽象，大致而言，可以理解为主宰之天或者义理之天，即天是世间的最高主宰或者价值原则。天生育万物，无所不覆，无所不养，体现着仁爱的价值原则，所以真正的仁者不会恃强凌弱，以大欺小，而是"修文德以来之"，这是因为他自觉地尊奉天的意志或原则，侍奉葛国的商汤，侍奉昆夷的文王即是代表。同时，天高高在上，代表一种尊严与秩序，智者认识到这一点，便会以小侍大，敬畏天的意志或原则，侍奉獯鬻的周太王，侍奉吴国的勾践即是代表。喜好天命的仁者可以行王道，保有天下，而敬畏天命的智者只能保住国家。仁者高于智者。

宣王虽然认为孟子讲得好，但又提出好勇，实际是想把逞强好勇作为对外邦交的原则。面对宣王的发问，孟子回答得好：大王不要好匹夫之勇，而应好文王、武王之勇。用在对外邦交上，就是不要因个人的私欲恃强凌弱，而应为民众的利益诛罚不道。

【典例阐幽】

匹夫之勇

韩信是秦朝末年的大军事家。他起初在项羽部下，没有被重用，便改投刘邦。经过萧何的竭力推荐，被刘邦拜为大将军。刘邦一心想向东发展，消灭主要的对手项羽，统一全国，于是请韩信分析形势。韩信直截了当地对刘邦说："目前争夺天下的主要对手，不就是项羽吗？"

刘邦说："是啊！"

韩信便反问道："您认为自己在勇猛和仁义两方面与项羽相比如何？"

刘邦沉默不答，好半天才说："我都不及他。"

韩信拜道："不错，我也觉得您不如他。不过，我曾做过他的部下，我相当了解他。项羽之勇，一声呼喝，可以压倒几千人，但是他不善于任用贤能的将领，只能算是'匹夫之勇'；说到仁，项羽对人还比较关心，然而也只能略施小恩小惠，不能顾及大体。而且分封地盘不公，诸侯都有意见，军队扰害地方，百姓怨恨在心，人们并没有向着他，不过怕他一时的威势而已。所以他目前虽然强，其实很快就会弱的。"

刘邦听了非常高兴，就向东进军，终于打败项羽，建立了汉朝。

四

【原文】

齐宣王见孟子于雪宫①：王曰："贤者亦有此乐乎？"

孟子对曰："有。人不得，则非其上矣。不得而非其上者，非也；为民上而不与民同乐者，亦非也。乐民之乐者，民亦乐其乐；忧民之忧者，民亦忧其忧。乐以天下，忧以天下，然而不王者，未之有也。

"昔者齐景公②问于晏子③曰：'吾欲观于转附、朝儛④，遵⑤海而南，放⑥于琅邪⑦；吾何修而可以比于先王观也？'晏子对曰：'善哉问也！天子适诸侯曰巡狩。巡狩者，巡所守也。诸侯朝于天子曰述职。述职者，述所职也。无非事者。春省耕而补不足，秋省敛而助不给。夏谚⑧曰：'吾王不游，吾何以休？吾王不豫⑨，吾何以助？一游一豫，为诸侯度⑩。'今也不然，师⑪行而粮食⑫，饥者弗食，劳者弗息。睊睊胥谗⑬，民乃作慝⑭。方命⑮虐民，饮食若流；流连荒亡，为诸侯忧。从流下而忘反谓之流，从流上而忘反谓之连，从兽无厌谓之荒，乐酒无厌谓之亡。先王无流

连之乐、荒亡之行。惟君所行也。'

"景公悦，大戒⑯于国，出舍于郊，于是始兴发补不足。召大师⑰曰：'为我作君臣相说之乐！'盖《徵招》《角招》⑱是也。其《诗》曰：'畜⑲君何尤⑳？'畜君者，好君也。"

【注释】

①雪宫：齐宣王的行宫，在今山东临淄。

②齐景公：春秋时期的齐国国君，名杵臼。

③宴子：即晏婴，齐国贤臣。

④转附、朝儛：皆山名，转附疑即今芝罘山，朝儛疑为今山东荣成市东之召石山。

⑤遵：沿着。

⑥放：至，到达。

⑦琅邪：山名，在今山东诸城市东南。

⑧夏谚：夏代的谚语。

⑨豫：通"游"。

⑩度：法度。

⑪师：众，众人，指从王所游之众人。

⑫粮食："粮"是名词，即粮食；"食"是动词，意为吃、食用。

⑬睊睊胥谗：百姓都心生愤怒，怨恨国君。睊睊，侧目怒视的样子。胥，相。谗，毁谤。

⑭慝：恶，奸恶之事。

⑮方命：违反天命。方，违反。命，天命。

⑯戒：备，准备。

⑰大师：即"太师"。古代乐官之长。

⑱《徵招》《角招》：两乐名，即太师承名所作之乐。徵、角为古代五音中的两个。招，同"韶"。

⑲畜：爱，好。

⑳尤：过失，错误。

【译文】

宣王在雪宫之中接见孟子。宣王说："贤人也以此为乐吗？"

孟子回答说："是的。如果他们得不到这种快乐，他们就会埋怨自己的君王了。自己得不到这种快乐却要埋怨君王，这是不对的；作为百姓的君主却不能与百姓共享此乐，这也是不对的。君王把百姓的快乐作为自己的快乐，百姓也会以君王的快乐作为自己的快乐；君王把百姓的忧愁作为自己的忧愁，百姓也会以君王的忧愁作为自己的忧愁。与天下人同乐，与天下人同忧，这样还不能使天下百姓归附，是不可能的。

"从前齐景公问晏子道：'我想到转附、朝儛两山去游玩，然后沿着海岸一直向南走，一直到达琅邪山，我该怎样做才能和古代圣明君王的巡游相比拟呢？'晏子回答说：'您问得好啊！天子到诸侯那里去巡查叫作巡狩。巡狩的意思就是巡查诸侯所守卫的疆土。诸侯朝见天子叫作述职。述职的意思就是报告自己的职务状况。这些都是自己分内的事情。春天巡查耕作情况，并且对有困难的施以补助。秋天巡查收成情况，并且对缺少粮食的施以补助。夏代有谚语这样说：'我们的大王不来巡游，我们怎么能得到休息？我们的大王不来巡查，我们怎么能得到补助？大王的巡游和巡查，足以作为诸侯的法度。'但是现在的情况却不是这样，随国君出行的众人，消耗了大量的粮食，饥饿的人却吃不到东西，劳苦的人也得不到休息。百姓心生愤怒，怨恨国君，于是他们就会无恶不作了。违反天命，虐待百姓，耗费的粮食如同流水一般；流连荒亡之事，为国君带来了无边的忧愁。从上游向下游游玩而乐不思蜀叫作流，从下游向上游游玩而乐不思蜀叫作连，毫无厌倦地一味狩猎叫作荒，毫无厌倦地一味吃喝叫作亡。古代的圣明君王是没有这种流连荒亡的行为的。大王您要怎么做，还是您自己看着办吧。'

"景公听完之后非常高兴，在都城之内做了充分的准备，然后驻扎在郊外，开始拿出钱粮，赈济生活无助之人。并且叫来乐师说：'给我创作一支君臣同乐的乐曲。'这大概就是《徵招》《角招》两支乐曲的由来。其歌词中有：'爱戴自己的君王有什么过错呢？''畜君'就是爱戴君王的意思。"

【评析】

孟子在这一章里论述的核心问题还是与民同乐，已经是他第三次与齐宣王讨论与民同乐的问题了，但是与之前对这一问题的论述相比，角度不同了，道理也更深刻了。

在这一章里，孟子不仅说到乐，而且还从乐说到忧，第一次提到"乐民之乐者，民亦乐其乐；忧民之忧者，民亦忧其忧。乐以天下，忧以天下"。这体现了孟子的民权主义思想和"为民"思想，是百姓真实愿望的深刻反映。

后来，孟子"乐以天下，忧以天下"的思想被宋代的范仲淹发展为"先天下之忧而忧，后天下之乐而乐"。但在对这个问题的认识上，孟子与范仲淹还是有一定差别的：孟子是对国家的最高决策者提出了这一要求，范仲淹仅仅是对知识分子和官僚集团提出了这一要求。相比之下，孟子的意义和作用要大过范仲淹的。但是，从"乐以天下，忧以天下"到"先天下之忧而忧，后天下之乐而乐"，体现了以孟子和范仲淹为代表的知识分子更强烈的使命感和自我牺牲精神，能更深刻地感染人。

【典例阐幽】

乐以天下，忧以天下

北宋诗人王禹偁，巨野人，字符之，出生在清贫的农家，父亲做过磨工。

王禹偁从小就热爱学习，聪颖过人。有一次替父亲到齐州府去送面粉。齐州府有个小官正在衙前教子弟对课。王禹傅到近前去听，哪知这个小官见他穿着破烂，一副土里土气的样子，便念出了一句上联："鹦鹉能言宁比凤？"

王禹偁一听这小官出言不逊，嘲笑自己出身贱微，于是毫不客气地回敬下联道："蜘蛛虽巧不如蚕！"那小官被他刺得张口结舌，无话可说。三十五岁时，王禹偁被拜为左司谏，担任给皇帝起草诏书的知制诰，并曾任右拾遗、翰林学士等职。由于他为人正直刚毅，在朝堂上勇于直言讽谏，先后被贬放商州和滁州。宋真宗咸平元年（998 年）还京，复任知制诰。王禹偁修《太祖实录》，因为直书赵匡胤篡周而得天下，得罪了朝廷，第二年又被贬出京城，去了黄州。

但王禹偁是个乐以天下，忧以天下的人，他并没有因为自己被贬官而后悔，反而因为自己直言而欣慰。他在描写自己命运的《三黜赋》里是以这样的语句表明自己的道德志向的："屈身兮不屈道，任百谪而何亏！吾当守正直兮佩仁义，期终身以行之。"

五

【原文】

齐宣王问曰："人皆谓我毁明堂①，毁诸？已乎②？"

孟子对曰："夫明堂者，王者之堂也。王欲行王政，则勿毁之矣。"

王曰："王政可得闻与？"

对曰："昔者文王之治岐③也，耕者九一④，仕者世禄，关市讥而不征⑤，泽梁⑥无禁，罪人不孥⑦。老而无妻曰鳏，老而无夫曰寡，老而无子曰独，幼而无父曰孤。此四者，天下之穷民而无告者。文王发政施仁，必先斯四者。《诗》云：'哿矣富人，哀此茕独④。'"

王曰："善哉言乎！"

曰："王如善之，则何为不行？"

王曰："寡人有疾，寡人好货。"

对曰："昔者公刘⑨好货，《诗》云：'乃积乃仓，乃裹餱粮，于橐于囊。思戢用光。弓矢斯张，干戈戚扬，爰方启行。'⑩故居者有积仓，行者有裹粮也，然后可以爰方启行。王如好货，与百姓同之，于王何有？"

王曰："寡人有疾，寡人好色。"

对曰："昔者太王好色，爱厥妃。《诗》云：'古公亶父，来朝走马，率西水浒，至于岐下，爰及姜女，聿来胥宇。'⑪当是时也，内无怨女。外无旷夫。王如好色，与百姓同之，于王何有？"

【注释】

①明堂：古代帝王宣明政教的场所，凡朝会、祭祀等重大典礼都在明堂举行。这里是指泰山明堂。

②已：止，不。

③岐：地名，在今陕西岐山一带。

④耕者九一：指井田制。把耕地划成井字形，每井九百亩，周围八家各一百亩，属私田，中间一百亩属公田，由八家共同耕种，收入归公家，所以叫九一

税制。

⑤讥而不征：只检查言行而不抽税。讥，检查言行。征，征税。

⑥泽梁：在流水中拦鱼的装置。

⑦孥：本指妻子、儿女，这里不孥即指不牵连妻子、儿女。

⑧哿矣富人，哀此茕独：哿，可。茕，孤独。以上引诗见《诗经·小雅·正月》。

⑨公刘：人名，后稷的后代，周朝的创业始祖。

⑩乃积乃仓……爰方启行：候粮，干粮。橐，无底的口袋。囊，有底的口袋。思：语气词，无义。戢，通"辑"，和睦。用，因而。光，发扬光大。干，盾。戈，平头戟。戚：斧。扬，举起。爰，于是。方，开始。以上引自《诗经·大雅·公刘》。

⑪古公亶父……聿来胥宇：古公亶父，即周文王的祖父周太王。来朝，清早。走马，驱马快跑。率，沿着。水，指漆水。浒，水边。爰，语首词，无义。姜女，指古公亶父的妻子太姜。聿，语首词，无义。胥，视察。宇，屋宇。聿来胥宇，指修建宫室之前查看地势。以上引自《诗经·大雅·绵》。

【译文】

齐宣王问道："别人都建议我拆掉明堂，究竟是拆好呢？还是不拆好呢？"

孟子回答说："明堂是大王的殿堂，您如果想施行王政，就请不要拆掉它吧。"

齐宣王说："可以给我说说什么是王政吗？"

孟子回答说："从前周文王治理西岐的时候，对农民的税率是九分抽一，做官的人是给予世代承袭的俸禄，在关卡和市场上只维持秩序而不征税，任何人到湖泊捕鱼都不禁止，处罚罪犯不牵连妻子儿女。年老而没有妻子的叫鳏夫，年老而没有丈夫的叫寡妇，没有儿女的老人叫作独老，失去父亲的儿童叫作孤儿。这四种人，是天下最穷苦无靠的人。文王实行仁政，一定最先考虑到他们。《诗经》说：'富人是可以过得去了，可怜那些孤单的人吧。'"

齐宣王说："说得好！"

孟子说："大王如果认为说得好，为什么不这样做呢？"

齐宣王说："我有个毛病，我爱财。"

孟子说："从前公刘也爱财。《诗经》说：'谷粮装满仓，备好充足的干粮，橐里囊里都装满。安定团结，民心和顺。张弓带箭备齐武装，举起盾戈斧钺，出发前进。'因此，留在家里的人有谷，行军人的囊里有干粮，然后才能够率领军队前进。王如果喜爱钱财，就和百姓共同拥有，这有什么困难呢？"

齐宣王说："我还有个毛病，我爱女色。"

孟子回答说："从前周太王也喜爱女色，非常爱他的妃子。《诗经》里写道：'古公亶父，一大早赶马出发，沿着河岸到岐山下，带着妻子姜氏，勘察建新居的地形。'那时，没有嫁不出去的姑娘，也没有找不到妻子的男人。大王若喜爱女色，能想到老百姓也喜爱女色，这对施行王政有什么影响呢？"

【评析】

这段话写孟子告诉齐宣王什么是"王政"（仁政）。

孟子认为，像周文王治理岐周时那样，赋税很轻，老百姓都能自由生产，过上好日子，处罚罪犯而不株连无辜，无依无靠的鳏寡孤独者得到照顾，这便是实行"王政"了。

孟子认为，齐宣王"好货"（喜欢钱财）、"好色"都不是毛病，而是人的正常需求。但齐王应该认识到，老百姓同样"好货""好色"，他们的正当需求也应该得到尊重和满足，因此齐王应"与百姓同之"，这就是实行"王政"了。

鳏寡孤独

汉朝庞仲达做汉阳太守的时候，郡里有个叫任棠的人，非常有气节，他隐居在乡下，以教学自乐。庞仲达求贤若渴，酷爱人才，一到任就去拜访任棠。

任棠那天正在堂屋读书，见太守来了，他也不与太守打招呼、交谈，只是拿了一大把薤，并端了一盆水放在门内屏风前面，然后自己抱起孙子蹲在门边和孩子逗趣。跟太守一道来的侍从很生气，对太守说："这个人太傲慢了！"但庞仲达却高兴地说："他并不是傲慢，而只是暗示我做官的道理罢了，他的用意是很好的！"

庞仲达沉思着说："任棠并非无礼，而是在晓谕本太守呀！一盆清水，是要我为官清正；拔出一大棵菜，是要我严惩横行乡里的强势宗室；抱孩子挡住门户，是要我体恤鳏寡孤独呀！"

庞太守感叹不已地回府了，以后在施政过程中根据任棠的暗示，压制豪强，扶持贫弱。后来由于施行仁爱、宽厚的政策他得到老百姓的爱戴。

内无怨女，外无旷夫

公元 134 年，春季和夏季连续干旱，汉顺帝下诏大赦天下，并且亲自到德阳殿东厢庭院中，露天而坐，祈求上天降雨。

如同以前发生自然灾害时一样，顺帝要求官员们提出意见。尚书周举才学兼优，顺帝特地就此征询他的意见。周举回答说："陛下废弃文帝、光武帝所建立的朴素节俭传统，而因袭导致秦朝灭亡的骄奢淫逸的做法，使宫廷内增加了许多美女。宫外却有许多娶不到媳妇的男子。自从发生大旱以来，整整过去一年了，而没有听说陛下有改过的做法，现在以至尊之体露坐风尘，祈求缓解干旱，不过是在问题的表面上下功夫，而不去寻找它的实质所在，于事无补。"

顺帝问他应该怎么办，周举回答说："应该诚心诚意地革除弊政，遵守先王制定的规章制度，改变目前奢侈腐化的混乱局面，省去御膳房制作奢侈菜肴的费用。同时放走未曾召幸过的宫女，使内无怨女，外无旷夫。《易传》上说：'天子为善一日，上天立刻以善来回报。'请陛下圣意裁夺！"

六

【原文】

孟子谓齐宣王曰："王之臣有托其妻子于其友而之楚游者，比①其反也，则冻馁②其妻子，则如之何?'，

王曰："弃之。"

曰："士师③不能治士，则如之何?"

王曰："已之。"

曰："四境之内不治，则如之何?"

王顾左右而言他。

【注释】

①比：及，等。

②馁：饥饿。

③士师：古代主管司法的官员。

【译文】

孟子对齐宣王说："假如大王有个臣子，把妻子儿女托付给朋友照顾，自己到楚国去游历，等他回来的时候，妻子儿女却在受冻挨饿，那么，对这样的朋友该怎么办？"

宣王说："不再和他交往。"

孟子说："假如士师不能管理好他的下级，那该怎么办呢？"

宣王说："把他罢免掉。"

孟子说："如果国家治理不好，那该怎么办呢？"

宣王左顾右看，说起了其他的事情。

【评析】

这一章短小而精湛，其中的"王顾左右而言他"一句已经成了人所共知的名言。在这一章里，齐宣王再次领教了孟子的雄辩能力：采用层层推进的论证法，从生活琐事入手，最后推论到齐宣王身上，给了他一个大难堪。齐宣王毫无退路，而且尴尬无比，只好回顾左右，转移话题。

在这里，孟子提到的都是同一类的事情，然后逐步由小到大，层层推进，最后直指齐宣王的失职之罪。这本身已经足够精彩了，然而更令人叫绝的是，结论并不是由孟子自己说出的，而是由齐宣王说出来的，这不仅更能警醒齐宣王，而且也让齐宣王更难堪，最后只好"王顾左右而言他"，不理孟子以了事。孟子的这种"说大人则藐之，勿视其巍巍然"的气概和掀天撼地的气魄，使齐宣王顿时失去了作为国君的声威，很驯服地听他的指责和教训。

有人认为，孟子的这一行为比较过分，已经远远超出了对国君的讽谏，达到了指斥的地步，甚至还有弹劾和罢免国君的意思。其实，这也有些言过了。孟子本身并不是想要齐宣王出丑，也没有指斥和弹劾他的意思，只是因为齐宣王总是寻找各种借口，拒绝施行仁政，所以孟子才出言逼他，迫使他下决心施行仁政罢了。

可以看出，孟子的政治理论不是权利型的，而是义务型的，他主张的不是权利责任和政治责任，而是一种道义责任。所谓道义责任，就是不论是国君，还是各级官员，都要做到忠于职责和勇于任事，否则就应该被罢免，或者引咎辞职。这与一千多年以后西方一些政治学家们的主张不谋而合。

七

【原文】

孟子见齐宣王，曰："所谓故国①者，非谓有乔木②之谓也，有世臣③之谓也。王无亲臣矣，昔者所进④，今日不知其亡⑤也。"

王曰："吾何以识其不才而舍之？"

曰："国君进贤，如不得已，将使卑逾尊，疏逾戚，可不慎与？左右皆曰贤，未可也；诸大夫皆曰贤，未可也；国人皆曰贤，然后察之。见贤焉，然后用之。左右皆曰不可，勿听；诸大夫皆曰不可，勿听；国人皆曰不可，然后察之。见不可焉，然后去之。左右皆曰可杀，勿听；诸大夫皆曰可杀，勿听；国人皆曰可杀，然后察之。见可杀焉，然后杀之。故曰国人杀之也。如此，然后可以为民父母。"

【注释】

①故国：指历史悠久的国家。

②乔木：久经年代的高大树木。

③世臣：世代建立功勋的和国家有密切关系的大臣家族。

④进：进用。

⑤亡：去位，去国。

【译文】

孟子拜见齐宣王，说：“我们所说历史悠久的国家，并不是指那个国家有高大的树木，而是指有世代建立功勋的大臣。可大王您现在却没有亲信的臣子了，过去所任用的一些人，现在也不知到哪里去了。”

齐宣王说：“我应该怎样去识别哪些人是没有才能的从而不用他呢？”

孟子回答说：“国君选择贤才，在不得已时，甚至会把原本低位者提拔到高位者之上，把原本关系疏远的提拔到关系亲近的人之上，这能够不谨慎吗？左右亲信都说某人好，不可轻信；众位大夫都说某人好，不可轻信；全国的人都说某人好，然后去考察他，发现他是真正的贤才，再任用他。左右亲信都说某人不好，不可轻信；众位大夫都说某人不好，不可轻信；全国的人都说某人不好，然后去考查他，发现他真不好，再罢免他。左右亲信都说某人该杀，不可轻信；众位大夫都说某人该杀，还是不可轻信；全国的人都说某人该杀，然后去考查，发现真该杀，再杀掉他。所以说，是全国人杀的他。这样做，才可以做老百姓的父母官。”

【评析】

在阐述国君重用官员、罢免官员和处死罪犯时，孟子提出，国君不能只听信左右近臣和朝廷官员的意见，而要以百姓的意见为准则，只有全国上下的百姓都支持，国君才可以大胆行事。

的确如此，左右近臣只是极少数的几个人，而且还不一定能保证意见的公允；与全国的百姓相比，朝廷官员也是少数，不能代表大部分人的意见。只有让全国的百姓都发言，才能保证意见的正确和公允。

孟子的这个主张反映了他的民主意识，是人类早期的民主思想。但是，从操作层面来看，孟子的这一主张还是很难操作的，因为，从事实上来说，就某一个情况，不大可能听到全民一致的意见，甚至连全民都能保证发表意见都不可能。因此，孟子所说的"国人皆曰"也只是相对的。并不是绝对的。在实际操作中，只要我们把握住"多倾听群众的意见"这一精神实质就够了。

孟子提出的"进贤必慎"是他"尊贤使能"的思想在选用人才上的进一步完善。对于选拔和任用人才，孟子强调"慎"。所谓"慎"，就是说，在选拔和任用一个人之前，要认真而详尽地考察他，这个考察不是听信左右亲信的意见，也不是听信朝廷官员的意见，而是听取百姓的意见。这种"进贤必慎"的谋略体现了两条重要原则：一是主张"兼听"，尊重绝大多数人的意见；二是强调审察，尊重事实。是符合唯物主义认识论的，也和他的"民为邦本"的思想相一致。

从实质上看，孟子主张"进贤必慎"就是在主张"任人唯贤"，听取百姓的意见，并实践考察他，目标都在于鉴别他是否是贤能的。但是，尽管孟子主张"进贤必慎"，他也没有完全否定"任人唯亲"，因为说"国君进贤，如不得已，将使卑逾尊，疏逾戚"。从总体上看，尽管有"任人唯亲"的一面，但主导方面仍然是"任人唯贤"。

【典例阐幽】

左右皆曰贤，未可也

战国时的齐威王，为了振兴齐国，决心从治吏入手，便向他的左右了解地方官吏的政绩口碑，左右亲近的都说阿大夫的好话，即墨大夫的坏话。

齐威王听了后亲自深入到各地明察暗访、向老百姓调查了解，其结果与左右说的截然相反，事实是即墨大夫管理的即墨地区"田野辟，民人给，官无留事，东方以宁"。而阿大夫管理的阿地却是"田野不辟，民贫苦。"（《史记·田敬仲完世家》）那么，为什么左右瞒报实情，颠倒黑白，把好的说成坏的，把坏的说成好的？

原来，即墨大夫为人很正直，一心为人民办事，不善结纳朝廷的左右近臣，所以大官们都说即墨大夫不好。而阿大夫善于用贿赂手段买动人情，巴结朝廷左右大臣，因此朝廷大官们都说阿大夫是好官。

当然。兼听则明，偏听则暗，作为领导者还应该有从谏如流的雅量，齐威王为了求谏，下过一道求谏令："群臣和百姓有当面指责寡人之过错的人，授上等奖赏；上书规劝寡人的，授中等奖赏；在公共场合议论我的过失被我听到的人，授下等奖赏。"这一诏令一下，收到了极好的效果，一年以后人们已经无话可说了，其他诸侯国纷纷派使节前来齐国朝拜。齐国也因此在一段很长的时间内，国泰民安。

八

【原文】

齐宣王问曰："汤放桀[①]，武王伐纣，有诸？"

孟子对曰："于传有之。"

曰："臣弑其君，可乎？"

曰："贼[②]仁者谓之'贼'，贼义者谓之'残'；残贼之人谓之'一夫'。闻诛一夫纣矣，未闻弑君也。"

【注释】

①汤放桀：汤指商汤，商朝的开国之君。商汤曾讨伐夏桀，并将夏桀流放于

南巢。

②贼：动词，残害，败坏。

【译文】

齐宣王问道："商汤流放夏桀，武王讨伐商纣，有这些事吗？"

孟子回答道："典籍上确实有这些事的记载。"

宣王问："做臣子的杀害自己的君主，这样可以吗？"

孟子说："败坏仁的人叫'贼'，败坏义的人叫'残'；残、贼这样的人叫'独夫'。我只听说杀了独夫纣罢了，没听说臣子杀害君主啊。"

【评析】

在这一章里，孟子又理直气壮地说出了一句千古不朽的至理名言："闻诛一夫纣矣，未闻弑君也。"这一论述不仅成了历朝历代无数次改朝换代的理论依据，而且也无数次鼓舞了百姓们举行武装起义的勇气。

由于身份的特殊性，同样作为国君的齐宣王从自身的立场出发，认为汤流放桀和周武王伐纣是人臣弑君的行为，但是孟子不仅轻轻松松的驳倒了齐宣王，而且从此以后，但凡听到了孟子这番言论的人，都不敢再有跟齐宣王一样的看法了。

可以看出，孔孟所主张的儒家思想，原本并不纯粹是为维护封建统治服务的，相反，在那个时代，真正为封建国君效劳的其实是法家，这一点在秦国的发展历史上表现得极为明显：秦国是通过法家学派的代表人物商鞅的改革才走上富国强兵之路的，而秦嬴政"一扫六合，统一中国"，建立秦王朝，又离不开法家的另两位重要人物韩非和李斯的辅佐。甚至，在秦朝建立以后，儒家学派也没能为维护封建制度出一点儿力，反而被"焚书坑儒"，大加压制。一直到汉武帝时期，儒家代表人物董仲舒提出"罢黜百家，独尊儒术"的主张开始，儒家思想才成了为封建统治服务的工具。这些都是后话了。

秦始皇在建立秦朝以后，认为自己就此开创了万世之业，于是想从始皇开始，一直传到二世、三世。那么，孟子的"诛一夫纣矣，未闻弑君"的观点自然就引起秦始皇的讨厌了，所以他才要"焚书坑儒"，免得儒家思想扫他的兴。可是，秦始皇毕竟是个像商纣一样的暴君，自然也逃不过像商纣那样的命运，于是，他的大秦王朝刚刚勉强传了两代就灭亡了。

秦始皇

不管怎么说，孔孟所主张的早期儒学与封建专制暴政是不相容的。这一点是可以肯定的。

九

【原文】

孟子见齐宣王曰："为巨室，则必使工师求大木①。工师得大木，则王喜，以为能胜其任也。匠人斲而小之②，则王怒，以为不胜其任矣。夫人幼而学之，壮而欲行之，王曰：'姑舍女所学而从我'③，则何如？今有璞玉于此④，虽万镒⑤，必使玉人雕琢之。至于治国家，则曰：'姑舍女所学而从我'，则何以异于教玉人雕琢玉哉？"

【注释】

①工师：管理工匠的长官。

②斲：砍削。

③女：通"汝"，你。

④璞玉：在石中未经加工的玉。

⑤镒：二十两为一镒。

【译文】

孟子对齐宣王说："建造巨大的宫室，就一定要派工师去找大木料。工师找到大木料，王就高兴，认为他能胜任。工匠把这木料砍小了，王就动怒，以为他不能胜任。有那么一种人，从小学习一种本事，长大后要把它来实践，王说：'姑且扔掉你所学的，听从我'，这可怎么办呢？假如现在这里有一块璞玉，就算它价值二十万两，您一定会让玉匠雕琢它。至于治理国家，却说：'姑且扔掉你所学的，听从我'，这同教导玉匠雕琢玉石又有什么区别呢？"

【评析】

盖大房子一定要大木头，如果工匠把它砍削得太小，木头就难以胜任了。

一些人从小就学了本事，成长为国家的栋梁，长大了想运用实行，为国效力，齐宣王却叫人家"舍女（汝）所学"，这无异于把参天大树砍削成小巧的树木，也无异于把万镒璞玉雕琢成小巧的玩意儿。

孟子的意思是，国家需要的是栋梁，而不是只会讨国君高兴的宠臣。齐宣王不用人才之长，而把人才都变成宠臣，齐国就没有栋梁，就没有希望。

【典例阐幽】

教人生木造屋

有一位叫高阳应的宋国人，打算盖一座房子。

他请来了很多的工人去砍树，刚砍回来的树木堆在院子里，他就对木匠说，"现在要用的木材已经齐了，你可以动工了。"

木匠说："不行啊！这些木材都是刚刚伐回来的，还没有干，如果把泥抹上去，一定会被压弯，房子会垮的。"

高阳应听了工匠话以后说："照你所说，不就是存在一个湿木料承重以后容易弯曲的问题吗？然而你并没有想到湿木料干了会变硬，稀泥巴干了会变轻的道理。等房屋盖好以后，过不了多久，木料和泥土都会变干。那时的房屋是用变硬的木料支撑着变轻的泥土。怎么会被压垮呢？"

工匠们无话可答。只好遵照高阳应的吩咐去做。很快一幢新房就造好了。

高阳应的新屋子刚建造好的那段日子看起来很好，可是没有过多久，高阳应的这幢新屋越来越往一边倾斜。高阳应一家怕出事故，从这幢房屋搬了出去。没几天，这座房子出现裂缝，又过了一段时间倒塌了。

＋

【原文】

齐人伐燕，胜之。宣王问曰："或谓寡人勿取，或谓寡人取之。以万乘之国伐万乘之国，五旬而举之，人力不至于此。不取，必有天殃。取之，何如？"

孟子对曰："取之而燕民悦，则取之。古之人有行之者，武王是也[1]。取之而燕民不悦，则勿取。古之人有行之者，文王是也[2]。以万乘之国伐万乘之国，箪食壶浆[3]以迎王师，岂有他哉？避水火也。如水益深，如火益热，亦运[4]而已矣。"

【注释】

①武王是也：指武王伐纣。

②文王是也：指文王已三分天下有其二，但仍臣服于殷商而没有造反。

③箪食壶浆：箪，盛饭的竹筐。食，饭。浆，米酒。

④运：转换。

【译文】

　　齐国攻打燕国，大获全胜。齐宣王问道："有人劝我不要吞并燕国，有人又劝我吞并它。我觉得，以一个拥有万辆兵车的大国去攻打一个同样拥有万辆兵车的大国，只用五十天就打下来，光凭人力是做不到的呀。如果我们不吞并它的话，一定会有天灾。吞并它，怎么样？"

　　孟子回答说："吞并它而使燕国的老百姓高兴，那就吞并它。古人有这样做的，周武王便是。吞并它而使燕国的老百姓不高兴，那就不要吞并它。古人有这样做的，周文王便是。以齐国这样一个拥有万辆兵车的大国去攻打燕国这样一个同样拥有万辆兵车的大国，燕国的老百姓却用饭筐装着饭，用酒壶盛着酒浆来欢迎王您的军队，难道有别的什么原因吗？不过是想摆脱他们那水深火热的日子罢了。如果您让他们的水更深，火更热，那他们也就会转而去寻求其他的出路了。"

【评析】

　　齐宣王五年（公元前315），齐国的近邻燕国发生了一件大事。燕王哙受当时广泛流行的禅让思想影响，接受谋臣鹿毛寿等人的建议，让国于国相子之，结果引起燕国的一场内乱。齐国趁机出兵，几乎没有遇到抵抗便大获全胜。于是宣王向孟子询问，是否要趁机吞并燕国。孟子从他一贯的民本主义立场回答：如果燕国百姓欢迎，便吞并；如果燕国百姓不欢迎，便不吞并。

箪食壶浆

三国时期，曹操率兵攻打张绣时，恰逢麦熟季节，沿途行军时老百姓不去割麦纷纷逃避。曹操知晓后便严申军法："大小将校一律不准践踏麦田，违者斩首。"

曹军将士不敢违抗军令，皆下马步行。不料，曹操乘马正行，忽然麦田中飞起一只斑鸠，惊动了坐骑，曹操的马蹿到麦田中，践踏坏了一大块麦田。

曹操下马后，叫来随军主簿，要求主簿定他践麦之罪："我的马踩坏了麦苗，违反禁令，请按军法议。"

主簿说："您是一军的主帅，怎能治罪？"

曹操说："制定法令的人，自己违犯了法令，如果不治罪，又怎能带领部下呢？"

于是拔剑就要自刎，众人急忙把他拉住。

主簿说："法令是针对一般将士的。按照古书《春秋》定的礼规，对尊贵的人是不上刑的，况且将军是因战马受惊而误入麦田，我看就不必议罪了。"曹操说道："既然主簿不肯议罪于我，那让我自己来执行法令吧。"

说完，拔出佩剑，将自己的头发割下一绺扔到地上，"割发代首"。曹军军纪因此更加严明，对百姓秋毫无犯。沿途所过之处，百姓都箪食壶浆在道边相迎。

十一

【原文】

　　齐人伐燕，取之。诸侯将谋救燕。宣王曰："诸侯多谋伐寡人者，何以待之？"

　　孟子对曰："臣闻七十里为政于天下者，汤是也。未闻以千里畏人者也。《书》曰：'汤一征①，自葛始。'天下信之，东面而征，西夷怨②；南面而征，北狄怨，曰：'奚为后我？'民望之，若大旱之望云霓也③。归市者不止，耕者不变，诛其君而吊其民，若时雨降，民大悦。《书》曰：'徯我后④，后来其苏。'今燕虐其民，王往而征之，民以为将拯己于水火之中也，箪食壶浆以迎王师。若杀其父兄，系累其子弟⑤，毁其宗庙，迁其重器⑥，如之何其可也？天下固畏齐之强也，今又倍地而不行仁政⑦，是动天下之兵也。王速出令，反其旄倪⑧，止其重器，谋于燕众，置君而后去之，则犹可及止也。"

【注释】

　　①一征：始征，初征。

　　②西夷：古时我国西方少数民族的泛称。下文的北狄，是古时我国北方少数民族的泛称。

　　③霓：虹的一种。

　　④徯：等待。后：王。

　　⑤系累：捆绑。

　　⑥重器：宝器。

　　⑦倍地：指齐国吞并燕国后，增一倍之地。

【译文】

齐国攻打燕国，吞并了它。其他诸侯国谋划救助燕国。宣王说："诸侯国多有谋划来攻打我，要怎么对待他们？"

孟子答道："我听说过凭借纵横七十里的土地就能在天下实行统治，商汤就是。没听说过凭借纵横一千里的土地来使天下畏惧的。《尚书》说：'汤的征伐，从葛国开始。'天下人都信任他，当他向东面征伐时，西边各族的百姓就抱怨；当他向南面征伐时，北边各族的百姓就抱怨，说：'怎么把我们放在后面？'老百姓盼望他，就像大旱时盼望乌云虹霓一样。汤的征伐，一点也不惊扰百姓，做生意的照样行商，种庄稼的照样下地，汤杀掉暴君而抚恤百姓，就像降了及时雨，老百姓很高兴。《尚书》说：'等着我们的王，王来了我们就复活。'如今燕国虐待它的百姓，您前往征讨，老百姓以为您将把他们从水火中拯救出来，于是用箪盛着饭，用壶盛着酒浆来迎接您的部队。可是您却杀掉他们的父兄，捆绑他们的子弟，毁坏他们的宗庙，搬走他们的宝器，这怎么行呢？天下人本来就害怕齐国强大，如今齐国又增加了一倍的土地却不实行仁政，这就是惊动天下军队与您作对的原因。王赶快下命令，让老少俘虏回家，停止搬运宝器，与燕国的群众计议，择立一位燕王，然后自己从燕国撤出，这样还来得及使各国停止用兵。"

【评析】

齐国攻占燕国后，诸侯谋划要救助燕国，齐宣王问计于孟子。

孟子告诉宣王，当年商汤开始征讨夏桀时，从葛国开始。天下人都相信他，他向东边出征，西边的百姓就怨他来晚了；向南边出征，北边的百姓就怨他来晚了，他们都说："为什么把我们放到后边呢？"老百姓盼望商汤，就像久旱盼甘霖一样。

商汤征讨夏桀时，到集市做买卖的、耕田种地的一仍其旧，不受影响，商汤只是诛杀暴君而抚慰其百姓而已。

但齐军攻占燕国后，却杀掉他们的父兄，掳掠他们的子弟，毁坏燕王的祖庙，搬走他们的国家宝器，这怎么可以呢？

孟子建议齐王赶快发令，遣返燕国俘虏，停止搬运燕国宝器，与燕人协商择立燕君，然后齐军从燕国退兵，这样还来得及制止诸侯对齐用兵。

本卷前十一章均记孟子晚年答齐宣王问。

【典例阐幽】

毁其宗庙，迁其重器

明末农民起义军领袖李自成进京的时候，人民箪食壶浆以迎王师，可是没过多久，由于官员将士只顾敛财导致腐化，这种"毁其宗庙，迁其重器"的做法怎么能行呢？

后来，吴三桂带领清军进关作战，以前勇不可当的大顺军，却溃不成军。李自成兵败后，撤离京城，向南溃逃，被清朝大军追到湖北九宫山时为地主武装所杀。

如果李自成能够纵观大局，不纵兵抢掠，不贪眼前的财货，严明军纪，顺应民心，那么便可以扭转局势，真正的称王于整个天下，而不是亡命于天下。

十二

【原文】

邹与鲁哄①。穆公②问曰："吾有司③死者三十三人，而民莫之死也。诛之，则不可胜诛；不诛，则疾④视其长上之死而不救，如之何则可也？"

孟子对曰："凶年饥岁，君之民老弱转⑤乎沟壑，壮者散而之四方者，几千人矣；而君之仓廪实，府库充，有司莫以告，是上慢而残下也。曾子曰：'戒之戒之！出乎尔者，反乎尔者也。'夫民今而后得反之也。君无尤⑥焉！君行仁政，斯民亲其上，死其长矣。"

【注释】

①邹与鲁哄：邹，周代的一个小国；哄，吵闹。这里指交战。

②穆公：指邹穆公。

③有司：有关官吏。

④疾：憎恨。

⑤转：弃尸的意思。

⑥尤：动词，责备、归罪。

【译文】

邹国与鲁国交战。邹穆公对孟子说："我的官吏死了三十三个，百姓却没有一个为他们而牺牲的。杀他们吧，杀不了那么多；不杀他们吧，又实在恨他们眼睁睁地看着长官被杀而不去营救。到底怎么办才好呢？"

孟子回答说："灾荒年岁，年老体弱的老百姓弃尸于山沟，年轻力壮的四处逃荒，差不多有上千人吧；而您的粮仓里堆满粮食，货库里装满财宝，官吏们却从来不向您报告，这是他们对上怠慢对下残暴的表现。曾子说：'小心啊，小心啊！你怎样对待别人，别人也会怎样对待你。'现在就是老百姓报复他们的时候了。您不要归罪于老百姓吧！只要您施行仁政，老百姓自然就会亲近他们的领导人，肯为他们的长官而牺牲了。"

【评析】

这一章实际上说的还是君与民、官与民的关系。孟子认为，百姓看到国家干部战死而不救虽然是理无可恕的，但也情有可原。为什么呢？根源还是出在国家干部身上。作为国家干部，在灾荒年月和兵荒马乱时节，看到百姓饿死或乞讨时，却麻木不仁，见死不救，久而久之，百姓自然是心生怨言，产生报复心理，那么，看着国家干部战死，也就没有什么感觉了。因为官与民之间的感情已经被国家干部伤害透顶了。同样。话说回来，如果在平日里，这些国家干部们能施行仁政，关心百姓，当他们遇到危险了，百姓一定会鼎力相救的。自己手下的官员如此，邹穆公有什么可埋怨百姓的呢？

在这一章里，还提到了"出乎尔者，反乎尔者"这一句名言，后来逐渐演变成"出尔反尔"，这一成语，用来形容言行前后矛盾和反复无常。其实，这句话的原意接近于"以其人之道还治其人之身"。

孟子的回答，既显示出其睿智的机锋，又不失理直气壮和义正词严，既当邹穆公的面揭露和驳斥了不顾百姓疾苦死活的国家干部，又为百姓讨回了公道，时至今日，读来仍能感到回荡在天地间的一股凛然正气。

【典例阐幽】

出尔反尔

洪武九年（1376 年）秋闰九月，五星运行失度，朱元璋下诏令求直言。山西平遥的训导叶伯巨响应皇帝的号召，写了一本著名的奏章，批评朱元璋"分封太侈。用刑太繁，求治太速"，大意主要是批评用刑太重，最后还指出给诸藩的权力太大，恐出现汉之七国、晋之诸王的叛乱。

未曾想到这一下子触到朱元璋的痛处，刘基劝他要轻刑省法。他不高兴地拒绝了，而现在又出来个小小的训导也这样说。朱元璋气得也不顾什么出尔反尔了，大骂："这个叫叶伯巨的是要离间我们父子之间的感情，快去把他抓来，我要亲手射死他。"

最后，叶伯巨被逮捕到诏狱之中，乱棍打死。自此以后，再没有人敢于直言谏诤了。但是朱元璋这一出尔反尔的做法，却无法改变叶伯巨预言的正确性。朱元璋一死，燕王朱棣就在建文元年（1399 年）七月打起"清君侧"的旗号，消灭了建文帝，自己做了皇位。

十三

【原文】

滕文公^①问曰："滕，小国也，间于齐、楚。事齐乎？事楚乎？"

孟子对曰："是谋非吾所能及也。无已，则有一焉：凿斯池也，筑斯城也，与民守之，效死而民弗去，则是可为也。"

【注释】

①滕文公：滕国国君。滕国是周代小国，在今山东滕州市附近。

【译文】

滕文公问道："滕国是个小国，夹在齐国和楚国的中间，是侍奉齐国呢，还是侍奉楚国呢？"

孟子回答道："这样的谋划我力不能及。如果您一定要我说，那就只有一个办法：深挖护城的沟池，筑牢城墙，与百姓共同守卫，百姓宁可献出生命也不逃离，这样就有办法了。"

【评析】

这是孟子第二次路过滕国时，滕文公请教孟子的问题。

滕文公认为，滕国国小力薄，正好又处在南面的楚国和东面的齐国两大强国之间，"两大之间难为小"，得罪自然是得罪不起，但侍奉吧，又不知道该侍奉谁，如果一时糊涂，站错了队，后果也是很悲惨的。

面对这种情况，相信作为"亚圣"的孟子也是感到既头疼又无可奈何，就算孟子是个无所不能的"巧妇"，但滕国却穷得连一颗米都没有，这饭怎么个做法，自然是难上加难。好在孟子毕竟学问高深，而且巧言善辩，仍然解决了这个问题。

孟子告诉滕文公，"两大之间能为小"，并在具体策略里指出，自立自强是小国图存的基本国策。这反映了人受主观能动性的转化，只要不将这种转化庸俗化和绝对化，还是有积极意义的。孟子认为。小国要图生存图发展，就不能尽做怨天尤人、摇尾乞怜这种没有任何作用的举动；只有自立自强，坚持不丧失国格人格，修明内政，振奋民族精神，并决心誓死抵御侵略和侮辱，才是明智之举。

因此，可以看出，自强自立是解决"两大之间难为小"的根本出路。作为国家是这样，作为个人也是这样，只有坚持自主自强，才能争取到生存的机会——这一点，在弱肉强食的自然界表现得尤其明显。

十四

【原文】

滕文公问曰："齐人将筑薛①，吾甚恐，如之何则可？"

孟子对曰："昔者大王居邠②，狄人③侵之。去，之岐山之下居焉。非择而取之，不得已也。苟为善，后世子孙必有王者矣。君子创业垂统，为可继也。若夫成功，则天也。君如彼何哉？强④为善而已矣。"

【注释】

①薛：原是周代诸侯国，在今山东滕州南，后被齐国所灭。

②邠：同"豳"，在今陕西旬邑、彬县一带。古公宣父尝率周族人居此，由于受到狄人的侵扰，后迁至岐山脚下。

③狄人：指猃狁。

④强：勉励，劝勉。

【译文】

滕文公问道："齐国将要修筑薛城，我非常害怕，该怎么办才好呢？"

孟子回答道："从前太王居住在邠，常常受到狄人的侵扰。他便离开，迁到岐山下居住。他并不是主动选择去那里居住，只是迫不得已罢了。如果能施行善政，后代子孙中必定会有能使天下归附的。君子创立基业，传给后世，是为了能够继承下去。至于能否成功，那就由天命决定了。您怎样对付齐国呢？只有勉励自己推行善政了。"

【评析】

在春秋和战国这样的乱世，弱小的国家随时都有被大国吞并的可能。正当滕文公担忧于"两大之间难为小"的问题时，他的邻国——弱小的薛国就被齐国占领了。铁的事实，血的教训，容不得不信。

那么，作为一国之君，面对这种随时都有可能亡国的危险，该做什么选择呢？

是要抛弃自己的百姓，准备随时逃命呢？还是要顶住压力，尽好一个国君的职责，努力施行仁政，施恩于民、保民为民呢？孟子给滕文公指出的是第二条路，因为他认为"苟为善，后世子孙必有王者"。这是有道理的，并不是哪个国家生来就是弱小的，更不是哪个国家生来就是强大的，都有一个变化的过程，是变强还是变弱，就要看国君选择哪条路了。

所谓"苟为善，后世子孙必有王者"的例子也是很多的，比方周王朝本身就是这样的。起初，由于受到匈奴人的威胁，带着百姓迁移到岐山脚下居住，后来，周文王、周武王果然成就了王者霸业。

【典例阐幽】

强为善而已矣

齐桓公即位以后，为了报鲁庄公扶持公子纠争位之仇，亲率大军伐鲁，鲁军节节败退。齐军长驱直入到了离鲁国国都只有五十里的地方，鲁庄公派使者向齐桓公说，鲁国愿意以齐军驻扎的地方为界，像齐国的大臣一样，臣服齐国。齐桓公非常高兴答应了鲁庄公的要求，并要他三天后和自己会盟。

会盟前一天，曹刿对鲁庄公说："大王你愿意死而又死了，还是生而又生呢？"鲁庄公不解其意说："先生什么意思呢？"

"您如果听从我的话，国土必然会扩大，您自身也会安乐，您如果不听微臣所言，国家必定灭亡，你个人也将受到耻辱，这就是死而又死。"

鲁庄公听罢说："我愿意生而又生。"

于是曹刿告诉鲁庄公如此这般。

第二天鲁庄公和曹刿都暗藏宝剑来到会盟地点，齐桓公已经到了很久了。

鲁庄公到达后乘其不备，拔出宝剑抓住齐桓公，大声说道："鲁国封地本来就小，这回被你们霸占得只剩下五十里了，没有土地就没有办法生存了，这就如同与人拼命一样，就让我死在你的面前吧！不过在我死之前，我要……"

齐桓公根本没有想到会这样，只盼望管仲和鲍叔牙能够救他。

管仲和鲍叔牙想冲上土坛，这时曹刿拔出剑来拦住了他们说："不许上来，不然我就先把齐桓公杀掉了。"

鲁庄公再次大声说道："汾水封土为界就可以了，不然的话。我就和你鱼死网破，你我都活不了。"

管仲听到此话，马上在坛下说："君主你的安危比所有的领土都重要，你还是答应了吧。"

齐桓公只好答应了，两国在汶水之南封土为界，并签订盟约。

鲁国得到了失去的土地。

其实，按当时的情况来说鲁庄公也是"强为善而已矣！"

十五

【原文】

滕文公问曰："滕，小国也。竭力以事大国，则不得免焉，如之何则可？"

孟子对曰："昔者大王居邠，狄人侵之。事之以皮币①，不得免焉；事之以犬马，不得免焉；事之以珠玉，不得免焉。乃属其耆老而告之曰②：'狄人之所欲者，吾土地也。吾闻之也：君子不以其所以养人者害人。二三子何患乎无君？我将去之。'去邠，逾梁山③，邑于岐山之下居焉。邠人曰：'仁人也，不可失也。'从之者如归市。或曰：'世守也，非身之所能为也。'效死勿去。君请择于斯二者。"

【注释】

①币：缯帛。

②乃属其耆老而告之曰：属，召集。耆老，指老人。耆，六十岁的人。老，七十岁的人。

③梁山：在今陕西省乾县西北。

【译文】

滕文公问："滕国，是个小国，即使尽心尽力侍奉大国，也不免受到压迫。怎么办才好呢？"

孟子回答说："从前周太王居住在邠地，狄人侵犯他，太王给他进贡动物皮毛和丝绸布帛，仍免不了被侵犯；进贡狗和马，仍免不了被侵犯；进贡珠玉宝贝，仍被侵犯。于是召集当地的老人，告诉他们：'狄人想要的，是我们的土地。我曾听说过：君子不会拿用来养活人的东西去害人。你们何必担心没有君王呢？我要离开这里。'于是离开邠地，越过梁山，在岐山下筑城定居。邠地的百姓都说：'他是仁德的人，不能失去他。'跟从他迁徙的人如同赶集一样。也有人说：'这是我们世代相守的土地，是否放弃不是自己可以做主的。'他们宁死也不离开。王请在这两种做法中选择吧。"

【评析】

在这一章里，孟子再次详细列举了周太王的例子，向滕文公说明了两个问题：一味地卑躬屈膝苟且求生不是办法；只要施行仁政，百姓就愿意跟着你，有百姓就有国家。

孟子说，当初外敌侵犯周太王的领地，周太王"事之以皮币，不得免焉；事之以犬马，不得免焉；事之以珠玉，不得免焉"，后来终于发现，敌人想要的是他的土地，于是，周太王为了不让百姓遭受战乱之苦，只好"事之以土地"。孟子举这个例子，当然不是奉劝滕文公尽力满足入侵者的所有要求，而是想告诉滕文公，想要苟且求生是不可能的，退让只有死路一条。

孟子还说，当初，周太王独自一人搬到岐山脚下居住，"邻人曰：'仁人也，不可失也。'从之者如归市。或曰：'世守也，非身之所能为也。效死勿去。'"当周太王原先的百姓听说周太王又找到了落脚地之后，纷纷像赶集似的投奔于他。周太王再次拥有了自己的国家和百姓。百姓们再次投奔周太王的理由是周太王施行仁政，是个不可失去的仁人。通过这个例子，孟子想告诉滕文公：一定要施行仁政，因为仁政可以赢得民心，有民心就有国家。

通过一个故事，孟子给滕文公讲了两个道理，又提供了两条方案，滕文公再做出选择就容易多了。

【典例阐幽】

国土不是用来交换的

秦王派使者对安陵君说："我想要用方圆五百里的土地交换安陵，安陵君一定要答应我！"

安陵君说："大王给予恩惠，用大的交换小的，很好；即使如此，但我从先王那里接受了封地，愿意始终守卫它。不敢交换！"秦王不高兴。

于是安陵君派唐雎出使到秦国。

秦王对唐雎说："我用方圆五百里的土地交换安陵，安陵君不听从我，这是为什么呢？况且秦国已经灭了韩国，亡了魏国，而安陵君却凭借方圆五十里的土地幸存下来。是因为我把安陵君当作忠厚的长者，所以才不打他的主意。现在我用十倍于安陵的土地，让安陵君扩大领土，但是他违背我的意愿，难道不是轻视我吗?"

唐雎回答说："不，不是像你说的这样。安陵君从先王那里接受了封地并且保卫它，即使是方圆千里的土地也不敢交换，何况仅仅五百里呢?"

秦王勃然大怒，对唐雎说："您曾听说过天子发怒吗?"唐雎回答说："我未曾听说过。"秦王说："天子发怒，百万具尸体倒下，使血流千里。"唐雎说："大王曾经听说过普通平民发怒吗?"秦王说："普通平民发怒，也不过是摘掉帽子赤着脚，用头撞地罢了。"唐雎说："这是平庸无能的人发怒，不是有才能有胆识的人发怒。那专诸刺杀吴王僚的时候，彗星的尾巴扫过了月亮，聂政刺杀韩傀的时候，一道白光直冲到太阳；要离刺杀庆忌的时候，苍鹰突然扑击到宫殿上。这三个人都是出身平民的有胆识的人，心里的怒气还没发作，上天就降示了征兆。现在，专诸、聂政、要离同我一起将要成为四个人了。如果有才能和胆识的人一定要发怒的话，就要使两具尸体倒下，使血只流五步远，天下百姓都是要穿孝服，今天就是这样。"于是拔出宝剑起身做要同归于尽状。

秦王变了脸色，直身而坐向唐雎道歉说："先生请坐! 何必如此呢! 我明白了：为什么韩国、魏国灭亡，而安陵却凭借五十里的土地幸存下来，只是因为有先生啊!"

十六

【原文】

鲁平公①将出，嬖人②臧仓者请曰："他日君出，则必命有司所之。今乘舆已驾矣，有司未知所之，敢请。"

公曰:"将见孟子。"

曰:"何哉,君所为轻身以先于匹夫者,以为贤乎?礼义由贤者出,而孟子之后丧逾前丧。君无见焉!"

公曰:"诺。"

乐正子③入见,曰:"君奚为不见孟轲也?"

曰:"或告寡人曰'孟子之后丧逾前丧',是以不往见也。"

曰:"何哉,君所谓逾者?前以士,后以大夫;前以三鼎,而后以五鼎与④?"

曰:"否,谓棺椁衣衾⑤之美也。"

曰:"非所谓逾也,贫富不同也。"

乐正子见孟子,曰:"克告于君,君为⑥来见也。嬖人有臧仓者沮⑦君,君是以不果来也。"

曰:"行,或使之;止,或尼⑧之。行止,非人所能也。吾之不遇鲁侯,天也。臧氏之子焉能使予不遇哉?"

【注释】

①鲁平公:鲁国国君,景公之子,名旅。

②嬖人:受宠信的小臣。

③乐正子:即乐正克,孟子弟子。

④"前以士"以下诸句:在孟子为父母办丧事的时候,他的官爵前后不同。其父死时,孟子的身份是士,故要行士礼,用三鼎。其母死时,孟子已为大夫,需用大夫之礼,用五鼎。

⑤棺椁衣衾:内棺称棺,外棺称椁。衣衾,装殓死者的衣被。此处代指装殓死者的器物。

⑥为:将。

⑦沮：止，阻止。

⑧尼：阻止，停止。

【译文】

鲁平公将要外出，他所宠信的小臣臧仓来请示说："您往日外出的时候，总是将要去的地方告诉给有关官员。现在车马都已准备好了，官员还不知道您要去哪儿，因此冒昧请示。"

鲁平公说："我要去见孟子。"

臧仓说："您降低自己的身份主动去见一个普通人，是为什么呢？是认为他是个贤人吗？贤人所做之事都是合乎礼义的，然而孟子为母亲办的丧事，超过了先前为父亲办的丧事。您别去见他了吧！"

鲁平公说："好吧。"

乐正子前来朝见鲁平公，问道："您为什么不去见孟子呢？"

鲁平公说："有人告诉我说'孟子为母亲办的丧事超过了为父亲办的丧事'，所以我不去见他。"

乐正子说："您所说的超过，是指什么呢？是指先前为父亲办丧事用士礼，后来为母亲办丧事用大夫之礼；先前办丧事用三个鼎，后来用五个鼎吗？"

鲁平公说："不是的，是指装殓之物的华美。"

乐正子说："这不叫超过，是前后贫富不同的缘故。"

乐正子去见孟子，说："国君告诉我，他本打算来见您。有个叫臧仓的宠臣阻止他，所以国君最终没有来。"

孟子说："一件事情，行得通，有某种力量促使它；行不通，有某种力量阻挠它。行和不行，不是人力所能决定的。我不能见到鲁君，是天意。臧仓怎么能阻止得了呢？"

【评析】

有人认为，孟子之所以没有得到鲁平公的接见和重用，是由于小人藏仓的进谗和阻挠。而藏仓之所以要阻挠鲁平公接见孟子，是因为他嫉妒孟子的才能和高尚品德。但看上去似乎不是这样，至少这样的成分不是很大。

藏仓认为，孟子的某个言行有不妥当之处，因此算不上是品德高尚的贤者，这固然有些言重，但依照后来孟子的反应来看，藏仓挑的孟子的这个毛病还是不错的，因此并不算是谗言。再者，由藏仓坚持要求鲁平公告诉有关官员自己要去干什么，可以看出，藏仓是一个忠于职守，并能秉公办事的人，这样的人是不是小人值得商榷。

因此，孟子之所以没有见到鲁平公并得到重用，并不能怪罪于藏仓。而且孟子也说，鲁平公见他与否，不是人力所能阻止的。

那么，鲁平公为什么不接见孟子和重用孟子呢？这其实应该怪鲁平公本人：一方面，他在没有见到孟子的时候，就因为近臣的一个建议，不假思索地就放弃了自己原先的主意，由此可以看出，鲁平公是个缺乏主见的人；另一方面，鲁平公没有详细考察近臣的建议是不是正确的，就信以为真，并一本正经地当成是自己不见孟子的理由，由此可见，鲁平公是个偏听偏信的人。

也许，对于孟子而言，一个既没有主见，又偏听偏信的国君不见也罢。所以，他的反应才如此平静。

【典例阐幽】

臧仓小人

公元805年，唐宪宗李纯在内忧外患中登上了皇帝宝座。当时唐朝的藩镇割据已经影响了政令的畅通。李纯登位后很想有一番作为，以图振兴唐室。元和四年（809 年），朝廷开始讨伐河朔三镇中的成德，虽然无功而返，却使得三镇中的魏博开始归顺朝廷。元和九年（814 年），唐宪宗又开始讨伐淮西地区，经过三年艰苦的战争，成功攻克蔡州，活捉淮西节度使吴元济。元和十四年（819 年），河朔三镇中的成德和卢龙也迫于压力归顺朝廷，唐宪宗的削藩战争取得了巨大的胜利。

唐宪宗在对藩镇作战时，开始起用宦官监军，而且根本就不承认宦官会诬陷大臣，他说："宦官怎么敢诬陷大臣？即使有一些臧仓小人进谗言，我也不会听的。"他又得意扬扬地说："宦官不过是家奴，为了方便，差使他们奔走而已。如果违法乱纪，除掉他们跟拔掉一根毫毛一样容易。"

唐宪宗在取得一系列成功之后，进取心开始减弱。后追求长生不老。开始服食丹药，服药后变得性情暴烈，动辄对身边的宦官责打。元和十五年（820 年）正月，唐宪宗李纯被心怀怨恨的宦官陈志宏所杀。

【本篇总结】

这一篇重在阐述与民同乐的道理。孟子认为诸侯应该以仁道治理国家，关注民生，把百姓的快乐作为自己的快乐，把百姓的忧愁作为自己的忧愁，与百姓共同分享治世太平的快乐，从而赢得百姓的拥戴。反之，如果诸侯不念百姓的意志，只顾骄奢淫逸，对内不修国政，置百姓于水深火热之中，对外不忧思敌国外患，一味争强好胜，则会重蹈史上败亡的覆辙。

【古代事例】

乔致庸儒商风范

孟子在与齐宣王的对话中提到，与少数人分享快乐，不若与多数人快乐，而王者的快乐应当源自百姓的安居乐业，若庖有肥肉，厩有肥马，而民有饥色，野有饿殍，则难免重蹈桀、纣覆亡的教训。晚清时期的晋商乔致庸就一直把自己的快乐建立在与百姓分享自己事业成就的基础上，其儒商风范，令人叹服。

在近代中国发展史上，晋商曾做出过巨大的贡献，也产生过极大的影响。这当中有笃奉儒家思想，积极进取，诚信经营，并以此构建自己的财富王国，同时又心系天下盛衰，与百姓同欢乐、共患难、同呼吸、共命运，具有非常高贵的品德。乔致庸就是这样一位颇具儒商风范的人。

乔致庸（1818—1907 年），字仲登，号晓池，山西祁县乔家堡人，是晚清著名的晋商领袖。

熟知包头（今属内蒙古）历史的人，都知道这样一句老话："先有复盛公，后有包头城。"所谓的"复盛公"就是乔致庸祖先在包头创办的产业，复盛公在包头创建之初，包头只是西北边陲的无名小村落。这句老话足以说明乔家的经济实力和社会影响。不过，乔致庸虽生于商贾世家，却淳厚好学，待人宽厚仁慈。他本想借助科举考试进入仕途，谁知刚刚得中，抚育他长大的兄长

乔致庸

亡故，家中的生意亦陷入破产的危局。乔致庸临危受命，不得不继承祖业，打理生意，放弃在仕途上的发展。

乔致庸性情恬淡，打点生意非其所愿，更非其所长，然而他却能如戴着镣铐跳舞一般，把乔家的生意做到晋商中的顶峰。乔致庸饱读诗书，笃信圣人之道，他为人低调，心胸开豁，为人处世都具古风，完全没有一般生意人油嘴滑舌，尔虞我诈的习气。

乔致庸主张"人弃我取，薄利广销，维护信誉，不弄虚伪"的经营理念，十多

年来，开辟多条商路，足迹遍布天下。他在祖业"复盛公"的基础上又开设复盛全、大德通等几个商号。业务也由最初的粮草、杂货生意扩大到票号、当铺、茶叶等多种，几乎垄断整个包头市场。其中，大德通的票号生意分布在全国各地的商埠、车站、码头，影响之大，自不待言。

乔致庸并不为自己的成就沾沾自喜，克勤克俭，纯朴之心，本于至诚。他对子弟的教育也非常用心，反复告诫他们莫忘祖宗筚路蓝缕的创业艰辛，万不可坐享其成，坐吃山空；言行之中当忌"骄、贪、懒"三字；经营之道，应讲求信义，讲究公平公正，永远不要把利益放在追求的第一位。正是这种不刻意地追求，利益就像是无心插柳柳成荫，不求自来，给乔家带来巨大利润的同时，亦为乔家带来极大的社会声望。

乔致庸还非常热心国事民生，以天下兴亡为己任。光绪三年（公元 1877 年），祁县遭受特大旱灾，颗粒无收，哀鸿遍野，饿殍遍地。乔致庸出巨资赈灾，拯救无数人，清朝政府对乔致庸的义举亦予以嘉奖，乔致庸的嘉言善行为晋商树立起极为光辉的形象。

【评述】

在孟子的观念中，能与大家分享的快乐才是真正的快乐。齐宣王的苑囿方圆四十里，杀其麋鹿者罪同杀人，以致外国士大夫入齐后先问齐国的禁令，以免遭遇牢狱之灾，百姓唯恐避之不及，因为齐宣王只顾自己的安乐。文王的苑囿方圆四十里，百姓尤嫌小，因为文王与民同乐。乔致庸虽是一介商人，却始终不把盈利放在首位，有着忧以天下，乐以天下的博大胸怀，所以复盛公的事业能够得到人们的支持，乔致庸亦得到朝廷和百姓的爱戴。

陈李济的经营之道

撑起房屋的是栋梁，同样，能撑起一个历史悠久的国家的是有道德，有才干，与国家的命运休戚相关的世臣。而能够撑起一家历史悠久企业的是灵活的经营理念和产品创新。广州的陈李济就是这样一家具有四百多年历史的老字号药店。

俗话说，北有同仁堂，南有陈李济。陈李济以灵活务实的经营理念使其从创办至今已有四百余年的历史，堪称中医药发展史上的一个奇迹。

明朝万历年间，南海县（今属广东）商人陈体全带着货银在赶往广州（今属广东）的途中，匆忙间不慎将银包落在船上。同船的郎中李升佐拾得这包巨款后，毫无独占贪昧之心，在岸边苦苦等待一天后，终于将银包原封未动地交还给前来寻找的陈体全。陈体全本已无望找回，深为李升佐的义举感动，欲以厚金相赠，被拒之后，转而把一半货银合资到李升佐开在广州的药店。

陈、李两人合约记载"本钱各出，利益均沾，同心济世，长发其祥"，李升佐的药店更名为"陈李济"，以示两家同心济世，荣辱与共。在商业的运作过程中，陈、李两家尊重多数人的意见，依据才干推任贤者，使其选为主管，相互监督，一同撑起陈李济事业的天空。这种具备较为原始的合资制度的经营方式给陈李济带来巨大的社会效应和经济效益。

三百多年前，陈李济有一项非常重要的工艺引发中药界的包装革命，即用蜂蜡和木蜡做成软硬适中的药壳包裹中药，中药的品质多年不变。这项发明使得陈李济所生产的中药能够在岭南潮湿的环境下长期保存，北京、江浙等地的药商纷纷效仿，沿用至今。当时很多出往海外的商船上都备有陈李济的蜡壳丸药，以备不时之需，陈李济的利润也如东来的紫气般，挡也挡不住。

每逢科场开考，陈李济必会在士子云集的地方推销自己的产品，把这些与达官显贵只有一步之遥的读书人作为自己的销售对象。此时，陈李济并不把赚取利润作为首要目标，而重在扩大自己的声名和影响。或赠或卖，方式灵活，还向考生赠送印有广告的纸扇。若服用过陈李济丸药的人得中，他们还会大加宣扬药效的神奇。

清代后期，同治皇帝偶然风疾，求医问药，无济于事，在服用陈李济的"追风苏合丸"之后才逐渐转好。同治皇帝龙颜大悦，把"杏和堂"的封号赐给陈李济。陈李济的名声更是由此名扬天下，在云贵偏远之地，一颗陈李济丸药能卖到一块银圆。

此外，陈李济至今长盛不衰，与诚信经营是分不开的。陈李济用以制作成药的药材都是取自原产地。有一个奇特的现象是，陈李济虽处在闹市区，却从不销售中药材，原因就在于避免使人产生用卖不掉的劣质药材制作成药的疑惑，以此取信于人。

八十年代初，联合国教科文组织曾以陈李济蜡壳丸药制作工艺为专题拍摄专门的电视录影片向世界推荐。

【评述】

孟子认为一个国家要想长久地存在，靠的是为国家累建功勋的世臣。同样的道理，一家历史悠久的商铺靠的是独特的管理经验和先进的发明创造。陈李济的两位投资人齐心协力，悬壶济世，创造出很多影响巨大的新工艺，在经营理念上也敢尝天下鲜，它的成功留给后人很多宝贵的商业智慧。

【现代事例】

美联社的新闻品位

孟子肯定齐宣王好货、好色的欲望，认为这些与先王之政并不矛盾，只是要做到与民同享，才能上下和洽，因为音乐、田猎等耳目之欲也是人自然而然、与生俱来的欲望，所以诸侯应与民同欲，尽量满足百姓这方面的欲望。美联社的新闻多从读者的品位出发，这种定位恰好符合社会现实，因而受到人们广泛的关注。

美联社（Associated Press，AP）是由多家报业、广播媒体组成的新闻联合组织，历史悠久，规模宏大。美国报业第一夫人凯萨琳·葛拉汉女士（Katharｉne Graham，1917—2001 年）就曾出任过美联社第一位女董事。

美联社拥有覆盖全球的通讯网络，不仅向美国的新闻媒体提供服务，还向世界一百一十五个国家和地区的近万余家新闻媒体提供各种服务，与法国的路透社几乎各自分享全球百分之五十的国际新闻占有率。美联社从不接受政府资助或入股，这种自负盈亏的经营方式使其能在新闻报道时坚持自己的观点和品位。

美联社为适应观众口味与兴趣的变化不断调整自己的报道方式和手段，以使观众更好地了解自己所关注的新闻。俗话说，工欲善其事，必先利其器。随着科学技术的进步，美联社紧跟时代潮流，总是率先采用各种新技术和新手段。比如率先租借永久性的新闻电报线路（1875 年），率先采用卫星传送新闻（1980 年），率先为记者配备数码相机（1994 年）等等。尽管美联社在设备上的投入十分惊人，但丰厚的利润也是同样惊人的。美联社的新闻总是因为提前采用先进的技术手段而生动形象，丰富多彩，既迎合新闻观众的口味，满足其好奇心和探求欲，又能迅速提升自己的品位和权威性，两全其美。

众所周知，在对新闻事件报道的时效上，传统的印刷、出版已经跟不上网路的迅捷，美联社在这种情况下又迅速开辟多种媒体渠道。采用多种战略保持自己的活力。比如，美联社启动全球多媒体整合供稿技术，把文字、摄影等新闻内容在采访的时候一同完成；又如，开通即时数据库，向个人的新闻定制提供多种服务；又如，与微软 MSN（Windows Live Messenger）合作，开通线上视频网络，并提供多种适应性很强的娱乐形式，不断扩大自身的影响力和覆盖范围。

正是由于这些努力所铸就的强大实力，美联社在世界品牌实验室（World Brand Lab）编制的二〇〇六年度"世界品牌五百强"排行榜中名列第二十二位。

【评述】

孟子从人的本性出发，肯定人都有正常的耳目之欲，国君不可独自享有，应与百姓一同分享其中的快乐。同样的道理，"与民同乐"的孟子智慧在商业上就表现为"与民同欲"。美联社根据读者的探究欲和求知欲，不是在唱独角戏般地自娱自乐，而是从读者兴趣和时代要求出发，不断调整自己的新闻品位和传媒方式，制定新的发展战略，以适应新闻业务和自身发展的要求。

《读者文摘》的"两分钱"策略

孟子肯定人都存在正常的愿望，但是要在日常生活中涵养自己的性情，通过道德路径来满足自己的欲望。如今风靡全球的《读者文摘》就以其大众文化倾向与读者共同分享阅读的快乐，其推销战略表现着精明的智慧和淳厚的道德力量，因而得到很多人的认同。

一九二二年二月五日，在美国明尼苏达州圣保罗，具有非凡缩写天才的年轻人德威特·华莱士（Dwight wallance）和妻子创办出一种专门刊载报刊文章的杂志，开始征求读者订阅。这就是今天风靡世界，拥有四十八种版本，以十九种语言在全球发行的《读者文摘》。这种月刊内容丰富，几乎涵盖人们的日常生活，比如健康、生态、政府、国际事务、体育、旅游、科学、商业、教育以及幽默笑话等，在世界品牌实验室编制的二〇〇六年度"世界品牌五百强"排行榜中位居第一百零八位。

《读者文摘》的成功主要得益于"两分钱"信函策略。一九五〇年，《读者文摘》发行部主任法兰克·赫伯特（Frank Herbert）将一封简短的信函寄给读者，信中说："一位古波斯诗人曾写着：如果你有两分钱，一分钱买面包，另一分钱为了你的灵魂去买风信子。"这封信函将人的消费活动分为基本生存消费和精神消费两种，引导人们在满足基本的物质需求之后别忘记在精神生活上的消费。这种观念得到读者的普遍认同，而且这项本不被寄予盈利希望的活动，却获得巨大的成功，进而拥有世界上最大的读者群。

《读者文摘》上刊载的每篇文章都精心挑选，具有多样化的风格，简明易懂，饶有风趣，富含恒久的价值。《读者文摘》致力于为各年龄层、各行业领域和各种文化背景的读者提供资讯，以读者感兴趣的东西吸引更大的读者群，开拓人们的视野，使人们在阅读中陶冶身心，激发创造美好人生和成功事业的进取心。这种大众文化倾向，迎俗却不媚俗，浅易的文章并不缺乏阳春白雪的风韵。

在网络迅速发展的今天，《读者文摘》采用 Ema 订行销策略，在征得用户事先允许的前提下，通过电子邮件向用户传递有价值的广告资讯。在电子邮件中，《读者文摘》为吸引用户的阅读兴趣，常常在正文后附加一些有趣的小游戏，或者采用有奖激励的方式，使用户有机会赢得丰厚的奖品。这种活动产生很好的效果，用户常常通过 Email 关注自己喜爱的产品，进而转化为实际的消费行为。

如今，阅读《读者文摘》已经成为很多人休闲生活中必不可少的一部分。

【评述】

孟子提出的通过正道来满足欲望的理念恰好符合"君子爱财，取之有道"这一俗语。《读者文摘》遵循大众化的文化倾向，推行"两分钱"信函策略。"两分钱"信函从读者的角度出发，以优美的语言向读者展示出人类的生活除了基本的物质生活之外，还应该有更高层次的文化追求，而不是通过华而不实的广告宣传。仅在这一点上，《读者文摘》就已经得到读者的信赖和认同。

【名言录】

名言：乐民之乐者，民亦乐其乐；忧民之忧者，民亦忧其忧。——《梁惠王（下）》

古译：以民之乐为乐者，民也以其乐为乐；以民之忧为忧者，则民也以其忧为忧。

今译：以民众之乐为乐，那么民众也以其乐为乐；以民众之忧为忧，那么民众也以其忧为忧。

现代使用场合：一位负责人，应当是一个知冷知热、嘘寒问暖之人。他应该时刻把员工的事当作自己的事：把他们的欢乐当作自己的欢乐，把他们的痛苦当作自己的痛苦，用自己的心去体验他们的感受。这样，才能以真心换真心，当他自己有困难时，才能得到员工的关心与帮助。

卷三　公孙丑上

【题解】

本篇9章，从内容上可以大致分为两组。其一、三、四、五是一组，论述仁政的问题。这部分对于当时各诸侯国的暴政有所揭露，并认为这样的形势正是推行仁政的大好时机，因为必能得到人民的热烈拥护，从而实现统一天下的"王道"；与此相反的"霸道"，则是靠武力征服，那是不能使人心悦诚服的。至于仁政的具体措施，在第五章里提出了五项政策，大意是尊贤使能、减免赋税、实行井田制。另一组则论及个人修养以及人性论方面的问题，包括其二、六、七、八、九各章。第二章从"不动心"说起，最后涉及对孔子的评价，是《孟子》一书中极重要的篇幅。所谓"不动心"，指的是不因处境、待遇等外部条件的变化而改变心态，达到这种境界的两个环节，一是"知言"，二是培养"浩然之气"。"知言"是思想认识能力的表现，"浩然之气"尽管是一种正大刚毅的道德情感，仍然是道义原则指导下的日积月累的道德实践的成果。知言则不惑，气盛则意志坚定，所以是"不动心"的条件。第六章提出的"四端说"，意谓仁、义、礼、智等品质在人的天性中有其基础，集中概括了孟子在人性问题上的主张。七、八两章，分别谈到"反求诸己"和"与人为善"的修养方法。第九章批评伯夷气量小，柳下惠不严肃。二者既然各有所偏，在出处问题上，合理的态度应当如何？可以参见本篇第二章对于伯夷、伊尹和孔子的评论一节。从中可见孟子的用世心切，从而主张在坚持原则的同时根据具体条件调整应对的措施，这也可以看作是对"不动心"的一个补充说明。

一

【原文】

公孙丑^①问曰："夫子当路^②于齐，管仲、晏子^③之功，可复许^④乎？"

孟子曰："子诚齐人也，知管仲、晏子而已矣。或问乎曾西^⑤曰：'吾子^⑥与子路孰贤？'曾西蹴然^⑦曰：'吾先子^⑧之所畏也。'曰：'然则吾子与管仲孰贤？'曾西艴然^⑨不悦，曰：'尔何曾^⑩比予于管仲？管仲得君如彼其专也，行乎国政如彼其久也，功烈如彼其卑也。尔何曾比予于是？'"曰："管仲，曾西之所不为也，而子为⑪我愿之乎？"

曰："管仲以其君霸，晏子以其君显。管仲、晏子犹不足为与？"

曰："以齐王，由反手也。"

曰："若是，则弟子之惑滋⑫甚。且以文王之德，百年而后崩⑬，犹未洽⑭于天下；武王、周公继之，然后大行。今言王若易然，则文王不足法与？"

曰："文王何可当也。由汤至于武丁⑮，贤圣之君六七作，天下归殷久矣，久则难变也。武丁朝诸侯，有天下，犹运之掌也。纣之去武丁未久也，其故家遗俗，流风善政，犹有存者；又有微子、微仲、王子比干、箕子、胶鬲⑯，皆贤人也，相与⑰辅相之，故久而后失之也。尺地，莫非其有也；一民，莫非其臣也；然而文王犹方百里起，是以难也。

"齐人有言曰：'虽有智慧，不如乘势，虽有镃基⑱，不如待时。'今时则易然也。夏后、殷、周之盛，地未有过千里者也，而齐有其地矣；鸡鸣狗吠相闻，而达乎四境，而齐有其民矣。地不改⑲辟矣，民不改聚矣，行仁政而王，莫之能御也。且王者之不作，未有疏于此时者也；民之憔悴于虐政，未有甚于此时者也。饥者易为食，渴者易为饮。孔子曰：'德之流行，速于置邮⑳而传命。'当今之时，万乘之国行仁政，民之悦之，犹解倒悬㉑也。故事半古之人，功必倍之，惟此时为然。"

【注释】

①公孙丑：孟子弟子，齐人。

②当路：当政，当权。

③管仲、晏子：都是齐国贤人。管仲辅佐齐桓公成为春秋首霸，晏子乃齐景公时的贤臣，两人都为齐国建立了很大的功业。

④许：期许。

⑤曾西：曾参之子，即曾申，字子西。

⑥吾子：对对方的敬称。

⑦蹵然：不安的样子。

⑥先子：古人对自己已逝长辈的敬称，这里是指曾西的父亲曾参。

⑨艴然：愤怒的样子。

⑩曾：竟。

⑪为：通"谓"。

⑫滋：益，更。

⑬百年而后崩：古代传说文王年寿很高，近百岁。

⑭洽：遍，周遍。

⑮武丁：殷王，称高宗。商汤至武丁的贤君有汤、太甲、太戊、祖乙、盘庚、武丁六人，故孟子说"贤圣之君六七作"。

⑯微子、微仲、王子比干、箕子、胶鬲：皆殷商之贤臣。微子即微子启，商纣王的庶兄，后被封于宋，继承商祀。微仲，微子之弟，名衍，后继承其兄之位。王子比干，商纣王的叔父，后因屡次进谏，被纣王剖心。箕子，也是纣王叔父，比干被杀之后，他假装疯癫，被纣王囚禁，武王克商之后，将其释放，并归附于周。胶鬲，原为殷臣，后归附于周，在武王克商的过程中发挥了极其重要的作用。

⑰相与：共同。

⑱镃基：即锄头。

⑲改：更，再。

⑳置邮：古代驿站的统称。车马传递叫置，步行传递叫邮。

㉑解倒悬：意即解救百姓于水火之中。

【译文】

　　公孙丑问孟子说："假如先生您在齐国主持政事，那么管仲和晏子的功业，是不是可以再次出现在齐国呢?"

孟子回答说:"你真是个齐国人啊,只知道管仲、晏子而已。有人曾经问曾西说:'先生您和子路相比,谁更贤能呢?'曾西很不安地说道:'子路是先父最敬畏的一个人啊。'那人又说:'那先生您和管仲相比,谁更贤能呢?'曾西听后很不高兴,说:'你怎么拿我和管仲相提并论呢?管仲得到齐桓公如此专一的信任,在齐国主持了如此久的政事,但是功业却是如此的卑小。你怎么能拿我跟他相提并论呢?'"孟子继续说道:"连曾西都不愿意和管仲相比,你觉得我会愿意那样做吗?"

公孙丑说:"管仲使得齐桓公称霸天下,晏子使齐景公声名远扬。管仲和晏子还不值得学习吗?"

孟子说:"以齐国的实力来统一天下,简直易如反掌。"

公孙丑说:"如果这样的话,那么弟子的疑惑就更加厉害了。即便是像文王那样的德行,活了将近百岁,但是他还不能将仁政行遍天下。武王和周公继承文王,然后才使仁政大行于天下。现在你把王道说得如此简单,难道文王也不足效法吗?"

孟子说:"文王怎么能行呢?从商汤到武丁,贤明的君主出了六七个,天下归顺殷朝很久了,久了就难以改变。武丁使诸侯来朝于殷,统治天下,就像将东西放在手掌中转动一样容易。商纣距武丁的时代不算长,勋旧世家遗留的习俗,及当时流行的良好风气和仁政措施,还有留存下来的,又有微子、微仲、王子比干、箕子、胶鬲这些贤臣一起辅佐他,所以过了很长的时间才失掉天下。没有一尺土地不是他的疆土,没有一个人不是他的臣民,这样文王要依靠方圆百里的地方兴起,还是很困难的。

"齐国人有句谚语说:'虽然有智慧,不如趁时势;虽然有锄头,不如等农时。'现在的形势要使天下归附还是很容易的。夏、殷、周三朝兴盛时,土地没有超过方圆一千里的,而现在齐国有那么大的地方了;鸡鸣狗叫之声,一直传到四周的边境，齐国已经有那么多的百姓了。土地不必再扩大，百姓不必再招聚，施行仁政称王天下，没有人能阻挡得了。况且，仁德的君王不出现，没有比现在隔的时间更长的了；百姓受暴政折磨的痛苦，没有比现在更厉害的了。饥饿的人什么都可以吃，干渴的人什么都可以喝。孔子说：'德政的流行，比驿站传递政令的速度还要快。'当今这个时候，拥有万辆兵车的大国施行仁政，百姓对此感到喜悦，就像在倒悬着时被解救下来一样。所以，只要付出古人一半的功劳，就能收到成倍的功效，只有现在才是这样。"

【评析】

在这一章里，孟子对比历史，认为要施行仁政，当前是最有利的时机。同时，孟子还认为，管仲、晏子用最有利之条件完成了微小的霸业，失去了统一天下的大好时机。

的确，在春秋战国时期，诸侯割据，群雄纷争，社会秩序动荡，百姓夹在战乱的缝隙里，命运极其悲惨。根据当时的社会局势和百姓的心理，孟子认为，已经到了施行仁政的大好时机。他进一步认为，如果实力强大的国家能不失时机地施行仁政，只需做古人一半的事，就能收获比古人多一倍的功效，有序局面也能很快形成。

当公孙丑问"夫子当路于齐，管仲之功可复许乎？"时，孟子很不高兴，尽管管仲"九合诸侯，一匡天下，管仲之功也，民到于今受其赐"，但时代不同了，一切就要从头说起了。当时，周王室衰弱，霸业不能救天下，作为大国的齐国有足够的条件统一天下，但齐国却没有这样做。

因此，孟子认为，如果能通过施行仁政而统治天下，那就没有人能抵挡了。而现在正是饥饿的人不挑剔食物、口渴的人不选择饮料的时候，正是施行仁政的大好时机，如果一个大国施行仁政，那百姓的高兴就像一个倒挂着的人被解救下来孟子很重视施行仁政的时机，因为"待时而动，事半功倍"，只有掌握恰当的时机和机遇，才能收到事半功倍的效果。尊重客观规律和客观形势，这体现了孟子的朴素的唯物主义思想倾向。所谓"赶得早不如赶得巧"，这其实就是强调抓住时机和捕捉机遇的重要性。在某种意义上说，个人智慧的确不如时势造英雄，很多人怨天尤人，实际上就是没有抓住时机。只有主动出击，才能抓住时机。

俗话说"识时务者为俊杰"，要想乘势待进，也离不开智慧。有智慧才能正确分析错综复杂的情况，然后抓住时机，收到事半功倍的效果。

【典例阐幽】

解民倒悬

解民倒悬这个成语，比喻把受苦难的人民解救出来。

617年，隋炀帝派了唐国公李渊到太原去当留守。

李渊有四个儿子。第二个儿子李世民那时候刚十八岁，是个很有胆识的青年，平时喜欢结交有才能的人。人们也觉得他慷慨好客，都喜欢跟他打交道。李世民看到隋朝的统治快灭亡了，心里开始有了起兵的打算。李世民的朋友刘文静对他说："现在皇上远在江都，到处有人造反，李密逼近东都，天下大乱，民不聊生。我可以帮您聚集十万人马，您父亲手下还有几万人。如果用这支力量起兵打进长安，号令天下。不出半年便可夺得天下。"

可是李渊胆小怕事，只想守着自己的太原过一辈子。于是李世民就买了一个漂亮的婢女，派人送给李渊，李渊果然十分宠幸那位漂亮的婢女。

过了一段时间以后，那个婢女得到了李渊的信任，就找一个机会对李渊透露说："当今天子无道，二郎为解民倒悬，正在招兵买马，怕如果事败满门抄斩，就让我来问问大人的意见。

李渊到这个时候只得硬着头皮竖起反旗，自称大将军，任李建成和李世民分别做左右领军大都督，刘文静做司马，又把兵士都称为"义士"，带领三万人马离开晋阳，向长安进军。

由反手也

由反手也，易如反掌的意思。

白居易是唐代著名诗人，他五六岁就开始学写诗。在他十五六岁那年，他父亲白季庚在徐州做官，让他到京城长安去见见世面。

当时，长安有一个文学家顾况，很有点才气，但性格高傲。白居易听到顾况的名气，就带了自己的诗稿，到顾况家去请教。顾况听说白居易是个官家子弟，不好不接待。白居易拜见了顾况，送上名帖和诗卷。顾况瞅了瞅这个小伙子，又看了看名帖，看到"居易"两个字，就打趣说："近来长安米价很贵，只怕要居住下来很不容易呢！"

顾况说的也是实情。当时正是朱批叛乱之后，关中一带的生产力遭到很大的破坏，到处闹粮荒，长安米价飞涨，百姓的日子很不好过。

白居易被顾况挖苦了几句，但是并不在意，仍恭恭敬敬地站在旁边请求指教。顾况拿起诗卷随手翻着翻着，他的手忽然停了下来，眼睛盯着诗卷，脸上流露出兴奋的神色。马上站起来拉住白居易的手，热情地说："啊！能够写出这样的好诗，在长安住下来也就易如反掌了。刚才跟您开个玩笑，您别见怪。"

从那以后，顾况逢人就说白居易的才华了得，白居易很快在长安出了名。唐宪宗听说了白居易的名气后，提拔他做翰林学士，后来又派他担任左拾遗。

二

【原文】

公孙丑问曰："夫子加齐之卿相，得行道焉，虽由此霸王，不异矣。如此，则动心否乎？"

孟子曰："否。我四十不动心。"

曰："若是，则夫子过孟贲①远矣。"

曰："是不难，告子②先我不动心。"

曰："不动心有道乎？"

曰："有。北宫黝之养勇也，不肤挠③，不目逃，思以一豪挫于人，若挞之于市朝，不受于褐宽博④，亦不受于万乘之君；视刺万乘之君，若刺褐夫，无严⑤诸侯，恶声至，必反之。孟施舍之所养勇也，曰：'视不胜犹胜也；量敌而后进，虑胜而后会⑥，是畏三军者也。舍岂能为必胜哉？能无惧而已矣。'孟施舍似曾子，北宫黝似子夏⑦。夫二子之勇，未知其孰贤，然而孟施舍守约也。昔者曾子谓子襄⑧曰：'子好勇乎？吾尝闻大勇于夫子⑨矣。自反而不缩⑩，虽褐宽博，吾不惴焉；自反而缩，虽千万人，吾往矣。'孟施舍之守气，又不如曾子之守约也。"

曰："敢问夫子之不动心与告子之不动心，可得闻与？"

"告子曰：'不得于言，勿求于心；不得于心，勿求于气。'不得于心，勿求于气，可；不得于言，勿求于心，不可。夫志，气之帅也；气，体之充也。夫志至焉，气次焉；故曰：'持其志，无暴其气。⑪'"

"既曰'志至焉，气次焉'，又曰'持其志，无暴其气'，何也？"

曰："志壹则动气，气壹则动志也。今夫蹶者趋者，是气也，而反动其心。"

"敢问夫子恶乎长?"

曰:"我知言,我善养吾浩然之气。"

"敢问何谓浩然之气?"

曰:"难言也。其为气也,至大至刚,以直养而无害,则塞于天地之间。其为气也,配义与道。无是,馁也。是集义所生者,非义袭⑫而取之也。行有不慊⑬于心,则馁矣。我故曰:告子未尝知义,以其外之也。必有事焉而勿正⑭,心勿忘,勿助长也。无若宋人然:宋人有闵其苗之不长而揠⑮之者,芒芒然⑯归,谓其人曰:'今日病⑰矣!予助苗长矣!'其子趋而往视之,苗则槁矣。天下之不助苗长者寡矣。以为无益而舍之者,不耘⑱苗者也;助之长者,揠苗者也,非徒无益,而又害之。"

"何谓知言?"

曰:"诐辞知其所蔽,淫辞知其所陷,邪辞知其所离,遁辞知其所穷⑲。生于其心,害于其政;发于其政,害于其事。圣人复起,必从吾言矣。"

"宰我、子贡⑳善为说辞,冉牛、闵子、颜渊善言德行㉑,孔子兼之,曰:'我于辞命,则不能也。'然则夫子既圣矣乎?"

曰:"恶!是何言也!昔者子贡问于孔子曰:"夫子圣矣乎?'孔子曰:'圣则吾不能,我学不厌,而教不倦也。'子贡曰:'学不厌,智也;教不倦,仁也。仁且智,夫子既圣矣乎。'夫圣,孔子不居,是何言也!"

"昔者窃闻之:子夏、子游,子张㉒皆有圣人之一体,冉牛、闵子、颜渊则具体而微。敢问所安?"

曰:"姑舍是。"

曰:"伯夷,伊尹㉓何如?"

曰:"不同道。非其君不事,非其民不使;治则进,乱则退,伯夷也。何事非君,何使非民;治亦进,乱亦进,伊尹也。可以仕则仕,可以止则止,可以久则久，可以速则速，孔子也。皆古圣人也，吾未能有行焉。乃所愿，则学孔子也。"

"伯夷、伊尹于孔子，若是班㉔乎？"

曰："否！自有生民以来，未有孔子也。"

曰："然则有同与？"

曰："有。得百里之地而君之，皆能以朝诸侯，有天下；行一不义，杀一不辜，而得天下，皆不为也。是则同。"

曰："敢问其所以异。"

曰："宰我、子贡、有若㉕，智足以知圣人，污不至阿其所好。宰我曰：'以予观于夫子，贤于尧、舜远矣！'子贡曰：'见其礼而知其政，闻其乐而知其德，由百世之后，等㉖百世之王，莫之能违㉗也。自生民以来，未有夫子也！'有若曰：'岂惟民哉？麒麟之于走兽，凤凰之于飞鸟，太山之于丘垤㉘，河海之于行潦㉙，类也。圣人之于民，亦类也。出于其类，拔乎其萃，自生民以来，未有盛于孔子也！'"

【注释】

①孟贲：卫国人，当时著名的勇士。

②告子：名不害，与孟子同时但长于孟子，曾受教于墨子。中国战国时期的思想家。

③挠：退却。

④褐宽博：指卑贱的人。褐，粗布衣服。宽博，宽大的衣服。都是卑贱人的衣服。

⑤严：畏惧。

⑥会：交战。

⑦曾子、子夏：曾子，指曾参，孔子的弟子。子夏，卜商，孔子的弟子。

⑧子襄：曾子的弟子

⑨夫子：指孔子。

⑩缩：直。

⑪暴：乱。

⑫义袭：指义偶然从外进入内心。袭，偷袭。

⑬慊：满意。

⑭正：中止。

⑮揠：拔。

⑯芒芒然：疲倦的样子。

⑰病：疲倦。

⑱耘：除草。

⑲诐辞知其所蔽，……遁辞知其所穷：诐，偏颇。蔽，遮蔽。淫，过分。陷，沉溺。邪，不正。离，背离。遁词：指搪塞而不敢正面回应的言论。遁，逃走。"诐""淫""邪""遁"，是表现于言辞中的弊病，"所蔽""所陷""所离""所穷"，则分别从思想认识方面揭示这些弊病所产生的根源。

⑳宰我、子贡：孔子的弟子。

㉑冉牛、闵子、颜渊：孔子弟子。

㉒子游、子张：孔子弟子。

㉓伊尹：商汤的贤臣。

㉔班：等同

㉕有若：孔子的弟子。

㉖等：指分出等次。

㉗违：指违背"见其礼而知其政，问其乐而知其德"的规律。子贡的意思是，凭着可见、可闻的礼和乐，可以对百世以来君王的政治与德行做出评价。他在此处强调了评价依据的可靠性，因此使下文对于孔子的赞叹更有说服力。

㉘垈：小土堆。

㉙行潦：路上的积水。

【译文】

公孙丑问道："先生您要是担任齐国的卿相大官，得以推行您的主张，即使由此成就霸业，也并不奇怪。如果这样，您会动心吗？"

孟子说："不，我四十岁后就不再动心了。"

公孙丑说："这么说，先生比孟贲要强多了。"

孟子说："这并不难，告子比我还要先做到不动心。"

公孙丑问："做到不动心有什么诀窍吗？"

孟子说："有，北宫黝培养勇气的方法是，肌肤被刺破不退却，眼睛被戳也不转睛，觉得即使有一根毫毛被别人伤害，也犹如在大庭广众下遭到鞭打一样，他不受贫贱的人的侮辱，也不受大国的君主的侮辱。在他看来，刺杀大国君主同刺杀普通平民是一样的。他不畏惧诸侯王，受到辱骂必然要回击。孟施舍培养勇气的方法是：'把不能取胜的情况看成可以取胜。如果估量敌方的强弱而后前进，思虑胜败后才交锋，就是害怕敌方的军队。我怎么能做到必胜？我只要无所畏惧就行了。'孟施舍像曾子，北宫黝像子夏。这两个人的勇气，不知道谁更大些，然而孟施舍所守的却能抓住重点。从前曾子告诉子襄说：'你崇尚勇敢吗？我曾经听先生说过什么是大勇：自我反省发现正义不在我，那么即使是卑贱的人，我也不能恐吓他；反省而发现正义在我，即使有千万人，我也前往。'"孟施舍所保持的勇气，又不要如曾子能把握要领。

公孙丑说："请问先生的不动心与告子的不动心，可以说来听听吗？"

孟子说："告子说：'言论上有所不通，不必到内心去寻求原因；心中有所不安，不必求助于意气。'心中有所不安，不必求助于意气，是可以的；言论上有所不通，不必到内心去寻求原因，却不可以。意志是感情的统帅；感情是充满体内的力量。意志到哪里，感情就跟着到哪里。所以说：'要坚定自己的意志，但也不要感情用事。'"

公孙丑问："既然说：'意志到哪里，感情就到哪里。'又说：'要坚定自己的意志，但也不要感情用事。'为什么呢？"

孟子说："意志专一，则会调动感情跟随着它，感情专一也会影响意志。比如跌倒，奔跑，这是下意识所动，但也能反过来乱了心志。"

公孙丑又问："请问先生的长处是什么呢？"

孟子说："我懂得言辞，我善于修养我的浩然之气。"

公孙丑说："请问什么叫作浩然之气？"

孟子说："这很难讲清楚。这种气，最伟大、最刚强，用正直去培养它而不损害它，那就会充满于天地之间。作为一种气，是合乎义和道的。若不是，就会泄气了。它是日积月累的正义所生出来的，而不是偶然从外而入获得的。所作所为有一件不能让心意满足，它就泄气了。所以我说，告子不懂得义，就因为他把义当作外在的东西。浩然之气的养成，一定要有所为而不中止，心里不要忘记它，但也不要有意帮助它。不要像那个宋国人一样：宋国有一个担心禾苗长不快而把它拔高的人，之后非常疲倦地回去，告诉他的家人说：'今天累坏了，我帮助了禾苗长高。'他儿子跑过去看到禾苗都枯萎了。天下不拔苗助长的人很少见啊。说到浩然之气，认为培养它没有用而放弃的，是不为禾苗锄草的人；有意帮助它生长的，是拔苗的人。不仅无益，而且有害。"

公孙丑问："什么叫懂得言辞呢？"

孟子说："听了偏颇不正的言辞就知道其有所隐蔽，听了过分的言辞就知道其有所沉溺，听了邪恶的言辞就知道其有所偏离，听了搪塞的言辞就知道他理屈词穷的地方。言辞的过失产生于思想，就会危害于政治；体现于政令措施，就会妨害事情的办理。倘若圣人再次出现，也会同意我的话的。"

公孙丑又问："宰我、子贡善于言辞，冉牛、闵子、颜渊善于阐述德行，孔子则兼而有之。可他还说：'我对于辞令，是不擅长的。'那么先生您已经是圣人了吧？"

孟子说："哎呀！你这是什么话呢？从前子贡向孔子问道：'先生是圣人吗？'孔子说：'圣人我是做不到的，我只是学而不厌烦，教育上不怠倦罢了。'子贡说：'学习上不厌烦，是智慧；教育上不怠倦，是仁爱。既有爱又有智，先生就是圣人了！'圣人，孔子都不敢自居，你的话说到哪儿去了？"

公孙丑又问："从前我听说，子夏、子游、子张有圣人的部分特点，冉牛、闵子、颜渊具备圣人的所有特点但是还微浅，请问您属于哪一种？"

孟子说："暂时不谈这些吧。"

公孙丑又问："伯夷、伊尹这两个人如何？"

孟子说："与孔子不同。不是他理想的君主不侍奉，不是他理想的百姓他不使唤；天下太平就进取，天下大乱就隐退，这是伯夷。侍奉不理想的君主有什么关系，使唤不理想的百姓又有什么关系；天下太平能进取，天下大乱也能进取，这是伊尹。可以做官就做官，可以不做就不做，可以长久在任就长久在任，可以迅速离任就迅速离任，这是孔子。他们都是古代的圣人，我没有能做到他们那样；至于我的愿望，则是向孔子学习。"

公孙丑又问："伯夷、伊尹和孔子是一样的吗？"

孟子说："不，自有人类以来，没有孔子这样的人。"

公孙丑说："那么，他们之间有相似之处吗？"

孟子说："有。得到方圆百里的土地做君主，使诸侯来朝见而统一天下；做一件不义之事，杀一个无辜的人来得到天下都是他们不愿的。这就是他们的共同之处。"

公孙丑又问："那么他们之间又有什么不同之处呢？"

孟子说："宰我、子贡、有若的智谋足以了解孔子，即使有所夸大，也不至于阿谀奉承他们所敬爱的人。宰我说：'依我对先生的观察，其贤能大大超过尧、舜了。'子贡说：'见其礼制就可知其政务如何，听其音乐就知其道德风气。即使百代之后来给百代君王排等级，也没有人能违背这个规律。我认为自有人类以来，没有像先生这样的人。'有若说：'难道只是人有高下之分吗？麒麟对于走兽，凤凰对于飞鸟，泰山对于土堆，河海对于水塘，都是同类。圣人对于人，也是同类。在同类中突出，超越群体，自从有人类以来，没有谁比孔子更加伟大的了。'"

【评析】

这一章是全书最重要的部分之一，宋代的理学大师程颐曾说《孟子》此章"扩前圣所未发，学者所宜潜心而玩索也"。

这一章篇幅长，内容多，涉及四个方面的问题：一是"行勇"的问题，孟子认为只有"恃义"才能行勇，也就是孔子讲的"大勇"；二是"知言"的问题，即通过别人说的话掌握他的内心世界，这需要有"不动心"，需要"沉得住气"才能做到；三是孔子的地位问题，孟子认为，孔子是古之圣贤中"出于其类，拔乎其萃"的杰出人物，"自有生民以来，未有盛于孔子也"；四是养至大至刚的"浩然之气"的问题，孟子认为"志，气之帅也；气，体之充也"，要做到"持其志，勿暴其气"，才能心志不乱。这四个问题里，养"浩然之气"的问题最为重要。

千百年来，孟子提出的"养气"问题究竟是指什么，学者们有很多不同的见解，甚至有学者认为这是气功方面的问题。其实，这指的是"意志"的培养问题，属于伦理学中的"理性凝聚"方面的问题。也就是说，这不是一般的"精气""血气"，而是充满正义和仁义的正气、骨气，是属于人类的精神范畴的气贯长虹、气冲霄汉的"气"，"说大人则藐之，勿视其巍巍然"靠的是这种气，"富贵不能淫，贫贱不能移，威武不能屈"同样靠的也是这种气。

根据孟子的理论，"浩然之气"是集"义"和"道"而生成的，是从内心生成的，人生禀受的"气"是自身具有的，并非告子所说的"义在外"，因此，要顺道而养，既不能有拔苗助长的性急之举，也不能"以为无益而舍之"。

孟子养"浩然之气"的理论是对儒学的重大发展，也是对中国文化思想的重大贡献。

【典例阐幽】

浩然之气

唐代宗时，郭子仪的儿子郭晞率兵协助邠州节度使白孝德，以防外蕃入侵。但是郭晞麾下的兵士大都纪律松弛，大白天成群结队在街上为非作歹，抢掠街上的商铺。邠州节度使白孝德是郭子仪的老部下，不愿去管郭家的人。邠州邻近的泾州刺史段秀实听到后，自愿前来担任都虞侯，管理地方治安。

不久后，郭晞军中的兵士在街上酒店里酗酒闹事，刺伤主人。段秀实不徇情面，立即把十七名酗酒闹事的人统统就地正法。消息传到郭晞军营，兵士们都穿戴好盔甲，准备去找段秀实算

郭子仪

账。段秀实解下佩刀，选了一个跛脚的老兵替他拉着马，一起到了郭晞军营中。郭晞的卫士们杀气腾腾地拦住段秀实，但看到段秀实一身浩然正气，谁也不敢轻举妄动，于是报告郭晞。郭晞连忙请段秀实进来。

段秀实见了郭晞，说："郭令公立了那么大的功劳，大伙都敬仰他。现在您却

纵容兵士横行不法。这样不大乱才怪呢！如果国家再发生大乱，你们郭家的功名也就完了。"

郭晞猛然惊醒，回过头对左右兵士说："快去传我的命令，全军兵士一律卸下盔甲，回自己营里休息。再敢胡闹的一律处死！"

具体而微

汉文帝登位后，陈平说："高祖皇上在的时候，我的功劳比周勃大；但是这次消灭诸吕，周勃的功劳比我大，所以请让周勃居第一位吧。"

于是汉文帝就让周勃做右丞相，位居第一，而让陈平做左丞相，在周勃之下。过了一阵子，汉文帝开始了解朝政，问周勃："天下每年处死多少犯人？"周勃谢罪，说："我不知道。"

文帝于是又问："天下每年收入多少钱粮？"周勃又谢罪说不知道，顿时汗流浃背。于是汉文帝问陈平，陈平从容答道："各有主管的人。如果问刑罚上的事情，可以问廷尉，如果问钱粮，可以问内吏。"汉文帝有点生气地问："各人有各人主管的事务，那你是管什么的呢？"陈平仍然不慌不忙地回答："主管大臣。丞相的作用不是管理那些具体而微的小事情，而是协助君王主管大臣，让各位大臣各司其职。"汉文帝对这个回答十分满意。

出来以后，周勃愤愤不平地质问陈平："你为什么不把这些事情告诉我？"陈平笑笑说："你在这个位置上，哪能够不知道要做些什么啊？如果陛下问你长安城中的盗贼数目，你是不是也要强作回答呢？"于是周勃知道自己远远比不上陈平，过两天就辞职了，陈平成了唯一的丞相。

出乎其类，拔乎其萃

唐代宰相刘晏的女儿嫁给了礼部侍郎潘炎，生下了儿子潘孟阳。后来，潘孟阳当上了户部侍郎，但是他母亲担心他不能胜任，经常对他说："以你的才干担任侍郎这一级别的官职，我怕你会管不住下属而出问题啊！"

潘孟阳不以为然。于是他母亲说："明天你把你的同僚都请来，我为你看一看你在部里的发展会怎样。"

于是，潘孟阳就把部里的大小官员请到家里做客。客人到了以后，他母亲在帘子后面仔细地观察这些人。酒宴结束后，他母亲高兴地对他说："这些人才干与你不相上下，你不必过于担心他们。不过，坐在最外面的那个穿绿色衣服的少年是什么人？"

潘孟阳想了想回答说。那是候补官员杜黄裳。这个人生活上雅澹宽仁，修养极好。但是在政治上态度却十分强硬。母亲郑重地对他说："这个人和你的其他同事都不一样，一定是个出乎其类、拔乎其萃的人物，将来必然位至三公，你一定要好好与他交往。"

不出潘母所料，杜黄裳后来果然出任宰相。他一反过去朝廷对藩镇的软弱姑息的态度。在短时间内即平定西川和夏绥诸处叛乱，使唐朝出现了著名的元和中兴。

揠苗助长

宋代时，金溪有户百姓世代以种田为业，生了个儿子，取名方仲永。方仲永五岁的时候。还未曾见过任何笔墨纸砚，有一天忽然哭着向父亲要这些东西。他父亲对此感到非常惊异。就从邻近人家借来给他，他当即写了四句诗，并且题上自己的名字。

　　这首诗以赡养父母、团结家族为主要内容，文笔流畅，立意不俗。他父亲拿给乡里的秀才观赏，大家都十分惊奇。从此有人指定事物叫方仲永写诗，他都能一挥而就，文采和构思都有值得欣赏的地方。当地的人渐渐地经常请方仲永和他父亲去做客，并给予钱财和礼物求方仲永写诗。方父认为那样有利可图，而且能够炫耀儿子的才能，便每天带着儿子四处拜访同县的人，参加各种应酬。

　　但是他没有想到，这样做只是对儿子揠苗助长，扼杀了儿子的才华。到了宋明道年间，方仲永已经十二三岁了。人们再叫他写诗，他的诗已经不能和以前相比了。再过了六七年，方仲永的诗文才能完全消失，已经和普通人没有多大区别了。

三

【原文】

　　孟子曰："以力假仁者霸，霸必有大国；以德行仁者王，王不待大。汤以七十里，文王以百里。以力服人者，非心服也，力不赡也[1]；以德服人者，中心悦而诚服也，如七十子之服孔子也[2]。《诗》云：'自西自东，自南自北，无思不服。'[3]此之谓也。"

【注释】

①赡：足。

②七十子：指孔子弟子。相传孔子有弟子三千人，通六艺者七十二人。

③思：语助词。以上引诗出自《诗经·大雅·文王有声》。

【译文】

孟子说："倚仗实力，假借仁义之名而统一天下的叫做'霸'，要称霸，一定得有强大的国力；依靠道德，推行仁义而统一天下的叫作'王'，要称王，不一定得有强大的国家。商汤凭借的仅是纵横七十里的土地，文王凭借的仅是纵横百里的土地。倚仗实力来使人服从的，并不是真心服从，只不过力量不足相敌罢了；依靠道德来使人服从的，却是心悦诚服，就像七十个弟子服从孔子一样。《诗经》说：'从西从东，从南从北，无不心悦诚服。'说的就是这个意思。"

【评析】

在这一章里，孟子提出了"以德服人"的"感化谋略"。这一谋略的适用范围很广，大到国家的内政外交方面，小到个人的为人处世方面。历史上也有很多因"以德服人"而得到好处的事例。

公元前 606 年，楚庄王平定了国内斗越椒的叛乱，为了庆祝这场胜利，他宴请文武百官。文武百官都来赴宴，宴会一直举行到日落西山，但众人依然兴犹未尽。于是，楚庄王命令继续掌灯夜宴。

当文武百官都带有几分醉意时，楚庄王让自己最宠爱的妃子许姬为他们敬酒。正在这时，突然刮起一阵大风，吹灭了堂上的蜡烛。席间一人见许姬貌美，于是竟然趁着黑暗扯她的裙子，不料却被许姬顺势揪下了帽缨。许姬很生气，她快步走到楚庄王跟前，附耳说道："刚才，群臣中有人对我无礼，妾揪下了他的帽缨，请大王快命人点亮蜡烛，看看这个人是谁。"

楚庄王听罢，急命掌灯者道："不要急着掌灯，我要和诸卿开怀畅饮！诸卿请统统摘下帽缨，我们喝个痛快！"

当文武百官们都莫名其妙地摘下帽缨之后，楚庄王才让人点亮了蜡烛。于是，那个调戏许姬的人便被遮掩过去了。

散席后，许姬问楚庄王："男女之间界限严格，况且我是大王的妃子。有人竟敢当着大王的面调戏我，这是对大王的侮辱。大王不仅不察不问，还替他打掩护，这怎么能肃上下之礼，正男女之别呢？"

楚庄王笑着说："这你就不懂了。你想，今天是我宴请文武百官，他们从白天喝到晚上，都带了几分醉意，酒醉出现狂态也不足为奇。如果我按你的要求把那个人查出来，显示你的贞节，却冷了场，让文武百官不欢而散，便失去了我举办宴会的意义。"

许姬听了楚庄王的话，十分佩服楚庄王。从此以后，人们便把这个宴会称为"绝缨会"。

楚庄王这种容人之量，收到了意想不到的效果。不久之后，楚军讨伐郑国，将军唐狡，自告奋勇率百余人充任先锋。由于唐狡的力战，楚军攻无不克，战无不胜，节节胜利。于是，楚庄王提出要厚赏唐狡，唐狡不好意思地说道："我怎么还敢讨赏呢？'绝缨会'上非礼许姬的那个人就是我啊！蒙大王不杀之恩，我舍命相报也是应该的。"

楚庄王感叹道：如果当时治了他的罪，今天怎么会有人效力杀敌呢？

【典例阐幽】

心悦诚服

三国时期，南中益州郡一带部族的领袖孟获起兵反抗蜀汉。诸葛亮亲自南征。他了解到孟获不但打仗骁勇，而且在南中地区各族群众中威望很高。诸葛亮决心把孟获争取过来。他下了一道命令，只准活捉孟获，不能伤害他。诸葛亮善于用计谋，蜀军和孟获军队交锋的时候，蜀军故意败退下来。孟获仗着人多，一股劲儿追了过去。很快就中了蜀兵的埋伏。南兵被打得四处逃散，孟获本人也被活捉过去。

孟获被押到大营，心里想，这回一定没有活路了。没想到进了大营，诸葛亮立刻叫人给他松了绑，好言好语劝说他归降。但是孟获不服气，说："我自己不小心中了你的计，怎么能叫人心服？"

诸葛亮也不勉强他，陪着他一起骑马在大营外兜了一圈，让他看看蜀军的营垒和阵容。然后让他回去好好准备再打。众将都感到不理解，诸葛亮笑了笑说："我要捉他，就像在口袋中取东西一样容易，但只有使他心悦诚服，南方才会真正归顺平定。"

孟获被释放以后，回到自己部落，重整旗鼓，又一次进攻蜀军。但是他本是一个有勇无谋的人，哪里是诸葛亮的对手，第二次又被活捉了。诸葛亮劝他，见孟获还是不服，又放了他。像这样又放又捉，一次又一次，一直把孟获捉了七次。到了孟获第七次被捉的时候，诸葛亮还要再放。孟获却不愿意走了。他流着眼泪说："丞相七擒七纵，待我可说是仁至义尽了。我打心底里敬服。从今以后，不敢再反了。"

孟获回去以后说服各部落全部投降，南中地区又重新归蜀汉控制了。

四

【原文】

孟子曰："仁则荣，不仁则辱。今恶辱而居不仁，是犹恶湿而居下也。如恶之，莫如贵德而尊士，贤者在位，能者在职。国家闲暇①，及是时，明其政刑。虽大国，必畏之矣。《诗》云：'迨天之未阴雨，彻彼桑土，绸缪牖户。今此下民，或敢侮予?'②孔子曰:'为此诗者,其知道乎!能治其国家,谁敢侮之?'今国家闲暇,及是时,般乐怠敖③,是自求祸也。祸福无不自己求之者。《诗》云:'永言配命,自求多福。'④《太甲》曰:'天作孽,犹可违。自作孽,不可活。'⑤此之谓也。"

【注释】

①闲暇:指国家安定无内忧外患。

②迨天之未阴雨,……或敢侮予:引自《诗经·豳风·鸱鸮》。迨,趁着。绸缪,缠结。牖户,窗门,这里指巢穴洞口。下民,指树下的人。

③般乐怠敖:般,乐。怠,怠惰。敖,通"邀",指出游。

④永言配命,自求多福:永,长。言,语助词,无义。配命,配合天命。引诗出自《涛经·大雅·文王》。

⑤《太甲》:《尚书》中的一篇。

【译文】

孟子说:"实行仁政就光荣,不实行就会受辱。现在既厌恶耻辱却又居于不仁的境地,这就好像既厌恶潮湿却又居于低洼的地方一样。假如厌恶它,不如崇尚道德而尊敬士人,使有贤德的人处于一定的官位,有才能的人担任一定的职务。趁国家无内忧外患的时候,修明政治法律制度。这样做了即使是大国也会畏惧你。《诗经》说:'趁着天没下雨,剥些桑树根上的皮,结牢靠巢穴的口。从此树下的人们,有谁还敢欺侮我。'孔子说:'写这首诗的人很懂道理啊!能治理好自己的国家,谁还敢欺侮他呢?'如今国家没有内忧外患,却趁着这个时候游乐怠惰,这是自己找祸害。祸和福无不是自己找来的。《诗经》说:'长久配合天命,自己寻求多福。'《太甲》说:'上降的灾害还可以躲避,自己造成的灾难可就无处可逃了。'说的就是这个意思。"

【评析】

本章论诸侯要行仁政，不能行暴政，而天下之病，是人人厌恶暴政，而诸侯们却都在行暴政，这是"自作孽，不可活。"

本章很短，引用了不少《诗经》《尚书》里的话，以方便说理，这是春秋战国时代人们的习惯。孔子曾说："不学《诗》，无以言"，《左传》曾说："《诗》《书》，义之府也"，可见当时人说话引用《诗经》《尚书》是十分常见的事。

【典例阐幽】

自求祸也

南北朝时期，宋国有位大将名叫檀道济，他曾跟随宋武帝刘裕北伐，屡建战功，官至太尉参军。

宋文帝刘义隆即位后，檀道济因为名声太高，左右部将又都骁勇善战，他的几个儿子也都掌管兵权，所以皇帝很不放心。加上朝中一些大臣的挑拨，宋文帝遂起了除掉檀道济的心思。

宋文帝便把他捕捉下狱，罪名是图谋造反。接着他的儿子和部将也全部被杀戮。

檀道济被杀是宋朝皇帝自求祸也，临刑前檀道济又气又恨，说："乃坏汝万里长城。"

后来，北魏人听说檀道济等几位能征善战的名将都被杀，便无所畏惧地进攻宋国，直到宋都建康。

此时宋文帝才后悔杀了檀道济等几位名将，意识到军队确实犹如长城般重要。

他登城叹曰："假若檀道济在的话，何至于如此呀！"

五

【原文】

孟子曰："尊贤使能，俊杰在位，则天下之士皆悦，而愿立于其朝矣；市，廛而不征①，法而不廛，则天下之商皆悦，而愿藏于其市矣；关，讥而不征，则天下之旅皆悦，而愿出于其路矣；耕者，助而不税，则天下之农皆悦，而愿耕于其野矣；廛②，无夫里之布③，则天下之民皆悦，而愿为之氓矣④。信能行此五者，则邻国之民仰之若父母矣。率其子弟，攻其父母，自有生民以来未有能济者也。如此，则无敌于天下。无敌于天下者，天吏也。然而不王者，未之有也。"

【注释】

①廛：公家所建供商人租用的货仓。这里指抽取货仓税。征：抽取货物税。

②廛：这里指民居。

③夫里之布：指夫布和里布。因故不能服徭役者，需出钱雇役，雇役钱叫作夫布。宅有空地而不种植桑麻，由国家抽取惩罚性的地税，叫作里布。

④氓：侨民。

【译文】

孟子说："尊重有德行的人，任用有才能的人，优异杰出的人处于官位，那么，天下的士人都会高兴，而乐意在他的朝廷做官了；做生意的，只抽取货仓税而不征货物税，或竟连货仓税也不收，那么，天下的商人都会高兴，而乐意把货物存放在他的市场上了。关卡，只稽查而不征税，那么天下旅行的人都会高兴，而乐意从他的道路经过了。种田的人，只需助耕公田而不征地税，那么天下的农夫都高兴，而乐意在他的田野上耕种了。人们居住的地方，不收雇役钱和惩罚性地税，那么，天下的老百姓都会高兴，而乐意到那里侨居了。一个君王如果能实行这五项措施，那么邻国的老百姓就会仰望他像仰望父母一样了。率领子女，来攻打他们的父母，这种事情自从有人类以来，没有能够成功的。这样，就能无敌于天下。无敌于天下的人，就是天所派遣的官吏。这样还不能统一天下的，还从来没有过。"

【评析】

这一章是孟子和齐宣王的谈话中关于"发政施仁"内容的进一步展开，归纳起来就是任人唯贤和"保民"政策。这个问题始终是孟子关注的重点，有不少篇章都谈到了这个问题。

在君主制国家和所有的专制国家，由于采取的是人治而非法治的政治政策，统治者的能力决定了政治环境和百姓生活的好坏。这样一来，强调任人唯贤的精英政治便是一个很重要的问题。因此，生活在君主制时代的大思想家孟子提出了"尊贤使能"的思想。

其实，孟子"尊贤使能"的思想源于孔子的"举贤才"思想，但孟子把"尊贤使能"提高到了更高的高度，认为"尊贤使能"是实现仁政的一项重要措施。孟子认为，"尊贤"才能"使能"，才能让德才出众的人身居相应的位置为国出力。如果能做到这一点，就算是实行了仁政，那么国君不仅能聚集一大批人才，也能达到称王天下的目的。

那么，怎样才算是"尊贤"呢？这里有个例子。

秦昭王一心招揽贤能之士，于是，范雎便来到了秦国。秦昭王早就听说了范雎的大名，便立即召见了他。范雎到来后，秦昭王立即屏去左右侍从，单独接见范雎。

这时，秦昭王居然向着范雎跪下道："请问先生要教给我什么呢？"

秦昭王用跪表达了他的求贤之诚和对贤之敬，"何以幸教"则表达了希望范雎不吝赐教和自己领教的急切心情。言行之中透露出诚恳之情。

然而范雎却支支吾吾，欲言又止。

于是，秦昭王再次跪倒在地，问道："先生要教给我什么呢？"

秦昭王的态度越来越恭敬了，但范雎还是支吾不言。

于是，秦昭王便第三次跪下，问道："先生还是不愿意指教我吗？"

范雎见秦昭王敬贤之心这么诚恳，已经是深受感动了，于是便说出了自己不愿进言的真正原因。

针对范雎的顾虑，秦昭王再次跪倒在地恳请范雎，他说道："秦国地处偏远的西方，我又非常愚笨，幸亏先生愿意忍受耻辱到我这里来，这是天意要我凭借先生的恩惠成就大业。我能领受先生的教诲，是上天可怜我的结果，先生为什么还不肯教我呢？不论大小事物，甚至包括我的家事和国家大事，先生都可以尽情教导我。"

秦昭王的这番意思是在鼓励范雎想说什么就说什么，不必有所顾虑，他一定用心领教。

即使如此，范雎还是没敢贸然进言，为了进一步试探秦昭王的心思，他说道："大王现在的政策有很多的错误。"

秦昭王听了，不仅没有生气，反而立即再次跪下，说道："请先生详细教我，我的政策在哪里错了？"

这已经是秦昭王的第五次下跪了。范雎终于被秦昭王的诚恳打动，从此以后全力辅佐秦昭王，为秦国日后统一中国打下了坚实的基础。

【典例阐幽】

天下之民皆悦，而愿为之氓矣

勾践被吴王夫差所败。

在会稽山上面会群臣后，勾践被迫率领三百多人去服侍夫差。

几年后，勾践被吴国放回，实行了一系列的养民爱民的政策，深得人民的爱戴。于是，国之父兄请战说："昔者夫差耻吾君于诸侯之国，今越国亦节矣，请报之！"

后来发兵出征，国人都互相劝勉。父亲鼓励儿子，兄长鼓励弟弟，妻子鼓励丈夫，可谓天下之民皆悦，而愿为之氓。勾践先在囿地打败吴国，又在没地打败吴国，最后在吴国首都的郊外打败吴国。后来夫差自杀，吴国灭亡。

六

【原文】

孟子曰："人皆有不忍人之心①。先王有不忍人之心，斯有不忍人之政矣。以不忍人之心，行不忍人之政，治天下可运之掌上。所以谓人皆有不忍人之心者，今②人乍③见孺子将入于井，皆有怵惕恻隐④之心——非所以内交⑤于孺子之父母也，非所以要誉⑥于乡党朋友也，非恶其声而然也。由是观之，无恻隐之心，非人也；无羞恶之心，非人也；无辞让之心，非人也；无是非之心，非人也。恻隐之心，仁之端⑦也；羞恶之心，义之端也；辞让之心，礼之端也；是非之心，智之端也。人之有是四端也，犹其有四体⑧也。有是四端而自谓不能者，自贼者也；谓其君不能者，贼其君者也。凡有四端于我者，知皆扩而充之矣，若火之始然⑨，泉之始达⑩。苟能充之，足以保四海；苟不充之，不足以事父母。"

【注释】

①不忍人之心：指同情、怜悯之心。

②今：假设连词，犹"若"。

③乍：突然，忽然。

④怵惕恻隐：怵惕，惊惧。恻隐，同情，怜悯。朱熹集注："恻，伤之切也。隐，痛之深也。"

⑤内交：结交。内，同"纳"。

⑥要誉：博取名誉。要，通"邀"，求。

⑦端：开端，源头。

⑧四体：四肢。

⑨然：同"燃"。

⑩达：冒出地面。《诗经·周颂·载芟》："驿驿其达，有厌其杰。"郑玄笺："达，出地也。"

【译文】

孟子说："每个人都有不忍别人遭受痛苦的心。先王有不忍人遭受痛苦的心，所以就有不忍人遭受痛苦的政治。用不忍人遭受痛苦的心，施行不忍人遭受痛苦的政治，那么治理天下就像在手掌中转动一样容易。之所以说每个人都有不忍人遭受痛苦的心，假如有人忽然看到一个孩子要掉到井里。都会有惊恐恻隐之心——不是想与孩子的父母攀交情，不是想在乡邻朋友中博取名誉，也不是厌恶孩子的哭喊声。由此看来，完全没有恻隐之心，不是人；完全没有羞恶之心，不是人；完全没有辞让之心，不是人；完全没有是非心之心，不是人。恻隐之心是仁的开端，羞恶之心是义的开端，辞让之心是礼的开端，是非之心是智的开端。人拥有四端，就像拥有四肢一样。拥有四端却自认为不能实行的，是自暴自弃的人；认为国君不能实行的，是残害国君的人。凡自身拥有四端，知道扩充它们，像火刚刚燃起，泉水刚刚涌出。如果能扩充它们，就可以保有天下；如果不能扩充它们，就连侍奉父母也做不到。"

【评析】

本章继续讨论仁政，提出仁政的基础在于每个人都具有的"不忍人之心"，将性善论与仁政结合在一起，是孟子思想的重要篇章。孟子开宗明义提出，每个人都有不忍人之心，先王将这种不忍人之心运用到政治上，便有了不忍人之政，也就是仁政。何以见得每个人都有不忍人之心呢？孟子举例说，假如有人看到一个孩子要掉到井里，必定会惊恐恻隐，伸手援助，他这样做并不是出于某种外在的目的，比如讨好孩子的父母、博得乡人的赞誉等等，而一定是有内在原因，也就是有内在不忍人之心的存在。需要说明的是，孟子这里所举，乃是一个"示例"，而非一个例证。孟子举出此例，其目的是让每个人置身其中，设身处地，反省到自己亦必生"怵惕恻隐之心"，并援之以手，更进一步反省到自己以往的生活中亦有过众多类似的经历，从而洞见不忍人之心的存在。假如有人经过反省，认为自己从来没有恻隐之心、羞恶之心、辞让之心、是非之心，那他一定不是严格意义上的人了。孟子正是在这个意义上讲，没有恻隐、羞恶、辞让、是非之心的，就不是人了。

在肯定了人有不忍人之心，也就是恻隐、羞恶、辞让、是非之心后，孟子又讨论了恻隐、羞恶、辞让、是非四端之心，与仁义礼智四德的关系。他认为恻隐之心是仁的开端，羞恶之心是义的开端，辞让之心是礼的开端，是非之心是智的开端。"端"字本作"耑"，"上象生形，下象其根也"（《说文解字》）。换言之，"端"

即事物的萌芽、开始。"端"表明恻隐、羞恶、辞让、是非不是一种既定、完成的东西，从恻隐、羞恶、辞让、是非之心到仁、义、礼、智有一个生长、发展的过程，正如树苗到树木有一个生长、发展的过程一样。所以人虽然拥有四端，还需扩而充之，使其由星星之火发展成燎原之势。由汩汩泉水汇聚成大江大河。他进而指出，如果能扩充四端，便可以保有天下；如果不扩充四端，连家室也保不住。所以，孟子虽然肯定人有良知、良能，有先天的四端之心，但更强调对其扩而充之、后天培养，这是理解孟子性善论的关键。

七

【原文】

孟子曰："矢人①岂不仁于函人②哉？矢人唯恐不伤人，函人唯恐伤人。巫匠亦然③。故术不可不慎也。孔子曰：'里仁为美。择不处仁，焉得智？'④夫仁，天之尊爵也，人之安宅也。莫之御而不仁⑤，是不智也。不仁、不智，无礼、无义，人役也。人役而耻为役，由弓人而耻为弓⑥，矢人而耻为矢也。如耻之，莫如为仁。仁者如射，射者正己而后发；发而不中，不怨胜己者，反求诸己而已矣。"

【注释】

①矢人：造箭的人。

②函人，造铠甲的人。

③巫匠亦然：巫，巫医。匠，匠人，这里特指做棺材的木匠。巫医愿自己巫术显灵，治病有效；木匠愿死的人多，好使棺椁畅销，所以说"巫医亦然"。

④术：这里指选择职业。引文见《论语·里仁》。

⑤御：阻挡。

⑥由：通"犹"，好像。

【译文】

孟子说："造箭的人难道比造铠甲的人残忍吗？造箭的人唯恐自己造的箭不能够伤害人，造铠甲的人却唯恐伤害了人。巫医和木匠也是这样。所以，选择职业不可以不谨慎。孔子说：'同仁共处是好的。自己选择而不自处于仁，怎么能说是明智呢？'仁，是上天所设的最尊贵的爵位，是人间最安逸的住宅。没有人阻挡却不选择仁，是不明智。不仁、不智，无礼、无义的人，只能被别人所奴役。被别人奴役却耻于服役，就像造弓的人耻于造弓，造箭的人耻于造箭一样。如果真的以为耻，那就不如好好实行仁。实行仁就好像射箭，射手先端正自己的姿势然后才放箭；如果没有射中，不能埋怨比自己射得好的人，而是反过来找自己的原因才行。"

【评析】

在这一章里，孟子阐述了他的认识论的哲学基础，即所谓"恻隐之心，仁之端也；羞恶之心，义之端也；辞让之心，礼之端也，是非之心，智之端也"。无论是在论述政治、伦理道德时，还是在论述百姓、诸侯甚至圣贤时，孟子都是以这一基础为出发点的。

通过观察世界和人生、历史和现实，孟子得出的结论认为，人人都有仁、义、礼、智这"四端"，从这一点上来看，无论是圣贤还是国君，都和一般的普通百姓一样处在同一个起点上，他们的人性和人格是平等的，没有贵贱、等级的差别。孟子的这一认识有着极不寻常的意义。根据这一认识，孟子否认了"天才"和"天纵英明"之说，否定绝对的君权，也否定了"神""佛"降世的愚民说教。

那么，孟子所主张的君臣关系，或者说君民关系是怎样的呢？孟子认为，君臣之间的关系是平等的，没有绝对君权，也没有绝对臣服的"愚忠"。他说"君之视臣如手足，则臣视君如腹心；君之视臣如犬马，则臣视君如国人；君之视臣如土芥，则臣视君如寇仇"。

在以上认识的基础上，孟子确立了儒家的"性善论"思想。"性善论"认为，人们后天学习的目的实际上就是保持和充实仁、义、礼、智这"四端"。孟子这一思想有着明显的先验性质，在很大程度上，这些都建立在"仁之端"的恻隐之心上，成了"性善论"思想的基础和支柱。

孟子进一步将政治政策和伦理道德联系起来，指出"有不忍人之心，斯有不忍人之政"。也就是说，孟子认为，仁政可以由人本身固有的"不忍人之心"推广而来。由于"不忍人之心"是人本身固有的，因此，孟子进而认为，施行仁政是天经地义的。

孟子进行这一番推导的目的是为了推行他的施行仁政的理想，但儒家学说却一直有政治和伦理道德融合在一起的传统，这形成了儒家所谓的"德治"。虽然"德治"使政治具有了宽容性，但在"德治"的框架内，法治就不能被严格地建立起来了。

孔子说"性相近也，习相远"，但孔子没有说"相近的人性"是什么，也没有就此展开论述，而孟子不仅展开了论述，还指出那"相近的人性"是"不忍人之心"，而且还举了例证论证"不忍人之心"是人所固有的。从这个角度来说，孟子的人性理论的确是主观唯心主义的"先验论"，因为他把仁、义、礼、智这些带有社会性质的道德观念说成是人所固有的，带有明显的生理性色彩。

与孔子相同的是，孟子也不否认后天的培养作用。他认为"恻隐""羞恶""辞让""是非"之心，只是仁、义、礼、智的发端，还需要扩充才能发扬光大。而所谓扩充就是后天培养，也就是孔子说的"习相远"。

总而言之，联系孟子所处时代的社会状况，孟子主张"人性本善"，强调"道德天赋"，以及宣扬"不忍人之政"，这些都有积极的意义。

【典例阐幽】

反求诸己

有一天，石屋禅师所住的屋子里，闯进了一个小偷。禅师从容地问他："你是谁呢？"

对方老老实实地回答："我是小偷！"

石屋禅师笑了，问他："那么你一共偷了几次？"

小偷回答："不计其数！"

禅师问："每偷一次，你可以快乐多久呢？"

小偷回答："顶多可维持几天而已，因为快乐不久，所以我必须再出去偷。"

禅师说："你为什么不好好地偷一次，以后长久享受快乐？"

小偷十分惊讶地问："难道你也曾经偷过吗？"

禅师沉默了一会儿，回答道："我只偷了一次，就终身受用无穷。"

小偷大喜过望，急切地问道："你能教我吗？"

禅师让小偷走到自己的跟前，然后一把抓住小偷的胸口，大声说："这是宝藏所在，我便是从这里下手的！"

被禅师一抓吓得惊魂未定的小偷，闻言一下子觉悟了，向外索取本来是一种痴妄，最终所获甚少，真正的快乐只能反求诸己。他扑通一声跪在了禅师的面前，愿洗心革面，皈依佛门，跟从石屋禅师开始学禅。

八

【原文】

孟子曰："子路，人告之以有过，则喜。禹①闻善言，则拜。大舜有②大焉，善与人同③，舍己从人，乐取于人以为善。自耕稼、陶、渔以至为帝，无非取于人者。取诸人以为善，是与人为善④者也。故君子莫大乎与人为善。"

【注释】

①禹：儒家推崇的古代先王，曾奉舜命治理洪水，后成为夏朝开国君主。

②有：同"又"。

③善与人同：朱熹集注："公天下之善而不为私也。"同，犹"共"。

④与人为善：朱熹集注："与，犹许也，助也。取彼之善而为之于我，则彼益劝于为善矣，是我助其为善也。"与，帮助，赞许。

【译文】

孟子说："子路，别人指出他的过错，他很高兴。禹听到有教益的话，就拜谢。伟大的舜更了不起，善于与他人达成一致。舍弃自己的不是。接受他人的是，乐于吸取别人的优点来行善。从农夫、陶工、渔夫一直到成为天子，没有一项优点不是从别人那里吸取来的。吸取别人的优点来行善，就是偕同别人一起行善。所以对于君子，没有比偕同别人一起行善更好的了。"

【评析】

本章讨论君子修养。子路闻过则喜，禹闻善言则拜，大舜则更进一步，他"善与人同",善于听取不同意见,吸取别人的优点。子路、禹和大舜虽然不是生活在民主制度下,但他们身上都体现着一种民主作风,这种民主作风乃是君子修养的一个重要内容。

【典例阐幽】

闻过则喜

三国时期,蜀汉丞相诸葛亮去世,蒋琬接掌大局。他冷静如昔,既无威容,也无喜色,一切行止和平日无异,逐渐获得群臣的信任。蒋琬个性温和,思考冷静,从不情绪化,协调能力极佳。东曹掾杨戏素性简略,不喜辩论,蒋琬向他问话时,也常静默不答。因此有人向蒋琬表示:"公与杨戏问话,杨戏默而不答,这样傲慢,是不是太过分了?"蒋琬却笑着回答道:"人心不同,各如其面;表面遵从而背后却有意见,才是古人最不耻的行为。杨戏大概是认为赞成我的意见,可能非其本意,当场反驳我的看法,又显出是我错了,所以他才静默不答,这不正是杨戏的可贵之处吗?"

有一次,督农杨敏曾在背后批评蒋琬道:"做事没有把握,一点也比不上前任。"有人以此向蒋琬打小报告,请处治杨敏不敬之罪。但是蒋琬却表现出闻过则喜的君子之风,坦然地承认道:"他说得一点没错。我的确不如前人,所以做起事来比较没有把握啊!"

后来,杨敏犯刑事系狱,大家都认为他死定了。但蒋琬反而免其重罪,只处以轻刑。其审慎、温良、谦恭的一面,比诸葛亮有过之而无不及。

九

【原文】

孟子曰："伯夷^①，非其君不事，非其友不友。不立于恶人之朝，不与恶人言。立于恶人之朝，与恶人言，如以朝衣朝冠坐于涂炭。推恶恶之心，思与乡人立^②，其冠不正，望望然去之^③，若将浼焉^④。是故诸侯虽有善其辞命而至者，不受也。不受也者，是亦不屑就已^⑤。柳下惠不羞污君^⑥，不卑小官；进不隐贤，必以其道；遗佚而不怨^⑦，厄穷而不悯^⑧。故曰：'尔为尔，我为我，虽袒裼裸裎于我侧^⑨，尔焉能浼我哉？'故由由然与之偕而不自失焉^⑩，援而止之而止。援而止之而止者，是亦不屑去已。"孟子曰："伯夷隘，柳下惠不恭。隘与不恭，君子不由也^⑪。"

【注释】

①伯夷：周时孤竹君的长子，与其弟叔齐因反对武王伐纣，隐居于首阳山，采薇而食，饿死。

②思：语助词，无义。

③望望然：羞愧的样子。

④浼：污。

⑤不屑：不以……为洁。屑，洁。

⑥柳下惠：春秋时鲁国大夫，姓展名禽，字季。

⑦遗佚：指被弃不用。佚，隐遁，不为世用。

⑧厄穷：困穷。悯：忧愁。

⑨袒、裼、裸、裎：均露身之意。

⑩由由然：高兴的样子。

⑪由：用。

【译文】

孟子说："伯夷，不是他理想的君主，不去服侍，不是他理想的朋友，不去结交。不在坏人的朝廷做官，不同坏人讲话。在坏人的朝廷做官，同坏人讲话，就像穿着上朝的礼服，戴着上朝的礼帽坐在泥土和炭灰上。他把厌恶坏人的心情扩充开来，于是，同乡下人站在一起，假如那人帽子不正，他就羞愧地避开，好像会弄脏了自己似的。因此诸侯王尽管有好言好语来请他做官，他也不接受。他不接受，这是因为他以为接近他们就不干净了。柳下惠不以服侍污浊的君主为羞愧，不以当小官为卑微；入朝做官，不隐藏他的贤能，一定依照他的原则办事；被弃不用，他不埋怨，处境困穷，他不发愁。所以他说：'你是你，我是我，即使在我身边赤身露体，你怎么能玷污我呢？'因此他能高高兴兴地与任何人相处而不丧失自己，让他留下他就留下。让他留下他就留下，这是因为他不把避开当作高洁。"孟子又说："伯夷气量小，柳下惠不严肃。气量小和不严肃，君子是不这样做的。"

【评析】

在这一章里，孟子通过评论伯夷和柳下惠二人的品行，发表了他对清高的看法。

孟子认为，虽然伯夷表现得很清高，但却反而反映出了他狭隘的一面。因此，孟子借此认为，尽管有的人自视清高，但却器量狭小，容不得别人的"不清高"，而且因为态度太僵硬而很难与人和睦相处，因为缺乏权变而容易陷入拘泥不化。这样的人虽然不值得君子们效仿，但也有他们的好处，那就是：坚持原则，不会轻易妥协和投降；疾恶如仇，不会与人同流合污。

在否定伯夷"狭隘的清高"的同时，孟子又举了另一个相反的例子，并肯定了这种清高的优点。举出的这个跟伯夷相反的例子就是柳下惠。孟子认为，与伯夷相比，柳下惠走入了另一个极端，就是清高得太随便，这样虽然有头脑灵活、容易与人相处和善于灵活权变的优点，但也有被人怀疑为逢场作戏和投机于世的缺点。

说到底，孟子对伯夷和柳下惠的这两种清高的评价只有一句话，就是"君子不由也"，因为他们不是正确的处世之道，所以不能效仿。

【本篇总结】

在这一篇中，孟子继续讨论王道与霸道的问题。战国中后期群雄逐鹿，战乱纷扰，民心向往王道。诸侯若能审时度势，推行王道，将会事半功倍。统一天下易如反掌。孟子对于成就王霸之业，毫不动心，以集义而生的浩然之气，保持王道理想和自身原则，可以出仕则出仕，不可出仕则决不勉强。因为推行王道，实施仁政，应像文王那样，以德而王才能无敌于天下。孟子的这种精神对商界人士来说，有很多值得借鉴的地方。

【古代事例】

张巡守睢阳

孟子善养浩然之气，其气至大至刚，充塞天地之间，以道义培育则不会有丝毫的损害。当人达到这一境界时，则敢于坚持真理和正义，与世间的邪恶凛然对抗，从不屈服。这种精神砥砺着中华民族坚强不屈的风骨，在危难之中支撑着我们民族的脊梁。唐代安史之乱最为惨烈的睢阳之役中，张巡苦守睢阳，就表现出这样流风千古的高贵气节。

宋末文天祥（1236—1283 年）的《正气歌》曾以豪迈之情历数古代秉持气节的英烈们的嘉言懿行，其中有"为张睢阳齿，为颜常山舌"两句，句中的张睢阳即是安史之乱（755—762 年）时坚守睢阳（今河南商丘）的将领张巡（708—757 年）。睢阳之役是唐代历史上最为悲壮惨烈的战役，惊天地，泣鬼神。

唐玄宗天宝十四载（755 年。据《资治通鉴》，唐纪年"年"改称为"载"，从玄宗天宝三载正月到肃宗至德三载正月废止，共历时十四

文天祥

年又一月），安禄山（703—757 年）、史思明（703—761 年）兴兵叛乱，天下动荡，惊破长安深宫的《霓裳羽衣曲》。翌年正月，叛军一路南下，攻城陷地，锐不可当。安、史部将张通晤先后攻陷宋州（今河南商丘）、曹州（今山东曹县西北）等地以连通江淮，开辟进攻长安的线路。当兵临谯郡（今安徽亳州）城下时，谯郡太守杨万石慑于叛军威势，打算献城迎降。杨万石逼迫张巡以长史的身份迎接贼军入城。张巡拒不受命，率兵吏哭祭玄元皇帝祠，誓师讨贼，从者千人。

此时，单父（今山东单县）县尉贾贲也率兵抵抗，击败张通晤后，进兵雍丘（今河南杞县）与张巡军会师，组成两千人的部队。

雍丘县令令狐潮举县投降，倒戈攻打王师。被令狐潮抓住的士兵杀死看守，开城迎贾贲、张巡军队，将令狐潮拒之门外，令狐潮失去老巢。不久，令狐潮援引叛军攻打雍丘，贾贲战死，张巡孤军奋战。此后，令狐潮在雍丘城周围修造百余座与城墙等高的木楼，四面环攻。不过，这难不住张巡，他率军向木楼投掷火把，木楼为之不存。张巡就这样与叛军相持六十余日，大小数百战，每战必胜，令狐潮总是无功而返。

后来已经沦为孤城的雍丘存粮不多，四下无援，形势危急。无奈之下，张巡率众南退，与睢阳太守许远（709—757年）、城父（今安徽亳州东南）县令姚訚会师，据守军事要冲睢阳。

唐肃宗至德二载（757年），安禄山被其子安庆绪杀死，安庆绪部将尹子琦率领同罗、突厥、奚等部族的劲兵，与叛将杨朝宗组成十余万兵力合力攻打睢阳。张巡、许远率众拒敌，士气不衰，大败贼军，获车马牛羊无数。

当年七月，叛军再次围城。睢阳城中士兵只剩下千余人，且每人一天仅能分到一勺米，以致无力弯弓射箭，兵士纷纷饿死。无奈之下，张巡派部将南霁云（712—756年）向据守临淮（今江苏泗洪）的贺兰进明求援，却被拒绝。叛军不断增加兵力急遽攻城，势单力薄的张巡坚守三个月后无力再战。睢阳城最终还是被攻破，张巡、许远、雷万春、南霁云、姚訚等将领被俘。

叛将尹子琦审问张巡说："听说足下督战，大声呼叫，眼角崩裂，血流满面，咬紧的牙齿皆碎，足下何至于此呢？"张巡怒目圆睁，骂道："我只想把你们这帮叛贼生吞活剥！"尹子琦大怒，以刀捅开张巡口，只见口中只存三四颗牙齿。尹子琦叹服张巡的气节，打算将他释放，在部下的劝说下才不得不放弃这个念头。张巡等人英勇就义。

张巡、许远等人固守睢阳，率兵与叛军大小四百余战，杀敌十二万，有效地拖住叛军南下的步伐，为朝廷调兵遣将迎战叛军赢得足够的喘息时间。

【评述】

正如孟子所说，浩然之气，集义而生，若反躬自问，正义在我，虽对千军万马，亦会勇往直前。这才是真正的大勇。张巡在睢阳之役中，以浩然正气，面对源源而来的叛军，没有丝毫的畏惧，奋勇杀敌，凛凛气概，丰功伟绩，标榜千古。商界人士的浩然之气则在于在激烈的竞争之中，不畏艰难，涵养道德，知难而进，会吸聚大批仁人志士，共同创建不朽之大业。

陈寔谕梁上君子

大国假借"仁"的名义来实现霸业，不是没有可能；而以道德教化来统一天下，则不一定只有大国才能完成，当初商汤就以七十里壮大，文王以百里壮大。因为以霸力征服别人，不能使人心服，只是无力对抗而已；若以德服人，士民无不心悦诚服。东汉末年的陈寔以德退盗，留下一个"梁上君子"的有趣故事。

陈寔（104—187 年），字仲弓，东汉颍川许（今河南长葛、许昌一带）人，出身卑微，而聪敏好学，或坐或立，无不持卷诵读。

汉桓帝（132—167 年）时，党锢之祸起，宦官依仗皇权四处搜捕党人，陈寔也因此事受到牵连。很多稍有瓜葛的人都害怕灾祸纷纷逃避，只有陈寔壮怀激烈，向众人说道："如果我不入牢狱，众人就会没有依靠。"说完，陈寔就主动入狱，从而激起更多的士人继续进行反抗。直到天下大赦，他才重得自由。

汉灵帝（156—189 年）初年，陈寔在大将军窦武门下做幕僚。当时，中常侍张让权倾天下，朝野上下无不侧目而视。张让的父亲死后，归葬颍川，几乎全郡的人都前往吊唁。颍川的名士们都以跟张让交往为耻辱，皆未参加。张让觉得颍川士人在故意羞辱他，怀恨在心，总想寻求机会报复。唯有陈寔敢冒天下之大不韪，独自去吊唁张让之父。也正因为这个缘故，使得当时名士许劭（150—195 年）到颍川时，尽与当地名士交游，唯独不拜访陈寔。有人询问个中缘由，许劭说："陈寔的交游之道非常广，广则难以周全，所交之人中难免会有不值得交往的。"（典故"太丘道广，广则难周"）陈寔的这种做法尽管不合清议，不过这使他能在宦官疯狂反扑时因张让的护宥而幸免于难。

当时宦官与外戚专权。飞扬跋扈，以致岁收荒殆，日用俭乏，民不聊生。有一天夜间，一个盗贼潜入陈寔家中，躲在房梁上伺机作案。陈寔发现梁上有动静，觉察出上面躲藏的盗贼，却依旧装作不知道，自顾起身整装，唤出子孙，正色训导他们说："人不可以不自勉。行为不善的人性情未必本来都是坏的，都是习染渐久才会为非作歹，藏在梁上的君子就是这样的人啊！"盗贼听后大惊，慌忙之中，自投于地，向陈寔跪拜请罪。陈寔赶忙拉他起身，心平气和地规劝说："审视足下的形貌，并不像恶人，足下应该深深反省，改过迁善。我想足下铤而走险，恐怕是生活不济吧。"说完，陈寔令家人送给梁上君子两匹绢作为周济。此后，全县境内不再有盗窃之类的事情（典故"梁上君子"）。

太尉杨赐、司徒陈耽等人常常感慨陈寔广有嘉名，而未登显位，以至于羞愧抢先陈寔一步。后来党禁松弛，大将军何进、司徒袁隗派人敦促陈寔入居高位。陈寔辞谢来使说："我久绝人事，愿以平民终了此生。"当时，三公之位每有空缺，议者都把陈寔作为首选之人。

中平四年（187 年），八十四岁的陈寔寿终正寝，有三万余人前来赴丧。

【评述】

正如孟子所说，以德服人才能令人心悦诚服。陈寔发现梁上的盗贼后，没有把他抓下来痛打一顿，而是在他面前勉励家人讲述"祸福无不自求"的道理，梁上君子为陈寔的风度折服。陈寔这种委婉的方式很容易令人接受。商界人士当涵养以德服人的风度，能够站在别人的立场之上审视别人的错误，复杂的问题也许会简单很多。

【现代事例】

丰田与客户心心相印

孟子说能无敌于天下的人。是代表天意，使士、农、工、商都能安居乐业的

"天吏"。对于商家来说，能在自己的产品和服务中反映出客户的意志和愿望，那商业的运作必是成功的。日本丰田从其初入美国市场时的惨痛经历中，吸取教训，重新调整发展战略，几年后，丰田汽车重返美国市场，立即大获成功。

丰田汽车在销售量、销售额、知名度方面都属世界一流，以先进的技术和优良的品质备受世人青睐。一九八九年十月，丰田（TOYOTA）在创立五十周年之际发布一款新的标志，这款新标志是由三个交织在一起的椭圆构成，最大的椭圆寓意地球，它中间包含着两个互相垂直的椭圆，合成字母T，寓意丰田公司。椭圆具有两个中心，寓意丰田与顾客心心相印，互相信赖。整款标志象征着丰田依靠技术进步立足于未来，对未来充满信心。

丰田与客户心心相印可以从它的美国战略中清晰地展露出来。

一九五七年，有二十年历史的丰田羽翼渐丰，迫不及待地开辟美国市场以赢得更为宏大的发展远景。但令丰田料想不到的是，在美国寻求发展并非期待的那样简单，丰田生产的皇冠汽车发动机无法适应美国公路系统的标准，到一九五九年底，丰田只在美国售出二百八十七辆汽车。一九六〇年，丰田不得不暂停向美国出口轿车。

出师不利的丰田在暗中积蓄力量，直到一九六五年开发出一款美国味十足的——可乐娜才再次重返美国市场。这款轿车吸取皇冠在美国败北的教训，驾驶空间尽可能地做大以适应美国人高大雄壮的体形特点，使美国人在驾驶过程中不至于有被压迫之感，同时也改进发动机的性能，实现人车一体化，通过先进的控制技术，让轿车在驾驶者的意愿下运行自如。

一九九二年一月，外部环境急遽变化，"丰田与客户心心相印"还体现在一系列的丰田基本理念中，这些理念也与时俱进。不断完善。这些理念包括，遵守国内外法律法规，以公开公正的企业活动赢得国际社会的信赖；入乡随俗，尊重当地的风俗习惯，结合当地情况，促进当地的经济建设和社会发展；提供利于环保的安全型产品，为创造更舒适美好的生存空间和更为富裕的社会努力；不断研发最尖端的科学技术，根据顾客的需求，为其提供充满魅力的产品和服务；劳资双方相互信赖、共同承担，最大限度地发挥员工的创造力和团队凝聚力；通过全球化的创造性经营努力实现与社会的协调发展；为客户提供开放性的业务，相互切磋，建立与客户共生共存、长期稳定发展的良好关系。

无疑，丰田与不同客户的这些适应性互动为其带来巨大的成功，丰田汽车也成为象征着人们品位和身份的符号。

【评述】

在孟子看来，管理者和民众之间的关系是互动的，管理者只有考虑到民众的意愿，才会使管理更为顺利。丰田在美国本土由适应到成功的过程，恰是对"丰田与客户心心相印"这一理念的完美诠释。其实就任何一种商品和服务来说，客户用得顺手才意味着成功。

以德服人的上好佳董事长施恭旗

孟子通过三位贤者来说明与人为善的道理：子路听到别人指出自己的过失会很高兴，禹听到直言会欣然拜谢。与子路和禹相比，舜又比两人更高一层，不仅在于能够吸取别人的优点，还乐于取他人之长来完善自己。我们今天讲与人为善，更多地强调给予他人帮助，与人为善成为一种高尚的人格魅力。上好佳的董事长施恭旗就有着这种吸引人的魅力。

一九四六年，闯荡南洋的福建华人施阁头与李梅芬夫妇在菲律宾马尼拉开办一家包装和销售淀粉、咖啡的小型家庭手工作坊，到一九六六年发展成为菲律宾晨光有限公司（Liwayway Marketing Corp.）。经营范围亦随之扩大。

一九七四年，继任的施天赐董事长转而致力于休闲食品的开发，开创出自己的品牌 Oishi，并在休闲食品行业中取得领先的地位。祖业的接力棒递到施恭旗手上后，企业实力壮大，资产雄厚，在亚洲的几个国家建立起海外生产基地，并开辟出广阔的国际市场。施恭旗为自己的产品取名为"上好佳"，含"非凡品质，上好口味"的意蕴。

俗话说："无商不奸。"不过施恭旗算是这种传统理念中的例外，他谦和宽厚，从不锱铢必较，他的成功被人称为"温和主义"的成功。

施恭旗笃信万事和为贵的理念，很多生意中的麻烦都被他谦逊温和地解决掉。施恭旗最初在海外的合作并不顺利，甚至遭到员工的抵触和反对，亏损甚多，人心浮动。很多人都劝他放弃，但他总想再坚持一下。为改善与员工的关系，凝聚公司的向心力，他几乎每天都亲自到工厂与员工交流。谁知，员工并不买账，对他不理不睬，不温不火，但他并不计较，总是以诚相待。慢慢地，宛如春雨润物一般，在这种温和交流中，员工们亦深深感动并开始反省自己的行为，被他宽厚的处世风格所折服。施恭旗还在公司财政陷入僵局的情况下，为员工提高薪资。众人合心，其利断金，员工的力量凝聚起来，自然没有做不好的事。

谁知，这个麻烦刚刚解决，一个更为棘手的麻烦等着他。一九九三年，合作方打算以合作的品牌另立门户，出现自己人相互竞争的局面。麾下的谋士们劝他与合作方对簿公堂，通过法律途径制止这种侵权行为。但出乎意料的是，施恭旗不仅没有这样做，反而出资赞助合作方另立新厂，以使合作继续开展下去。合作方最终为他的精诚所感动，顿时取消另立门户的念头。

无论是在菲律宾，还是在海外，上好佳的员工无一不对施恭旗的人品赞不绝口，因为他把以人为本的观念确切落实。施恭旗为员工考虑得很多，从员工的饮食寝居到工资福利，都能根据各自的职位使人满意。若有些员工不幸身患重症，施恭旗也会给予长期的关怀。施恭旗的人格魅力让员工们爱厂敬业，使"在其位、谋其职、尽其能、获其利"成为每位员工的工作准则。

【评述】

在孟子看来，与人为善不仅意味着以善意对待别人，给别人无私的帮助，而且也意味着自身道德境界的开豁，这些都关乎事业规模的大小。在尔虞我诈的商业竞争环境中，商界人士若能以低调的姿态，宽广的胸怀，与人为善，则会累积很广的人脉，有力地帮助化解困难。施恭旗的温和主义，将本来令人恼火的麻烦轻而易举地解决掉，可谓大智者。

【名言录】

名言：仁则荣，不仁则辱。——《公孙丑（上）》

古译：仁则致荣，不仁则致辱。

今译：为仁则会带来荣耀，不为仁则会带来羞辱。

现代使用场合：一位行仁政的人，会受到社会尊敬和拥护，相反，飞扬跋扈的人，只会受到别人疏远，成为势单力薄之人。人是群居的动物，人的发展需要周围人的支持和帮助，只有为"仁"，才能为自己带来荣耀，才能踏着基石，迈向成功。

名言：贤者在位，能者在职。——《公孙丑（上）》

古译：贤者在位，能者在职。

今译：有贤能的人处在重位，有能力的人担当要职。

现代使用场合：有贤能的人就应该让他发挥出来，各在其位，各司其职。在现代管理人才的过程中，负责人就应当充分考虑到人才的特殊性与共通性，为每个人量身打造一个特别的空间，才能使他们的才能得以充分发挥。

名言：尊贤使能，俊杰在位，则天下之士皆悦而愿立于其朝矣。——《公孙丑（上）》

古译：尊贤任能，俊杰在位，则天下士人都悦于立于朝堂。

今译：尊重贤者，使用能人，杰出的人都有官位，那么天下的能人都会高兴并愿意效力于朝堂。

现代使用场合：尊重有贤能的人，才能使贤者充分发挥自己的优势，创造出更多的价值。所以在现实生活中，负责人对有贤能的人往往是很尊重的。现代经济是知识经济，有知识的人最有发言权，他们就应该受到负责人的尊重。受到负责人的尊重，他们才能竭力地在自己职位上发挥才能。

名言：祸福无不自己求之者。——《公孙丑（上）》

古译：祸福无不是自求而来。

今译：祸福没有不是自己求来的。

现代使用场合：许多祸患都是人为造成的，有些困难是可以通过一定的方式避免的。在现代社会生活中，我们要把目光放得长远一些，及时总结以往过失中的经验教训，尽量避免问题造成的损失。